EX LIBRIS

QVOS TESTAMENTO SVO
LARGITVS EST HVIC DOMVI
M. PHILIPPVS DESPONT
PRESBITER PARISIENSIS ET
DOCTOR THEOLOGVS.

ORATE PRO EO

Et, discite in terris quoru
Scientia vobis perseueret
in Cœlis

        Hieronimus
        Epist. 103

Indians apprest
as mackerel catch
Betsy

LA PIEVSE IVLLIE.

HISTOIRE Parisienne.

PAR M. L'EVESQVE DE BELLEY.

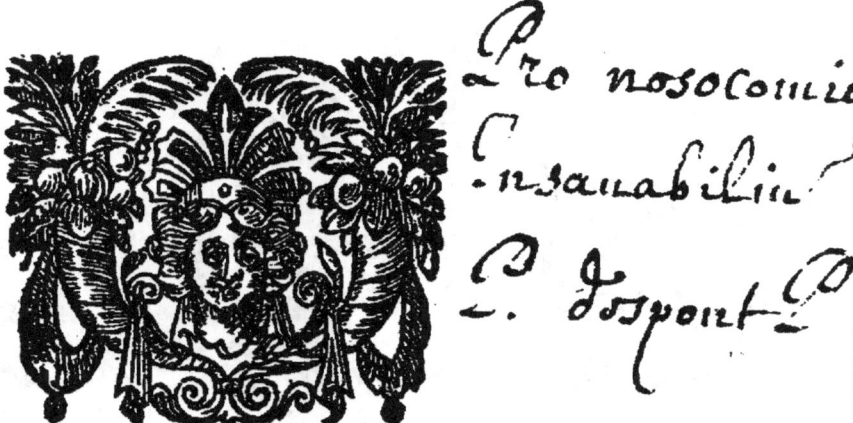

A PARIS.

Chez MARTIN LASNIER, ruë S. Iaques, au Lyon Rampant.

M. DC. XXV.

Auec Priuilege du Roy.

A LA
PIEVSE
IVLLIE.
S. M. D. S. C.

MADAME,

J'imiteray en quelque façon voſtre Piralte, qui vous ayant fait voir dedans la glace d'vn miroir les traits de voſtre viſage, vous fit cognoiſtre en vous meſme le ſujet des inquietudes qui le trauailloient: Car bien que ces pages ne ſoient pas ſi polies qu'vn criſtal, & qu'elles ne

ã ij

EPISTRE.

representent pas si naïuement les graces dont le ciel a non moins embelly vostre corps que vostre ame, si est-ce que ie m'essaye autant que ie puis de rendre, en vous representant à vous-mesme par reflexion, vne image telle à vos yeux, que vous y puissiez recognoistre les faueurs que vous auez receuës de celuy qui vous a renduë si signalée que vous pouuez seruir d'exemple & de miroir de vertu à la posterité. C'est Dieu, MADAME, qui par sa grace vous a faicte ce que vous estes : c'est luy qui vous a enseigné dés vostre iеunesse, qui vous a appellee à son ioug dés vostre adolescence, qui vous a tenuë par la main droitte, qui vous a conduitte en sa volonté pour vous accueillir vn iour en sa gloire, & qui vous conuie par tant de precedentes obligations dont vous luy estes redeuable à bië mesnager ses attraits, & à faire selon la parolle de l'Apostre, que sa grace ne soit point vuide; c'est à di-

EPISTRE:

re, inutile en vous. Ie sçay que ce n'est pas seulement le naturel des Dames, mais vne inclination commune à toutes les creatures, de prendre plaisir à se mirer. C'est pour cela que les colombes voltigent volontiers sur les eaux, & que les plus rustiques se plaisent aupres du cristal des fontaines. Si ces lignes vous rendent le mesme office, cela me faict esperer que ce Liure ne vous sera point desagreable, & i'en estimeray le labeur assez bien employé s'il produit en vous le mesme effect qu'en ce fabuleux jouuenceau qui deuint amoureux de sa propre figure; & que deuenant passionné de tant de bien-faits dont Dieu vous a comblee, vous essayez par la recognoissance que vous luy en rendrez d'estendre ses graces en vous, & d'accomplir par ceste application ce qui semble manquer aux trauaux de celuy qui vous a rachetee par son sang: Beau sang qui vous a lauee de vos imperfections, & renduë

ã iij

EPISTRE.

sans tache & sans souillure; & alors par une metamorphose non feinte, mais sainte, vous deuiendrez une belle fleur dans le parterre de la sacrée Religion, & fleur qui portera des fruicts d'honneur & d'honnesteté. Les Peintres curieux ont accoustumé de tirer aux plus prés que leurs pinceaux peuuent approcher du naturel les personnes qui sont recommandables ou par l'excellence de leurs vertus, ou par leurs beautez corporelles. Si entre celles qui sont illustres en l'une & en l'autre ie vous ay choisie pour façonner ce pourtraict, ie ne crains pas que vous vous en laissiez emporter à la vanité, mais i'espere que cela vous seruira de motif pour vous auancer dauantage en la vertu, dont l'esperon est la gloire. I'ay eu fort peu d'esgard à ceste fleur passagere qui a autresfois éblouy tant d'yeux quand elle estoit épanouye sur vostre front, le Sage m'apprenant que la beauté est vaine &

EPISTRE.

trompeuse, & que la femme qui craint Dieu doit seulement estre loüee. Aussi est-ce en Dieu seul que ie loüe vostre ame laissant là le corps qui n'en est que le sepulcre, corps que par les mortifications, vos exercices ordinaires, vous reduisez tous les iours en seruitude, & lequel ie dois mespriser pour vous obliger en vous imitant. Ie loüe donc vostre ame en Dieu qui a fait en elles de grandes choses, choses egalement glorieuses que genereuses; choses dignes de ne perir iamais dedans vn lasche oubli. C'estoit vne pure vanité qui faisoit dire au grand Alexandre que la meilleure musique à son gré estoit celle qui chantoit ses hauts faits: mais c'estoit vne veritable humilité qui faisoit dire au Roy Prophete ce grand Prince selon le cœur de Dieu.

Venez & m'escoutez, vous que sa crainte touche,
A tous i'annonceray ce qu'il a fait

EPISTRE.

pour moy:
Ie luy ay fait ma plainte au fort de mon esmoy,
Et bien haut sa loüange a sonné dans ma bouche.

Celuy qui loüe vn autre de ceste façon rapportant à Dieu, tout ce qu'il y a de Bon, tout ce qu'il y a de Sainct, tout ce qu'il y a de Iuste, tout ce qu'il y a d'Honneste, tout ce qu'il y a de bonne Renommée, comme au Pere des lumieres, duquel tout don parfait tire sa source & son origine, ne doit pas craindre de mettre vne pierre de scandale & d'achopement au chemin de celuy qui est exalté pour le precipiter dans la vaine gloire: Et celuy mesme qui est loüe ne peut redouter ceste tentation, puis qu'on luy fait dire auec l'Apostre; non pas moy, mais la grace de Dieu en moy, auec laquelle que ne puis-je? Certes il ne faut pas sous le manteau de l'humilité se iet-

EPISTRE.

ter dans l'ingratitude, ny frustrer l'Autheur des meilleures graces de la recognoissance qui luy en est deuë, faute de les cognoistre en vous. Vn Ancien auoit raison de dire, que si la vertu pouuoit estre veuë, elle seroit aimée d'vn chacun ; Mais, MADAME, vous auez osté ceste condition, car elle est si visible en vostre personne, qu'il faut estre ou tout à fait aueugle pour ne la voir pas, ou extremement malicieux en la voyant pour la mescognoistre. Il me semble que seulement à la lecture de ceste ligne ie vous voy rougir à trauers vostre voile, mais tant s'en faut que ceste couleur me fasse retracter, qu'au contraire ces liurées qui sont celles de la vertu me confirment en ceste creance. Et n'ayez pas peur que l'humilité dont vous faites vne singuliere profession en soit interessée : car comme vous estes cachée dedans vn Monastere, & desormais inuisible au siecle ; aussi me

EPISTRE.

suis-je auisé de mettre vostre nom à l'abri sous des ombres impenetrables aux rais de la curiosité. Vne seule chose, comme ie pense, vous estonnera qui est qu'apres auoir renoncé à toutes les qualitez & pompes du monde, ie vous traitte encore du tiltre de MADAME, au lieu de celuy de sœur que vous auez tiré sur vous par l'habit Religieux, ou de celuy de ma chere fille que vous auez autresfois si affectionnement desiré lors que i'ay eu quelque part en la cõduite de vostre ame. Mais ie vous prie de vous payer de la mesme monnoye dont le grand S. Hierosme s'acquitta enuers la deuote Dame Paula, Princesse Romaine, lors qu'elle se faschoit qu'il l'appellast Madame, apres auoir par l'estat Religieux reuestu l'humilité, la pauureté, & l'abiection de la croix du Sauueur ; veu que dans les grandes dignitez qu'elle auoit possedées au siecle il l'appelloit simplement sa fille.

EPISTRE.

Certes, luy disoit-il, la conduite des enfans de lumieres est toute autre que celle des enfans de tenebres. Car lors que les mondains vous prisoient beaucoup, ie vous estimois peu, & pour ceste consideration ie ne vous nommois que ma fille: mais depuis que vous estes deuenuë espouse de IESVS CHRIST foulant aux pieds l'orgueil de la vie seculiere, comme voulez vous que l'esclaue du Saueur, tel que ie suis, appelle l'espouse de son Seigneur, sinon sa Dame & sa Maistresse? C'est donc en ceste mesme qualité que ce grand Sainct m'enseigne que ie vous dois regarder, MADAME, puisque en suiuant les traces de l'excellente vefue saincte Paule, ie vous dois rendre les mesmes honneurs qui luy estoient deferez par ce renommé seruiteur de Dieu. Ainsi puissiez vous tous les iours auancer de plus en plus au desert de la Regularité, & profiter de vertu en vertu pour

EPISTRE.

monter par degrez au plus haut sommet de la montagne de Syon, la perfection Religieuse. Ainsi puissiez-vous à l'imitation de la lumiere du iour effacer vos premieres splendeurs par l'esclat des suiuantes, iusques à ce que par la perseuerance (seule couronne de iustice) vous arriuiez au plein iour de la gloire que vous souhaite comme à soy-mesme,

MADAME,

Vostre tres-humble seruiteur selon Dieu, IEAN PIERRE E. DE BELLEY.

PRIVILEGE DV ROY.

LOVIS PAR LA GRACE DE DIEV, ROY DE FRANCE ET DE NAVARRE: A nos amez & feaux Conseillers, les Gens tenans nos Cours de Parlemens, Baillifs & Seneschaux, Preuosts ou Lieutenans, & à tous autres nos Iusticiers & Officiers, & à chacun d'eux ainsi qu'il appartiendra, Salut. Nostre bien amé Martin Lasnier, marchand Libraire en nostre ville de Paris: Nous a fait remonstrer qu'il a recouuert vn liure intitulé, *La Pieuse Iullie*, composé par le Sieur Euesque de Belley, lequel il desireroit mettre en lumiere, s'il auoit sur ce nos lettres à ce requises & necessaires. A ces causes, desirant bien & fauorablement traitter ledit exposant, & qu'il ne soit frustré des fruicts de son labeur: Luy auons permis & octroyé, permettons & octroyons, de grace speciale, par ces presentes imprimer, ou faire imprimer en tel marge & caracteres que bon luy semblera ledit Liure, iceluy mettre & exposer en vente, & distribuer durant le temps de six ans, à commencer du iour qu'il sera acheué d'imprimer: Deffendant à tous Imprimeurs, Libraires, Estrangers, & autres personnes de quelque qualité qu'ils soient, d'imprimer, ou faire imprimer, ny mettre en vente durant ledit temps, ledit Liure, soubs couleur de faulses marques & desguisement, sans le consentement & permission dudit exposant, ou de ceux, ayans charge de luy, sur peine de confiscation d'iceux, d'amende arbitraire, & de tous despens, dommages & interests enuers luy, à la charge d'en mettre deux exemplaires en nostre Biblioteque publique, auant que l'exposer en vente, suiuant nostre Reglement, à peine d'estre descheu du present Priuilege. Si vous mandons que du contenu en ces presentes, Vous fassiez, souffriez, & laissiez iouyr ledit Lasnier plainement & paisiblement; & à ce, faire souffrir & obeïr tous ceux qu'il appartiendra, en mettant au commencement, ou à la fin dudit Liure ces presentes, ou vn bref extraict d'icelles. Voulons qu'elles soient tenuës pour deuëment signifiees, & qu'à la collation foy soit adioustee comme au present Original: Car tel est nostre plaisir. Donné à Paris, le vingt-cinquiesme iour de Nouembre, l'an de Grace, mil six cens vingt-quatre: & de nostre Regne le quinziesme.

Par le Roy en son Conseil,

RENOUARD.

Acheué d'imprimer le dixiesme Decembre, mil six cens vingt-quatre.

LA PIEVSE IVLLIE.

LIVRE PREMIER.

LA nuict estoit au milieu de son cours, & le Soleil estant au plus hault poinct de l'autre hemisphere, emplissoit les Antipodes de la splendeur & de la clarté de son midy, rendant le nostre par l'ombre de la terre obscurcy de noires tenebres, qui releuoient dauantage le brillement des Astres, si bien que les estoilles estincelantes dedans le ciel paroissoient autant de flambeaux allumez sous vne sombre courtine. L'air estoit tellement net & balayé de nua-

A

ges qu'il sembloit que la nuict toute couronnée de brillans & couuerte d'vn manteau d'azur tout parsemé de pierreries voulut disputer de la preeminence auec le iour, & rendre ses obscuritez egales en beauté à la lumiere. Certes quoy que les meschans cherhent ce noir rideau pour mettre à couuert leurs fraudes, leurs deshonnestetez & leurs tromperies, si est-ce quelon peut dire que la nuict a ses yeux, ou s'il est permis de parler ainsi, a des fenestres treillissées de ialousies, à trauers desquelles le grand œil de celuy qui est appellé Dieu par les Grecs d'vn certain nom qui le declare tout voyant, voit tous les forfaicts de ceux qui le pensent autant aueugle à apperceuoir leurs iniquitez, comme ils sont eux mesmes aueuglez par leur propre malice. Mais tout est nud & ouuert, & descouuert à sa veuë, comme dit la saincte parole, & n'y a rien qui puisse eschapper sa cognoissance, non pas mesme sa presence, ce qui faisoit dire au diuin Chantre,

I'ay peché ô Seigneur, i'ay fait mal deuant toy,
O Dieu, deuant tes yeux i'ay violé ta loy.

Or entre tant de viues prunelles qui estinceloient dedans le corps du ciel comme en celuy d'Argus, si la Lune eust aus-

LIVRE I.

si bien emply son rond comme elle ne monstroit que la moitié de sa face, sans doute eu esgard au vif argent qui sortoit de ses cornes, on l'eust presque prise pour vn autre Soleil, mais Soleil beaucoup plus fauorable que celuy qui enfante le iour: car celuy-cy comme vn tyran regne imperieusement, il estouffe par la seule monstre de son Oriēt toute la liberté des estoilles, les engloutissant toutes à la fois, & les serrant dedans la prison de sa trop esclattante lumiere, au lieu que celle-là regnant plus moderement comme vne Princesse au milieu de ses Damoiselles, ou comme vne douce mere au milieu de ses filles, ou cōme vne Matrone entre ses seruantes, se contente de paroistre la plus grande en quelque façon qu'elle se monstre, sans ternir le lustre des moindres feux qui l'accompagnent, & que l'absence du Soleil allume dedans le Ciel. C'estoit en ce mois auquel le Soleil enflammé par la conioncture du Lyon rendoit la maturité aux fruicts & embrasoit la terre des ardeurs de sa presence. Ie marque expressement toutes ces particularitez, & ie les specifie parce qu'elles importent pour representer l'horreur d'vn crime que le iour n'a point voulu esclairer,

& que ie tire du sein de l'a nuict qui la enueloppé pour en espouuanter la nuict mesme, nuict mere des effrais & des espouuantemens. Crime recouuert à la verité du double manteau de la nuict & de la Iustice, mais si la Lune ne l'a veu qu'auec vn œil à moitié ouuert, ie puis bien dire que les balances d'Astrée estoient tout à faict eclipsées. Belle & saincte Dicée qui presides aux iugemens, & dont les yeux ne peuuent voir que l'equité & la droicture, c'estoit bien alors que tu estois enuolée au ciel tandis que l'on se seruoit de ton manteau qui est resté en terre, comme celuy d'Elie, non pas comme vn double esprit de duplicité. O enfans des hommes, iusques à quand pesans de cœur terrestres & grossiers, aimerez vous la vanité au lieu de la solidité, cherirez-vous le mensonge au lieu de la verité, & chasserez-vous apres les ombres au lieu de vous arrester au corps de la pieté & de la vertu. Sçachez que le Seigneur rendra d'autant plus admirable son Sainct, que plus il rencontrera de contradictions : apprenez que les contrepointes rendront le cantique de sa constance d'autant plus harmonieux, & que les difficultez comme vne pierre aiguisoire affileront sa genereuse resolution, & que le vent de l'opposition rengregera sa saincte flamme au lieu de l'esteindre: ce sont les petits feux que ses orages estouffent, le grands s'en embrasent plus fort. Souuenez-vous que si le Sauueur est vn signe contredit, que la contradiction est la marque de son œuure à laquelle ne pourront resister tous les ennemis de sa gloire, ny les portes d'enfer preualoir contre ses decrets. O que vous estes esloignez du but de vos pretensions! ne sçauez-vous pas que l'appetit s'irrite par la contrainte, qu'empescher vn bien, c'est le faire chercher dauantage, la peine aiguisant & affilant le desir.

Vous qui violentez vne volonté sainte,
Par le cruel effort d'vne iniuste contrainte:
Plus vous la forcerez, plus forte elle sera
Plus vous l'amortirez, plus elle aura d'amorce,
Plus vous la forcerez, plus elle aura de force,
Plus elle endurera, plus elle durera.

Faut-il doncques pour vn faux masque de pieté naturelle commettre vne impieté contre l'autheur de la nature, & que pour la sotte humeur des Dieux de la terre qui sont les parens, soit violé le seruice & le culte du Dieu du Ciel. Est-il bien possible que ceux qui non seulement se disent

Chrestiens, mais distributeurs de la Iustice entre les Chrestiens & protecteurs des loix ciuiles & Canoniques, commettent vne telle inciuilité contre les Canons, vne telle irregularité contre la Police ciuile : Police ciuile qui joincte auec l'Ecclesiastique, doit par vn attelage bien ordonné faire marcher droit le chariot de la chose publique selon que dict ceste parole sacree,

La Iustice & la Paix se sont entre-baisees
La Verité en terre, & la Iustice au Ciel.

Doncques les loix humaines & diuines heurteront, & de sorte que celles-cy soient iniquement supplantees par celles-là : & par ceux là mesme qui font profession de rendre à vn chacun ce qui luy appartient, & à Cesar, ce qui est à Cesar : cõme à Dieu ce qui est à Dieu. De quel nom assez odieux pouuons-nous noircir & diffamer ce crime qui arrache les victimes des Autels pour les appliquer à des vsages profanes, mais victimes, d'autant plus precieuses que celles qui estoient fripponnees par les enfans d'Aaron, & d'Helye, si seuerement punis par la diuine Iustice, qu'elles sont raisonnables & capables de loüer Dieu eternellement & de luy offrir à iamais vn sacrifice de loüange? Sera-ce du tiltre de sacrilege, de vol, de rapine, de larcin, de brigandage, de violement, d'impieté que nous le baptiserons; si nous ne voulons dire qu'il n'est point d'injure assez atroce pour vn acte si detestable, & ce qui aggraue le forfait est de le voir paré des couleurs d'vne vertu qui peut estre appellée la mere de toutes les autres, la vertu des vertus vne vertu vniuerselle plustost que particuliere, de laquelle ce Poëte Grec a dict autresfois,

La Iustice comprend en soy toute vertu.
Car comme a tres-bien remarqué vn Ancien, quand le vice est recognu, il est à demy guery; quand la hôte luy reste, il n'est vice qu'à demy : mais quand l'imprudence l'accompagne, & qui est pire, l'impudence quand le pecheur couure sa coulpe, non seulement auec impunité mais sans quelque image de raison, la couurant de pretexte, luy cherchant non seulement des excuses pour la palier, mais des couleurs pour la soustenir; voire mesme presumant en tirer de la gloire pareille à ceux dont l'Escriture dit qu'ils se resioüissent quand ils ont mal faict : alors son estat est déplorable & semblable à ces malades, qui sont d'autāt plus proches de leur fin, que moins ils en ressentēt la venuë. C'est proprement

ce que dit la saincte parole, l'impie estant
arriué au profond ou plustost au comble de
son impieté met tout à mespris, & ne reco-
gnoist son malheur que quãd il est accueil-
ly du tourbillon des tenebres. C'est à ces
gens là que le Prophete Roy addresse ces
traicts de Licambe :
Pourquoy t'esleue-tu si haut,
   Pour te voir puissant à mal faire?
   De Dieu la bonté salutaire
Aux siens vn seul iour ne defaut.
Dieu te perdra totalement,
   Et t'arrachant de ta demeure
   Fera qu'en terre il ne demeure
Vn ietton de toy seulement.
Les bons craindront en leur courage :
   Et diront se rians de luy,
   Le voila, l'homme plein d'outrage
Qui Dieu mesprisoit pour apuy.
Qui n'auoit sa fiance mise
   Qu'aux biens si grands qu'il possedoit,
   Et sa force aussi se fondoit
Sur sa malice & sa feintise.
Moy qui iamais qu'en ta bonté
   N'eus mon espoir, seray de sorte
   Qu'on void Oliuier qui raporte
En la maison de Dieu planté.
Et, Seigneur de ceste Iustice,

Livre I.

Ie te beniray sans cesser,
Attendant ton nom si propice
A ceux qu'il te plaist d'embrasser.

I'auance tout cecy du Psalmiste: parce qu'il semble que ce soit vne Prophetie & vne peinture fort expresse de ce que nous allons descouurir, & de ce dont il nous faut discourirà la teste de ceste Histoire, en laquelle nous verrons combien sont foibles & debiles les oppositions & distances de la terre contre les attraicts & les vocations du Ciel.

Aupres de ceste celebre & fameuse ville de Paris, qui n'a point sa pareille au monde, s'esleue vn agreable coustau, qui prenant ses racines és delicieux villages de Vanues, & d'Icy, s'estend iusques à la maison de sainct Germain en Laye, qu'il suffit d'appeller Royale, pour marquer en vn mot toutes les perfections de son air, de ses fontaines, de ses bastimens, de ses peintures, de ses allees, de son assiette, de son païsage & de sa prospectiue. Cette belle Colline enrichie de toutes les graces dont la Nature puisse ennoblir vn terroir, soit pour la fertilité du solage, soit pour la delicatesse des vins & des fruicts, soit pour la diuersité des iardinages, soit pour la multitudes des sources qui l'arrosent, est encore baignee en son pied par ce vaste fleuue de la Seine, qui laue les hauts murs de Paris. On auroit aussitost nombré toutes les constellations que les Astrologues remarquent dedans les Cieux, que deduit la multiplicité des maisons de plaisir, que les habitãs de ceste superbe Cité bastissent à l'enuy sur l'estenduë de ce Tertre. Mais entre les autres (aprés le Palais du Roy qui est tout à faict hors du pair) il faut auoüer que celuy qui fut jadis les delices des Princes d'Austrasie tient vn rang principal: car outre l'auantage de son assiette si doucement, & neantmoins si hautement releuée qu'en la liberté d'vn air tout à faict espuré des broüillards inseparables d'vne vallee, l'accez de tous les costez n'y est aucunemẽt difficile, ny les promenoirs n'y sont rẽdus fascheux ou incõmodes par la roideur des montees, veu que toutes les pentes y sont si molles & aisées, qu'on se treuue insensiblement au faiste sans s'apperceuoir que bien peu de la difficulté du monter. Ceste magnifique maison qui porte le nom de Meudon, comme qui diroit le don des Muses, lesquelles comme sur vn Parnasse y semblent faire leur sejour, & y distribuer à ceux qui les y visitent leurs dons plus precieux, sçauoir les enthosiasmes admirables pieces des meilleures Poësies, a esté autrefois caressee & cultiuee par les honnestes recreations qu'y prenoient ces fameux Heros de Lorraine, qui en leur temps esleuerent la Religion, les armes & les lettres à vn haut sommet de gloire & d'honneur: Si que tant pour l'Architecture que pour le reste des ornemens qui peuuent rendre accomplie vne demeure de campagne, il y auoit tant à admirer, que la multitude & varieté des obiects surmontoit les desirs de ceux qui la visitoiēt. Ie n'ay pas entrepris de faire icy vne plus ample description des merueilles de ce lieu de volupté, qui a en pleine veuë le Paradis de la terre: ce grand Paris qui ne peut estre comparé qu'à soy-mesme. Soit parce que ceste digression faite dés le sueil seroit peut-estre ennuyeuse, soit pour l'abondance du subiect qui requiert vn meilleur pinceau, soit parce que ie m'escarterois vn peu du fil de mon narré. Au pied doncques de ce Chasteau signalé, & qui paroist entre les autres qui parent ces riuages comme vn Croissant qui a atteint sa rondeur parfaicte parmy les moindres estoilles du Ciel, & sur le milieu du coſtau ſe void vn petit Monaſtere de Capucins, qui en ſa petiteſſe ſurpaſſe de beaucoup en beauté pluſieurs grands & inſignes Conuents. Certes quand il n'auroit autre prerogatiue que d'eſtre le premier de tous ceux que ce S. Ordre a occupez en la France, ce ſeroit bien aſſez pour le faire eſtimer: en quoy nous remarquerons en paſſant la pieté de ces grands Princes qui en liberalité & en magnificence ne cedoient à aucuns de leur aage à receuoir les premiers ces ſaincts Religieux, à les accueillir en leur propre maiſon, & à procurer leur eſtabliſſement en ceſte Monarchie à laquelle ils ſe ſont rendus ſi vtiles. L'eſtroitte obſeruance & rigoureuſe pauureté gardée par ceſte ſacrée Congregation paſſe iuſques aux baſtiments qui ſont d'autant inferieurs au zele de leurs fondateurs, que conformes à l'humilité & à l'abiection dont ils font vne profeſſion ſi ouuerte. Si bien que ie ne loüe pas ce Monaſtere pour la ſomptuoſité de ſa ſtructure: autrement pour loüer vn edifice ie blaſmerois vn Ordre qui meſeſtime les demeures pompeuſes, & qui, comme S. Paul dit de Moyſe, priſe l'opprobre & la baſſeſſe du crucifié, plus que les magnificences des Palais royaux. Mais ie recommande ce lieu de retraicte pour la grace de son assiette qui ioint la bonté de l'air auec la facilité de l'eau, vne belle veuë à vn boccage des plus plaisans qui se puisse imaginer, & pour auoir quelque traict de ressemblance auec la sommité de ce Mont Aluerne où le Seraphique François Patriarche & fondateur des freres Mineurs receut l'impression de ces marques honorables qui le rendent signalé entre les Saincts. Ceste montagne saincte, ceste montagne grasse, ceste montagne en laquelle il plaist à Dieu d'habiter & de prendre ses delices parmy ces ames pures qui le recherchent de tout leur cœur & auec tant de sinceriré, est quelquefois destinée par ces bons Peres pour y tenir le Nouiciat de la Prouince de France, afin que ceux qui font leur essay des rigueurs & des austeritez de ceste regle, & qui se dressent à ceste escole de vertu puissent entierement vacquer à Dieu sans estre troublez par le tracas & l'importunité du monde, & voir en vacquant à l'vn necessaire, combien le Seigneur est doux, & cõbien son ioug est suaue, & son fardeau leger à ceux qui experimentent les traicts de sa grace & l'assistance de sa bonté. Et certes tout ainsi que les abeilles ne font point leurs rayons és lieux tumultueux, ny mesmes és autres où les repercussions forment le bruit des echos : de mesme il est malaisé que le sainct Esprit respande l'huille de ses faueurs en des ames qui veulent escouter ce qu'il dira en elles dedans le tintamarre de l'Egypte du monde. Ie la meneray en la solitude, dit ce diuin espoux, & là ie parleray à son cœur C'est pour cela que le Roy des Prophetes s'esloigne en fuyant & s'enfonce dedans les lieux les plus escartez, dautant que le murmure du monde & l'embarras du siecle, comme les Catadoupes du Nil, empeschent d'entendre l'harmonie des Cieux. Et à la verité comme il est malaisé de voir distinctement les traicts de son visage en vne eau meslée de bourbe ou troublée par l'orage & le vent : de mesme il semble, sinon impossible au moins tres-difficile, de se recueillir & de bien visiter sa Hierusalem interieure auec les lampes d'vne exacte recherche tandis que lon est parmy les marais de Moab, ou dedans les vagues de la mer du siecle. Le Cantique de Syon de la vision de paix ne se peut chanter sur le courant du fleuue de Babylone, la mere des confusions & des desordres. Celuy qui veut estre à soy doit sortir de la presse, & faire vne loüable banqueroute à l'Egypte qui veut comme il faut, sacrifier son cœur au desert de la vraye penitence. Pour ceste consideration le celeste Amant appelle sa Colombe aux trous de la pierre, c'est à dire, à vne douce retraicte pour y entendre le son de sa voix, & y contempler les traicts de la face de son interieur. Tantost ces bons Peres pour auoisiner le remede du mal, r'amenent leurs Nouiciats aupres des villes, afin que ceux qui sont attirez à la suite de leur institut par l'odeur du parfun de leur bon exemple, ayent aupres d'eux des azyles sacrez, où côme en ces villes de refuge de l'ancienne loy ils puissêt euiter les prises de leurs mauuais maistres, le monde & le sang. Mais parce que ceux là ne peuuent guerir de la rage qui ont en leur presence les animaux qui les ont mordus, il est tousiours meilleur de s'escarter & de fuir, car le siecle ne se peut iamais mieux surmonter qu'auec les armes des Parthes. Ceux-là certes monstrent beaucoup de courage, qui peuuent acquerir la domination & l'Empire de leurs passions au milieu de leurs ennemis : mais ceux-là tesmoignent plus de prudence & d'humilité, qui se deffiât de leurs foibles forces euitent par vne glorieuse retraicte & vne fuite honorable, les occasions qui les pourroient ramener en Egypte, & leur faire quitter la mâne pour les pourceaux. D'autresfois ces bons Religieux ont fait seruir ce Monastere, dont ie parle, de sejour pour les infirmes, à cause de la pureté de son air, & des autres recreations qui l'acõpagnent, capables de retirer du tombeau vn homme qui y a desia le pied, & de reuigourer vn mourant. Quelquesfois ils l'ont destiné à l'vsage de ces vieux Champions, qui vsez de mortifications, d'austeritez, & des exercices d'vne longue penitence, ont en quelque façon selon que parle sainct Paul, receu response de mort pour y attendre en paix le salutaire de Dieu. Semblablement à ces Vierges sages, qui la lampe à la main & les reins ceints, escoutent quand l'Espoux viendra, & quand le grand Capitaine les retirera de sentinelle, disans auec Dauid :

Seigneur, leuez de garde
Celuy qui vous regarde :
Mettant dedans Syon
Sa retribution.

Au temps qu'arriua le faict que ie veux deduire, ce sacré desert estoit destiné par le Nouiciat. Et là s'exerçoient les Athletes, qui aspiroient

piroient à la gloire d'appartenir à Dieu par les
saincts vœux. On ne sçauroit dignement representer la belle fleur de ieunesse de toutes qualitez, qui se presentoit tous les iours à ce port de salut: les vns nobles de sang si abbatoient d'autant plus genereusement qu'ils auoient esté releuez sur le theatre de la vanité: les autres ennoblis par la science quittoient toutes les subtilitez pour vacquer à la perfection de leurs consciences; tous comme des abeilles mesnageres dans la practique de la vie Religieuse se chargeoient des fleurs des vertus pour en tirer le miel d'vne solide perfection. Là sans crainte deliurez des mains de leurs implacables aduersaires le siecle, le sang, & l'enfer, ils vacquoient incessamment au seruice de Dieu, passans deuant sa face les iours & les nuicts en saincteté & iustice. Là tandis que les mondains se fondoient dans les voluptez & les delices, ils se paissoient du pain de douleur mangeans auec la cendre & s'abreuuans de leurs propres pleurs: là ils combattoient la vanité par vne profonde humilité, foulans l'orgueil par vne parfaicte obeïssance. Là ils domtoient la pompe des richesses par vne rigoureuse pauureté, plus contens en leur abiection embrassée pour Iesus-Christ, que tous ceux qui se glorifient en

B

la multitude de leur opulence. Là ils se crucifioient au monde, comme le monde leur estoit crucifié, c'est à dire, autant en horreur que l'est à nos yeux le spectacle des corps attachez à vn triste & infame gibet. Là sçachans que l'amitié du monde est ennemie de Dieu, & que pour arriuer à la parfaicte charité, il ne faut point aimer le mõde, ny rien qui en depende : ils passent le temps en des espreuues, en des emplois, & en des actions qui semblent farouches à ceux qui ne peuuent haïr leur chair, & qui blasphemans ce qu'ils ignorent, ne peuuent comprendre (animaux qu'ils sont) ce qui est des mouuemés de l'esprit de Dieu. Aueugles qui ne voyans pas les onctions meslées parmy ces croix, ne sçauent pas ceste haute maxime de la saincte Philosophie, que souffrir pour ce que lon aime, est le plus haut poinct de contentement où l'amour puisse esleuer vn courage. Là les iours paroissent des moments au culte de celuy que les Anges adorent, & dont le seruice est vne Royauté, au lieu que dedans l'impatience des passions qui agitent les esprits du siecle, les moments semblent des eternitez. O Seigneur,

Heureux qui est en ta maison

Livre I.

Il te louë sans cesse,
Et iamais la saincte Oraison
Ne le lasse ny laisse.

O que benit soit Dieu, dit le diuin Chantre qui n'a point escarté de moy ma priere & sa misericorde. Ouy, car adiouste sainct Augustin, tant que nous auons en main l'arme de l'Oraison, la clemence de Dieu est à nostre mercy. O que differente est la vie, que sont diuers les emplois, & que contraires sont les occupations des mondains & des Religieux! Ceux-là sans cesse bandez apres les grãdeurs & l'ambition ne tiennent rien de plus honorable que le continuel desir de gloire qui leur picque le cœur; ceux-cy ne cherchent en toutes leurs actions que l'abaissement & l'aneantissement d'eux mesmes, & de leur propre volonté pour arriuer à ceste parfaicte obeïssance que leur maistre a practiquée iusques à la mort, & la mort de la Croix. Ceux-là comme des animaux irraisonnables tous retournez vers la terre, ne recherchent que les biens passagers & perissables du monde, sans considerer ce que dit le Psalmiste,

Que le desir des pecheurs perira,

Et que l'hõme en mourant n'emportera de tout ce qu'il aura amassé que ce qu'il a ap-

B ij

porté, c'est à dire, rien ; retournant nud sur la terre sur laquelle il est venu en vne extréme nudité. Ceux-cy ne se desirans vestir ny sur-uestir que de la grace, se despoüillent volontiers de tout ce qu'ils possedent pour imiter la pauureté de celuy qui estant riche au Ciel s'est rendu pauure icy bas pour nous enrichir de son indigence. Ceux-là comme brutes ne sacrifians qu'aux voluptez & faisans vn Dieu de leur ventre viuent comme cét autre qui disoit pour maxime,

Boy, mange, apres le trespas
Les plaisirs ne durent pas.

Ne viuans que comme pour manger, au lieu de manger simplement pour soustenir la vie. Ceux-cy comme des esprits desia participás de l'immortelle felicité où il n'y a point de nopces, meinent en la chair vne vie exempte des soüilleures & corruptions sensuelles, imitans en leurs corps la condition des intelligences celestes ; s'attachans à ceste practique de vie presque surnaturelle par trois vœux solemnels, qui comme trois clous mystiques les cloüent à la croix auec le Saueur, afin de viure en luy plus qu'en eux mesmes, & qu'il viue en eux en le possedant entierement. Bref, ceux là viuent en vn dereglement continuel aualans l'iniquité cōme l'eau, c'est à dire, fans fentiment, faifans comme nature du peché, toufiours enfans de Belial, fans ioug & fans foumiffió, enfans d'ire & de reuolte, vafes de courroux, & objects de la haine de Dieu. Et ceux-cy fe maintiennent en fa grace autant qu'ils peuuẽt, fe balançans en ce doux air auec les aifles de la foy & de la crainte à celles de colombe, l'efperance & l'amour entretenans ce feu facré dedans le temple de leurs corps, & l'autel de leur cœur par de continuels exercices de mortification & de penitence, practiquans ce mot de l'Apoftre, mortifiez vos membres qui font fur la terre: car fi par l'efprit vous mortifiez les mouuemens du fens, vous viurez heureux à iamais: que fi vous femez en la chair, vous moiffonnerez la corruption en l'eternité, Mais il faut auoüer que l'occupation qui les auoifine de plus prez des Anges, c'eft l'employ quafi continuel des loüanges diuines, car c'eft-là cefte meilleure part de Marie qui ne luy fera point oftée eternellement : car c'eft autour de ce rayon de miel diftillant, que font employées les levres de ces auettes curieufes de leur falut, c'eft apres ce mefnage qu'ils paffent les iours entiers, & vne grande partie des nuicts, preuenans l'aurore pour mediter les tefmoignages de Dieu, veillans au Seigneur de grand matin, le loüans à la pointe du iour, & lors que le Soleil esclatte en son Midy, & encore lors que le Vespre commence à se desrober à nostre veuë, & practiquans à la lettre ce verset du grand Chantre :

Ie me leue à minuict afin que ie te chante
 Seigneur, & ta gloire ie chante :
  Pour ton commandement, qui si iuste est cogneu,
   Duquel ie me suis souuenu.

Car tandis que les mondains enseuelis dedans le plaisir & le vin, dorment d'vn profond sommeil dedans la molle plume, les saincts Religieux desillans ayſément leurs paupieres de dessus la dure, ainsi que le rossignol qui se resueille promptement quant le vent agite tant soit peu l'espine sur laquelle il dort,

Esleuent chaque nuict leurs mains vers le S. lieu,
 En benissant le nom de Dieu.

O quelle agreable occupation qui leur fait interrompre leur repos & le silence de la nuict, pour exalter la gloire de celuy que loüent les Astres du matin, tandis que les mondains ou veillent en ces heures là pour mal faire, ou dormans ne font rien de bien que celer de faire mal. C'estoit donc à l'heure de minuict que nos Capucins eſtoient au chœur en ce ſainct concert qui les rendoit compagnons des Anges, qu'alors qu'ils y penſoient le moins en ce lieu eſcarté, & tout à fait ſeparé de voiſinage, s'eſleua vn grand bruit & vne forte rumeur à la porte de leur Monaſtere. L'on y ſonne, ou pluſtoſt l'on y tonne, c'eſt à dire l'on y frappe ſi fort que le portier auecque le congé du Gardien y va pour ſçauoir qui eſtoient ceux qui venoient interrompre le ſommeil non pas corporel, mais ſpirituel de ces belles ames, eſpouſes de Dieu en vn temps ſi peu opportun. Cóme il penſe demander à trauers de la porte auec la douceur ſi ordinaire aux Capucins qui eſtoit là, il entend vn ton aſpre & poignāt qui luy fait commandement d'ouurir de par le Roy. Le Roy, repliqua le bon frere, n'a pas accouſtumé de frapper ſi rudemēt à des heures indeuës à la porte des Capucins, laquelle eſtant touſiours ouuerte, non ſeulement à ſa Majeſté, mais au moindre de ſes commandemens, cela nous donne ſubject de croire qu'on emprunte ce nom ou pour nous eſpouuenter ou pour nous moleſter, ou peut-eſtre pour entrer par ſurpriſe, comme l'hyenne qui contrefait la voix de la brebis, pour ſe donner accez vers l'agneau & le deuorer. On menace ce frere s'il n'ouure la porte promptement d'y mettre le feu, ou de l'enfoncer à coups de hache, ce qui estoit augmenter sa deffiance, toute violence estant ordinairement suspecte. Il declare qu'il n'a les clefs que durant le iour, mais que pendant la nuict elles sont en la puissance du Gardien, auquel touche le soin de la closture du bercail qu'il va luy en donner, ains afin qu'il fasse selon que sa prudence luy suggerera. Cepēdant il regarde par les petits trous qui sont coustumierement aux portes des Conuens, il void comme vne troupe de satellites & de gens armez, ce qui luy representa viuemēt la prise du Sauueur au iardin des Oliues. Tandis qu'il va trouuer le Pere Gardien, ces rodomonts sont contraints, bon gré mal gré, de prendre patience. Le Gardien sans effrayer son troupeau, sort du chœur, commandant que l'on continuast, & qu'on n'en perdist pas vne syllabe : en quoy il fut obey par ses Religieux, qui chantans selon leur mode, tous debout, estoient en fermeté les colomnes du Temple. Arriué qu'il fut à la porte, les commandemens de par le Roy recommencerent, & en suite les menaces. Voila, dit-il, bien des éclairs & des tonnerres contre des humbles vallons. On luy dit, que c'est la Iustice; il repart, que l'heure est indeuë, que les actes de Iustice sont enfans de lumiere, que ceux qui cheminent en tenebres n'ont point la lumiere de vie, & ne marchent point en equité : & comme il auoit esté autrefois du mestier il leur monstra qu'il sçauoit que tous les actes iudiciaires faites durant la nuict estoient inualides. Contre ceste repartie s'esleuét des cris, des voix confuses, ou plustost des hurlemens qui tesmoignoient que si c'estoient des gens de iudicature, il y auoit peu de iustice en leur procedé; ou du moins peu de iugement : ils se disent Officiers du Roy, mais c'estoit leur passiõ qui sans le voile de l'authorité du Roy jouoit son roolle, donnant de mauuais coups auec vne bonne espée. Ils parloient en Roys, bien que leurs discours fissent cognoistre qu'ils estoiét regentez par leur propre manie. Ces Roytelets à la porte me font souuenir de ce verset de Dauid :

Grands portaux vos testes haussez,
  Huys eternels soyez dressez :
  Que le Roy ayt eu entrée,
  Qui est-il ce Roy glorieux ?
  Vn grand guerrier victorieux,

Qui par tout sa force a monstrée.

Le pere Gardien pour euiter la force tafchant par gracieuses paroles d'adoucir ces courages qui paroissoient irritez, ne desirant pas leur ouurir que leurs boüillons ne semblassent moderez, & voulant selon le conseil de l'Apostre donner lieu à la cholere, c'est à dire temps de se cuire, de se digerer, & de se refroidir: C'est pour cela qu'il leur remonstroit que s'ils venoient les executer pour des choses ciuiles, ils sçauoient bien que ceux qui font profession d'vne pauureté si exacte, & d'vne mendicité si rigoureuse, comme les Capucins n'ont ny procez, ny debtes, ny meubles qui vaillent vne saisie de Iustice: Si c'estoit pour crime, qu'il estoit mal-aysé à croire qu'en vne vie si austere ils commissent des actions qui appellassent pour leur chastiment tant de ministres de Iustice, joinct qu'ils auoient leurs Superieurs qui estoient leurs Iuges, l'Eglise estant fondee en vne possession immemoriale de faire iustice aux Ecclesiastiques qui se trouuoient auoir delinqué.

Mais ces remonstrances sont vaines:
  L'humeur de ces gens irritez,
  Auec des paroles hautaines.

LIVRE I. 27

Fait du bruit de tous les costez;
Il faut sans plus longue demeure
Qu'il leur soit ouuert tout à l'heure.

Ce n'est point à faire au Roy, disent-ils, de s'expliquer que par la bouche de la force, ny à ses Officiers de respondre aux interrogatoires, puis qu'ils sont maistres des Enquestes par tout où la souueraineté de leur Maistre s'estend, qu'ils sont porteurs d'vn Arrest de la Cour, qui leur donne pouuoir de rechercher des criminels de leze-Majesté diuine & humaine, iusques à la corne de l'Autel, que pour ces cas là il n'y a point de lieu de franchise; qu'ils ont eu aduis que des gens de ceste qualité s'estoient refugiez dedans leur Monastere; que s'ils ne vouloient se rendre participans de ces crimes, il falloit qu'ils ouurissent & laissassent par tout visiter leur maison, qu'à faute d'ouurir ils seroient contraints de faire comme la foudre qui passe sans lezion, és lieux où elle a libre accez, & qui fracasse tout ce qui resiste à sa violence. A la proposition de ces crimes, pour la vengeance desquels le Ciel & la terre doiuent conspirer, il n'y a Capucin qu'il ne fremisse, & qui animé d'vn sainct zele ne voulust se rendre executeur d'vn si iuste chastiment, car qui ne seroit espris d'ardeur pour le Seigneur Dieu des armees, & pour la conseruation de son oing, ainsi que disoit l'enflammé Prophete? Et le Pere Gardien sçachant que leur maison estoit vuide de telles gens, sinon qu'ils s'y fussent glissez sans son sçeu, ou celuy de ses Religieux, lesquels comme la mer les charognes, & l'aymant blanc le fer, rejettent & repoussent bien loin de leur societé de telles furies, alloit prendre les clefs pour leur faire ouuerture, & pour opposer son innocence à leur recherche, mais l'impatience de ces gens fut telle, qu'en mesme temps qu'ils menaçoient de la langue leur main operoit l'iniquité; car auec des engins propres à semblables efforts, ils enleuerent la porte de l'Eglise de ses gonds, & la porterent par terre : ils entrent en foule dedans la nef, auec des cris & des murmures qui tesmoignoient le peu de reuerence qu'ils portoient à celuy qui residoit sur l'autel, deuant lequel les demons mesmes fremissent ; & il est à presumer qu'ils alloient faire prendre le mesme saut à la porte qui serre le balustre qui est deuant l'autel, auec d'autant plus de facilité qu'elle eſtoit moins forte que l'autre, quand le Pere Gardien aduerti par le bruit de ceſte violence, & ſe ſouuenant du mot de ſainct Thomas de Cantorbie, qu'il ne falloit pas deffendre l'Egliſe comme vn champ de bataille, en repouſſant la force par la force, accourut ſoudain au deuant de ces treillis, preſt comme vn bon Paſteur, de mettre ſa vie pour ſes oüailles : où ayant recognu que ces gens portoient façon d'officiers de Iuſtice, il leur declara qu'il eſtoit preſt de leur ouurir, & de leur donner entree par tous les recoins de la maiſon, les auiſant ſeulement de porter le reſpect qu'ils deuoient à celuy deuant lequel ſe courbent les intelligences qui portent le monde, & qui eſt adoré des Dominations & redouté des Puiſſances, leur auançant ces mots du Pſalmiſte,

O vous Princes & Roys, maintenant entendez,
  Vous qui iugez la terre & qui luy commandez,
    Prenez inſtruction de ce qu'il vous faut faire.
    En crainte & ſans orgueil ſeruez le Tout-puiſſant,
    Adorez-le en ſon throne, & en vous abaiſſant
    Que voſtre ame ſoumiſe en tremblant le reuere.

Venez baiser le fils, & ses loix embrassez,
Qu'il n'allume son ire, & que tous renuersez
Perissiez au chemin que suit vostre folie :
Car en bref ses fureurs, ardamment paroistrõt.
O lors heureux tous ceux qui le recognoi-
stront,
Et qui n'auront qu'en luy leur fiance establie!

Ces sainctes paroles proferees auec le zele & la grauité conuenable à leur subject & à la personne qui les recitoit, eurent vne telle energie que tous ces courages animez en furent aucunement, sinon adoucis, au moins retenus, si bien que tant pour la veneration du Sainct Sacrement, que pour ne faire violence en vn lieu, où l'ouuerture leur estoit promise, ils s'arresterent vn peu : ce qui me fait souuenir de ces sourcilleuses montagnes d'eau que fait la mer quand elle est agitee de quelque furieuse tempeste, lesquelles semblent deuoir engloutir la terre & enseuelir ses riuages : & cependant tous ces boüillons & toutes ces tumeurs s'abbattent, & s'esmoussent auprés d'vne greue de sable qui est au pied des hautes falaises, lesquelles bordent ce terrible element: tant est veritable ceste saincte parole, que Dieu a mis des portes à la mer, & comme vne bride à ses vagues, luy defendant de passer les limites qu'il a prescrites, & luy commandāt d'arrester ses flots boursoufflez auprés du grauier qui semble applani, plustost pour luy faire voye que resistance. Vous eussiez dit que ces gens craignans vn chastiment pareil à celuy d'Heliodore, estoiēt comme interdicts, & qu'apres leur premier effort ils restoient comme ces abeilles esternies, & estourdies apres auoir perdu leur aiguillon. Tandis qu'ils attendent que la porte s'ouure, il est bon de sçauoir quels ils sont, & de cognoistre la cause de tout ce vacarme. Deux jeunes enfans de bonne maison, & tous deux fils d'vn de ces Magistrats qui president és tribunaux de la Iustice Royale, apres auoir parfourny leurs estudes en Philosophie, au lieu de prendre la route des Vniuersitez, où les esprits se meublēt de la cognoissāce des loix, & de la iurisprudence pour estre assis vn iour sur les fleurs de lys, & rendre aux peuples les Oracles de Themis sous l'authorité de nostre Monarque, portez par l'esprit de Dieu au desert de la penitence, plustost qu'é Hierusalem, ou à la Cour d'Herodes, c'est à dire, dedās le mōde, s'allerent ietter entre les bras des peres capucins qui faisoiēt alors leur Nouiciat en ceste solitude : ce n'est pas qu'ils les receussent en ceste part des Saincts en la lumiere de leur vie exemplaire, sans auoir de longue main esprouué leurs esprits s'ils estoient de Dieu, & essayé par vne longue suite de demandes & de iours, leur fermeté & leur perseueráce. On n'auoit rien espargné à leur remonstrer que ce sentier estroit n'estoit pas battu par des pusillanimes, qu'il falloit vn grand courage pour vne si genereuse entreprise : on ne leur auoit point caché les rigueurs, les difficultez & les austeritez de cet Ordre pour affermir leurs cœurs s'ils estoient forts & pour les destourner d'vn dessein temeraire s'ils estoient foibles. Car comme il y a des debiles vapeurs qui attirees par le Soleil s'abbattent ou se dissipent aussitost qu'elles sont esleuées, ou par la chaleur de ces Astres qui les fond, ou par la vigueur du vent qui les escarte comme des nuées sans eau, ainsi que parle sainct Iacques : De mesme il y a certains desirs de quitter le mõde, & d'embrasser l'estat Religieux, qui sousleuent quelquesfois des courages au dessus de leur portee : lesquels comme le bas or s'escaillent & pallissent au feu & à la touche, & auortent par l'essay, plustost veleités que volontez, pluſtoſt ſouhaits que deſirs, pluſtoſt ſimples deſirs que reſolutions bien determinees. De là vient que le Sage aduertit les petits cerueaux de n'eſtre pas trop ſages, mais de l'eſtre ſobrement : car comme a prudemment chanté ce gentil Poëte,

Il eſt honteux de mettre vn fardeau ſur ſon dos,
Et puis aprés donner du genoüil contre terre.

Mais tout ainſi que les arbres battus des vents iettent leurs racines plus profondes, & les paux s'affermiſſent par les ſecouſſes & les esbranſlements, & le feu des fournaiſes ſe rengrege par ces legeres aſperſions d'eau que iettent les forgerons pour l'irriter, le picquer & le rendre plus aſpre : de meſme ces courages, au cizeau & à la coupelle de tant d'obſtacles qu'on leur propoſoit, ſe rendoient plus reſolus & plus aſprement pourſuiuans, monſtrans que la diuine inſpiration qui les attiroit leur donnoit des aiſles d'aigle pour voler ſans s'abbatre auec vne force extraordinaire, & qui ſurmontoit la portee de leurs ieunes ans. Car ces deux freres, à peine auoient atteint l'aiſné la dixneufieſme, & le cadet la dixſeptieſme de leurs annees, quand ils ſe porterét à ce Chreſtien abandonnement du monde

C.

en s'enrollant sur l'estendart des champions du Crucifix. Le Pere qui n'auoit que ces deux enfans animé de ceste fuite comme vne Tygresse de qui on enleue la littee, obtint aussitost (comme il auoit vn grand credit en sa compagnie) vn Arrest par lequel il estoit deffendu à quelque ordre que ce fust de Religieux de receuoir ses deux fils: si iustement ou non, ce n'est pas à nous à contrerooller les iugemens de ceux que Dieu a mis sur le chandelier, & desquels il est escrit:

Dieu prés des magistrats s'assied aux Parlemēs
Remarquant dequel pied la Iustice y chemine,
Il est au milieu d'eux, & tous leurs iugemens
Seuere il examine.

Qu'ils ne pensent donc pas l'equité desguiser
Et donner des arrests ressentans l'iniustice,
Car il ne leur est pas permis d'auctoriser
La fraude & la malice.

Si Baltazar pour auoir despoüillé le Temple de Dieu de ses vaisseaux sacrez, & les auoir employez en des vsages profanes, vid la main vengeresse du tres-haut escriuant l'arrest sans appel de sa condemnation contre la muraille: Et si le sang des innocens fut redemandé de la main du Roy de Galilee en l'horrible façon dont l'histoire nous fait foy, que doit-on craindre quand on arrache des autels, non ja des vaisseaux sacrez, mais quand on force de s'appliquer à des conditions sinon profanes au moins laïques, ceux qui ne sont pas des vases d'honneur simplement, mais des Temples vivans du sainct Esprit, & qui se veulent dedier à Dieu par vne consecration saincte & Religieuse ? Certes si tout homme viuant pour droict qu'il soit ne se peut iustifier deuant Dieu, comme le pourra faire celuy qui combatant les loix du Ciel & de la Religion par celles de la Police & de la Nature, voudra comme vn autre Nembroth esleuer vne tour contre Dieu, & faire autel contre autel: arrachant les victimes de celuy d'Appollo pour les immoler sur celuy d'Hercule? Dauid reprochant à Israël comme vne insigne lascheté de ce que quelques vns immoloient leurs propres enfans à l'idole Moloc; Ils ont, dit-il, sacrifié leur propre semence à des demons, & non au vray Dieu, à des Dieux incognus & estranges: & emporter comme vn tourbillon rauissant vne ieune ame qui desire se planter comme vne ieune ante dans les parterres & les paruis du Seigneur, & sur

C ij

les courans de sa grace pour y pousser des
fleurs & y porter des fruicts en la saison:
n'est-ce pas là vn attentat pour lequel chastier le ciel n'a point assez de foudre dans
les thresors de sa colere? Et puis targuer ce
crime du beau nom de l'auctorité paternelle, & auec les armes & les pannonceaux de
la Iustice, commettre vn acte si odieux au
Ciel, & si horrible en la terre aux hommes
qui ont tant soit peu de sentiment de pieté
& de Religion, n'est-ce pas pour acheuer le
comble de la misere? Qui est celuy-là si peu
versé dans la cognoissance des maximes de
nostre saincte foy, qui ne sçache que les
loix humaines, mortelles & perissables, doiuent caler & s'abbaisser en adoration sous
celles qui regardent l'eternité, & qu'opposer le seruice du monde à celuy de Dieu,
c'est preferer Barrabas à Iesus-Christ, à
Iesus-Christ qui a dit pour ce sujet qu'il
n'estoit pas venu apporter la paix, mais le
glaiue, & glaiue de diuision pour separer
les enfans des peres, les femmes des maris:
que quiconque aime son pere plus que luy,
n'est pas digne d'estre son disciple, & que
pour le suiure il faut non seulemét quitter,
mais hayr pere, mere, frere, sœurs, biens, &
tout, voire auoir en hayne sa propre vie, &

renoncer à soy-mesme. Que c'est vne folie de consulter Laban, c'est à dire le siecle, & de prendre congé de luy quand on le veut quitter; que Sainct Paul appellé de Dieu, soudain n'acquiesça plus à la chair & au sang, que plaire aux hommes est renoncer à la qualité de seruiteur de Dieu, bref que pour imiter parfaittemét le Sauueur, il faut respondre aux parens qui trauersent de si pieux desseins que ceux qui nous font abādonner le monde, cela mesme qu'il dit à sa saincte Mere, qui le vouloit retirer du Temple, Ne sçauez vous pas qu'il faut que nous vacquions auant toutes choses aux affaires de nostre Pere celeste, pere celeste preferable à tous les peres terrestes, mais d'vne preference incomparable ? O loix humaines inhumaines! qui vous a donné l'outrecuidance de heurter celles que la Religion imprime si fortement dedans les cœurs, qui ont tant soit peu de soin de leur salut ? Seigneur, iusques à quand preuaudront les aduersaires de la Croix contre les amateurs de la pieté? Il est vray qu'il faut aymer & honorer ses pere & mere, mais iusques à l'autel, il est vray qu'il leur faut obeïr, & que cet honneur qu'on leur doit encloft l'obeïssance & la sousmission qu'il leur faut rendre,

C iij

ouy pourueu (comme disoit le grand Alexandre à sa mere Olympia) qu'ils commandent ou qu'ils demandent des choses iustes. Car comme la vraye Pieté veut qu'on leur deffere en celles-cy, elle deffend de leur condescendre aux iniustes. Et quelle raison y a-til de respondre à Heli quand le Seigneur appelle le Sauueur mesme, deffendant à vn jeune homme de donner la sepulture à ses parens, voulant qu'il laissast les morts enseuelir les morts: & quels sont plus morts que ceux qui sont dans les obscuritez des va..ez du monde entre les morts du siecle, que ceux qui sont assis en la regiõ d'ombre de mort, & desquels on peut dire qu'ils pensent vlure & ils sont vrayement morts? Mais quoy, ce n'est pas seulement du temps de Seneque qu'il y auoit des Harpastez qui pensoient estre clairuoyantes bien qu'elles fussent aueugles. Il y a vne generation dit le Sage qui pense estre fort droitte, & dont les mains sont pleines d'iniquité. Il y a des voyes qui paroissent droittes à quelques hommes, & neātmoins sont fort obliques ou biaisees. Quoy, diront les mondains qui ne sont sages que de ceste sagesse que sainct Iaques appelle terrestre, animale, diabolique, voulez-vous dõc que les Peres tombent en orbité, que les familles se perdét, que les heritages passent à des estrangers, & que les noms soient esteints qui se doiuent conseruer si jalousement en la republique? Certes si nous viuions parmy des Gentils & des idolatres, ces raisons auroient quelque lustre : mais deuant la splendeur des enfans de lumiere elles perdent leur esclat. Nous ne viuons plus sous la loy de seruitude & escrite, sous laquelle la sterilité estoit vn opprobre: la loy de grace a releué la continence si haut qu'il n'est point de mariage qui puisse si heureusement conseruer vn nom à la posterité, comme la virginité le peut perdre honorablement. C'est enterrer la synagogue auec hōneurs & esteindre vne famille comme ces lampes aromatiques auec vne bōne odeur que la borner par cette sacree continence qui peuple le ciel, comme les nopces remplissent la terre. Mais quoy, il est mal-aisé de persuader ces maximes pures & spiritueles à des hommes animaux tous engloutis dedans la chair & le sang, & abreuuez de longue main des aphorismes du siecle : il n'y a rien de iuste, il n'y a rien de sainct, il n'y a rien de pudique, il n'y a rien de bonne reputation pour parler auecque

C iiij

l'Escriture qu'ils ne faillent aux pieds pour contenter leurs appetits, & comme dit cet Anciē, il n'y a rien de si sacré qui ne treuue son sacrilege. Samuel estoit vnique, & toutefois ses parés ne l'arracherent pas de l'autel : S. Iean Baptiste de mesme, & pour cela ses parens ne le contraignirent point de quitter les deserts pour suiure vn train de vie seculier & mondain: & bien que la fille de Iepté fust vnique & son vœu temeraire, elle ne laissa pourtāt d'estre immolee pour satisfaire à la promesse paternelle plus superstitieuse que Religieuse; car d'alleguer à ces gens le sacrifice d'Abraham, c'est leur loger la vertu selon leur compte à l'impossible. I'auance tout cecy sur le sujet de la mutinerie de ces gens, de leur tumulte, & de leur leuee de boucliers, lequel entamé nous a obligez à pousser cette sorte d'inuectiue contre vne telle violēce. Or ces deux freres (tant les Capucins procedent lentement, posement & iudicieusement en leurs elections) n'auoient point encore quitté leurs vestemens seculiers pour se couurir d'vn sac rappiecé, qui sert d'habit à l'ordre de S. François : ils estoient encore dedans ces iours d'espreuue preambulaire, qui sont donnez à ceux qui poursuiuent pour estre admis au Nouiciat: ils eſtoient là ſpectateurs de tous les exercices de Religiõ pour iuger des coups, & conſiderer s'ils ſeroient capables de porter les armes ſpirituelles en vne ſi ſeuere milice: ils eſtoient venus pour voir, ainſi que des Moyſes, comment le feu ſacré de la deuotiõ pouuoit flamboyer parmi les eſpines de tant d'auſteritez ſans ſe diminuer, & ſans conſommer & abbatre totalement des corps qui ſembloient par vne ſaincte coniuration auoir determiné la ruine d'eux-meſmes. A peine auoient-ils quitté les foyers paternels pour ſe ietter comme en franchiſe en ce haure de grace, que le pere aduerti de leur depart courut apres eux, comme apres des ſerfs fugitifs pour les ramener, diſoit-il, ſous le joug & l'obeyſſance de leur vray maiſtre. Il faiſoit ſonner ſi haut le nom de l'auctorité paternelle, qu'il ſembloit comme vn autre Moyſe que l'Eternel l'euſt conſtitué le Dieu de ces Pharaons: auec vn arreſt il ſe fait fort de les arreſter en leur Religieux deſſein en quelque part qu'ils ſoiët, & qu'vn morceau de parchemin ſera la remore qui retiendra comme vn ancre le cours de ces deux vaiſſeaux qui alloient à voiles enflees du vent du S. Eſprit au port deſiré de la vie heureuse. Sur cet appuy il se rend ferme comme vn rocher, il croit fracasser toute sorte de portes non seulement auec impunité mais auec auctorité; que rien ne luy pourra resister, que les montagnes des difficultez s'applaniront deuant sa face, & que les chemins les plus raboteux se rendront aisez. C'est ce qu'il esclatte dedans cette Eglise appelant le Ciel & la terre à son secours, comme tesmoins de sa iuste douleur, criant tout haut que ces Peres luy auoient volé ses enfans, sans considerer que c'estoient ses enfans qui estoient volez à ces Peres. Car de faire icy vn ramas des outrages que la colere profera par sa bouche, il n'est ny de la bien-seance du lieu ny de l'honneur de sa qualité, ny de mon humeur : veu mesme que c'estoit la passion qui parloit & non pas l'homme, qui n'est homme que par la raison. Nonobstant tous ces tonnerres & ces esclairs (car ils auoient des flambeaux) les Religieux attentifs à la Psalmodie, comme des colomnes immobiles n'en perdirent pas vn seul verset de leur chant ny vn seul poinct, semblables à ce iuste que peint le Lirique tellement inesbranslable que le fracas de l'vniuers ne seroit pas capable de l'émouuoir. O qu'il est bon d'adherer à Dieu & de mettre en luy son attente! Cela me fait souuenir du Dafnis de ce Poëte,

Qui voioit sous ses pieds esclatter les nuages
En foudres & éclairs, mesprisant ces orages.

Et encore de ce qui arriua à Archimede au sac de Syracuse : car le bruit confus de la prise d'vne ville qui est le plus grand de tous les desordres, ne fut point capable de le diuertir de la profonde attention en laquelle il estoit plongé sur vne speculation de Mathematique. O combien plus pressante & plus rauissante doit estre l'vnion d'vne ame toute occupée en Dieu, & comme dit ce Poëte, pleine & grosse de Dieu! Car si ce Philosophe ancien bandé vers vne consideration philosophique ne sentoit pas les incisions qu'vn chirurgien luy faisoit aux jambes : combien auront moins de sentiment du tumulte de la terre, ceux qui sont auec vn Elie, ou auec vn S. Paul enleuez dedãs le Ciel? Adioustez à l'attention de ces deuots chantres la force de l'obeïssãce qui les rédoit attachez à executer à la lettre le cõmandement du Superieur qui leur auoit defendu de se remuer quelque bruit que lon fit; & vous verrez vne seconde cause qui les rend immobiles:

la porte du treillis s'ouure, l'on entre dedans le cœur, on regarde au visage ces sacrez châtres auec des flambeaux allumez, c'est au milieu de la nuict, par des hommes armez, & qui paroissoiēt à leurs yeux estincelans de courroux, comme des spectres, ny pour cela ils ne se destournent de leur sainct exercice: quelque Nouice en trembla d'effroy dans le cœur, mais ne remua iamais son corps, les anciens n'en destournerent pas seulement l'œil. Cela me remet en memoire ce que l'histoire des Romains raconte de ces Senateurs, qui au sac de leur ville par les Gaulois se mirent au sueil de leurs portes sans se remuer, faisans paroistre comme des statuës & simulachres venerables, ou plustost selon que disoit Cineas, comme des Dieux. Or vous remarquerez que durant le temps de ce bruit qui se faisoit en l'Eglise, les deux freres qui estoient au chœur auec les autres entendans le ton aigre & poignant de la voix paternelle, & les paroles de quelques siens domestiques furent plustost estoiles errantes que fixes, & changerent leurs pieds en des aisles pour fuyr deuant la face de celuy qui crioit dedans ce Paradis terrestre, Adam où es-tu. L'vn gaigna la porte du cloistre & s'enfuit

dedans le parc : l'autre qui fut le cadet se
coula par l'autre, & s'alla tapir dedans la sacristie, s'enfermant dedans la premiere
armoire qu'il rencontra. Apres le chœur
visité, où le Gardien pensoit qu'ils deussent
estre & l'auoit ainsi dit au pere, la sacristie
fut le premier lieu esclairé par les flambeaux où fut pris le pauure garçon, comme
vn lapin dedans vn clapier. Voyla desia vn
des criminels de leze Majesté diuine & humaine : car c'est ainsi qu'on les auoit quali-
fiés la premiere fois qu'on les demanda. O
que le pere eust esté bien marri que ce titre
fust tombé sur ses enfans ! car il eust esté le
premier à leuer la pierre pour les lapider:
mais à quels excez de paroles ne porte la
passion, veu qu'elle transporte à de telles
actions? Le pauure cadet tremble comme
la fueille, & aussi honteux que s'il eust esté
surpris en vn forfait execrable demande
pardon, pleure, lamente, crie, mais ses cris
ne sont pas entendus: il reclame, il proteste,
mais nonobstant ses foibles oppositions, &
ses appellations au tribunal de Dieu de la
violence qui luy est faite, il faut marcher &
quitter la manne du desert pour retourner
dans les voiries de l'Egypte. Ce n'est pas
tout, la meilleure piece manque : vn aisné

selon le iugement du monde vaut trente cadets : c'est le chef des autres & de la famille, c'est l'espoir de la maison & le maistre mouton qui va à la teste du troupeau. Il le faut treuuer, la maison est visitee haut & bas, toutes les cellules du dortoir, tous les offices du Conuent, exceptez les greniers, les caues & les coffres, car ce ne sont pas choses à l'vsage des freres Mineurs : il ne se rencontre en aucun recoin : la tempeste redouble. Le jardin est reueu, mais il est trop grand pour se cacher entre les choux & les laittuës. Il y a en ce Monastere champestre vn tres-beau parc rempli de boccages où sont de tres-belles allees, le bois est partie de haute-fustaye, partie de taillis. Le jeune adolescent sçachant que les claires voyes des hauts bois le feroient plustost apperceuoir, se iette dans le plus espais du taillis où il experimenta en son visage & en ses mains ce que souffrit sainct Benoist en tout son corps, quand il se roula tout nud dedans les espines pour vaincre vne tentation sensuelle. O Dieu, disoit-il en soy-mesme, si ie pouuois me rendre aussi petit qu'vn de ces petits lapins qui fourmillét en ce clos pour me ietter en quelqu'vne de leurs tanieres ! Mais ce Seigneur qui a peu cacher vn Dauid derriere vne toile d'aragnee deuant les yeux de Saül n'est pas moins puissant qu'il estoit, alors sa main n'est ny affoiblie ny raccourcie. Il se tenoit coy dedans son buisson, comme vn cerf dedans son fort, suppliant la diuine Majesté bien chaudement de le deliurer des mains paternelles qui le vouloient arracher du seruice de l'autel. Du iardin les Ministres de Iustice entrent dedans le parc où les allees & les routes sont parcouruës auec des flambeaux comme si Ceres eust de nouueau cherché sa fille Proserpine. Les bois sont difficiles à visiter la nuict : car si le Soleil quand ils sont espais a de la peine à introduire ses rayons dedans leur impenetrable fueillage, imaginez-vous ce qu'y peut faire la triste lueur de quelques flambeaux qui iettent plus de fumées que de clarté ; sur tout les taillis ne donnent aucun accez à vne si foible lumiere. Si est-ce que l'impatience de rencontrer ce qu'ils cherchoient auec vn extreme empressement fit que cette meute se ietta dedans le taillis, mais comme ils ne chassoient pas de haut vent, il ne se treuua point de limier qui sçeust prendre le train de la proye. Plusieurs fois ils passerent aupres du hallier où la sentinelle estoit posee qui ne demandoit pas qui va-la à ces faiseurs de ronde, iugez seulement de ses frayeurs : la mesme lueur qui luy donnoit dedans le visage estoit de l'ombre pour ceux qui comme des furies portoiét des torches ardantes pour le tourmêter. Mais celuy qui cache les siens sous ses aisles, qui les protege sous l'ombre de sa main, qui les porte en son sein, comme l'aigle ses petits, qui les recele dans la cachete de son visage en les retirant du trouble des hommes, fit comme iadis pour Israël, que ces tenebres ne fussent obscures que pour les Ægyptiens & non pour son seruiteur, lequel pouuoit dire auec le diuin Chantre :

Si l'ombre il me conuient passer
   De la mort affreuse & cruelle,
Peur de mal ne peut m'offencer,
   T'ayant pour ma garde fidelle.
Mon cœur ne peut estre esbranlé,
   Quand sur moy ton regard se iette,
Puis ie suis assez consolé,
   Voyant ta verge & ta houlette.

Son pere l'appelant par son nom qui estoit celuy du Prince des Apostres, emplissoit les bois de resonnement & redoubloit l'horreur de la nuict en interrompât son silence : ce son esmouuoit bien les entrailles de nostre fugitif, à cause de la simpathie du temps : mais
ceste

ceste pitié naturelle n'amolissoit point la saincte fermeté de sa pieté surnaturelle, l'amour de Dieu ayant gaigné le dessus de celuy du sang & du monde, le rendoit sourd comme vn aspic qui bouche sagement l'oreille pour n'entendre l'harmonie de celuy qui le veut attirer & piper pour le perdre. Vne fois vn des domestiques de son Pere qui estoit auec vn flambeau à la main de la troupe des questeurs l'auoisina de si prez que touchant presque à ses pieds il fut sur le poinct de s'escrier, misericorde ie me rends: mais la misericorde celeste fut cause qu'il ne se rendit pas à si bon compte. Tant y a que lassez de tant d'allees & des venues les vns disoient qu'il auoit sauté les murailles, les autres les iugeoiēt trop hautes & le ieune homme trop foible (comme il estoit maigre & mince) pour auoir fait vn si grand sault : si que le schisme estoit entr'eux, qui recreus commençoient à inuoquer le iour, lequel au mois de Iuillet cōmençant de bonne heure ne deuoit plus gueres tarder à venir : alors ils esperoient à l'aide de ce grand œil qui fait le iour, & qui descoutre toutes choses, rencontrer aisément leur proye desiree. Celuy qui estoit caché mettant son oreille contre la terre, entendoit de loin tous ces desseins, si bien qu'il perdoit presque

D

l'esperance d'eschaper de leur prise. Car mesme ils se resoluoient de mettre des gardes à la porte & des sentinelles en diuers lieux, par lesquels ils coniecturoient qu'il se peût sauuer, & de boucher si soigneusement tous les passages que ce sanglier ne peust faire autrement que de donner dans leurs toiles. Mais comme la necessité réueille l'esprit, & fait croistre les inuentions de se deffendre à mesure que celles d'attaquer se multipliēr, resolu de vendre sa peau plus cherement que son cadet, duquel il oyoit qu'ils faisoient desia vn insolent triomphe, se glissant doucement de son repaire par des sentiers secrets qu'il auoit souuent practiquez durant le temps auquel il sollicitoit sa receptiō, il se guinda en vn lieu qu'il apperçeut estre le moins gardé sur vn haut arbre, lequel estendant ses bras hors de l'enceinte des murailles qui sont assez basses, il se coula doucement de l'autre costé, porté sur les aisles de son zele & assisté de son bon Ange qu'il inuoqua chaudement en cette pressante occasiō. Si tost qu'il se vid à la campagne il ne cessa de marcher autant que l'ombre de la nuict luy fut fauorable, se iettant à la pointe du iour en vne grange escartée où il demeura iusques au soir se nourrissant de quelques fruicts qu'il auoit rencontrez auant s'y enfermer en des arbres du voisinage. Cependant le Soleil ayant chassé les tenebres qui tenoient la clarté reseruee dedans leur voile, redonnant les couleurs aux choses, fit faire à nos chercheurs vne nouuelle queste: ils recommencent celles de la maison & du iardin, ne laissent hermitage, cabinet, ny recoin du bois, & du parc exempts de leur reueuë. O qu'ils se treuuerent estonnez quand ils se virent frustrez de leur attente & de la prise de celuy qu'ils croyoient asseurement auoir en leurs mains! Le pere comme le plus interessé commence à tonner des rodomontades contre ces bons Religieux, qui se rians de ses protestations auoient plus de patience que luy de colere. Certes il est aisé à qui a fait vne saincte cession de biens de mespriser les despens, dommages & interests, dont les gens de iudicature menacent, comme de foudres tant ceux à qui leurs decrets s'addressent. Ainsi

Le pauure Pelerin, deliuré des frayeurs
De ceux qui ont de l'or, chante aupres des voleurs.

Ce Magistrat interessé & ce Commissaire executant en son propre fait, ayant interrogé le Gardien, conformement à la deposition de son jeune fils, s'il n'estoit pas vray que son aisné s'estoit aussi retiré en ce Monastere : le bon pere respondit tout simplement que c'estoit la verité, mais qu'il ne sçauoit pour lors où il estoit, ny comment il en estoit sorti, estant marri que lon eust fait tant de bruit pour si peu de fruict, & que lon fust venu à leur Monastere comme en vn repaire de brigands, en vne cauerne de larrons, auec tant de feux, tant d'armes, & tant de vacarmes; qu'ils estoient gens peu vsitez à suborner la ieunesse: que si ceux qui renonçoient au monde se iettoient entre leurs bras, ils leur ouuroient charitablement la porte & les entrailles de misericorde pour les retirer de la mauuaise voye du monde & leur monstrer le chemin de salut, le tout selon les preceptes & les maximes de l'Euangile; qu'ils ne refusoient iamais l'abord des parens vers leurs Nouices, & moins vers ceux qui n'auoient pas receu leur habit, puis qu'ils n'auoient encor aucune liaison auec l'ordre : qu'ils oublioient de tres-bon cœur tant d'outrages que lon auoit vomis contre leur innocence pour ce regard priāt Dieu qu'il les effaçast de sa memoire, & qu'il les pardonnast à ceux qui aueuglez de leur amour propre les auoiēt proferez auec tant d'ardeur. Ce pere outré de desespoir

ne remportant que la moitié & la moins
desiree partie de sa proye: Mon pere, re-
pliqua-til, qui perd le sien perd le sens, &
qui perd son sang perd sa vie: ie ne veux pas
que le ciel me le pardonne iamais si
iamais ie le vous pardonne, & si vous
ne me faites retreuuer mon fils que vos
caiolleries & pipperies m'ont subornez,
souuenez-vous que i'ay assez de pouuoir
pour renuerser vostre maison sur vostre
teste, & bouleuerser tout vostre ordre : mes enfans sont nays pour autre chose que pour la gueuserie, & pour
porter vne besace ; si ie les auois iamais
veus à ce honteux mestier, moy qui
leur ay donné la vie, leur arracherois de
mes propres mains, & ny la mort ny aucune autre puissance ne me sçauroit
empescher de mettre le feu en toutes
vos maisons. Le Pere Gardien ne sçachant s'il deuoit rire ou pleurer de cette extrauagance en compassion de ceste passion, & pour la destourner par quelque parole d'allegresse qui peust temperer l'excez
de melácolie qui agitoit la lãgue & le cœur
de ce bon personnage: monsieur, luy dit-il,
pourueu que vous y mettiez le feu comme
vous auez fait ceste nuit en tous les recoins

de celle-cy il n'y aura pas grand dommage, car pas vne ne sera reduite en cendre ; ains ce sera vne merueille de voir non tant d'estincelles parmi les roseaux, mais tant de flambeaux parmi les bois, comme vous en auez fait vne parmi ceux de nostre parc, non seulement sans les consumer, mais mesme sans les atteindre. Et puis pour l'adoucir & l'appaiser tout à fait, s'il eust esté alors capable de cõsolation, il luy promit en foy de Religieux si le jeune homme reuenoit en sa puissance de luy en donner aduis, & de le remettre en la sienne, protestãt de toute sorte de respect, de deffense, & d'obeïssance aux Arrests de la Cour, sans s'enquerir de leur validité, ny du motif qui les feroit rendre, sçachant que le Sauueur auoit obey iusques à la mort à la sentence de Pilate ; de l'iniustice de laquelle personne ne peut douter sans mettre en compromis l'innocence du Redempteur. Ce Magistrat s'en alla de la sorte grondant tousiours contre les Moines, & tonnant mille rodomontades contre ceux qui ne font à tous ces traicts autre bouclier que de la patience, estãs faits ainsi que dit le Psalmiste, comme des hommes qui n'oyent point, & qui n'ont aucune repartie en la bouche, il emmene ou plustost il entraine auec soi ce cadet, lequel crie, tempeste & se debat, comme vn homme que lon assassine, & que lon esgorge: plus son pere le menace & l'iniurie, plus il affermit son courage, renouuelant à chaque pas ses sainctes protestatiõs. Mais nous verrõs à la fin que l'eau cauera cette pierre, & que le rayon de la douceur flechira celui que la bize de la colere ne peut esbranler. Certes c'estoit vn spectacle digne de consideration, de voir ce ieune adolescent cõme vn agneau au milieu des animaux rauissans (car qu'estoit son enleuement forcé autre chose qu'vn rap) enuironné de valets & de satellites, qui tous pour complaire à leur maistre huoient apres luy & le persecutoient, rester ferme, comme vn rocher au milieu des vagues, emoussant leurs pointes par sa constance & pouuant dire auec Dauid que leurs fleches estoient des traicts lasches de la main deliee d'vn enfant, qui ne font que de legeres atteintes, & que les outrages de leurs langues retournoiét sur leur propre front. Vous eussiez dit que son courage leur disoit ces genereuses paroles,

Bandez-vous contre moy, que tout me soit contraire,
Tous vos efforts sont vains: hé que pensez-vous faire?

D iiij

Ie sens moins de rigueur que ie n'ay de vigueur,
Ie despite le feu où i'espure mon ame,
Ie mesprise le fer, la prison, & la flame,
Mon corps est vne enclume, vne palme mon
cœur.

Mais ces protestations sont semblables à celles de sainct Pierre qui se vantoit de mourir auec le Sauueur, & qui le renia si laschement quand il fut question d'en venir aux effects ; c'est ce que nous verrons en la suite de ce narré. Mais il est raisonnable que pour garder vn ordre nous prenions la suite de l'aage : & puis que l'aisné marche le premier selon la nature, que nous representiôs en peu de mots sa fortune pour venir par apres à celle du cadet qui fait plus à nostre propos. Le pere ayant fait estroittement serrer celuy qu'il tenoit & qu'il craignoit de perdre, fait chercher l'autre par tout le voisinage de Meudon, mais il se tenoit si bien caché durant le iour que nul ne pouuoit donner de ses nouuelles à ceux qui le cherchoient. Cependant il prit la resolution (comme il est à croire par vne inspiration particuliere) de sortir de la France où ses desirs estoient rendus inutiles par arrest, & de chercher vne contree, où sans la liberté de conscience publiee en cet Empire, les consciences fussent plus libres pour se donner à Dieu. La Flandre luy vint deuant les yeux, & tant pour le voisinage & la briefueté du chemin que pour estre extremement fauorable aux entreprises Religieuses, il iugea que c'estoit la terre que Dieu luy monstroit pour le seruir auec perfection. Il auoit esté souuent en Picardie où son Pere mesme auoit du bien. Il fait doncques en ce voyage des nuits les iours cheminant durant celles là & se reposant durant ceux-ci, comme il sçeut si bien mesnager son temps & aller par des routes destournees que ces destours luy monstrerent comme au iuste des voyes droittes pour arriuer au Royaume de Dieu le sainct Estat de Religion. Le voila donc qui fait flandre (mot passé en prouerbe parmi nous pour dire s'enfuyr) puis qu'il s'enfuit en Flandres. Il coule d'Amiés à Arras de là pour s'éfoncer dauátage dans le pays de seureté pour luy: il passe en Hainaut, voit Monts & Valencienne, sóme cette nauire flottáte s'arresta aupres d'vne Isle fortunee pour lui, où il mouilla l'ácre & rencontra le port que son cœur desiroit. Ce fut à l'Isle où ayant treuué le Nouiciat des Capucins de cette Prouince là, il se donna à connoistre au Gardien en luy racontant sa qualité & son auenture. Il luy fit aussi voir pour tesmoignage, qu'il luy racontoit la verité les lettres d'admissiõ à l'ordre qu'il gardoit cherement sur soy, comme vn passeport pour le Ciel, & qu'il auoit obtenuës du Prouincial de France : mais parce que la bonne mine & l'entregent sont des lettres de creance qui rendent les personnes de mise, receuables par toute la terre, il n'eut besoin d'autre certitude pour se faire croire que sa propre grace & son bel esprit, lequel mis à l'examen fut treuué bien meublé des lettres, que lon appelle humaines, & de la Philosophie, arresté en son iugement, solide en sa resolution, ferme en la pieté, & constant au bon propos de se consacrer à Dieu: si biẽ que le Gardien de l'Isle qui auoit vne grande discretion & vn sage discernement des esprits en qualité de maistre des Nouices, ayant pa l'espace de quelques iours reconnu les belles parties, les vertueuses mœurs & la capacité de ce jeune homme, luy donna des lettres de recomandation vers son Prouincial qui estoit lors à Gand, parce que de luy dependoit sa reception en l'ordre. Le Prouincial sur le raport du Gardien de l'Isle fit grande consideration de cet adolescent, & y ayant encore treuué plus de perfection que la lettre ne luy marquoit, & sur tout vne ingenuité accompagnée de generosité & vne docilité qui le rendoit souple comme vn gand, qualité excellente pour faire vn bon Religieux luy donna la permission qu'il desiroit pour la reception de l'habit, duquel il fut reuestu à l'Isle par le Pere Gardien qui l'auoit iugé tres-propre pour leur institut, ne se desfiant qu'vn peu de ses forces corporelles, dautāt qu'il estoit fort gresle & maigre: car quant à la fermeté & solidité de l'esprit il la monstroit tout à fait eminente. Il coula trois mois en cette heureuse espreuue sans aucun destourbier en ses exercices spirituels, parce que son pere quelque diligente enqueste qu'il sçeust faire ne pouuoit apprendre de ses nouuelles, ni sçauoir ce qu'il estoit deuenu. En fin le temps qui met les choses les plus cachees en euidence, & qui tire, cōme resuoit Democrite, la verité du fond d'vn puis, fit paroistre quelque estincelle de ce feu caché sous la cendre, & vn rayon de cette lumiere qui estoit sous vn boisseau. Aussitost ce pere prend la route de cette Isle autant infortunee par luy que fortunee par les desirs de son fils : il croioit ayant vn arrest en main du plus celebre & auguste Parlement de France, qu'auec vn pareatis il feroit des merueilles : mais bien que le Comte de Flandres comme Pair de France tint autrefois rang au Parlement des Pairs, l'eclipse de cette Pairie l'vn des riches fleurons de la Couronne des lys, fait que les decrets des Cours des Pairs y ont peu de creance. Ioint qu'il y treuua les Canons de l'Eglise plus redoutez qu'en son pays, & la iustice & discipline Ecclesiastique en plus grande vigueur: là les loix Politiques respectent les maximes de l'Euangile & l'autorité paternelle reduite dedans les bornes du temporel n'empiete point sur le franc-arbitre des ames, que Dieu a creées libres pour choisir le feu & l'eau, le seruice des autels où la route du monde. Il fut au Conuent des Capucins redemander son fils en vertu de sõ arrest & auec des termes de hautaineté & de brauade, parlãt cõme ayant autorité. Le Gardien l'escouta au cõmencemẽt auec la douceur & le flegme cõuenables à vn Religieux de sa professiõ: mais voyant qu'il se portoit en des extrauagãces desraisõnables, il creut que la passiõ parlãt par sa bouche, il falloit laisser purger ce tõneau par son embouchure, & qu'apres

que sa feruer ou pluſtoſt sa fureur Françoi-
ſe ſeroit paſſee il parleroit plus clairemēt &
d'vn iugemēt plus raſſis & plus froid. Mais
cōme il eſt malaiſé de garder de la modera-
tiō à celuy qui eſt outré d'vn deſplaiſir fort
ſenſible, la hardieſſe de cet hōme croiſſant
par la patiéce & l'humilité de ceux qui l'eſ-
coutoiēt (car c'eſt le naturel de la vanité cōme le propre de la fumee de monter touſiours) il fut queſtion à la fin de parler à cet
extrauagāt ſelon ſon extrauagāce, de peur
qu'il ne penſaſt auoir quelque raiſon ou
quelque pouuoir en luy mōſtrant le defaut
qu'il auoit de l'vne & encore plus de l'autre. Car ſi celuy là cōme dit ce Poëte Grec,

Qui en maiſon d'autruy entre, deuient
Serf, quoy qu'il ſoit libre quand il y vient:

Et ſi comme dit cet autre de meſme langue & de meſme ſens,

Chez ſon voiſin il faut eſtre ſourd & muet:

C'eſt à dire ſouffrir pluſtoſt qu'agir &
endurer nō attaquer, il eſtoit ſās doute mal
arriué pour faire ſonner ſes arreſts en vne
ſouueraineté eſtrangere, où les lyons ont
deuoré l'autorité des lys, & ou le lys pal-
lit entre les eſpines. On fut contraint
de ſe mocquer de ſon arreſt & de ſes
proteſtations, comme d'vn homme qui

vouloit chanter le Cantique de son souverain en vne terre estrangere, & où les loix differentes des siennes ne tenoiët pas qu'vn pere eust le pouuoir d'empescher vn enfant d'estre Religieux. Que si en nostre contree l'Eglise aussi bien que les armes cedent à la robe, la iudicature en celuy-là cale sous l'Eglise & la milice, n'estant pas iuste que le tiers estat, qui pour la plus-part compose celuy-là, preuale sur les deux, qui en toute republique biē formée sōt plus eminens que luy en toute sorte de qualité. Si bien que si les arrests cassent les Capucins en cette contree icy, les Capucins cassent les arrests en celle-là pour le regard de la reception des enfans contre le gré des peres à la vie Religieuse. Et certes si au fait des mariages, où il semble que l'autorité paternelle, prenne vn plus haut ascendāt & plus grand empire, la liberté doit estre telle, que sans elle ils ne peuuent subsister, veu que c'est le consentement franc, & non forcé qui parfait leur essence; que doit-on dire du ioug Religieux, où la volonté doit estre d'autant moins violentee que la vie en est plus austere ? Cesse donc en ce cas ce tyrannique pouuoir que s'vsurpent ceux, qui n'estans que peres des corps veulent s'arroger sur les ames que Dieu seul a creées, vne autorité que Dieu mesme duquel deriue toute paternité au ciel & en la terre, ne s'est pas reseruee, ne pouuant quoy que Tout-puissant sans destruire l'essence de la volonté luy apporter aucune contrainte. Le Gardien fit là dessus tout plein de belles remonstrances à ce pere que l'amour naturelle de son sang mettoit presque hors de son sens: mais c'estoit cãhter melodieusemẽt deuãt vn sourd & presenter de belles couleurs aux yeux d'vn aueugle: il ne veut pas entendre le bien qui luy estoit proposé de peur de le faire ny se laisser vaincre aux sainctes persuasions, qui donnent le dessus aux maximes de la Religion sur celles qui sont suggerees par la chair & le sang. Il demande apres beaucoup d'altercas & de disputes à voir son fils, afin de luy parler: mais comme ses discours auoient fait craindre sa violence, il le vid & luy parla en sorte que la iustice des lieux prestant main-forte à la Religion, quãd il en eust eu la volonté, il n'eust peu faire aucũ effort pour retirer son fils de cet azile contre son gré, qui eust esté vain & inutile, ce qui le met en vne colere demesuree. Son fils se treuua aussi sourd à ses remonstrances qu'il auoit esté à celles du

P. Gardien, auec cefte difference, que comme ce Pere n'auoit pas voulu oüyr le bien pour le permettre, le fils ne vouloit pas prefter ses oreilles aux perfuafions qui l'inuitoient de retourner au mal, c'eft à dire au monde & à fes mauuaifes voyes. Ie furfeois de reprefenter ces pour-parlers pour ne charger ce papier de paroles inutiles: car les difcours paffionnez ont ordinairement fi peu de raifon, que comme le ieune Nouice n'y refpódoit que par le filence, ie penfe ne leur deuoir autre recit que de les taire. Les iniures, les outrages & les menaces eftoient les fleurs de Rhetorique, dont il parfemoit fes propos, fleurs affez peu odorantes pour attirer les auditeurs à leur fuite. Aux inuectiues il n'y auoit rien à repartir que ce mot du Pfalmifte:

Seigneur, tu beniras alors qu'ils maudiront.

Quant aux menaces elles eftoient autant hors de propos & de faifon, comme le lieu où il les proferoit eftoit exempt de les craindre. En fin voyant qu'il n'auançoit rié, & que les vagues de fon courroux, comme les flots aboyans de la mer quand elle eft mutinee, ne laiffoient que de l'efcume contre le rocher de la refolution de fon fils,

Voulant defcharger fon courage,

Il dit

LIVRE I.

Il dit contre ces innocens
Tout ce que suggere la rage
Quand elle maistrise les sens.

Mais quand il destourna ses propos de dessus les particuliers qui s'esmeuuoiēt peu de ses attaques pour ietter des paroles qu'il deuoit retenir prisonnieres entre ses dents, contre les gens d'Eglise en general, alors on l'aduertit charitablement de se deporter de ces discours là qui offẽçoient la Religiō, autrement qu'il experimenteroit qu'en Flandres il y auoit vne inquisitiō qui faisoit parler les gens auec plus de retenuë qu'en la contree d'où il venoit, où il semble qu'il soit permis de tout dire & de tout faire sans respect & sans consideration. A ce seul mot il s'effraya, & l'amour de soy-mesme preualant celle de son fils, la crainte de se perdre fit qu'il rabbatit quelque chose de la crainte qu'il auoit de perdre son enfant. Il voit qu'il perd son temps & ses paroles, lesquelles tantost cruelles, tantost pitoyables, tantost menaçantes, tantost suppliantes, tantost rudes, tantost douces, monstroient en cette inegalité l'agitation qui troubloit ses pensees: il recognoist le peu d'autorité qu'i a en ces lieux où la iurisdiction de sa compagnie n'est aucunement reconnuë, la dif-

E

ficulté qu'il y a de desraciner vne plante qui a desia ietté d'assez bonnes racines en la terre des Sainćts, pour ne craindre pas les vents & les bourrasques du monde & de la chair, l'impossibilité d'auoir par la force ce qu'il ne peut reconquerir par la douceur. Le meilleur parti qu'il puisse choisir c'est de s'en retourner cóme il est venu, encore auec frayeur qu'on ne luy fasse interpreter ses discours autre part qu'il ne voudroit : car c'est en ce lieu où ceux qui disent ce qu'ils ne doiuent pas, sentent ce qu'ils ne voudroient pas. Apres donc auoir vomi plusieurs imprecatiós dont on fait aussi peu d'estat que du bruit de ces canons qui ne sont pas chargez à balle, il s'en reua voir les hauts murs de Paris, se resoluant de traitter son cadet en aisné, puis qu'il perdoit l'esperance de reuoir iamais l'autre dedans le siecle, lequel en effećt ayant parfourni l'annee de son espreuue fut admis à la profession de ce sainćt Ordre, où depuis il a vescu vne vie si exemplaire sous le nom d'Vriel, qu'il a paru cóme vn Archange en sa conuersation, & comme vn Cherubin en eminence de sçauoir, & cóme vn Ange en ses predications, purgeant, illuminant & perfećtionnant ceux ausquels il enseignoit la bonté, la discipline, la iustice, & la science des Sainćts qui est celle de la vertu. Il est depuis reuenu en la prouince de Frace, où il a rédu à sa terre natale les fruicts que lon deuoit attendre en sa saison d'vne plante qu'vn tourbillon violent en auoit arraché, & qui arrosee des pleins courans de la grace ne pouuoit qu'apporter beaucoup d'vtilité: mais son pere (comme nous verrons en la suite de ceste narration) n'a pas iouy de la benedictiõ de le voir en la chaire paroissant comme vne lampe sur le chandelier, estant lumiere par sa doctrine, & sel pour son bon exemple: peut-estre par ce que les imprecations destournees du chef de l'innocent, retournerent sur sa teste, l'escume de ses coleres reuenant à sa confusion, comme parle vn Apostre, & son despit tournant à son preiudice: car vne mort precipitee l'emporta, qui luy rauit les contentemens qu'il pouuoit esperer s'il eust veu ses enfans seruans auec honneur aux ministeres de l'Eglise. Mais retournõs à Paris voir de quelle façon il traitte son cadet, lequel fera vne des principales parties de cette histoire. Ce ieune homme ne pouuãt se resoudre de demeurer au monde, principalement lors qu'il sceut que son aisné l'auoit si genereusement abandonné & receu le sainct habit des Capucins, fut mis par son pere en vne estroitte prison, où perseuerant en son dessein il demeura par

E ij

le cours de plusieurs lunes ; il est vray que de peur de se desesperer tout à fait, elle n'estoit pas si estroitte, qu'il ne peût aller & venir par la maison, & manger à la table de son pere. Sa mere sans cesse attachee à son colet, auec des souspirs & des larmes le conjuroit tendrement d'auoir pitié de leur famille perissante, s'il continuoit en son desir, luy alleguant mille raisons communes en ceste matiere : lesquelles pour euiter l'ennuy & la prolixité ie ne veux point raporter. Si est-ce que ces soumissions, & ces plaintes femelles luy gaignoient insensiblement le courage, lequel se roidissoit au contraire par les menaces & la rigueur du pere, qui altier de son naturel luy tenoit tousiours la bride fort haute ; si bien que balancé entre ces deux partis si contraires il demeuroit tousiours en sa premiere resolution de quitter le siecle, parce que le pere gastoit ce que la mere persuadoit à peu prés, comme l'Asne & le Cordier de l'Embleme. A la fin voyant que sa captiuité nuisoit à son dessein, & que c'estoit vn bon dol que de trôper le monde, il feignit de s'addoucir & de porter ses inclinations vers le monde : aussi tost la liberté luy fut reduë, mais ce fut à telle condition qu'il seroit accompagné par des domestiques qui auroient le soin de surueiller ses actions, de peur qu'il ne fist vne eschapee; c'est à dire, vne autre flandres comme son frere, & vne autre Seine des larmes de sa mere. Le voilà remis en grace, pourueu que le monde rentre en grace auecque luy : comme ses parens estoient riches & qualifiez rien ne luy manquoit de ce qui estoit non seulement necessaire à sa condition, mais pour paroistre superfluement par dessus ceux de sa qualité : tant il est vray que le monde cherit ceux qui luy appartiennent, estāt vn Iuge inique & seuere enuers ceux qui se retirēt de Babylone, pour ne se rendre participans de ses souïlleures & fornicatiōs. Mais tout ainsi que celuy qui a la fieure, ou quelque maladie qui luy leue l'appetit voit à côtrecœur les mez les plus delicats qu'on puisse presenter és festins les plus magnifiques; de mesme estant espris d'vne saincte ardeur de se dōner à Dieu tout ce qui estoit au siecle ne le pouuoit contenter; si bien qu'il pouuoit dire auec le Psalmiste :

Mon ame a refusé de se voir consolee,

Mais en pensant à Dieu mon cœur s'est resiouy.

Ouy certes : car quel goust peut prendre és oignons de l'Ægypte celuy qui souspire apres la māne du desert? Nō, pouuoit-il dire auec le grand Châtre, ie ne dōneray aucun sōmeil à

E iij

mes yeux, ny le dormir à mes paupieres que ie n'aye treuué vn lieu cõsacré au Seigneur, & que ie ne me repose au tabernacle du Dieu de Iacob. O tabernacles du Dieu des vertus, que vous estes aimables! mon ame se pasme du desir de vous posseder, helas ! les moindres oysillons ont leurs nids, les plus vils animaux leurs repaires : ma retraitte ô mon Dieu, c'est le pied de vostre autel: ô mõ Roy eternel, que bien-heureux sont ceux qui habitent en des maisons qui vous sont dediees pour vous y loüer au temps comme ils feront en l'eternité. Mais cela ne se peut faire sans vostre aide, ô quelle felicité sauoure celuy que vous auez eleu & receu pour demeurer en vos paruis! celuy-là soustenu de vostre grace dispose des montées en son cœur en ceste vallee de larmes au lieu que vous luy auez destiné, & par vostre benediction, ô grand legislateur, il auance de vertu en vertu pour s'auoisiner de vous qui faites vostre residẽce en la celeste Sion. O mõ protecteur, regardez moy, & cõsiderez ma misere dans la face de vostre Christ. Ie sçay qu'vn iour vaut mieux és lieux consacrez à vostre seruice que mille és demeures des mõdains. C'est pourquoy ie prefere en mon election d'estre abiect parmi les vostres plustost que d'estre grand entre les mondains. O Dieu, ne priuez pas de ce bien l'innocence & la simplicité de mes pensees.

Ie le veux esperer contre toute apparence,
Celui n'est onc deçeu, dont tu es l'esperance.

Tandis qu'il entretient son attente de ces douces imaginations, sçachant que Dieu n'abandonne iamais ceux qui le cherchent de tout leur cœur, duquel il entend la preparation & le desir comme de celuy qui luy desiroit plaire en la region de ceux qui sequestrez du monde viuoient dans l'elemét de sa grace, il ne souspiroit qu'apres la rupture de ses liens pour sacrifier à Dieu vne hostie de loüange, ne le pouuant en personne : il tasche de renoüer ses poursuites par escrit parmi les Capucins, lesquels amoureux de la paix, & ennemis du bruit & de la tempeste, & sur tout de l'esprit de procez pour euiter vn pareil vacarme que le passé, & peut-estre vne seconde erreur pire que la premiere, reietterent ses sollicitations en vn temps auquel il auoit plus de liberté, ou bien (chose qui panchoit vers l'impossible) auquel il auroit obtenu la benediction & le consentemét des siens. Si bien que se voyát comme forclos de son espoir de ce costé là,

E iiij

& neantmoins toufiours enclin à la Religion, & particulierement à la Religion de S. François, il changea de batterie, & ne pouuât estre du premier ordre, il tourna ses yeux & ses vœux vers le troisiesme, qui soubs vne reforme & obseruance tres-estroitte commençoit à refleurir en France. Picque-puce petit vilage proche de Paris, estoit le Conuent principal de cete Congregation là, qui possedoit desia en diuers lieux plusieurs Monasteres. Il y va quelquefois par maniere de diuertissement, & comme à vn lieu dont la visite luy estoit indifferente; il s'y confesse, & mesme se sert de la Confession, pour esbloüyr les yeux de ceux qui l'accompagnoient, & rendre sa pratique & son intelligence moins suspecte, il y frequente les Sacrements, en quoy il n'est pas empesché par ceux qui s'ombragent bien de sa deuotion: mais neantmoins qui ne la veulent pas empescher, pourueu que de ciuile elle ne deuienne point Religieuse. Somme il dresse si bien sa partie, s'estant faict cognoistre à ses bons Peres, & interieuremēt & exterieurement, que partie par lettres, partie par entretiēs qui paroissoient sans dessein en leur conduite, il les fait consentir à le receuoir parmy eux, non en leur grand Conuent de Paris, pour euiter le mesme inconuenient arrivé à Meudon, mais en vn autre moindre qu'ils auoient à Breau en Brie à quelque iournee de Paris. La partie est noüee: le Prouincial partant pour sa visite luy baille son adueu pour sa reception en l'ordre, & son obediéce pour le Conuent de Breau, enuoy ignoré de tout autre de la maison que d'vn Religieux qui le confessoit, & du Prouincial qui s'en alloit. Les chandelles qui veulent mourir iettent sur ce poinct là de plus grandes flammes. Ce Cadet voulát mourir au monde fait semblant, pour couurir mieux son ieu de móstrer plus de feu & plus d'esclat pour le siecle: il se pare, void compagnies, fait ou plustost contrefait le gentil; on l'aime fort de ceste belle humeur: bref, cóme ces rameurs tournát le dos où ils tendét, il cache si bien ce qu'il pretend, qu'il faudroit auoir des yeux de Linx pour penetrer ses desseins à trauers ses deportemens qui s'embloient si cótraires. On le croioit tout à fait diuerti de ses imaginatiós Monastiques, & les Argus qui le veilloient commençoient à sommeiller sous la fluste de ce Mercure qui les enchantoit par ses gentillesses. Il n'estoit surueillé qu'és actions de deuotion, nullement en la frequentation des compagnies mondaines, où il n'eust sceu prendre tant de liberté qu'on ne l'eust encore souhaité plus licentieux. Comme il vid le temps opportun à sa retraite, ou si vous le voulez ainsi, à sa fuite de Iudee à la montagne de Dieu, il fit vn trou à la nuict & s'eclipsa de la veuë & de la cognoissance des siens sans qu'on se peust en aucune façon apperceuoir de la trace de son chemin. Arriué à Breau, & ayant fait paroistre la commission du Prouincial, & dit l'estat auquel il seroit reduit si sa trame & sa mesche estoient découuertes, il oblige ses Peres à le cacher, autant par deuoir comme par pitié: car d'estre cause en publiant sa retraite chez eux, que sa saincte vocation fust estouffee, ils eussent estimé cōmettre vn grand sacrilege deuant Dieu, executant en quelque maniere le cōmandemēt du cruel Pharao contre les masles qui naistroiēt des Israëlites. C'est vne sotte impressiō des esprits du monde, de croire que les enfans de bonne maison apportent vn grand auantage aux maisons Religieuses: car où la médicité est establie qu'y peuuēt apporter les riches qui ne soit renuoyé, puis qu'ils ne reçoiuēt ny fondatiōs, ny rentes : au contraire les pauures y apportent de bonnes espaules pour quester, & de bons bras pour trauailler, pouuant dire auec S. Paul que leurs mains leur fournissent ce qui leur est necessaire, & que s'ils mangent du pain c'est en la sueur de leur front. Quelle folie de penser que ceux qui abandonnent tous leurs biens & toutes leurs pretensiós seculieres pour suiure tous nuds celuy qui pour eux a esté attaché tout nud en vne Croix, se conduisent par interest en leurs receptions, & ayent aucune reception des personnes. Le Gentil & l'Hebreu, le compatriote & l'estranger, le roturier & le noble, l'ignorant & le docte leurs sont indifferens: car ils seruent vn maistre qui n'a pas esgard à ces qualitez-là pour faire cheminer en perfection deuant sa face ceux qui se donnent à son seruice. Et cependant c'est vne reproche ordinaire que fait le monde aux Religieux, qu'ils sont friands d'enfans de bonne maison, qu'ils les attirent par de douces benedictions, qu'ils les cajollent, qu'ils les enjollent, & en fin que n'en dit le siecle cet ennemi iuré de la Pieté & de toute vertu ? C'est ce qui fut dit de ce cadet à qui la profession de son aisné, lequel auoit choisi la meilleure part, faisoit tomber le droict de primogeniture, & qui plus est le rendoit vnique heritier de la maison: car il n'auoit point de sœurs. Mais auec quelle iniustice cela se disoit, il se peut remarquer en ce que c'estoit vn fils de famille, ayant encore son pere & sa mere viuans, & qui ne possedant rien ne pouuoit apporter à ces Peres que le rien qu'il possedoit, comme son frere aux Capucins de l'Isle : mais ce rien là leur causa bien du trouble & de l'orage, & voila les tourbillons qu'ils moissonnerent du vent qu'il leur auoit porté. Car en fin comme il n'y a rien de si caché qui ne se descouure, & comme les actions de lumiere se rendent visibles par elles mesmes : tout ainsi que la Cité situeé sur la montagne qui ne peut estre cacheé, laquelle fut si ardente & curieuse par tout & l'enqueste si exacte (mesme à Picquepuce où le Gardien & les Religieux ignoroiét le lieu de la retraitte de cet adolescét, excepté son Confesseur qui ne fut pas interrogé) qu'en fin lon apprit qu'il estoit à Breau. Le pere y va derechef, auec vn Arrest en main accompagné de la mesme sorte que quand il se retira de Meudon : ils y vont à la mesme heure, & presqu'en la mesme façon : mais auec telle adresse que toutes les auenües estant saisies, il fut impossible au ieune hôme d'euader ; aussi n'estoit-il pas en estat de s'enfuir : car ayant pris l'abit qu'il auoit desia porté vn mois il luy eust esté & impossible & indecent de faire seul vne longue traite. Il est pris dedãs le chœur chantant matines auec les autres : le chant fut interrompu, l'office troublé, les portes fracaſſées, tout le Conuēt rēpli de bruit, de tintamarre & de cōfuſion. Le pere non cō-tēt de tenir ſon fils, le fait deſpouïller auſſi-toſt du ſainct habit, quoy que le ieune ado-leſcent reclamaſt ciel & terre, proteſtaſt de vouloir mourir dedans ce ſac de penitence. Les Religieux voyēt ce ſpectacle d'indigni-té auec des souſpirs & des yeux baignez de larmes: mais de reſiſter à cette violence ar-mée du bras de la iuſtice, il ne ſe pouuoit: la ſouffrance eſtoit leur refuge, & celle du fils de Dieu, laquelle ils repreſentoient à leur Confrere deſpouïllé. On auoit porté d'au-tres habits pour le reueſtir, deſquels malgré luy il fut couuert promptement, comme s'il euſt eſté le Prodigue Euāgelique. Le magi-ſtrat non ſatisfaict de cela ſe voulant vanger des Religieux qui l'auoient receu, ſaiſit le Gardiē, lequel ſans ſe faire tirailler à ſes Sa-tellites, les ſuit auec vn Religieux iuſques à Paris, pour y rēdre compte de ce qu'il auoit faict. De vous dire les affronts qu'il re-ceut, & les genereuſes reparties qu'il fit (repliques que luy ſuggeroit le ſainct Eſ-prit ſelon la promeſſe de l'Euangile) & de quelle confuſion il remplit ceux qui le penſoient confondre, ie ne l'ay pas reſolu, de peur d'eſcrire au deſauantage de ceux qui peuuent proscrire & de rendre leurs procedures odieuses à la posterité. Les sentences des Magistrats iustes ou iniustes doiuent tousiours estre reuerees : quels que soiēt ceux qui sont assis sur la chaire de Moyse, c'est à dire, qui sont dans la legitime autorité, ils doiuent estre respectez. Mais que ne diroi-ie de ce ieune Daniel parlāt deuāt ces vieillards accusateurs de la Religiō, cette chaste Susanne, si la mesme raison qui m'empesche de produire celles du Gardien n'enleuoit à ma plume celles du Nouice? Ny le front seuere d'vn pere courroucé, ny la grauité d'vne assemblée si auguste ne le peuuent empescher de dire ce qu'il a sur le cœur, sa bouche parlant de l'abondance de sa pensee : si bien qu'il eust peu dire auec le Psalmiste,

Vn propos excellent me bondit au courage,
A la face des Rois ie dirois hardiment
Le iuste sentiment
Que i'ay d'estre reduit sous vn fier esclauage.

O monde, race de vipere, fille de Babylon! ô ennemi iuré des enfans de Dieu, quand sera-ce que nous te verrons receuoir de la main toute-puissante du iuste iuge la retribution des afflictions dont tu nous tourmentes!

Ingrate nation, fiere & peruerse engeance,
Le Ciel se souuenant aux iours de sa vengeance

D'vn si cruel arrest contre nous prononcé,
Fasse aux ages futurs cognoistre en ton supplice
Combien est desplaisant à l'œil de sa iustice
L'esprit qui prend plaisir d'opprimer l'oppressé!
Et toy, fiere Babel, superbe vainqueresse,
Bien-heureux soit celuy dont la main vengeresse,
Ainsi que tu nous fais te fera lamenter,
Baillera tes corps morts aux corbeaux pour
 pasture,
Brisera tes enfans contre la pierre dure,
Et fera de leur sang les rochers degoutter.

Les Religieux sont renuoyez hors de Cour & de procez en leur Conuent: car il n'y auoit rien à gaigner sur leur mendicité, la pauureté ayant ce priuilege d'estre exempte de fournir à ces alterez du laict d'amende. Le ieune homme est mis dedans vne prison auec resolution du pere & de la mere qu'il n'en sortiroit point que premierement il ne se fust engagé dans les liens du mariage, afin de luy oster tout espoir de retourner és Cloistres chercher le repos & la tranquillité qu'il desiroit. La mere qui cognoissoit l'humeur de son fils mieux que le pere eut tant de pouuoir sur son mari, qu'elle lui fit renoncer à son humeur farouche & reuesche pour vser de plus de douceur, & de condescendance enuers ce ieune esprit. Elle sçauoit tant elle estoit prudente que les mouches volent au miel, & s'enfuient du vinaigre; que les grands courages comme les cheuaux genereux se conduisent mieux par vn filet de soye, que par vn rude camorre: la suauité est-elle suruenüe, les voyla gaignez: le Zephir fait espanoüir les fleurs, & la mignardise les cœurs, qui se reserrent par les menaces, comme celles-là par les Aquilons. Ainsi l'Imperatrice Liuia ayant fait changer à Auguste sa procedure cruelle contre ceux qui l'offensoient, luy rendit l'Empire d'autāt plus asseuré qu'il auoit moins de rigueur & plus de clemence. On a tort de dire qu'il ne faut pas croire le conseil des femmes, cettui-cy au commencement mesprisé par ce Magistrat fut trouué par experience le meilleur pour arriuer à la fin qu'ils desiroient. Et d'effect ce que la longueur d'vne fascheuse prison, ny vn traittement barbare n'auoit peu obtenir de ce gentil courage, s'auança en moins de rien par vn peu de defence que le pere luy fit, persuadé à cela par les prieres, les coniurations, & les importunitez de la mere. Ainsi l'eau caue la pierre laquelle rebouche la pointe de l'ancre, ainsi l'eau adoucit la trempe du fer auparauant aspre & rude; en vn mot,

L'Amour

L'Amour surmonte tout, il faut que tout luy cede,

Tout dessein par Amour, non par force succede.

Le cœur humain est comme ce roc d'Elide, lequel ne s'esbranlant point aux plus rudes secousses, s'esmeut touché du bout du doigt. Les matelots d'Vlysse qui ne peurent estre vaincus par tant d'orages & de tourmens, se rendirent au chant des Syrenes, & la friandise de la Lothe leur fit oublier leur païs, dont ils s'estoient souuenus aux plus dāgereux efforts de la guerre de Troye. Ie ne m'estonne plus si les faiseurs de loix disent que le rap est aussi punissable, qui se faict par blandices, que celuy qui se commet à viue force: car celuycy ne viole que le corps, mais celuy-là corromp encore l'ame, en deprauant la volonté: Aussi sçachans qu'ils ne le pourroient iamais marier sans luy; c'est à dire, sans que son consentement fist valider le nœud indissoluble des nopces, la fine femelle eut raison de faire reduire son mary, aux moyens qui gaigneroient le courage du jouuenceau, pour plier peu à peu sa volonté à leur obeyssance.

F

LA PIEVSE IVLLIE.

Livre Second.

E pere s'estant rendu plus doux, l'enfant en deuint aussi plus traitable: & voyant que le monde luy rioit, il commença à rire au monde; tant il est vray que la douceur prouoque la condescendance, comme l'amour attire l'amour. Il semble que la rude prison de la maison paternelle luy fasse treuuer desirable celle des Cloistres, & qu'autant pour contenter son despit & sa vengeance, que pour satisfaire à sa deuotion, il vueil-

le contre le gré des siens changer l'vne à l'autre: mais aussi tost que ce ioug barbare s'allege, & que sa liberté s'allonge, il s'esloigne aussi de la volonté de se retirer du siecle. A peu prés comme ces ieunes cheuaux rebours & pleins de fougue, qui prenans le frein au dents courent comme vn foudre à leur precipice, & qui s'arrestent aussi tost que celuy qui les monte lasche les renes & leur laisse la bride libre. Car comme a chanté l'vn de nos meilleurs Poëtes:

Si les tygres les plus sauuages,
Flatez par vn doux traittement,
Enfin apriuoisent leurs rages;
Que fera l'humain sentiment?

Quand il eschapa de sa premiere prison en dissimulant, alors le fils trompa le pere: mais en ceste seconde par dissimulation, & par vne feinte & contrainte douceur le pere seduit le fils. Et comme ceste suauité estoit estudiee & premeditee; & ce qui la faisoit sauourer dauantage, nouuelle & inexperimentee, elle estoit d'autant plus sucrine que le fiel & l'amertume qui auoient precedé sembloient reuesche au goust du Iouuenceau; si bien qu'il en fut aisemēt surpris, faisant cōme ceux qui tiênent la douceur du miel plus penetrāte, apres auoir masché de l'absinthe. que tardé-je dauantage à dire qu'il fut charmé par les larmes & les souspirs de la mere, & flechy par les douces raisons de son pere, qui luy representoit sa solitude, & l'estat deplorable de sa famille & de sa maison, si par son abandonnement il falloit que son bien passast en vne ligne collaterale & en vne main comme estrange? Il luy fit voir par des lustres formez, par l'artifice d'vne subtile eloquence, dont le monde n'est que trop pourueu, & qui seroit mieux nommee causerie ou cajollerie; que les loix Ciuiles & les Canoniques, les Humaines & les Diuines n'estoient pas si contraires, qu'elles ne se peussent concilier, que Dieu, autheur de la nature, n'en estoit pas ennemy: Que l'on pouuoit faire son salut dans le monde, si auec plus de peine, aussi auec plus de gloire & de merite: Que le Paradis n'est pas fait pour les seuls Religieux: que croire cela, ce seroit commettre, non seulement vne erreur, mais vne heresie: & condamner auec iniustice la plus grande partie des humains, qui viuent dedans le siecle, aux Enfers: Que plusieurs estoient appellez & peu esleuz pour la vie sequestre: Que n'ayant que deux enfans, c'estoit bien assez que Dieu en prist vn pour sa part, & luy en laissast vn autre pour le soustien de sa vieillesse, & pour succeder à ses Estats & à ses facultez: Que Dieu estoit autheur de mariage aussi bien que de l'Estat Monastique: Que tous n'estoient pas appelez à la plus haute perfection, que l'humilité nous pouuoit rendre parfaicts en vne condition moins eminente en pieté: Que les conseils Euangeliques ne pouuoient pas estre pratiquez par tous les hômes; le Sauueur le preuoyant bien, quand il disoit, qui les pourra atteindre si les prenne. Que pour viure eternellement auec Dieu dedans le Ciel luy-mesme auoit dit, qu'il suffisoit de faire ses commandemens. Que ses cômandemens estoient, qu'on honorast, assistast & seruist pere & mere. Que cet honneur appelloit l'obeyssance, & l'obeyssance marquoit la condescendance, non seulement à leur volonté, mais à leur desir. Que leur desir n'estoit point injuste, puis qu'il aboutissoit dedans vn Sacrement, appellé grand par vn Apostre. Qu'il aimeroit mieux, bien qu'il fust son vnique heritier, le voir perir deuant ses yeux, que le sçauoir desbauché, & autre que homme de bien, plein de doctrine, iuste, & craignât Dieu. Qu'il ne luy souhaitoit qu'autant de vie qu'il seroit suiuant la vertu. Qu'il ne pensoit pas luy auoir donné en sa vie sujet de scandale, se conduisant en sa vacation comme vn Iuge seuere & incorruptible; que sa mere tout de mesme n'auoit rien en plus grande recommandation, que l'honneur & la pieté, qu'ensuiuant leurs actions, il pourroit esperer le Ciel aussi bien qu'eux; qu'en les quittant c'estoit taxer leur vie comme mauuaise, faire estimer leur conuersation perilleuse pour le salut, & laisser vne tache sur leur visage, que toutes les eaus de l'Ocean ne pourroient iamais lauer: Que de ceste façon au lieu d'honorer, cóme il deuoit, il deshonoreroit pere & mere, que ses iours en seroiét abregez, outre les autres punitions que les histoires sacrees & prophanes remarquent estre arriuees aux enfans qui secoüent mal à propos le ioug & le respect de leurs parens: Qu'adioustant à tout cela les obligations innombrables & immortelles, qu'il leur auoit tant de sa naissance, que de son eleuation & institution, il ne pourroit iamais se rédre net du crime le plus infame de tous, sçauoir l'ingratitude, leur rendant mal pour bien, desplaisir pour plaisir, & comme vn vipereau la mort pour la vie: Que couuert de ces funestes liurees, il attireroit plustost sur soy la malediction diuine, que la benediction; & que pensant faire vn acte heroïque en les quittant, il commettroit peut-estre vn parricide execrable: Qu'il y auoit des fausses vertus aussi bien que des happelourdes entre les pierreries; que tout ce qui a du lustre n'est pas de l'or; que le cristal paroist comme vn diamant, bien qu'il n'en ait ny la valeur, ny la fermeté: Que l'impieté se masque quelquefois du nom & de l'apparence de pieté; que plusieurs confessent Dieu par la bouche qui le nient par les effects. Et quels effects plus funestes que de reduire ses parens auant terme au tombeau? leur faire traisner vne fin de vie triste, solitaire, languissante, & pire que mille morts, que de desoler vne famille, perdre vn bien, qui bien mesnagé & employé pour le seruice de Dieu pourroit conduire son possesseur au ciel aussi bien qu'vne pauureté affectee: Que les exercices de la Iustice valoient b.. ces menees & les emplois dont lon occupe & amuse plusieurs Moines dans les Conuens: Qu'vn homme de bien en vne compagnie de Iuges pouuoit faire des merueilles, & y auancer grandement la gloire de Dieu en faisant son salut, & rendant du seruice au prochain: Que rendre à vn chacun le sien auec equité, n'estoit pas vne besogne peu penible, ny peu meritoire: Que tenir la balance droicte dans la corruption & la deprauation des iugemens humains

F iiij

n'estoit pas vn petit honneur, ny vne œuure peu signalee. Que conseruer la vie à l'innocent, punir le coulpable, & nettoyer la Republique de meschans, deffendre le foible contre la violence du fort, releuer le petit de l'oppression du grād, soustenir la vefue & l'orphelin côtre ceux qui leur dressēt des embusches, resister courageusemēt aux injustes volontez des puissans: bref, tenir son timō droict dās la varieté & l'inegalité de tāt d'accidēs humains, & dans la tumeur des flots qui escumēt en la mer du monde, n'estoit pas vn petit trauail. Que plusieurs voyēt les actions, les hōneurs & les autoritez des gens de iustice, qui ne voyēt pas leurs Croix; & beaucoup aperçoiuēt les Croix exterieures des Religieux, qui ne voyent pas les douceurs de leur vie paisible, tranquille, sans soing & exempte des charges, & des soucis cuisans qui troublent le repos de la vie des seculiers. Qu'il se donnast le loisir de considerer toutes ces choses & ensemble le temps d'apprēdre en l'escole de l'experience ce que l'ignorance de son âge, & sa trop grande ieunesse luy tenoit encore caché, & qu'il treuueroit en effect qu'il ne faut pas selon le conseil d'vn Apostre, cheminer en vne ferueur incōsideree: mais honorer Dieu, comme dict le Psalmiste, auec iugement & discretion. Souuét nous pensons aller droict, & nous choppons, & faisons mal en pensant bien faire: Que tant de graues ceruaux, & tant de iudicieux personnages, que ceux qui composent le Parlement, n'auroient pas (estant pleins d'autāt de pieté, que de iustice) donné vn arrest si solemnel, en vertu duquel il l'auoit retiré du cloistre, s'ils n'auoient estimé qu'il deuoit plus de deference à ses parens, qu'à ses propres pésées, & qu'il pouuoit estre vtile dedans le monde, & y ménager son salut en seruant le Roy, le public & le prochain. Ie n'aurois iamais fait si ie voulois ramasser toutes les couleurs dont ce personnage paroit ses raisons: car nous naissons Orateurs, & Orateurs subtils pour exprimer ce qui nous touche, & pour persuader ce que nous desirons passionnemét; D'où vient que l'Amour fait les Poësies mieux que la source de Pegase, ny que le sommeil de Parnasse. C'est pourquoy ie surseoy d'en faire vne plus longue enfileure, me contentant de dire auec ce Poëte,

Ainsi prend l'oysillon le subtil oyseleur,
Et ioüant du flageol le tire à son malheur:
Et apres luy auoir la liberté rauie,
Il luy oste la vie.

Adiouſtez à cela les larmes de Crocodile que verſoit ce vieillard, & qui couloient comme des perles ſur ſa face paternelle, & ſur ſa barbe venerable & griſonnante, il ne ſe faut eſtonner ſi le fils s'en attendrit: mais il euſt bien fallu s'esbahir s'il ne ſe fût reduà vn ſi doux, & ſi puiſſant effort: car quãd aux pleurs de ſa mere ils luy eſtoient d'autant moins ſenſibles, que plus familiers, & d'autant plus familiers, qu'ils ſont plus naturels aux femmes. Leſquelles comme a gracieuſement chanté ce Poëte:

Apprennent de ieuneſſe à leurs yeux à plorer,
Ayant touſiours des larmes
Preſtes à ſe monſtrer.
Larmes dont elles font leurs plus puiſſantes armes.

Mais comme les hommes ſont plus durs & plus forts, auſſi ſont-ils moins ſujets à diſtiller cette humeur par les yeux, & cette rareté rend leurs larmes, quand elles ſortent, plus efficaces. Que ſi Coriolan ce vaillant Romain, qui auoit rendu ſon ingrate patrie aux extremitez, par vne iuſte vengeance, fut abbatu par les pleurs de ſa mere, que ne deuoit faire pour ceux de ſon pere,

Ce Iouuenceau que l'amitié,
Rendoit ſenſible à la pitié.

Car pour dire le vray la pitié & la pieté ont beaucoup de conuenāce; & il est malaisé de voir vn cœur atteint de douleur à nostre occasion (si nous n'auons l'ame tout à fait brutale, ou enuironée d'vn triple fer) sans nous mettre en peine de le soulager par tous les moyens que nous estimons les plus conuenables. Vous eussiez dit que ce fin vieillard concluoit seulement:

D'auoir vn peu de tēps, d'auoir vn peu d'espace
Pour faire quelque treuue auec la douleur,
Et soulager ainsi par souspirs son malheur
Se remettant au temps qui tous les maux efface:

Subtilité, que l'esprit de la Royne de Carthage aiguisé par l'amour, auoit treuuée pour arrester la trop prompte fuite du beau Troyen, en l'amusant apres vne attēte inutile. Ce fut par là que la condescendance fille bien aymée de la charité quād elle est iuste, s'insinua dedās ce ieune cœur: Si bien que nous pouuons dire de lui ce que le plus ingenieux des Poëtes de son Hercule Alexicaque:

Celuy que mille maux, celuy que mille monstres
N'auoiēt peu surmōter, est vaincu par l'amour.

Tant est vray ce qu'a chanté vn autre,

Qu'il n'est point icy bas de naturel si rude,
Qu'on ne puisse adoucir par art, & par estude:

S'il preste aux doux propos l'oreille seule-
ment ;
Car la viue raison change insensiblement:
Comme vn fruict au soleil peu à peu se colore,
D'aspre, & verd deuient meur, se iaunit, &
se dore.

Voyla donc nostre Neophite vrayemét diuerti, que ie ne die peruerti, & se payant de
ces vaines raisons cóme si elles eussent esté
fort solides, prenant ce bas pour vn haut
alloy, & se contentant de ce billon au lieu
de bõne monnoye. Pauures, qui s'appuiant
sur vn baston de roseau, le verra fracasser en
sa verdeur & les esclats lui percer misera-
blemét, non seulemét la main, mais le corps
& qui le porteront dans vne fin deplorable!
ô Seigneur, ceux qui vous delaissent, sont
delaissez, & ceux qui s'esloignent de vous
periront miserablement! ô qu'il est bon de
s'attacher à vous, & de mettre en vostre bõ-
té toute son attête! Sur ce cœur amoli comme de cire, au milieu d'vne poitrine auparauant si constante au bien, il fut aisé de former les impressions telles que lon voulut,
& par ce que la fin des trauaux que les parés
prennent autour de l'education de leurs
enfans semble arriuer en leurs mariages, il
n'y a rien qu'ils desirent auec tant de passió;

que de les voir pourueus de partis sortables à leur aage, à leurs moyens, & à leur qualité. Le Poëte les fait gracieusement parler ainsi:

Mon fils, vous me deuez vne bru qui m'engendre
De beaux petits neueux.
Ma grand fille, il est temps de me donner vn gendre,
Et qu'Hymen ait vos vœux.

Aussi-tost que ce ieune esprit fut dessauuagé par les mignardises de sa mere, & les caresses extraordinaires du pere, desia le ioug du mariage ne luy parut plus si farouche qu'auparauant: ce n'est pas qu'il n'en apprehendast les fers, & que l'estonnement ne le saisist, quand il pensoit qu'il seroit par ce moyé attaché à vne creature, pour vertucuse & sage qu'elle fust, tousiours fême & toûiours imparfaitte, & par des liens indissolubles, & que les hommes ne pouuoient iamais rompre, mais que la seule mort dissoudroit; c'est ce qui le fait marcher retenu parmy les compagnies. Voyez quelle est la nature de l'esprit, lors qu'il meditoit sõ eschapée de Breau. Il feignoit l'empressé & l'amoureux dans la conuersation, bien que son dessein en fût fort esloigné, caressant le monde des levres, son cœur en estant bien fort separé: maintenant qu'il y marche ce semble la bride en la main, & que ses deportemés si reseruez laissent quelque soupçon qui ombrage ses parens: c'est lors qu'il est mieux pris, & que moins il leue les yeux vers les montagnes celestes, pour en implorer le secours en cette extremité. Les hommes comme les poissons au hameçon se prennent par la bouche, les paroles les engagēt & obligēt, les parens sachant qu'il n'y auoit que ce seul lien capable de l'arrester au siecle, le supplient d'y entendre pour leur consolation; & bien qu'il s'excuse sur sa ieunesse, ils luy produisent tant d'exemples de persōnes mariees au dessous de son aage, & adioustēt à ces exemples tāt de raisons, à ces raisons tant de cōiurations & de prieres ardentes; que plus pour le contentemēt des siens, pour se deliurer de leurs importunitez, & pour leur oster du cœur l'espine de cette continuelle deffiāce qu'ils auoient qu'il ne leur eschapast, il fut contraint de donner les mains, & de leur tesmoigner qu'il leur seroit obeïssant en cela, comme en toute autre chose: mais qu'il ne falloit pas qu'on s'attendît à son choix ny la recherche, parce que sortant d'vn Monastere d'où il auoit par force quitté l'habit il s'immoleroit à la risee de ceux qui luy verroiẽt faire l'amour: protestãt que ce n'estoit point la conuoitise du plaisir qui le portoit à ce lieu: mais le seul desir de reparer les deplaisirs qu'il auoit causez à ses parens par ce contentement qu'il leur vouloit apporter: qu'eux seulement choisissent vne belle fille selon leur cœur, qu'elle seroit aussi selon le sien, à ses yeux toutes celles de ce sexe estãt indifferentes. Voila les parens aussi forts, & aussi ioyeux que s'ils eussent gaigné vne grãde bataille. Ils n'allerent pas si loing que Iason, pour faire la cõqueste d'vne toisõ d'or. Car apres que la mere eut fureté des yeux toutes les compagnies de ceste nombreuse ville, cõme si elle eust esté à la cueillette des fleurs pour se faire vne guirelãde, veu que la fille sage est la couronne de sa mere: le pere nõ moins eueillé par l'aiguillõ que luy mettoit dans le flanc le desir de se voir renaistre en la posterité de sõ fils, a des yeux par tout, comme s'il eust cherché à se pouruoir soymesme, & parmy les filles fait presque l'amoureux trãsi pour soy mesme, encore qu'il ne le fust que par procuration. Il a toûiours la bouche ouuerte, non seulement aux enquestes du Palais, mais de la ville pour trouuer en quelque lieu vne attache à son fils, lequel il veut bien amener

au Seigneur, mais comme ce poulain de l'Euangile tout lié. Sa passion luy fait regarder tous les objets: mais sa prudence luy fait penser à tout. Le mariage est vn sage marché, auquel il faut proceder auec vne grande discretion, & songer autant à là posterité, & à l'accommodement d'vne maisõ qu'à soy mesme, & où les accessoires tiénent souuent lieu de principal : s'il se faut marier, il se faut marier par les yeux, par les oreilles, par la bource, par la bouche, par le cœur : car c'est vn lien vniuersel qui garrotte tout l'homme ; vn engagement qui ne laisse rien en arriere. En-fin vne bonne influence luy fait, entre tant de belles sages riches & vertueuses Damoiselles, dont cette grande Cité est autant emaillée, comme vne prairie de fleurs, rencontrer vn object en qui toutes les graces ailleurs separées sébloiét estre vnies. C'est cette Iullie, premier & principal ornement de cette narration, fille de maison, & maison par excellence pleine de vertus & de biens : belle au coffre, plus belle au front, tres-belle en l'ame, bonne en tout. Le printemps a moins de couleurs qu'elle n'a de qualitez recommendables, l'orient moins de perles qu'elle de beautez : & le Soleil ne la regarde
iamais

jamais que ses rayons ne soient esbloüis des splendeurs qui sortent de son front; c'est vn Ange au visage, & plus encore en la conuersation. Parmi tant d'aimables parties, elle n'a qu'vn defaut, mais defaut dont sa perfection est coulpable; c'est qu'elle ne veut point entendre parler de noces, & les propositions qu'on luy en fait sont des traicts lancez contre vn rocher. Imaginez-vous si Piralte (car c'est ainsi que ceste histoire nommera desormais ce Cadet deuenu laisné, & l'vnique par la profession de son frere) estoit pour eschaufer ceste gloire, luy qui auoit si peu d'inclination au mariage, & qui estoit si peu sensible à l'amour. Car c'est icy où persóne ne baille ce qu'il n'a point, qui veut estre aimé ayant à aimer le premier. C'est ce qui met les tristes parens en vne angoisse desmesuree, dautant que ce n'est pas assez de demander la fille, & l'obtenir; ce n'est pas marchandise qui se liure ainsi, ny qui sorte de la boutique de ceux qui en sont chargez que par la porte du consentement & de la volonté. Or afin que vous entendiez combien la famille de Iulie estoit vertueuse; vous sçaurez que son pere estant mort, qui auoit tenu rang entre les Magistrats de la compagnie du pere de Piralte, la mere sage & prudente Dame estoit demeu-

G

rée en vefuage, & reſtée dedans le monde pour la ſeule conſideration de l'education de ſes enfans : mais quand elle euſt veu ſon fils aiſné eſleué en honneur, & ſon cadet attendant & approchant l'âge d'entrer en charge, & l'aiſnée de trois filles qu'elle auoit richement & honorablement pourueuë, elle creut qu'elle pourroit deſormais eſclorre le deſſein qu'elle auoit conçeu en ſon eſprit : meſme durant ſon mariage, de ſe rendre Religieuſe; au cas que le cours de ſes annees la fiſt ſuruiure à ſon Eſpoux : & en cela elle fut en quelque façon conuiée par ſa ſeconde fille nommée Cypriane, laquelle prit le meſme deſir de ſa mere, ſe reſoluant de la ſuiure au meſme Cloiſtre où elle ſe ietteroit. La Cadette, qui eſtoit ceſte Iullie, de laquelle nous entreprenons de repreſenter les genereuſes actiõs, eſtoit encore en vn aage, non pas incapable de ces penſees, veu qu'elles eſtoient montées en ſon cœur auparauant qu'elle euſt aucune cognoiſſance de ce qu'elle pretendoit, tant ſon Genie ſurmontoit ſes annees : mais de les effectuer ne pouuát eſtre admiſe à l'habit Religieux, ſelon les ſaincts Canõs, qu'elle n'euſt atteint plus de temps & de iugemẽt. La mere la laiſſa donc entre les bras de ſa fille aiſnée, ſe retirant comme vne autre Paule auec ſon Euſtochion, non pas certes delà les mers, mais seulement en vne des principales villes de Picardie, en vn Monastere de saincte Claire celebre, non pour ses richesses, mais pour sa reformation. De vous dire les regrets & les sentimens de Iullie en la separatiõ de sa bonne mere, & de sa cher sœur; à l'esprit desquelles elle estoit si conforme, il seroit malaisé: car bien que ceux qui la virent en l'estat où la douleur la reduisoit, attribuassẽt cet effort à son enfãce, & à son ignorãce; les mieux entendus cogneurent à ces marques qu'elle seroit vn iour vne grande seruante de Dieu, & que le Ciel la preparoit à la condition Religieuse. Depuis ce depart elle sembloit comme vn pampre separé de son tronc, & la viue ioye qui estoit auparauãt en ses yeux, fut chãgee en des nuages qui se resoluoient en de continuelles larmes. Elle ne parloit que de Religion & de Cloistre; & qui la vouloit affliger, n'auoit qu'à luy parler d'vn mary: Car alors, cõme si on luy eust donné quelque pesant coup sur la teste, quand elle eust esté en la meilleure humeur qu'on eust peu desirer, elle deuenoit chagrine, melãcolique, & insupportable. Elle ne vouloit mal qu'à ses annees qui retardoiẽt le bien qu'elle desiroit auec beaucoup d'ardeur; & au rebours des autres femmes, qui se faschent d'estre trop vieilles, elle

G ij

se plaignoit d'estre trop ieune, tant elle estoit oppressee du desir de quitter le monde. Cela plaisoit fort à sa bonne mere, qui l'entretenoit en ce pieux dessein par lettres, & qui eust bien desiré l'auoir aupres d'elle pour l'esleuer tousiours en ceste volonté: mais la regle ne receuoit point d'escolieres en sa maison; à raison que les vaches qui entendent la voix de leurs petits, n'entrainent pas l'arche auec tant d'attention, ny de vitesse. Cependant Iullie est comme vn fer entre deux aimans, c'est à qui l'aura; & il est à craindre, que non le plus fort, mais le plus voisin l'emporte. Si sa mere la desire pour le voile du Cloistre, sa sœur sa seconde mere la desire pour celuy d'Hymen; tant il est vray que le monde aime ce qui luy est conforme. Les choses en estoient en cet estat, quand le pere de Piralte & la mere aussi la regarderēt, & l'esleurēt en leur cœur pour leur belle fille; ils firent sonder soubs main sa sœur & ses freres, qui voyans en ce Magistrat vn grand & puissant appuy, & vn party fort riche pour leur Cadette, s'y accorderent à la premiere proposition. Mais que ferons-nous à nostre petite sœur (pouuoient dire ces freres) au iour qu'il luy faudra parler de nopces, elle qui veut vne muraille, non vn mary; pourra-telle bien ouurir la porte de son cœur à ceste nouuelle, & celle de sa maison à vne recherche? Ils donnerent ceste commission à leur aisnee, laquelle comme femme rusee & accorte, & qui deuoit cognoistre l'humeur de son sexe, se conduisit si dextrement en son entreprise, & par des chemins si esloignez, amena ceste ieune colombe au but de sa proposition (qu'elle l'y engagea presque insensiblement, l'amusant comme vn enfant à qui lon promet des joyaux, comme si c'estoient des poupees. Tant est facile la pente des delices, à comparaison de la rude montee de la vertu. Il luy fut plus aisé de ruiner, qu'à la mere de bastir auec fermeté, les murailles de Ierusalem dans le cœur de ceste petite. Somme le vent emporte les fueilles, & les persuasions ses filles : Car la subtile femelle sceut auec tant d'art inspirer, ou si vous le voulez, instiller, ou ietter dedans l'esprit de ceste innocente beauté ses propres intentions, qu'elle la rendit sienne, & la soûmit totalement à sa volonté. Voilà certes vne grande gloire pour en faire vn si grand trophee, comme celuy qu'elle se pensoit meriter, & que luy esleuoient les parens de Piralte, d'auoir plié ou plustost surpris la simplicité d'vne fille, laquelle comme elle ne sçauoit bonnement ce qu'elle desiroit en souhaitāt l'estat Religieux ;

G iij

aussi estoit elle ignorante du grand biē, dont elle se priuoit en perdant le dessein de l'embrasser. Oyseau niais, qui se iette sans y penser dedans les gluaux & les lacs du siecle! poisson qui entre facilement dedans la nasse, de laquelle par apres il ne peut pas treuuer l'issue! Ce n'est pas que le mariage ne soit sainct, & comme dit l'Apostre, honorable en tous; c'est à dire, en toutes ses parties, & en toutes les parties qui le contractent legitimement. Nous sçauons le respect qui est deu aux Sacremens de l'Eglise: mais tout ainsi que celuy qui fait ceste admirable alliance de la chair de CHRIST auec la nostre, doit estre pris auec vne grande espreuue, de peur de manger son iugement; de mesme cet autre qui fait de deux personnes vne mesme chair, doit estre conduit auec beaucoup de iugement, de peur de rencontrer, si on le contracte sans consideration, vn Enfer en ceste vie au lieu d'vn Paradis de delices, que lon s'y figure à l'abord. Il ne faut pas que l'amour qui le doit preceder ait les yeux bandez, ny s'y porter à l'aueugle: mais il faut y voir clair, & que le flambeau d'vne longue pratique & cognoissance precede celuy d'Hymen. Vne dilectiō simple ne suffit pas, mais il faut vne dilection d'election, & d'election non seulemēt libre, mais iudicieuse. Qui fait autremēt, s'enrollant sous l'estendard des nopces, met son nom en la Confrairie des Repentis: Et comme le ver à soye, au lieu de s'establir vne maison, se bastit vne geolle; ceux que la vanité d'vne haute alliance, ou l'interest des richesses, ou que la beauté incitante à la volupté, attire au desir de posseder quelque party, se treuuent pour l'ordinaire descheuz du contentement qu'ils se promettoient durant leur recherche, en la iouïssāce de ce qu'ils ont pretendu. Quād on veut pratiquer ce cōseil ancien: *Te veux-tu marier, espouse ta semblable: Car l'inegalité te rendroit miserable.*

Ce n'est pas assez d'auoir esgard à la semblance des biens, mais il faut prendre garde à celle de la naissance, de l'educatiō, de la creāce, de l'inclination, des mœurs, des humeurs;
*Car d'autant plus qu'on se ressemble,
Plus l'amitié les cœurs assemble.*

Or pour tout cela, chacun sçait que la ieunesse est impropre, n'estant pas encore arriuee au temps auquel le iugement meuri soubs plusieurs experiences, luy puisse donner assez de force pour discerner le bien du mal. Or pour cognoistre les mœurs d'autruy, ne cognoissant pas les siennes propres; il est malaisé qu'elle puisse

G iiij

faire choix de ce qui luy est plus conuenable, ny mesme de planter en quelque object de solides affections, puis qu'elle n'en peut penetrer ny les defauts, ny les merites. Elle n'a pas encore gousté au rayon de miel, & au coin de beure du Prophete, qui fait separer ce qui luy est bon de ce qui luy est nuisible, & rejetter l'vn pour embrasser l'autre. Si l'inspiration, comme vne bonne mere, luy iette dans le cœur vn sacré degoust du laict ensorcelé des douceurs du monde, la suggestion du malin, comme vne fausse Lamie, luy descouure de fausses mammelles, pleines d'vne suauité sucrine qui la regaigne aussitost. O que bien-heureux est celuy, dit Dauid, que Dieu enseigne, & auquel il monstre sa loy, le faisant cheminer és voyes de sa volonté! Or afin que vous cognoissiez mieux la ruse des femmes, pour les euiter quand elles vous voudront surprendre; sçachez que comme on fait les appas, de ce que les animaux aiment le mieux, afin de les attirer plus fortement, & de les surprendre plus promptement; de mesme ceste fine sœur de nostre ieune Psiché forma son appeau de l'air, & du chant qu'elle estima deuoir estre le plus agreable à ceste innocente Cadette; luy parlant de loin d'vn party qui la pourroit rendre Religieuse, & mariée tout enséble, si bien qu'elle contéteroit en l'acceptant & sa mere, & elle & ses freres, & tous ses parens en vne mesme action: sans aucun preiudice de son desir. Tout ainsi que pour gentille que soit la flamme d'vne honneste fille, & legitime l'amour qu'elle porte à celuy qui la recherche en mariage : si est-ce qu'allant à la maison de son espoux, pour y consommer les nopces, que sa couleur abbatue la conuainc d'auoir desirees, elle ne peut s'empescher de ietter des larmes, soit par coustume, soit par bien-seance, soit par dessein, soit par vn iuste ou ferme ressentiment sur l'abandonnement de la demeure paternelle, & des bras maternels. De mesme ce sexe est naturellement si fragile, que pour ferme & constante que soit sa resolution en embrassant la vie Religieuse, il est malaisé que le cœur ne luy fremisse en cósiderant la grandeur & l'importance de cette entreprise, & qu'il ne iette quelque trait d'œil en arriere vers les delices qu'il quitte au monde, bien qu'il se iette à yeux fermez vers la Croix Reguliere, comme celuy qui ne laisse d'aualer la medecine, encore qu'il ne la contemple pas : sçachant qu'il est bon d'estre ainsi. Ie ne dis pas que la volonté determinée regarde en arriere, car ce seroit tomber dedans la malediction de l'Euangile, & mettre mal la main au soc; mais c'est le sens, lequel redoutant l'austerité, enuisage les commoditez qu'il laisse. Combat que ressentit violément à sa conuersion le grād S. Augustin. Mais en fin és bonnes ames la grace demeure victorieuse de la nature. Iullie balancee entre ces deux passions, se rendit à celle qu'elle croioit (persuadée par les amadoüemens de sa sœur) deuoir assembler & ranger en vn mesme poinct ces deux desirs, autant esloignez que les deux poles. Mais que ne peut-on ietter en la creance d'vn enfant: & quoy que lon die de la puberté des filles, & que leur esprit pluſtoſt desnoüé que celuy des hommes (peut-estre comme plus abondantes en malice) les rēd nubiles à quatorze ans (c'est tout ce qu'auoit celle dōt ie vous parle.) Dieu, qu'est-ce que quatorze ans, pour sçauoir meurement & grandemēt peser l'importance du choix d'vne condition? De là vient que plusieurs filles & femmes sont mescontentes en leur genre de vie, parce qu'on les presente ou aux nopces, ou aux cloistres en des saisons esquelles elles ne sçauent que c'est de l'vne ou de l'autre de ces choses; si que plusieurs mariées voudroient bien estre hors du mōde, & assez de Religieuses voudroient estre mariées. Mais pourquoy dis-je cela des filles & de la ieunesse, comme si ie ne sçauois pas cette verité diuine sortir de la bouche de Iob, que l'hōme nai de la femme est accōpagné en la briefueté de sa vie de beaucoup de miseres, entre lesquelles celle de l'incōstance & de ne demeurer iamais en vn mesme estat, ne tient pas vn petit rang : car par ce moyen il n'a rien de certain que l'incertitude; incertitude de sa vie temporelle, & qui plus est, de son salut eternel L'homme est vn roseau du desert, que le moindre soufle & le moindre flot fait pancher de costé & d'autre.

Nos affections passageres
Tenant de nos humeurs legeres,
Se font vieilles en vn moment.
Quelque nouueau desir cōme vn vent les emporte.
Nostre inclination n'est ny ferme ny forte,
Le change c'est nostre element.

Ce n'est donc point tant pour accuser Iullie de legereté, puis que la foiblesse de son âge luy sert de suffisante excuse, & son ignorāce de pardon, que pour en rejetter la plus grāde coulpe sur sa sœur qui la rauit à l'autel, non auec autant de force, mais auec plus de soupplesse que le pere de Piralte ne l'en auoit enleué par deux fois! ô Seigneur pour vn Dieu si ialoux comme vous estes, souffrez-vous sans ressentiment que lon escarte ainsi vostre tendre espouse de vostre costé? A la verité les balances du iugement humain sont trompeuses, & mensongeres, car elles ne mesurent pas la bonté de Dieu, que par les biens qu'il nous fait, non par les fautes qu'il nous pardonne : comme si elle n'estoit pas plus estimable pour les outrages qu'il souffre de nous que pour les faueurs que nous receuons de luy. Certes ce luy est vne chose naturelle de bien faire, comme au Soleil de luire, au feu deschaufer & à l'eau d'humecter:& à ce supreme honneur, à cette souueraine gloire qu'il merite, ne semble-il pas indigne d'endurer les reuoltes, & les offences des humains? Toutesfois sa misericorde qui remplit toute la terre, & qui est releuée par dessus toutes ses œures preuient, & prenant tousiours son indignation, & toutes ses coleres ne peuuent contenir les offres de sa clemence.

Il est bien dur à sa iustice,
De voir cette noire malice :
Dont nous l'offençons chaque iour.
Mais comme nostre Pere il excuse nos crimes
Mesmes ses chastimēs tant soient-ils legitimes,

Sont des marques de son amour.

Mais pourquoy tien-ie dauantage en suspés l'impatience de mon Lecteur, qui desire sçauoir l'euenement du change de Iullie; comme si voir tourner vne fille, & tomber vne fueïlle estoient des choses bien differentes? Tandis que sa sœur la presse à l'acceptation de ce party, auquel elle luy promet les mesmes contentemens d'esprit, & presque la mesme vie, que si elle estoit au cloistre, la fille se rend à sa mere, s'imaginant, comme ie pense vn mariage virginal: car elle lui representa Piralte auec ses desirs religieux aussi deuot que quand il se ietta dans le Monastere, & comme ne cherchant vne femme que pour mener auec elle vne vie semblable à ceux qui sont retirez du monde. Ce ieune homme blanc & blond tenoit presque encore de la fille, & qui lui eust changé d'habit à la douceur de son maintien à la modestie de ses yeux, & à la prudence de son front, l'eût pris pour vne Vestale. Cõment Iullie eust-elle peu euiter tant de lacs tendus de tous costez, & tant d'attraits qui sembloient coniurer la ruine de son dessein sous l'image de sa conseruation? Si d'vn costé elle estoit disposee par sa sœur à cette alliance, les pere & mere de Piralte n'vsoient pas moins de stratagemes ny d'artifices pour cacher la pillule sous l'or. Ils luy font entendre qu'ils ont rencontré ce qu'il luy faut, soit pour la naissance, soit pour la richesse, soit pour la beauté, soit pour la pieté : ils representent les trois premieres qualitez en degré souuerain, mais quant à ceste derniere, ils se contentent de luy proposer la deuotion de la mere qui s'en estoit faite Religieuse, sans luy découurir l'inclination que sa fille auoit de la suiure & de l'imiter : car si Piralte eust sçeu ceste particularité, il eust pensé faire vn sacrilege de rauir vne espouse au diuin Amant, pour se l'approprier, & iamais il n'eust plié son consentement à ceste alliance; mais on ne luy monstre ceste deuotion de sa ieune amie qu'en pourfils & à moitié visage. On luy fait croire qu'estant encore si ieunette il viura, s'il luy plaist, auec elle comme auec vn enfant en la simplicité de l'âge d'or, & en la candeur de nos protoplastes au iardin d'Eden. Auec ces raisonnettes on l'amuse, & auec des prieres on l'abuse : non pas certes qu'il fist vne mauuaise rencontre côme vous entendrez par le recit des perfections de Iullie : mais de quelque feuille dont on se couure, n'y a-til pas tousiours de la perte à quitter pour la creature, le Createur? Trénchons nous & difons que voila ces deux ieunes perfonnes mariees auant que de l'eftre, alliees deuant qu'eftre amans, donnees l'vne à l'autre auant que fe cognoiftre, attachees cōme par peinture & par procureur; s'eftimans & fe prifans fur le recit d'autruy, laiffans à ceux qui les auoient en tutele le foin de leurs conuentions matrimoniales, en vn mot mariees en la foy de leurs parens. Il eft vray que la nature agiffante en ces corps, qui n'auoient de marbre que la blancheur & non l'infenfibilité, leur fit par vne fecrette fimpatie agréer leur rencontre: foit que leurs aftres fe fuffent entre-faliüez en leurs naiffances, foit que le ciel fauorifaft en leur vnion l'innocence, la fimplicité colōbine, & la fincerité de leurs intentions. Ce furent deux cartes rafes, qui vuides de toute autre impreffion, receurent au mefme inftant qu'ils fe virent les aimables formes l'vn de l'autre auec des traits d'autant plus puiffans qu'ils eftoient moins volages : fi bien qu'en vn moment Piralte fut tout à Iullie & Iullie toute à Piralte, s'entr'aimant perfaitement l'vn l'autre fans fçauoir bonnement pourquoy : ce que les plus fpirituels doiuent, ce me femble, attribuer à une cause plus diuine qu'humaine, & à la grace du Sacrement. A la demande du pere de Piralte l'entherinement fut prompt, faciles les accords, la recherche brieue. Les voyla presque aussitost (n'y ayant aucun empeschemét canonique, en ces épousailles) fiancez qu'acordez, & mariez que fiancez : car la diligence du pere pressant l'affaire desireux de lier son fils, & de battre le fer auant qu'il se refroidît, fit qu'il obtint grace pour abreger les lõgueurs des formalitez qui sont plutost de decence que de l'essence. I'aurois donc tort d'estendre les particularitez de leur amour, puis-que le tumulte deuança l'esclair, la nopce estant plustost sceüe que la recherche ; chacun neantmoins benissant cette alliance pour la conformité des aages, des estats, des biens, & des qualitez. Ainsi la ioüissance preuint le desir, & la consommation l'esperance. La sœur de Iullie escriuit à sa mere quelques iours auparauant cette nopce, que sa sœur comme vn enfant auoit quitté sa volonté d'estre Religieuse à la premiere proposition de mariage, taisant (prudente qu'elle estoit) les artifices qu'elle auoit emploiez pour preoccuper son esprit, & puis luy representant les qualitez du ieune homme,

celles

celles de riche & d'vnique, celles de beau & de deuot, celles de doux, traittable & amiable, celles de vertueux & de biē nai, & tant d'autres qui le rendoient recommādable, que l'esprit de ceste bōne mere, qui en toute façon ne souhaitoit que le bien & la cōsolation de sa fille, fut aussitost satisfaite & gaignee: car le cœur des parés en ces matieres coniugales est ordinairement tendre sur celui des enfans, parce que le desir de renaistre en leur posterité est naturel & plein de vehemence. Voila donc Iullie mariee, & Piralte sans faire beaucoup le poursuiuant ny l'amoureux trāsi, possesseur d'vne ieune merueille qui promet en la splēdeur de son aurore de grandes splendeurs pour son midy : ce n'estoit encore qu'vn bouton, mais qui promettoit d'esclorre vne fleur qui seroit estant parfaitemēt espanoüie l'aise des yeux qui la contemperoient, & le piege de beaucoup d'esprits. Le Ciel fauorable ayant plus de pitié de leur ieunesse que de courroux pour leur inconstance, versa sur leur vnion mille benignes influēces, qui faisoient voir en eux comme la plus belle aussi la plus heureuse couple d'amās contens qui fussent en l'enceinte de ceste ville, laquelle embrasse vn monde d'habitans de quelque

H

costé que le Soleil tournast sa teste, il ne voyoit rien qui se pûst égaler à leur felicité: car comme ils n'auoient iamais ressenti les traits du malheur qui trauerse la vie des mortels, ils s'ébloient de toutes parts estre à l'abri de tout orage & de toute tépeste. L'amour des colombes tant admiree d'vn chacun, pour sa ferueur, sa candeur, & sa simplicité, n'a rien de conferable auec la leur, d'autant plus pure que moins ils cognoissoient le bien qu'ils possedoient. C'estoit vn or pur exempt des sofistiqueries de tant d'attraits, de souspirs, de larmes, d'escrits, de discours, de desirs, de regrets, de plaintes, & autres semblables farras dont ceste noble passion, la reine du cœur humain, est adulteree par tant d'amans: les vns indiscrets, les autres volages, ceux là iniustes, ceux-cy temeraires, d'autres estourdis, aucuns presómptueux, tous insensez, & qui aiment d'autant moins qu'ils pensent ou feignét aimer dauantage. Car quand à ceux qui ont vn autre obiet de leur flamme que celuy qui se peut acquerir par vn Hymen autant honorable qu'il est legitime, ie n'en parle point, puisque ce sont des brutes plustost que des hómes, qui ne cherchent en l'acquisitió d'vn vil plaisir que la perte de leur raison. C'est soüiller l'imagination que de penser à leurs erreurs, mesme pour les detester, & profaner vne plume que l'employer à la description d'vn crime qui doit estre (si la repentance ne preuiét son supplice) noyé dans le fleuue d'oubli qui coule dans les enfers. Comme nos Amás s'estoient peu desirez auant qu'estre vnis, ils s'aimerent si ardammét & si parfaitement apres leur vnion, que chacū croyoit que ce mariage s'estoit fait au ciel pour faire voir en la terre l'image de ceste bié-veillance accomplie qui est entre le bien-heureux. Leur amour n'estoit point celui que lon dit enfant du desir, au contraire, pareil à ceste fleur qu'on appelle le fils deuāt le pere, leur desir sembloit naistre de leur amour. Desir qui n'estoit point de ceux que les plaisirs suffoquét, & qui produit cet amour qui s'esteint dans la possession: au contraire, plus ils possedoient ce qu'ils desiroient, plus ils desiroiét de le posseder. Vn feu aussi brillant que bruslant, ni cuisant, ni nuisant, vn flābeau sans fumee & sans noirceur, vne affection iuste, raisonnable & rassise, plustost qu'vne passion ardente & déreglee, les animoit vn mesme accord, faisoit en leurs volōtez vne parfaite harmonie: vn mesme oüi, vn mesme nō sortoit d'vn pareil air de leurs

H ij

bouches, si bien que leur amitié, comme vn argent bien espreuué & purgé au septuple, estoit toute saincte, toute chaste, toute innocente, & toute pure. Vrayemét Piralte se pouuoit dire heureux selon le monde, & engagé dedans vn lien d'or & de soye qui le couronnoit de roses sans aucunes espines. Car & luy & sa nouuelle femme viuoient sans souci & sans peine entre les bras d'vn pere qui ne trauailloit que pour l'accroissement & conseruation de leur bien, & d'vne mere qui les adoroit cōme les idoles de ses yeux. Iullie croissoit tous les iours & augmétoit à veuë d'œil en beauté en bōne grace & en vertu, & son esprit surmontant ses annees la rēdoit emerueillable à tous ceux de ceste maison où elle estoit entree. Il est malaisé de dire qui l'aimoit le plus, sō beau pere, sa belle mere, ou son mary : si lon ne distingue ceste dilectiō par la differéce des amitiez, chacū des trois en sa façon l'aimoit à l'enui & à l'extremité. Elle ne pouuoit rié demander qui ne luy fust aussitost presenté, mesme ses desirs estoient preuenus par l'offre des choses qu'on estimoit luy deuoir plaire, ses souhaits estans ordinairemét surmontez par les ornemens que sa belle mere luy attachoit tous les iours pour attacher son fils à elle, & par elle le lier au siecle auec des nœuds de diamans. On la voyoit toûiours pluftoft chargee que paree de pierreries: & comme il n'eft point de beauté fi grande qui ne foit releuee par l'efclat des ioyaux & la pompe des habits, cefte ieune Efther s'en accommodoit non tant pour affection qu'elle euft à tant de bagues ou pluftoft bagatelles, que pour le defir qu'elle auoit de complaire à ceux qui la vouloient voir ainfi. Piralte par ces artifices de fa mere pluftoft que de fon efpoufe, s'engageoit tous les iours d'autant plus dans les legitimes affections de celle que Dieu luy auoit donnee pour compagne, s'eftimant plus heureux que fage en la rencontre d'vn tel trefor. Il euft volontiers dit auec cet autre qu'il eftoit perdu, s'il ne fe fuft ainfi perdu: & fe blâmant d'auoir autrefois appellé rigueur & cruauté les contraintes & la violéce de fon pere qui l'auoient arraché d'entre les efpines des aufteritez pour le mettre parmi tant de delices: il produifoit en fon cœur de nouuelles refolutions de complaire en tout à fes parens, puifque l'obeiffance à leurs volontez luy fembloit fi auantageufe. Defia il n'attend que l'âge ordonné par les loix pour entrer fur les rangs, afin de fe

H iij

voir pourueu d'vne belle charge, & promeu à vne magistrature conuenable à sa qualité & à sa naissance. Car comme il n'y a point d'autre porte que la dorée pour arriuer aux offices en France, quiconque est plein de richesses se void és premiers rangs & dans les principaux honneurs quād il lui plaist de desployer ses tresors. Cependant il passe doucement son temps comme vn fils de famille, sans crainte de l'aduersité, sans souci de l'enuie, & sans ceste sujettion inseparable du maniement des affaires, qui met des fers dorez aux pieds de ceux qui s'en meslent. Peut-on s'imaginer vne condition plus heureuse que celle-là? certes selō le sēs & mesme l'esprit, il semble malaisé: car vous diriez que le ciel pour luy seul ait renuersé la maxime de l'Euangile, qu'il faut aller au ciel par plusieurs tribulations; car bien qu'il fust dedans l'aise iusques à regorger, si est-ce qu'il ne s'escarte point de la loy de Dieu, fuyant les mauuaises compagnies ou il est offensé, le seruant auec deuotion, frequentant les Sacremens, ayant soin de son salut, pratiquant fidelement les exercices spirituels que son Confesseur lui marquoit pour se perfectionner, inuité mesme à cela par l'exemple de sa partie, qui faisoit cognoistre qu'elle auoit plus de sentiment de

Dieu que son âge ne sembloit, & prometre & permetre: Faisant bien aux pauures autant qu'il pouuoit, ne faisant tort à personne, honorant ses parens, esteignant sa conuoitise qui eust pû en son âge le porter à quelque licence, dedans le sein de celle que Dieu luy auoit conjointe, ne voyant que par ses yeux, & ne respirant que par son haleine. Bref, se rendant propice le ciel & la terre, & agreable à Dieu & aux hommes. Mais tout ainsi que les fruicts qui paroissent les plus beaux & les plus auancez en maturité, ont ordinairement vn ver qui les ronge: de mesme parmi tant de beaux iours & tant de douces nuicts Piralte a ie ne sçay quoy en l'ame qui l'afflige; tant il est vray qu'il ne faut qu'vn petit nuage pour reboucher les rais du Soleil qui est si grand. Aux iours les plus clairs & les plus ardens de l'esté, c'est lors que les gresles & les tempestes sont plus à craindre, & les matelots en mer ne redoutent rien tant qu'vne grande bonace, dautant que pour l'ordinaire elle est suiuie d'vne perilleuse bourrasque. Dans les excessiues prosperitez il faut apprehender les extremes aduersitez, comme fit ce Romain qui triompha en robe de dueil, anticipant sagement la tristesse que luy presa-

H iiij

geoit ceste pompeuse magnificence. Ainsi,
Il n'est point icy bas de bien qui soit parfait,
Ce que fait le bon-heur, le malheur le deffait.
Telles sont les contrepointes, ou si vous le voulez ainsi, tels sont les contrepoids de l'Vniuers. La felicité accomplie ne se doit attendre qu'au Ciel :
Car le monde a cela de l'inconstant Neptune,
Que tousiours aux affronts de l'aduerse fortune
Il faut auoir l'esprit & le cœur preparé,
Le Soleil le plus clair s'y couure de nuages,
Le calme plus profond est suiet aux orages:
Dans l'enceinte du port on n'est pas asseuré.
C'est vne folie de chercher de la terre ferme en vn lieu où tout bransle, & où il n'y a point de cité de demeure : celui qui doit ficher vn cloud à la roüe du desastre est encor à venir ; l'art des Chimistes n'a pû encor arriuer à fixer le Mercure, ny celui de la plus haute philosophie à arrester le cours des vicissitudes humaines, tout son secret est de garder vne constance inuariable dans la varieté de tant d'accidents qui nous enuironnent. Vous diriez que ce pauure ieune homme presage son malheur, & que parmi les plus grandes douceurs de la vie humaine il ne puisse trouuer de contentement : il faut peu d'absinthe pour emplir

d'amertume beaucoup de miel. Il auoit oublié sa vocation pieuse lors qu'il estoit libre; maintenant qu'il ne l'est plus, le mauuais esprit qui luy auoit troublé la memoire, la luy rend pour troubler son entendement. O qu'il pratique mal l'aduis de l'Apostre! Es-tu libre de femme, ne cherche point de t'y attacher? y es-tu lié, ne pense point à ta dissolution? perseuere sainctement en ta vocation iusques à la mort: car celuy qui perseuerera au bien iusques à sa fin sera sauué. Le regret le mine peu à peu, lequel ie n'ose dire, & qu'il ne peut exprimer; tellemēt qu'il desseiche sur pied d'vne tristesse incogneuë au milieu de toutes les delices qu'on sçauroit imaginer: Et bien que faisant effort à son naturel, il tâche de masquer sa vraye langueur d'vne allegresse estudiee; si ne peut-il empescher que la palleur de son teint ne l'accuse, & ne fasse voir aux moins entendus qu'il a quelque chose en l'esprit qui le tourmente. Les affligez parens qui ont des yeux de Linx, penetrent les pensees de ceste idole, & ne sçauent quel remede apporter pour rauigorer les fleurs de son visage qui se flestrissent. Car comme pourroit-on remedier à vn effet, dont la cause est incertaine? s'imaginer la veritable il est malaisé. Car ni ses paroles, ni sa conuersation n'en donnēt aucun indice. On le promene par les compagnies de la ville, c'est ce qui le tuë : car la solitude estant l'element de la melancolie, quãd il est parmy les autres il est en agonie, & pareil au poisson qui est sur le sec. On le mene par de belles maisons qu'ils ont aux champs, c'est ce qui le ruine : car les iardins & les bois qui nourissent ses pensees agrãdissent son vlcere, & enueniment plustost sa playe que de la guerir. C'est de l'eau qu'aualle vn hydropique, il se plaist en ce qui luy nuit, & se plaist de ce qui l'empoisonne ; de quelque costé que il se tourne tout luy desagree, le bruit des villes comme le silence des champs ; & ce qui est estrange l'objet de sa douceur estoit celuy-là mesme de sa douleur. Il fut mort sans Iullie, & c'estoit Iullie qui le faisoit mourir : Car si ses sens s'amusoient autour d'elle qui le caressoit en enfant, esleuant son esprit vers la source, ains vers l'ocean de la souueraine beauté de Dieu, dont celle-cy n'estoit qu'vn petit rayon, qu'vn ruisseau debile. O Seigneur ! disoit-il auec le Psalmiste, vous me delectez en vôtre facture : que si vous me rauissez par l'ouurage de vos mains, combien serois-je plus transporté, si sans estre ainsi diuisé ie n'auois autre object à contempler que vostre beauté infinie : puis il continuoit auec sainct Augustin: O beauté si ancienne & si nouuelle, que tard ie vous ay cogneuë! que tard ie vous ay recogneuë! quand vous aimerai-je parfaictement? quand serez-vous mon tout & mó vnique souci? Toutes les fois que lon receuoit des nouuelles de son frere, qui estoient tousiours pleines de solides loüanges (car il alloit tous les iours comme vn bel astre s'auansant sur l'orizon de la perfection, promettant ceste grande splendeur, qui s'est depuis fait paroistre en tant d'instances) mille renars comme oiseaux de Promethee le venoïent deuorer. Helas! ce n'estoit pas l'enuie, mais vne saincte emulation des meilleures graces pour parler selon les termes de sainct Paul: c'estoit vn bon zele qui le deuoroit. Il recogneut ce qu'il auoit perdu, quand il ne fut plus temps de le recouurer: pareil à ces oiseaux, qui libres en l'air, font tous leurs efforts pour entrer dans les cages, où estans enfermez s'essayent par tous moyens, mais c'est en vain, d'en sortir. La belle chose, que vouloir estre ce que lon est, principalement quand on ne peut changer de condition! il faut conseruer la liberté quand on la possede, & se plaire dans l'esclauage quand on y est. Les cheuaux au commencement ne peuuent endurer le frein, à la fin ils s'y accoustumêt, & ayans à gré de ranger leur mords, en allant ils se reposent si doucement sur leur bride, que cela leur aide à marcher, bronchās quand on la leur met sur le col : l'impatience change les vrais biens en maux imaginaires, & rend insuportables les veritables maux, dōt la patience se riroit. Vn faix porté auec egalité & iustesse perd la moitié de son poids, & foule fort peu celuy qui en est chargé :

Il faut par vn courage à la vertu conioint
Non pas ceder au mal, mais que le mal nous cede;
Mesme c'est vn remede au mal qui n'en a point,
Que de penser en soy qu'il n'a point de remede.

Celuy qui appella le premier la femme vn mal necessaire, regardoit, comme ie pense, celle qui est espousee : car cōme il n'est point de necessité de la prendre par le mariage, (l'Apostre disant que celuy qui ne se marie point fait le mieux) quād on l'a prise par ce sacré nœud, il est necessaire de la garder; le rompre, c'est infidelité; le violer, c'est desloyauté; l'abandonner, lascheté; s'y tenir honneur & constance : c'est autant manquer de iugemēt que de courage, de trainer vne croix au lieu de la porter :

Vouloir ce que Dieu veut est la seule science,
Qui peut mettre en repos la bonne conscience.

Il est dur, dit l'Escriture, de ruer contre l'esperon ; le Forçat n'est pas sage qui se despite contre sa chaisne. Piralte eut tort de donner entree à ces imaginations, qui au commencement ne paroissoient que comme des fourmis, & qui deuindrent enfin des lions qui le deuorerent, des vautours qui le deschirerēt : plus il grattoit cet vlcere malin, plus il s'agrādissoit ; miserable qui tiroit sō mal de son propre remede, comme vn vaisseau qui brule au milieu de la mer. Voilà son Benjamin, l'enfant de sa liesse, changé en Benoni en enfant de douleur, laissant aller, comme le chien de la fable, le morceau qu'il tient pour courir apres la vaine ombre d'vn plus grandbiē qu'il peut bien desirer, mais non pas esperer ; mais y aspirer, nullement le posseder. Priué de la veuë de Iullie il ne pouuoit viure ; c'estoit le lenitif de ses afflictions, le remede anodin de ses souspirs : & si tost qu'il la voyoit il la consideroit c̄omme la cause de sa melancolie, & la source de ses larmes. Si que l'embrassant tendrement, & elle luy d'vne simplicité enfantine, colombine & innocente : il noyoit son beau visage de larmes, de douleur, & de ioye, qui eussent esmeu les rochers à pitié. Dieu! qui entendit iamais vne telle, dirai-je, fantasie ou frenesie ! certes ceste maladie d'esprit estoit d'autāt plus incurable, qu'elle estoit plus cachée : car pour mourir il n'eust pas dit le mal qui le preſſoit, ny deſcouuert ſon origine ; ſi bien qu'il meurt d'vne mort obſcure aupres le remede & la cauſe de tous ſes maux. Innocente beauté ſi doucement aimee, ſi ſainctement poſſedee, que tu luy cauſes de tourmens ſans y penſer ! qui te nommeroit coulpable de ſes miſeres auroit grand tort, puiſque la coulpe n'eſtant qu'en la volonté, la tienne l'eſt autant de luy cauſer du trouble, que le ciel eſt eſloigné de la terre. Auſſi que ne fait-elle pour ſe reſioüir, elle qui eſt de la plus gaye & agreable humeur que l'on euſt peu deſirer ? Mais tout ainſi que la Muſique, toute charmante qu'elle eſt, eſt ennuyeuſe à ceux qui ſont en affliction ; de meſme les careſſes & les paſſetemps rengregét le chagrin des melancoliques. Et cóme les bonnes viádes ſi ſauoureuſes à ceux qui ſont ſains ſont inſuaues à ceux que la fieure, ou quelque autre maladie rend degouſtez ; de meſme la ioye ſi aimable aux ames bien diſpoſees, eſt le fleau de ceux à qui la ris eſt importun. Ce caprice de Piralte (car comme puis-je autrement nommer ceſte humeur preſque hypocondriaque ?) me remet en memoire vne piece poëtique d'vn tres-bon eſprit, qui me ſemble repreſenter ceſte bigarrerie de toutes les

couleurs qui la peuuent naïfuement des-
pendre. Elle dit ainsi,
L'amour pour peu de biens donne beaucoup de peine,
  Son brandon allumé fume plus qu'il ne luit.
  C'est vn champ defriché qui bien souuent produit
Mille chardons espais perdans la bonne graine.
C'est vn iardin de fleurs, où celle de Climene
  Passe la rose au teint de l'Aube chasse-nuit:
  Vn Pactole de pleurs, où dans l'onde qui fuit.
On trouue bien peu d'or parmi beaucoup d'arêne.
Ses plaisirs ne sont pleins que de pleurs & d'esmoi,
  L'on diroit qu'il se plaist comme ialoux de soy,
  De se plus trauerser en sa flamme plus sainte.
Quand on est obligé de souffrir son fardeau,
  Encor' qu'il soit pesant, on ressemble au taureau,
  Qui n'aime pas le ioug qu'il porte par contrainte.
Les desolez parens & la dolente Iullie, qui,
cōme espouse, & espouse amante, prend la
part qu'elle doit aux déplaisirs de Piralte: ne
sçauent plus qu'appliquer à la melancolie
qui le destruit; c'est vn feu gregeois qui brû-
le dans l'eau, les contentemens le mescon-
tentent, l'aise l'assassine, les delices le suf-
foquent, tout ce qui plaist lui déplaist.
Son mal empire par les fomentations, c'est
son desespoir d'estre trop bien ; estrange
flux & reflux d'vne mer d'humeur melancolique ; il brusle & gele, il luy déplaist

d'aimer trop ce qu'il ne peut haïr qu'injustement & cruellement ; le ciel mesme, pour lequel il semble auoir auersion d'vn objet si rare, luy commande de le cherir, selon que dit l'Apostre: Maris, aimez vos fēmes, & les traitez sans amertume : gouuernez vous enuers elles comme autour des vases fragiles, leur portant hōneur, si vous voulez qu'elles vous rendēt le respect qui vous est deu. De la quitter il ne le peut, ni ne le doit sans vn crime qui lui feroit hasarder son salut, pour lequel mieux asseurer il se desire hors du siecle ; & quand il seroit en la liberté de ceste retraitte, il a tant de sujet de lui bien-vouloir, qu'il ne sçauroit par quel bout se prendre pour deuider ce ploton : il est pris par le cœur & par les yeux ; & s'il faut ainsi dire, enchaisné de corps & d'ame, disant mieux il veut & ne veut pas, il aime & souhaitteroit n'aimer pas; il desireroit vn biē auquel il ne peut pretēdre: il sent cête repugnāce de loix, du sēs & de l'esprit qui fait souspirer vn grand Apostre, apres le destachement de son ame & de son corps. Car il void bien que se separer de Iullie il ne le peut nō plus que de soy-mesme ; & que par la mesme voye, par laquelle il se pēseroit vnir à Dieu, il s'en diuiseroit: car Dieu est vn Dieu d'vnion, de paix & de concorde, auteur du
sainct

sainct mariage, & iuste vengeur de ceux qui mesprisent ce sacré lien, apres qu'ils ont donné leur foy, & qu'ils y sont engagez. Durant que les extrauagances de ceste humeur noire font sentir à ce mary au milieu du Paradis de ses aises vne espece de tourment qui seroit nouueau en Enfer; la femme deuient participante de ceste agonie, pareille à cet oiseau qui tire à soy la iaunisse des icteriques : car voyant que tout ce qu'elle s'efforce de faire pour diuertir & esgayer son Espoux, est ce qui le rend plus morne; elle ne sçait que deuiner, ny que deuenir. Entre les qualitez qui la rendoient recommendable, soubs le port & le visage d'vn Ange, elle en auoit encore la voix : car elle eust esmeu les rochers, si cóme du temps d'Orphee ou d'Amphion ils auoient des oreilles, elle croit enchanter son ennuy, & celuy de son Espoux, en chantant ce qui luy fit vn iour mettre sur vn air fort pitoyable, ces paroles qu'elle auoit tirees d'vn fameux poëte :

Comme le ver à soye en filant son ouurag,
Va filant son malheur s'empestrant dans ses rets :
Comme il trouue sa mort en tramant ses filets,
Et pensant faire bien enfante son dommage :
Ainsi tant plus ie sers, & moins ie me degage,

I

Ainsi pour bien aimer ie n'ay que des regrets,
Et tirant d'vn suiet de contraires effects:
Plus ie montre ma foy, plus le mépris m'outrage.
Ou comme le flambeau sur la table allumé,
Seruant sans se seruir se void tost consumé,
Et tant plustost il fond, que sa lueur est haute:
Ainsi plus ie reluis en constance & en foy,
Plus ie fonds sans profit en pleurs & en esmoy;
Mais si c'est mon malheur, au moins ce n'est ma faute.

Nostre melancolique à son ordinaire fut importuné du chant, pour lequel entendre, si le Soleil eust osé, il eust arresté sa course; les ruisseaux en suspendirent leur cours, & les vents leurs haleines; mais il fut piqué des paroles iusques au vif de l'ame: car les remaschant, il y faisoit des commentaires plus lógs que tous ceux qui ont iamais esté faits sur les Sonnets de Petrarque ou de Ronsard. Ceste verité luy donnoit dedans la veuë, & la luy esbloüissoit; & comme le Soleil, pour beau qu'il soit, offense les yeux aux foibles ou mal sains; de mesme peu de gens peuuent supporter vne verité trop luisante, ou trop cuisante, parce que ce qui rēd vn defaut trop visible est toufiours nuifible pour pitoyable & fecourable que foit la main du Chirurgien, si eft-ce que le patient ne la peut voir fans fremir quãd elle s'approche de fon vlcere & de fa playe. L'innocente Iullie penfant plaindre fon propre malheur auoit droit donné au but de fon mal, si que l'apprehenfion d'eftre defcouuert redoubloit fa peine. Il fe fuft, s'il euft peu, caché à fes propres yeux ; ceux qui le regardent attentiuement luy font perdre la contenãce ; cent fois il defira, pour chaffer vn cloud par vne autre, que Iullie n'euft point efté si belle, ni si bonne, afin que de la moindre imperfection faifant vne montagne de defauts, il euft occafion de ne l'aimer point si paffionnemẽt. Tantoft il s'imagine que la ialoufie, qui n'eft qu'vn excez d'amour, mais d'amour malade, le gueriroit de la bien-veillance qu'il auoit pour elle, comme si vne fieure chaude eftoit vn bon remede pour accoifer les chaleurs de foye. Quelquefois il fe mettoit en peine de la peine qu'il dõnoit à tous ceux qui l'abordoiẽt, & auec dés yeux chargez de larmes, qui faifoient fendre les cœurs, il leur en demandoit pardon. Encore s'il euft peu dire auec Dauid, lors que mõ ame a efté tellemẽt accueillie de triftesse qu'elle refufoit toute cõfolatiõ, ie me

I ij

suis souuenu de Dieu, & elle a esté toute rauigoree, il eust esté heureux. Mais quoy? ce penser de Dieu, & en Dieu qui le deuroit combler de liesse, est l'origine de sa detresse, & les perfections de sa Iullie; d'autre costé en luy ostant tout sujet de se plaindre, le tiênent en eschec : si elle est belle, elle n'est pas moins chaste, mais chaste d'vne chasteté non superbe, non dedaigneuse, mais autant gracieuse, qu'honneste. Bref il sembloit que le ciel ne l'eust ainsi faite que pour luy rauir le cœur:

Car aussi n'estoit-elle point
De celles-là dont l'embonpoint
Loge la fierté sur la face :
Et d'où l'esprit foible & leger
Croit, quelque bien-fait qu'on leur fasse,
Trop petit pour les obliger.

Dautant qu'elle sçauoit faire tant d'estat, & recueillir auec tant d'estime les moindres faueurs, que la raison tiroit par contrainte du sentiment de Piralte, que souuent elle prenoit les espines pour roses; & de la droite, ce que sa mauuaise humeur luy faisoit presenter de la gauche. Il eust aussi tost pris sur le poli d'vne enclume, ou sur la glace d'vn miroir bien net, que sur aucune de ses actions. Si biê que le diable, esprit triste & damné, qui fait ordinairement son fort dans la tristesse, perdoit en vain de ce costé-là toute la rethorique de ses suggestions. Piralte ioüoit aucunement du luth, & bien que ses deuotiõs passées, & ses angoisses presentes luy fissent auoir la melodie en horreur, si est-ce que quelquefois pressé de son bon genie, & pour escarter le mauuais, comme auec la harpe Dauid temperoit celuy de Saül, il prenoit cet instrument pour luy faire sonner quelque air de pieté. Vne fois de ceste façon il recita ces motets d'vn Pseaume d'assez bonne grace:

Seigneur, iusques à quand banny de ta memoire
Ne pourrai-ie plus voir ton front paré de gloire?
Seigneur, iusques à quand mon esprit soucieux,
Agité de pensers qui le gesnent sans cesse,
Remplira-til le iour mon ame de tristesse,
Et chassera la nuit le sommeil de mes yeux?
Verrai-ie donc tousiours ceste folle insolence
De mes cruels ennuis brauer mon innocence,
Et cõme vn fier torrent desborder dessus moy?
Seigneur, ouure tes yeux, & iuste considere
L'effort de mon tourment, l'excez de ma misere,
Et sois ma sauuegarde, & l'appuy de ma foy:
Illumine mes yeux de lueur eternelle,
Et empesche la mort de ternir ma prunelle.

I iiij

O Dieu, conduits mes pas par tes sacrez de-
 stours,
 De mes cuisans regrets modere le rauage :
 Fay qu'en moy ceste humeur n'abonde da-
 uantage,
 Afin que de mes maux se tarisse le cours.
 Pendant ce sainct espoir ma bouche en tes
 loüanges
 Taschera d'imiter le Cantique des Anges :
 Ie chanteray tousiours le los de tes bien-faits.
 Puis-ie en me souuenāt de tes bōtez sans nōbre
 Les passer nonchalant soubs vn silence sombre,
 Et cesser en viuant d'en loüer les effects ?

O Dieu ! s'il eust sauouré le goust de ces sainctes & diuines paroles, que, comme l'oiseau
qui porte la bechee à ses petits sans y taster, il
n'auoit seulement que sur les levres; quelle
douceur n'eust-il trouué en ceste manne, veu
qu'il est escrit, que selon la multitude de nos
douleurs les celestes consolations se multi-
plient dans les ames disposees à les receuoir?
Mais ce mesme degoust qui faisoit mépriser le
pain des Anges à Israël, estoit au palais enfielé
de nostre melancolique; si bien que tout luy
tournoit à contre-cœur. Plus on essayoit de
sonder la cause de son martire, plus il la cachoit, toute sa crainte estant de la donner à
cognoistre. Quand on la luy demādoit celuy

sembloit vne demande si impertinente,
qu'il en entroit en colere; ce luy estoit comme vne gehenne & vn exorcisme, ou comme la question que lon baille à vn criminel:
& certes l'experience apprend qu'il n'y a
rien qui afflige plus vn hôme triste ou sans
occasion ou auec occasion qu'il veut celer,
que de l'enquerir du sujet de sa tristesse. Car
côme disoit ce Spartain à celui qui lui demandoit ce qu'il tenoit caché sous son mâteau; Ie ne le tiendrois pas de ceste façon si
ie voulois qu'il te fust manifeste: de mesme
enquerir vn homme de ce qu'il veut celer,
c'est le mettre en vne angoisse nompareille,
dautant qu'il bruleroit sa propre chemise si
elle estoit capable de penetrer ses pensees,
& de les deceler. C'est ce qui fait que son
mal augmente, parce qu'il le fomente, &
parce qu'il le resserre au lieu de s'en décharger, & ny plus ny moins que le feu renfermé dedans vne fournaise, se rend d'autant
plus aspre & violent qu'il se peut moins exhaler: de mesme,

La tristesse recluse en vne ame dolente,
Multiplie sa force & la douleur augmente.

Les vêts emprisonnez dans les entrailles de
la terre pour reprédre la liberté de leur air,
& rejoindre leur cêtre, fôt des efforts espou-

I iiij

uentables, qui excitent les tremblemens de terre; pareillement les agonies d'vn esprit trauaillé le portent souuent à des extremitez, qui bouleuersent le iugement, troublēt le sens, & alterent la santé ou du corps ou de l'ame. Ce que nous allons voir en nostre affligé, aux blesseures duquel (helas auec combien d'innocence!) la douce Iullie pensant donner quelque soulagement, elle y apporta le feu qui pensa reduire tout leur bonheur en cendre. Car tout ainsi que nous auons ordinairement ou la main, ou la pensee aux lieux où nous sentons de la douleur, estant malaisé d'arracher l'esprit de cet objet, qui luy est si sensible; Piralte renuersant & repliant ses cogitations sur l'estat heureux, & sequestré des creuses vanitez & des deplaisans plaisirs du monde qu'il auoit quitté, n'auoit point d'entretien, auquel il tesmoignast receuoir plus de contentement qu'à parler des Religieux & des Monasteres: de mesme qu'vn fieureux qui n'a point de plus agreable resuerie en la soif qui le brule, que de s'imaginer des eaux, des bains & des fontaines, dont l'vsage luy est autant interdit par les Medecins, que desiré par son appetit. Ce qui fit qu'vn iour se baignant en ces discours auec la pieuse Iullie, qui comme vne ombre inseparable ne l'abandonnoit iamais, pensant luy tesmoigner combien en cela elle simpatisoit à son humeur, lui raconta les extremes desirs qui l'auoient possedee, & mesme les propos qu'elle auoit faits en sa resolution de suiure les traces de sa mere & de sa sœur qui estoient Religieuses en l'Ordre de S. François: ce qu'elle eust executé si elle n'en eust esté diuertie par les persuasions de sa sœur, qu'il lui auoit fait croire qu'encore qu'elle consentist au mariage de Piralte, elle viuroit neantmoins, s'il lui plaisoit, auec lui, comme si elle se fust mise dedans vn cloistre. Ces paroles furent autant de coups de poignard dedãs le cœur de nostre scrupuleux (car c'est le propre des personnes tristes quand elles ont de la pieté d'estre sans cesse rongees de scrupules) parce qu'entrant en vn extreme apprehension d'auoir fait vn double sacrilege en se desrobant au seruice des autels, & estãt cause que Iullie s'en fust soustraite: il entra là dessus en la plus profonde resuerie, & qui produisit les plus extrauagans effets que l'imagination se puisse representer. Car tantost se figurant Iullie comme voilee & cõme espouse de Iesus-Christ, tantost comme sa sœur spirituelle, tantost comme vn vase d'elite consacré à Dieu, tantost comme vn temple, tantost comme vn autel, tantost comme gardee par vn Ange ialoux, ainsi que saincte Cecile, tantost comme vn arbre portant vn fruict deffendu : peu s'en fallut qu'il ne fist en l'agitation qui lui troubloit la fantaisie, le mesme qu'Ammon à Thamar, rejettant loin de soy celle qu'auparauant il aimoit auec tant de tendresse. Ce beau visage pour lui deuient tout metamorphosé; au lieu des graces qui tiennent leur siege & qui font leur trône sur son front, il n'y void que les furieuses horreurs des Emmenides: qui n'eust creu que quelque sortilege luy eust troublé le ceruceau; & dit auec ce gentil Poëte,

Seroit-ce point quelque charmeur,
 Qui piqué d'enuieuse rage
 Le rendroit de fascheuse humeur :
 Ou elle d'estrange visage
 En luy changeant la volonté,
 En elle alterant la beauté.
I'ay bien le visage pareil,
 Disoit la dolente Iullie :
 Helas! mais où vai-ie au conseil,
 Dedans vne glace polie,
 Cherchant en la glace pourquoy

Piralte est de glace pour moy?
Ceste mauuaise humeur s'augmenta si fort en luy, que lon fut contraint de faire escarter Iullie de sa presence, laquelle il reclamoit à tous propos ne la voyant pas, & la rejettoit aussitost qu'il la voyoit, ressemblant à la mer qui en ses bords iette & puis reprēd les coquilles qu'elle pousse & repousse: vrayement il luy appartenoit de dire auec ce Poëte ancien,
Viure ie ne sçaurois sans toy ny auec toy.
Estrange manie, & dont les effets comme ceux de la foudre, ne se peuuent bien comprendre. En fin ces diuerses agitations l'affoiblirent tellement, qu'il fut contraint de s'abbatre sous l'effort d'vne violente maladie, qui le mit à deux doigts du cercueil, heureux en son malheur, s'il fust mort de ceste secousse, sans estre reserué au triste euenement que vous entendrez. Il tomba en vne foiblesse si extreme qu'ayant perdu toute cognoissance, les Medecins desesperans de sa santé, & ne pouuans en bien penetrer la cause, le remirent entre les mains de Dieu. On pensa faire venir des Religieux pour le consoler, mais las! leur seule veuë rengregeant son regret renforçoit sa douleur, & le faisoit

entrer en d'estranges simptomes: tantost il perdoit le mouuement, ores la veuë, ores la parole luy manquoient; que s'il recouuroit l'vne ou l'autre, c'estoit pour estre effrayé par des visions ou plustost par des illusions épouuentables, & pour auancer des resueries pleines d'extrauagance & de desespoir. C'estoit vn spectacle capable d'arracher des larmes aux yeux les plus secs, & qui eust esté suffisant pour donner de la compassion aux ames les plus insensibles. Car bien que l'excés de la melancolie produise quelquesfois des actions plus dignes de risee que de pitié, il n'y a celui qui ne change son ris en pleurs quand le desespoir comme vn tonnerre vient à éclatter & à menacer vne ruine espouuentable. Il faudroit vne meilleure plume que la mienne pour dépeindre naïfuement celui de Piralte: mais parce que les pieds nombreux des vers cachent vne certaine energie qui frappe l'oreille & l'esprit d'vne certaine viuacité plus grande que l'oraison libre ; j'empunteray vn tableau où l'image du desespoir est naïfuement portraite, façonné par vn pinceau poëtique des bós de nostre temps. Les ombres en sont fortes, les couleurs viues, la feinte agreable, & qui fait voir plusieurs particularitez de celui qui faisissoit nostre patient. Le voicy:

> Est-ce mon erreur ou ma rage
> Qui m'a conduit sous cét ombrage,
> Moins d'amour que d'horreur atteint?
> Seiour des morts, demeures pasles,
> Vieux ossements, tombes fatales,
> L'espoir de ceux qui n'en ont point:
> Ie voi dans vos froides tenebres,
> Qu'vne de ces fureurs celebres
> M'éclaire de son noir flambeau,
> Et pour vn sinistre presage,
> I'entends le funeste ramage
> D'vn noir & croassant corbeau.
> O que de monstres incroyables,
> Que de fantosmes effroyables
> A mes yeux se viennent offrir,
> M'ouurans leur cauerne profonde!
> Mais le ciel me reserue au monde
> Moins pour viure que pour souffrir.
> Ce ne m'est qu'vn souffrir & viure,
> Le ciel pour moi s'est fait de cuiure,
> L'eau de sang, la terre de fer,
> La clarté tousiours eclipsee,
> Et portant par tout ma pensee,
> Par tout ie porte mon enfer.
> Du desespoir ie voy la face,
> Ie voy son œil armé d'audace,

Tournant son regard inhumain,
Suiui de sa sœur la colere,
Pour échaper de la misere,
Il tient le flambeau dans la main.
Voila qu'il braue toute peine,
Dans les flancs lui grossit l'haleine,
Mille morts marchent deuant lui :
Malheureux, me dit-il, essaye
De tirer hors par vne playe
Ton sang, ta vie, & ton ennuy.
Vainqueur des fieres destinees,
Roy des ames infortunees,
Puissant desespoir ie te croy :
Mais attends que Iullie entende
Que ma douleur estoit trop grande,
Pour viure sans elle ou sans toy.

Parmi ces fureurs il auoit quelquefois de paisibles interualles, & alors il ne parloit plus de rage ni n'inuoquoit plus la mort, & quand on lui racontoit les paroles & les actions extrauagantes qu'il auoit poussees durant son agitation : cela le faisoit remourir de honte, & ensemble de peur qu'il ne lui eschapast quelque mot qui peust marquer la source de ces deplaisirs: tout ce qu'il disoit surquoy lon peust prendre pied, estoit, qu'il auoit bien merité d'estre delaissé de Dieu, puis qu'il l'auoit si laschement abandonné : surquoy aucuns moins accorts s'imaginoient qu'il auoit commis quelque grande faute , dont il n'osoit descharcher sa conscience. Car si les esquilles des os font tant de douleur à ceux qui en ont quelqu'vn debrisé, qu'ils ne peuuent auoir de repos qu'elles ne soient hors de la chair où elles causent tant de tourment : combien doiuent estre plus sensibles les ames iusques à ce qu'elles soient vuides des agonies qu'elles recelent ? On n'apprehendoit rien tant parmi ces boüillons excessifs, que de le voir precipiter ou se mesfaire : car on ne sçauroit comprendre iusques à quel poinct vne personne peut estre menee par le desespoir de toutes les passions la plus horrible & la plus dangereuse. Voila comme le Ciel a des secrets pour chastier par les plaisirs mesmes ceux qui luy ont tourné le dos pour leurs plaisirs. Voila comme il leur sçait vendre la douceur amere, comme il empesche que l'auare ne gouste le fruict des tresors qu'il a r'amassez auec tant de peines, cōme il fait repentir les Midas de leur desir, affligeant les coulpables par les choses mesmes qu'ils ont ardemmēt souhaitees. Qu'on ne tienne plus pour merueille de voir les feux & les flammes sortir du milieu des glaces & des neiges sur la croupe de la montagne d'Ætna. Ni pour fable ce que les Poëtes disent de la naissance de la Deesse de Cypre, la faisant sortir auec vn flambeau du milieu des flots, veu que nous voyons en vn mesme cœur l'auersion & l'affection, & l'amour excessiue accompagnee des effets de la haine. Si Iob le miroir de toute ame patiente, entre tant de maux dont il fut assailli par la permission diuine, n'en trouua aucun moins supportable que ceste cruelle suspension qui le balāçoit entre le ciel & la terre ; que pouuoit faire le pauure Piralte agité de la mesme agonie ? Car bien que possedant le cher & tres-aimable objet qui l'arrestoit en la terre, comme la pierre de l'enfant de l'embleme: si est-ce que le regret de ne pouuoir vaquer totalement & auec tant de perfection aux choses du ciel, r'abbatant l'aisle de son desir luy causoit vne extreme langueur. Si d'vn œil net & serein il considere l'heureuse condition à laquelle Dieu l'a reduit, il a tant de sujet de benir Dieu, qu'il semble que tout le reste des humains n'ait que les espines

dont

dont il moiſſonne les roſes. Mais que le cœur humain eſt inſatiable! il voudroit poſſeder tous les biẽs à la fois, & faire d'vn ſeul cœur ce qu'il ne peut de deux yeux, qui eſt de regarder en meſme inſtant le ciel & la terre. Il voudroit ne vaquer qu'à la contemplation de celui-là, contre le conſeil de l'Apoſtre; qui ne permet que pour vn tẽps aux gens mariez l'exercice de la ſainte Oraiſon, voulant qu'apres cela ils retournẽt au train bien reglé du commerce nuptial. O ſi Piralte euſt eſté capable de raiſon qu'il euſt eu d'occaſion de ſe contenter s'il euſt voulu cõferer ſon bon-heur auec tãt de malheurs qui accueillent les miſerables! Mais rien ne le peut conſoler que ſes importunes reſueries, durãt leſquelles quãd l'exces de la douleur lui donne quelque trêue, il fait dire à ſon luth les accens de ces belles paroles:

C'eſt bien force, ô mon cœur, que tu ſois conſommé,
  Puiſque de tant d'ennuis ma vie eſt combatuë,
Et que de cét obiet, par qui ie ſuis charmé,
  La preſence me nuit & l'abſence me tuë.
Las! quel ciel fauorable & propice à mes vœux
  Me peut faire eſperer que ma peine finiſſe:
Si forcé du deſtin ie ne puis ny ne veux
  Me ſauuer de la mort qu'en courant au ſupplice?
Craignãt d'eſtre en abſence eſtouffé de mes pleurs,

K

Ie cours vers cet obiet qui embrase mon ame,
N'est-ce pas en fuiant & cherchant les douleurs,
De peur de me noyer me ietter en la flammé.
Cher obiet, qui sçauez si doucement charmer,
Qu'il faut ne vous voir point ou mourir en serua-
Helas! si vous m'auez appris à bien aimer, [ge:
Que vous m'en faites bien payer l'apprentissage!

Iullie qui estoit tousiours aux aguets pour sçauoir des nouuelles de son cher Piralte s'estant mise en lieu durant qu'il chantoit, d'où elle pouuoit entendre & les accens de sa voix, & le son des paroles, ne pouuãt que deuiner ny comment interpreter celle-ci: le visage allumé d'vn peu de ialousie, couleur qui rendoit son teint plus éclattant, tãtost pallissant de crainte que quelqu'autre objet ne la supplantast & luy rauist vn cœur qui estoit toutes ses delices pleine d'vne curiosité si naturelle à toutes les femmes: mais si violente aux ieunes, entra soudainement & à l'impourueu cõme si elle eust porté de l'eau pour esteindre vn grand embrasemét, & se iettant au col de Piralte, baigna son visage de larmes: discours fluide & coulãt qui toucha le cœur de cét affligé Gentilhõme de tant de pitié (pitié, porte par laquelle l'amour s'introduit dans les ames qui en sont le moins susceptibles) que contr'eschangeant ces larmes à des torrens de pleurs, ils penserent noyer dedans ces eaux leurs deplaisirs & leurs vies. Quand ils furent reuenus de ceste douloureuse pamoison, & que le temps leur donna le loisir de respirer : Iullie pressee de son impatience, luy demanda quel estoit cét object pour lequel il souffroit tant de peines, ne se pouuāt imaginer que ce fust pour elle, veu qu'estant possesseur de son corps & plus encore de sa volōté, elle ne croioit pas que l'amour peust apporter tant de tourmens dans la ioüissance. A cela Piralte bien aise de cognoistre son amour à trauers l'emotion que lui donnoit la ialousie, ne respondit autre chose, sinon qu'il en auoit vn portrait dont il estoit idolatre, si c'estoit idolatrie que d'adorer en ceste belle image l'eternelle beauté qui regne dedans les Cieux. Iullie tantost pasle de dépit, tantost rouge de hōte, & faisant comme ces gens soupçonneux qui ne craignent rien tant que de rencōtrer la verité de ce qu'ils recherchent, le pressoit de lui faire voir ceste eminente beauté, protestant que si elle estoit telle qu'il la disoit, elle auroit plus de pitié que d'enuie de sa flamme : mais Piralte pour la tenir vn peu en suspens, tantost feignoit de se dédire de ce qu'il auoit dit, tantost qu'il auoit chãté ces vers sans sujet, mais comme les premiers qui lui estoient venus en la fantaisie & tombez en la bouche; tantost lui demandant si elle l'estimoit si meschant & rempli d'infidelité que de vouloir asseoir ses affections autrepart qu'en ses perfections, capables d'occuper toute sa pensee : mais cela c'estoit ietter de l'huile sur son feu, c'estoit batailler en fuyant à la façon des Parthes, & en vn mot irriter dauantage son iuste desir. A la fin comme vaincu de son importunité, il lui mit entre les mains vne fueille de papier qui sembloit enueloper vne planche d'airain, ce qui la mit en vne detresse presque mortelle : la main lui trembloit comme celle qui prendroit vne fueille où seroit caché vn aspic, le cœur lui battoit, son front changeant de couleur, & couuert d'vne sueur froide faisoit assez cognoistre l'alteration de son ame. En fin sa curiosité fut la maistresse, & lui donna assez de force pour desuelopper ce paquet, resoluë si elle eust rencontré ce qu'elle pensoit, de descharger son courage par ses plaintes, & de tesmoigner par ses iustes reproches quel est le sentiment d'vne femme ieune, chaste & belle, outragee d'vn affrõt si sensible que celui-là, d'estre laissee pour vne autre. Là dessus vn verre luy vint entre les mains, lequel d'vn costé enduit de vif argent, lui fit voir dedãs vne glace fine la forme de son propre visage. Alors que de discours monterent en sa pensee, que de pensees en son esprit, que de vermillõ sur ses ioües! De vous dire qu'elle s'y vid, qu'elle s'y recognut, qu'elle sçeut aussitost la subtilité de Piralte, de la fidelité duquel elle n'auoit iamais douté iusqu'alors, ne s'estant iamais apperceuë qu'il eust ietté les yeux sur aucun autre visage que le sien pour les y arrester, il est inutile. Les repentirs se mettent donc en la place des coleres imaginaires qu'elle preparoit, la serenité occupa la place des orages, & vne pluye de ioye se mesla aux esclairs de ses yeux. Iamais Piralte ne la vid si belle qu'en ceste emotion, & iugeant à trauers les changemens de son front de l'agitation de son ame, il sentit redoubler en soy les sainctes flammes qui le deuoroient pour ceste aimable amante : puis de là rejetté comme par contre-coup dans ses autres pensees, cela faisoit vn choc en son cœur tel que celui du chaud & du froid dedans vn espais nuage. En ces alteres ils ne parlerẽt que des yeux : & cõme les intelligences ne s'entretindrẽt qu'en pésee: aussi estoit-il malaisé à ces ames ieunes & nouices en de telles surprises de bien exprimer par la langue ce qu'elles ressentoient au dedans. Iullie pour diuertir tout cela, pria Piralte qui auoit mis le luth sur la table, de le reprendre, faschee, disoit-elle, de l'auoir interrompu en ce plaisir auquel elle eust bien desiré participer s'il l'auoit agreable. Piralte qui n'auoit rien de si cher que de lui complaire, en touchant les cordes recita ces vers qui exprimoient naïfuement sa transe & son agonie :

D'vn cœur triste & content en chantant ie souspire,
 Et ne sçai si comblé de ioie & de douleur,
Ie dois benir le Ciel ou plustost le maudire,
 De me faire esprouuer tant d'heur & de malheur.
Car d'vn si doux plaisir ma douleur est suiuie,
 Et mon heur tire aussi tant d'ennuis apres soy,
Que qui verroit mõ bien me porteroit enuie,
 Et qui verroit mon mal auroit pitié de moy.
Destin, cruel destin, cause de ces allarmes,
 Sera-ce incessāment que l'heur me trauaillāt,
Les fruits de ma moisson s'arrouseront de larmes,
 Et que mille chardõs poindrõt en les cueillãt?

LIVRE II.

I'aime & suis contre-aimé, cherissant en mon ame
Vn obiet qui me rend entierement charmé:
Mais helas! tant s'en faut qu'en ceste heureuse
flame
Il me serue d'aimer qu'il me nuit d'estre aimé.
Vit-on iamais au monde vn heur si miserable?
Fut-il onc mortel comme moi tourmenté?
Puisque le sort m'est dur, plus il m'est fauorable,
Ayant à souhaiter d'estre plus mal traicté.
Ce n'est donc sans raison que mon ame blaspheme
Contre la cruauté de cét iniuste sort,
Qui me tuë en riant & rend ma grace mes-
me
Semblable en ses effets à l'arrest de ma mort.
Ce qui cause ma gloire engendre ma tristesse,
Si i'estois moins aimé ie viurois plus heureux,
Le destin m'a rendu pauure par ma richesse,
Et pour m'estre trop doux, le sort m'est rigou-
reux.
Si bien que tantost plein d'espoir, tantost de crain-
te,
En doutant s'il me faut ou gemir, ou chanter,
Ie rencontre tousiours de tels suiets de plain-
te,
Que i'ay mon bon-heur mesme à plaindre & la-
menter.
Quand tarirai-ie helas, de mes yeux les fontaines,
Essuyant mes douleurs par mes contentemens?

K iiij

Ne ſerai-ie eloquent que pour plaindre mes peines,
Et n'aurai-ie des yeux que pour voir mes tourmēs?
Non, non, ie ne veux point que Iullie me croie
Cognoiſtre mal la gloire, & l'heur de mes deſirs,
Ou iuge qu'inſenſible aux cauſes de la ioye
Ie ne ſçache ſentir que les ſeuls deplaiſirs.
Car quand bien tous les maux dont la vie eſt fe-
conde
Forceroient à gemir les plus conſtans eſprits,
C'eſt à moy de penſer qu'il n'eſt en tout le mon-
de
N'y bien que ſa faueur, ny mal que ſon meſpris.
Ce penſer gracieux combatra mes detreſſes,
En rendant mon eſprit de ſes ennuis vainqueur,
Et contre le poiſon de toutes mes triſteſſes,
Sa faueur ſeruira d'antidote à mon cœur.

Tout ainſi que ſelon le Prouerbe, les courroux des amans ſont des renouuellemens d'amitié : ainſi leurs brauantes reſolutions ſemblét menacer vne prochaine foibleſſe. Piralte finit ces mots par vn ſouſpir, accompagné d'vn de ces baiſers, que l'Apoſtre appelle ſaincts, ayant l'eſprit ſi detrempé de miel & de fiel, de douceur & d'amertume, qu'il eſtoit malaiſé qu'il pût demeurer long temps en cét eſtat. O ! qui lui redonnera le filet de la raiſon pour ſortir de ce labirinthe ? ſera-ce la belle Ariadne qui eſt à son costé autant participante à ses peines, côm'elle a d'amour pour luy? certes nenni. Car comme les animaux qui ont la rage, ne guarissent iamais en la presence des animaux qui les ont mordus; ainsi Piralte ne peut esperer de guarison tant qu'il fera son fleau de son remede. Encore s'il pouuoit se faire vuide de ceste poison, en faisant comme ceux qui par le scorpion se guerissent de sa pointure! Mais s'il eust peu n'auoir des yeux que par Iullie, ou n'auoir des pensees que pour le ciel, il eust esté plustost soulagé. O vnité du cœur humain, que tu es difficile à partager! Et combien l'Escriture a-telle dit vray, qu'il est impossible de seruir à deux maistres? L'insensé, dit le Sage, (& tels sont tous les Amoureux) se change comme la lune, tantost en croissât, tantost en quartier, tantost pleine, tantost eclipsee, astre le plus bigearre de tous, & le symbole de l'inconstance. Telle est l'humeur de Piralte: tantost il se partage par quartiers, tantost il est en son plein, & ne veut que le ciel eclipsant à la terre, tantost le ciel s'esuanoüit de sa pensee, quand Iullie se rend maistresse de ses affections; tantost les vehementes conuersions de son esprit luy font en ce tirallement sentir les douleurs d'vne femme qui enfante. Autât de fois que Iullie s'efforce d'apporter de l'eau à ce feu cuisant qui le deuore, elle en allume la braise; & quand elle consent contre son gré de luy estre plus rigoureuse, & deuiure auec luy d'vne façon plus reseruee & plus retiree: c'est alors qu'il court apres elle, & la coniure de le traiter doucement, & comme vne personne malade. Si elle se rend plus caressante & assidue aupres de luy, sa facilité le fasche & l'importune. N'est-ce pas là vne humeur capable de mettre bien en peine la plus habile femme du monde? certainemét il falloit auoir ou beaucoup d'amour, ou beaucoup de vertu, pour souffrir tant de lunatiques extrauagances, dont la cause estoit aussi difficile à cognoistre, que celle du flux & reflux de l'Euripe. Or si és maladies du corps les recheutes sont ordinairement pires que le premier mal, beaucoup plus dangereuses sont-elles és troubles de l'esprit, parce que se detraquant peu à peu du sentier de la raison, il tombe en des esgaremens, desquels par apres on ne le peut plus rappeler. C'est tout ce que craignent les tristes parens de Piralte, qui se voyans, comme dit le Prouerbe, tomblez de fieure en chaud mal, sentent en quelque façon la main de Dieu appesantir sur eux; si que pensans auoir arresté le cours de leurs frayeurs par ce mariage, par

LIVRE II.

lequel ils commençoient à se consoler de la perte de leur aisné (car ainsi nommoient-ils la profession) & à conceuoir des esperances de celuy qui leur restoit; ils se voyent descheuz de leurs pretensions, & deceuz en leur attente; voire mesme sur le poinct de perdre cestui-cy plus honteusemēt que par la mort, & plus rigoureusement que par le Cloistre. Car enfin pour sage que soient les parés, c'est tousiours quelque tache en leur famille, quand les enfans deuiennent insensez: & bien que les maux, aussi bien que les crimes, soient personnels; neantmoins le monde est ainsi fait, qu'il reiette tousiours sur la maison ou sur la race, les folies & les fautes des particuliers, injuste balance, mais commune toutesfois. Pour empescher que ceste disamation ne se respandist par la ville, & n'appretast à discourir, & à iuger à plus de gens qu'il n'estoit besoin, on tenoit Piralte aux champs, où il auoit tout loisir en la solitude d'entretenir ses resueries, n'ayant point d'autres objects que le ciel & Iullie qui estoient les deux sujets de son agonie. A la fin l'effort de l'esprit passa au corps, selon que dit l'axiome philosophique que la forte imagination engēdre des accidens, vne fieure chaude le saisit, laquelle augmenta sa frenesie. Sa mere qui le creut perdu, s'auisa de deuancer la perte de son fils par la sienne: car s'estant troublee par ceste apprehension, elle en prit aussi vne grosse fieure, qui en dix iours la mina tellement qu'elle la mena au tôbeau auec des resueries & des extrauagances, qui tesmoignoient visiblement en son trespas vne punition diuine. Le pere doublemẽt affligé, & de la mort de sa femme (laquelle vertueuse & sage, auoit tousiours vescu auec luy en grande concorde & soumission) & de la voisine de sõ fils, est en vn trouble qui se peut mieux conçeuoir que descrire. O cieux, disoit-il, que vous estes iustes, mais aussi que vous estes puissans, & que vous sçauez bien les moyens de reprendre auec vsure ce que ie me suis efforcé de vous rauir! Helas! i'ay peché, i'ay fait iniustement, i'ay commis l'iniquité; & pour cela ie souffre toutes ces detresses. Grand Dieu, ie me suis reuolté contre vous, à vostre face i'ay fait le mal de coulpe, dõt ie sens la peine, afin que vous fussiez recogneu pour iuste en vos iugemens, & que victorieux vous triomphassiez de ma malice: mais vous estes tout bon, & encore que vous soyez iustement courroucé, neãtmoins vous ne pouuez en aucune façon oublier vostre misericorde:

Tandis que le desir d'vne iuste vengeance
Flambe dedans ton cœur,
Seigneur, n'endure point que ta colere eslance
Sur mon coulpable chef les traits de sa rigueur.
Surseois vn peu l'arrest qui condamne au suplice
Ma folle mauuaistié.
Ne le prononce point que premier ta Iustice
Ne s'en soit conseillee à ta douce pitié.
Pardon, Seigneur, pardõ, la douleur qui me blesse
Me rend trop tourmenté,
Non trop pour mon offense; ains trop pour ma
foiblesse,
Non trop pour ta Iustice; ains trop pour ta
bonté.

Si Achab ce Roy si cruel & meschant, s'estant humilié deuant Dieu, arresta son bras foudroyant, armé de mille tempestes qui alloient fondre sur son chef; combien pensonsnous que le repentir de ce pere eust de focer vers ce Dieu, qui ne mesprise iamais vn cœur contrit & abbatu? Aussi obtint-il par sa priere quelque surseance; car ce fils, qui estoit cõdãné à la mort par la bouche des Medecins, soit par la vigueur de sa ieunesse, soit par le bõ traitement & le soin de Iullie, qui fit en ceste occurrence des efforts qui surmontoient son aage; soit, comme il est plus croiable, par l'ordonnance du ciel, reuint à vne entiere conualefcence de corps, & en apparence à celle de l'efprit. Ce qui raluma l'efperance prefque efteinte de ce Magiftrat, qui voyoit en cefte eftincelle mouräte fa famille reduite en cendre, & fes biens partagez en diuers lieux. Mais ce ne fut qu'vn refpir, cóme vous entendrez, refpir qui ne fit que prolonger fes douleurs en allógeant fa vie, afin qu'il fe fentît plus rudement perir. Piralte, tendrement aimé de fa mere, fentit vn grand affaut en fon ame à la nouuelle de fon trefpas: car elle l'auoit obligé en mille façons à la cherir auffi tendrement; fi que ce dueil le rendant languiffant, retardoit beaucoup le retour de fa parfaicte fanté: il prit neantmoins le remede d'Ifaac, qui fe confola de la mort de fa mere Sara, dans la conuerfation de Rebecca fa nouuelle Efpoufe. Iullie fource des maux de Piralte par vne merueille inouye, en eftoit le foulagemēt, felon le dire du Sage, Que l'ami fidele eft vn medicament de falut: peu à peu elle diuertit fon ennuy, & plus il s'attache à fon affection, plus il fe diftrait de ces hautes, mais inutiles penfees qui l'emportēt vers vne vocation plus parfaicte. Les Medecins corporels ont cefte falutaire induftrie de diuertir les catharres qu'ils ne peuuent tout à fait affecher: les fpirituels, par cefte mefme rufe, ont donné du soulagement aux ames affligees. Piralte reuient à soy petit à petit: car il estoit descendu si bas vers la mort & la folie, qu'il luy falloit de l'espace pour remonter à la vie, & reuenir à son bon sens. Tādis qu'il s'achemine doucement à l'vn & à l'autre, Iullie sage & vertueuse enchanteresse de ses peines ne l'entretient que de propos conformes à son humeur: & comme rien n'aime tant le cœur que la confiance, la fidelité prouoquāt vn courage à se descouurir, Piralte voyant qu'il ne pouuoit mieux communiquer le secret qui le trouble qu'à celle, qui ne respirant que par luy, est vn autre luy-mesme, luy fit voir enfin l'espine qu'il auoit dans le cœur, par le continuel regret qui le rongeoit, de n'auoir embrassé la vie Religieuse. A cela ne tienne, luy replique Iullie, que vous ne soyez content, iettons-nous l'vn & l'autre dans les Monasteres, nous ne serons pas les premiers en semblable entreprise, nous ne serons point diuisez pour cela: mais d'autant plus vns que nous serons vnis à Dieu, & en Dieu. Piralte raui de rencontrer en la docilité de ce cœur vne matiere premiere, susceptible de toutes les formes qu'il y voudroit imprimer, s'imagina qu'il auoit treuué la porte pour sortir de tāt de perplexitez, & qu'ē fin sans attendre la mort naturelle, il pourroit esperer la ciuile, apres laquelle il souspiroit: mais aussi d'autre part se doutant que Iullie n'eust auancé ceste proposition que pour luy complaire, luy disant qu'elle se mocquoit; Nullement, reprit-elle, Piralte: car bien que par deuoir & par raison vous me soyez cher, & plus que tous les hommes, & plus que toutes les choses qui sont au monde; si est-ce qu'entre les enfans des hommes nul ne peut estre egalé à Dieu, la creature ne pouuant en aucune maniere entrer en concutrence auec le Createur; le mortel auec l'immortel, ny ce qui est terrestre auec le celeste: Ioint que c'est reioindre mes anciens desirs, & comme reprendre mes premieres erres. Ce n'est donc ny le degoust du monde, ny celuy de vostre conuersation qui me porte à cela, mais vne opinion que i'ay euë de tout temps que ie deuois estre Religieuse. Voyez s'il est vn vaisseau sur la mer agité de plus de contraires vents, que l'est vn cœur qui se laisse maistriser à ses passions, & qui s'abandonne à ses appetits. Ce que Piralte auoit desiré auec tant d'ardeur qu'il en auoit pensé perdre l'esprit, son desir s'irritant par vne difficulté qu'il estimoit auoisiner l'impossible, se refroidit en voyant si peu de repugnance à sa separation

en

en l'esprit de Iullie, desia il craint de la perdre, bien qu'auparauant il fust comme chargé de la posseder; manie du tout estrange de cét homme. Qu'on ne die plus des seules femmes :

Vueillez, elles ne veulent pas,
Ne vueillez pas, elles desirent.
Contrariez, c'est vn appas,
Par où les rusez les attirent.

Veu que l'opposition anime aussi le courage des hommes. Il sçait que comme le feu qui se prend à la paille la consume soudain, ce qu'il ne fait pas si tost en vne matiere plus solide: de mesme que si son desir par contagion ou par imitation passe dans l'esprit de sa femme, il y causera vn total embrasement; iusques là qu'elle n'aura point de cesse que cela ne soit: si que rejettant ceste proposition sur la difficulté qu'il y auroit d'en obtenir la dispense à Rome, & puis sur les trauerses que son pere y apporteroit, duquel il craignoit d'abreger les iours, comme il auoit fait à sa mere, il escartoit diuersement ce discours toutes les fois que Iullie le mettoit en auant pensant s'accommoder à son humeur, & plus encor à auancer son propre contentement. Car

L

bien qu'elle eust vn plus grand empire sur ses passions, (ce sexe estant accort à dissimuler ce que plus il desire) si est-ce qu'il lui estoit malaisé de cacher ceste sainte ardeur dedans son sein, en sorte qu'il ne s'en euaporast tousiours quelque estincelle.

LA PIEVSE IVLLIE.

Livre Troisiesme.

ELLE en vint iusques à tel poinct, que Piralte commençoit à craindre qu'elle ne l'abandonnast pour le mesme sujet qui l'auoit mis aux extremitez que vous auez entenduës : si bien que pour arrester le cours de ses discours qui desia lui passoient en importunitez, il fut contraint de lui dire qu'il ne falloit point penser à ceste retraite tant que son pere viuroit, pour euiter beaucoup d'inconueniens que l'apparence & la couleur qu'il leur donnoit rendoit comme

L ij

veritables, ni mesme auparauant que par les fruits de Lucine ils eussent mis en la possession d'vn heritier nai d'eux deux les biés qu'ils possedoient au monde. C'estoit renuoyer bien loin les desirs qu'l'auoient n'aguieres si violemment oppressé, & releguer à la façon des mondains, la penitence en vn temps auquel la vigueur manque pour en pratiquer les exercices. Si bien qu'il pouuoit en ceste humeur chanter auec vn de nos plus fameux Poëtes,

Les fleurs de nos desirs dignes de leur racine
  Monstrent vn grand commencement:
Mais il faut passer outre, & des fruits de Lucine
  Donner à nos parens quelque contentement:
Reseruans le repos à ces vieilles annees,
  Par qui le sang est refroidy,
Ioüissons cependant du frais des matinees,
Pour temperer vn peu les ardeurs du Midy.

Qui ne voit en la varieté des pensees qui agitēt ceste ieunesse, l'image de ceux dont parle Dauid, que Dieu laisse aller és desirs de leurs cœurs & cheminer en leurs inuentiós, & ceste instabilité de laquelle vn Prophete dit qu'est puni le peché de Ierusalé? Ils fōt mille bōs propos, mais c'est tousiours pour l'auenir, ce sont des coups qui se perdēt en l'air, & ne rencōtrent point d'assiette sur aucun corps solide. Ce sont de ces nauires peintes auec des voiles enflees qui semblent cingler sur les ondes & ne demarent iamais du port. C'estoit imiter Pharaon qui differoit de iour à autre la sortie du peuple le voulant empescher par ce moyen de sacrifier au desert. Ce n'est pas que ie vueille leur imputer à crime ce dilayement, veu que ie sçay que les conseils de l'Euangile n'imposent aucune necessité de les embrasser, n'estans proposez qu'à ceux qui sans aucune necessité & estans libres possesseurs de leurs volontez les voudront suiure. Mais côme il est malaisé d'excuser de legereté les variables desirs de Piralte, il est malaisé en cela de blasmer Iullie, qui n'a tesmoigné en ces variations qu'vne extreme docilité d'esprit prouenante d'vne pieté fort accomplie. Car de tourner ainsi son goust à toutes mains, & de plier sa volõté auec tãt de douceur sous celle d'autrui, & en chose tant importantes il n'appartient qu'à vn courage fondé sur vne eminente vertu. Tout ce que l'industrie leur suggere pour s'entretenir en ceste humeur monastique, c'est de se dresser aux champs de petits hermitages, c'est d'appeller pour leur consolation quelques Religieux, qui sejournans en leur maison des champs par forme de visite durant quelques jours leur apprenoiēt diuers exercices spirituels qui se pratiquent dedans les Cloistres. Ainsi la sœur de Iullie se trouua meilleure prophete qu'elle ne pensoit, en lui promettant qu'auec Piralte elle viuroit comme Religieuse. Deux annees se coulerent en ces diuerses agitations que nous auons depeintes: la mere de Piralte estant morte & son pere moissonnãt peu de fruits des fleurs de ses esperances. Il ne faut pas qu'il s'attende de voir son fils dans les rangs de la iudicature: car ayant perdu en ces differens exercices le temps qu'il eust pû employer és Vniuersitez en l'apprentissage des loix, ce n'estoit plus la saison estant marié de se remettre sous la ferule ni de deuenir escolier. Mais la France fourmille en tant de sortes d'officiers, que si la iustice ne l'admet, il se promet de luy donner vn notable rang par quelque estat signalé entre ceux ou qui manient les finãces publiques, ou qui en entendent les comptes. Neantmoins il compte sans son hoste: car Piralte par l'air des champs deuenant ennemi des compagnies ou plustost des embarrassemés de la ville, a de la peine à se resoudre à la sujettion continuelle à laquelle oblige ceste sorte d'office : il aime mieux estre oiseau de campagne que de cage ; les plaisirs de la vie chápestre agreent à son humeur, il y est libre, Iullie luy est tout, auec elle il se promet de ressusciter le siecle d'or, & de r'amener ce temps heureux qui vid nos premiers parens en leur innocence originele, habitans du Paradis terrestre. Et certes il séble qu'il ne pensoit pas trop mal : mais celui par l'enuie duquel le peché s'est introduit au monde, & par le peché la mort ; ce vieil serpent homicide dés le commencement continua sur cét innocent Abel ses sanglantes exercices comme vous allez entendre. Car au milieu de la plus douce vie qui puisse tomber en l'imagination des hommes, lors que son corps iouïssoit d'vne parfaite santé, son ame d'vne profonde paix, & qu'il possedoit vn tresor, qui ne peut estre estimé que par ceux qui peuuent aspirer à la gloire de telles pensees. Le Soleil ne ramenant iamais la lumiere sur la terre qu'il ne vist naistre és ames de ces doux amãs de nouueaux brandons : la nuit n'allumant point tant de feux dedans le ciel, qu'ils nourrissoient de douces, simples & saintes affections en leurs poitrines. Tandis que Piralte par les faueurs qu'il exige de sa Iullie donne de l'enuie à la terre & de la ialousie au ciel, ne laissant bocage, ni fontaine qui ne peust rendre tesmoignage de ses contentemens. Voici le plus rude & violent esclat de tonnerre qui se puisse imaginer, lequel vient s'abatre sur son chef; ce qui arriua en la sorte que ie vai deduire. Son pere (selon la coustume des personnes riches) ayant pour estendre les bornes de sa terre, fait comme ces torrens qui rongent les riuages, s'accommodant des biés de ses voisins; non pas certes par voyes iniustes, mais neantmoins, odieuses à ceux qui veulent bien emprunter, mais ne payer iamais. Ayant sur diuerses debtes fait passer par decret soubs l'authorité de la Iustice vne petite Seigneurie d'vn Gentil-homme son voisin, qui en estoit indigné comme vn homme que lon met hors de sa maison & de ses foyers paternels; de plus ayant en suite de ceste acquisition fait declarer son vassal & feudataire, vn parent de ce Gentil-homme qui auoit quelque petit fief en ceste terre nouuellement acquise, le dechassé se retirant chez ce sien parent, lequel se faschoit d'entrer sous le vasselage de ce nouueau Seigneur; la passion du courroux les aueugla de telle sorte, que de faire vn complot semblable à celuy de ces traistres vignerons de l'Euágile, qui massacrerēt le fils de leur maistre pensans tirer l'heritage à leur possessiō. Et comme les mauuais cōseils sont ordinairement precipitez, & ne se treuuent que trop faciles à l'execution: Vn iour que Piralte (qui ne pensoit nullement à toutes ces affaires-là, & qui n'auoit iamais eu ni parole, ni querele auec ces Gentils-hommes) s'alloit promener, selon sa coustume, tout seul dedans les allees d'vn bois qui estoit aux enuirons de sa maison, entretenant ainsi doucement ses reueuses & melancoliques pensees; ces gens-là tapis dās le bocage l'attaquerent tout seul, & n'ayant qu'vn baston à la main pour toute defense, & se iettans à l'improuueu sur luy comme deux loups acharnez sur vn agneau, & luy ayans deschargé leurs pistolets dans la teste, ils luy passerent & repasserent tant de fois leurs espees au trauers du corps, que l'ame eut vne place fort spatieuse pour sortir par tant d'ouuertures. Il n'eut autre loisir en mourāt que de proferer le Sainct nom de Iesus; nom auquel nous deuons nostre salut, nom qui est vn baume de misericorde respandu sur les miserables, & vne fontaine ouuerte en la maison de Iacob pour le netoyement du pecheur & des ames souillees. Le corps fut laissé roide mort par ses assassins, lesquels n'ayans esté apperceus d'aucun en cét acte execrable s'en retournerent froidemét en leur demeure, côme s'ils eussent esté innocés: mais enfin toute la Brie estât allarmee de ce forfait, pour la vengeáce duquel on reclamoit le ciel & la terre, & pour la declaration duquel les pierres mesmes deuoient parler, ces coulpables poussez des terreurs & des remords de leurs propres consciences se resolurét de mettre leur salut en leur fuite, auât laquelle ils declarerent que le desespoir les auoit portez à ce funeste attentat. Ainsi les voix sortirent du milieu des pierres, c'est à dire, de ces ames endurcies en la cruauté, & la verité côme vne resplendissante lumiere reiallit d'être les tenebres. Que deuint Iullie à la nouuelle de cét estrange accident, ie ne le dois auácer, parce que ie ne le puis exprimer, il faut ici le voile du peintre: ce sont les menuës douleurs qui se laissent representer, les excessiues surmontent les paroles. Il suffit de dire qu'elle en fut tellement saisie & accablee, qu'elle ne faisoit pas moins de pitié viuante que Piralte mort. Elle en perdit pour vn temps le sentiment comme si elle eust receu vn grand coup duquel on ne se ressent que quel-

LIVRE III. 171

que espace après l'auoir receu. Mais apres auoir recueilli ses esprits esperdus par la vehemence de ce premier assaut, & que l'excez de la perte eust donné air pour se pouuoir plaindre; helas! que ne dit-elle point? ie lasserois le Lecteur si ie voulois emplir le papier de ces doleances feminines; ioint que voulant glisser legerement sur ce mauuais port, i'ay plus d'esgard à son contentemēt en l'expedition de l'histoire qu'à son attendrissemēt. Tout ce que ie puis faire pour ne traitter point auec ingratitude tant de cheres douleurs, & qui meritent par leur remarque du viure en la memoire de ceux qui font gloire de la fidelité; c'est d'emprunter vn excellent tableau de semblables peines, façoné par vne des plus douces & delicates veines de nostre temps : les couleurs en sont si viues & si fortes, qu'elles me semblent en quelque maniere capables de soustenir l'inconsolable detresse de Iullie. Que si la lōgueur fasche celui que l'impatience presse à la cognoissance de l'euenement, qu'il sçache que lisant ces vers son retardement luy sera profitable : & que payans bien le peage, il apprendra que l'on peut dire des ouurages de ce fameux Poëte, comme de ceux de l'Orateur de Grece, que les plus longs sont les meilleurs. Le voici donc en forme de

COMPLAINTE POVR IVLLIE.

Non, non, il n'est point vray qu'on meure de tristesse:
Marie auroit esteint son malheureux flâbeau:
Car vn si grand ennuy que celuy qui me blesse
N'ouurit iamais à nul la porte du tombeau.
O cieux, qui cognoissez d'où ma peine procede,
  Et sçauez que mon cœur se fend par la moitié!
  Bien que vous la voyez sans y donner remede,
  Pouuez-vous bien la voir sans en prêdre pitié.
Quiconque me console, encore que de sa langue
  Il seme en discourant mille eloquentes fleurs,
Console vne ame sourde, & trôpant sa harãgue
  Perd en vain ses propos côme ie fai mes pleurs.
Aussi cedant au mal dont ma vie est gesnee,
  Me plai-ie au triste son de mes gemissemens
D'vne ame en sa douleur tellement obstinee,
  Que m'oüir consoler c'est l'vn de mes tourmẽs.
Et bien m'est-ce vn tourment que de voir qu'on presume
  De pouuoir adoucir par vn vain reconfort
Vn mal si violent & si plein d'amertume,
  Et dout la guarison n'appartient qu'à la mort.

Parque sans iugement, pourquoy vas-tu defaire
  Des gens pleins de bon-heur au plus beau de
    leurs iours,
  Et me laisses languir en ceste vie amere,
  Moy qui sans reconfort t'appelle à mon se-
    cours?
O mort, triste repos de tout ce qui respire!
  Bien voi-ie qu'obstinee en ton inimitié,
  Tu poursuis qui te craint, & fuis qui te desire,
  Ayant peur d'exercer quelque acte de pitié.
Mais ce que ta rigueur maintenant me dénie
  Bien tost ie l'obtiëdray de mes propres malheurs:
  Mes ennuis me tueront, & malgré ton enuie
  La douleur que ie sens finira mes douleurs.

Ainsi pouuoit dire ceste ieune desolee, dont les regrets estoient autant pitoyables que l'amour qui les produisoit estoit veritable & sincere. Le dueil de la plus-part des femmes est artiste & contrefait, il y a moins de ressentiment que de retentissement, moins d'effect que d'apparence. Ne prenez pas garde à leurs pleurs: car comme elle les ont à bon compte, elles sont aisement prodigues d'vne marchandise qui leur couste peu : ioint que la secrete vanité qu'elles tirent d'estre tenuës pour fort affligees, leur fait souuët regreter auec vn excez importun tel auquel elles aurót tousiours rechigné en viuãt, & qu'elles ont souhaité cent fois de baiser mort, cachans ainsi sous vn faux masque d'amitié, vne veritable haine, le tout pour acquerir la gloire d'estre de bon naturel. Mais celle dont ie parle n'est pas de ce nombre: car comme son aage, qui n'a pas encore franchi l'an dix-septiesme n'est pas capable de ses duplicitez, son humeur est entierement esloignee de ces feintes, comme elle ne farda iamais son visage, encore moins ses actions. Mais que dirons-nous des extremes desplaisirs de ce pere, duquel nous auons, comme par diuerses actiós, le naturel & colerique & violent? Certes si cet ancien peintre voila la face d'Agamemnon au sacrifice d'Iphygenie, comme ne pouuant arriuer aux traicts de sa iuste douleur, en la mort sacree d'vne seule fille, bien qu'il eust beaucoup d'autres enfans; n'en faut-il pas vn double pour le pere de Piralte, qui void perir, & perir si miserablement son vnique deuant ses yeux? cet vnique le baston de sa vieillesse, l'espoir de sa resource, l'appuy de ses iours auancez, & celuy qui deuoit pousser só nom dans la suite des aages, & luy donner vne heureuse posterité. Donnons au moins quelque crayon de sa peine, tiré de la mesme main qui a tracé les vers precedens, & comme vn morceau de la mesme piece, lequel i'ay pensé plus conuenable à ce pere qu'à l'epouse.

SOVSPIRS DV PERE DE PIRALTE.

Las! vn pauure cheureüil n'est point dans les bocages
 Auec tant de fureurs par les loups deschiré,
Que l'est mon triste cœur, par les diuerses rages
 De cent fieres douleurs dont ie suis deuoré.
Ie souffre à tous moments les cruelles attaintes
 D'vn poignant desespoir qui me va martirant:
I'vse ma triste vie en eternelles plaintes,
 Et ne puis respirer sinon en souspirant.
Comme il n'est si douce eau par les fleuues versee
 Qui ne deuiennent amere entrant dedãs la mer:
Ainsi nul reconfort n'entre dans ma pensee,
 Qui soudain ne se voye en douleur trãsformer.
C'est pourquoy ie langui d'vne playe incurable,
 Dont ie sçay que la mort seule me peut guerir,
Reduit par mes malheurs à ce poinct miserable
 De ne vouloir plus viure & ne pouuoir mourir.
O douloureux tourmens, que nul espoir ne flate!
 Pauure cœur, qui ne peux attendre guerison!
Las, ie me puis bien dire vn second Mithridate,
 Ie me pais de douleur comme luy de poison.

Mais encore faut-il auancer que ces beaux vers n'arriuent point au sentiment de ce pere, de qui la douleur deschire les entrailles, il n'appartient qu'aux ames atteintes d'vn semblable mal d'en iuger comme il faut. Parmi ces agonies, ce vieillard voyant qu'il ne pouuoit rappeler la vie de son fils, se resolut à vēger sa mort, mais d'vne si haute & signalee vengeance, qu'il en fust memoire à la posterité. Ce qui luy fut d'autant plus aisé qu'estant de la robe, les complices estans cogneus par leur fuite, & le crime enorme, l'arrest ne pouuoit estre diferé. Voilà les maisons de ces deux assassins ruinees à iamais, leur posterité degradee de noblesse, condamnez à la rouë; mais leur supplice ne fut qu'en effigie, parceque leur absence & leur esloignement en vn païs estranger, en vne terre incogneuë les mettoit hors des prises de la Iustice; helas! le mal estoit vray, & le chastiment n'estoit qu'en peinture: neantmoins il faut se contenter de ce que lon peut. Or soit que ceste satisfaction semblast trop legere à ce Magistrat, ou que la douleur luy liurast des assauts dont il ne peust soustenir la violence, il fut contraint de se rendre sans l'effort d'vne maladie, de laquelle aussi tost qu'il se vit atteint, il se iugea victime de la mort: C'est pourquoy

de

de peur de s'endormir en son ombre sans differer dauantage sa penitence, il voulut commencer par les remedes spirituels, cognoissant bien que comme l'alteration de son corps prouenoit du trouble de son ame, il falloit pluſtoſt secourir celle-ci que celui-là. Il receut donc ses Sacremens, & rendit tous les deuoirs que la pieté exige des Chreſtiens en ce dernier paſſage d'vn esprit fort tranquille & entier, moſtrant qu'il craignoit peu la mort, puis qu'il ne se soucioit plus de viure. Il recognut d'vn sens fort raſſis que tous ces malheurs l'auoient accueilli pour auoir prophané les autels en leur rauiſſant des vaiſſeaux d'elite. Il voulut eſtre conſolé par des Religieux, principalement par ceux de S. François d'où il auoit retiré ses enfans en tesmoignage de sa repentance : il benit & approuua la resolutiõ de son fils aiſné qu'il recognut auoir choisi la meilleure part, puisque le mõde n'eſtoit qu'vne vanité & tromperie vniuerselle. Helas! il euſt bien desiré voir le visage de ce cher enfant auãt que mourir : mais la maladie fut si rude qu'elle fut trop courte, & puis les Capucins võt si mal en poſte qu'il ne se pût rédre à Paris qu'apres les funerailles faites. Il auoit ordinairement en bouche quelqu'vn des ver-

M

sers de ce Pseaume où David dit ces beaux mots,

Voy, Seigneur, voy du ciel mon esprit qui se pasme
    Sous l'horreur du tourment,
  Regarde moi malade & du corps & de l'ame
  Pour me donner santé plustost que chastiment.
Et te ressouuenant que tes œuures nous sommes
    Pardonne à mes pechez,
  Non comme aimant le vice, ains comme aimant
        les hommes,
  A qui les vices sont de nature attachez.
Quelle plus grand' douleur sent-on en la torture,
    Qu'est celle que ie sens :
Mes os d'auec mes nerfs ont dis-ioint leur iointure,
Cent tourmens font la guerre à chacū de mes sens.
Mille brûlans souspirs, mille larmes sanglantes
    Ie verse à tous propos,
  Et passe en la douleur de cent peines cuisantes,
  Et mes iours sans lumiere & mes nuits sans repos.
Las! vaut-il pas bien mieux qu'en destournāt ta face
    De mes transgressions,
  Tu destruises plustost le peché par ta grace
  Que le pauure pecheur par tes punitions.

O que bien-heureuse fut l'inspiration qui le porta à preuenir la face Dieu courroucé par la confession de ses fautes, veu que s'il eust fait cōme plusieurs qui retardent tousiours ce souuerain remede iusques à l'extrémité, il eust peut estre perdu le temps de flechir par sa penitence la diuine misericorde: car soit que la fiebure ardante luy enuoyast de noires vapeurs au cerueau, soit que troublé de tant de differentes passiõs de colere, de iuste vengeance, de regret, de douleur, & de tant de sensibles deplaisirs, il fust contraint de ceder à leur impetuosité il tomba en vne frenaisie si estrange qu'il y auoit du danger d'approcher de lui. Ce fils, l'idole de son ame, estoit tousiours en sa bouche, & ceste plaintiue idole se representant à son imagination toute couuerte de sang & ouuerte de tant de playes que lui firent ses meurtriers, trauailloit horriblement sa pensee. Que si Dauid ce grãd Roy, selõ le cœur de Dieu ayant plusieurs autres enfans capables de lui succeder, porta neantmoins auec tant d'impatience la mort d'vn rebelle & ingrat Absalõ, disant outré de douleur; Mon fils Absalon, Absalon mon fils, qui me donnera que ie meure pour toy? Helas! quel rauage deuoit faire en ceste ame paternelle la perte d'vn vnique, veu que l'escriture voulant exprimer des inconsolables douleurs les compare aux plaintes d'vne mere qui pleure sur la mort de son vnique enfãt. Ie n'oserois rapporter les extrauagances

M ij

que l'excés de la douleur qui r'enuerſoit ſa raiſon arracha de ſa bouche, de peur qu'il ne ſemblaſt que repreſentāt ſa mort ie vouluſſe preiudicier à la ſageſſe de ſa vie. Il mourut donc penſant laiſſer ſa maiſon en proye & priué de ceſte conſolation de ſçauoir qu'il laiſſoit (choſe qu'il auoit ſi paſſiōnement deſiree) vn heritier de tant de biēs dans les flancs de Iullie, laquelle ayant veu en l'eſpace d'vne Lune & demie perir ſon mary & ſon beau-pere penſant n'auoir autre fardeau qu'vne extreme douleur, ſe ſentit groſſe d'vn enfant qui ne pouuoit eſtre nourri que de larmes prenāt naiſſance parmi tant de cruels accidés. Alors donc qu'elle penſe ſortir de la maiſon de Piralte retirāt ſa dote & ſes conuētions des mains des heritiers de ſon beau-pere qui ſous des habits de dueil portoient des cœurs eſpanoüis de ioie comme des gens qui viuoient à la moiſſon d'or d'vn grād heritage, voila qu'elle y eſt arreſtee plus que iamais, dōnant autant de veritable regret à ces gens ſi prōpts à ſucceder qu'ils en auoient teſmoigné de feint. Tuteurs ſont ordōnez de part & d'autre à la mere & à l'enfant poſthume, & les biens ſont mis entre les mains de la iuſtice mere des veufues & des orfelins. Elle auoit encore ou cinq mois pour arriuer à son terme, durant lesquels elle fut remise en la maison de sa sœur Diane, laquelle auoit cõme nous auons monstré procuré ce mariage suiui de tant de lamentables euenemés. Ce fut en ceste attente que Iullie fit mille resolutions de ne mettre iamais son affection aux choses du monde esquelles il y auoit si peu de certitude. Voire mesme de s'en retirer aussi tost qu'elle seroit deliuree de ce fardeau qui lui pesoit dedans les flács. Ni mesme ce faix ne l'empescheroit pas (en imitant la saincte Vierge en sa Visitation) d'aller chercher vne sienne parente qu'elle a chez les Religieuses de saincte Elizabeth, & de se ietter promptement dedans ce Monastere comme dedans vn azyle sacré où elle esperoit se deffaire de tous ses enuuis: Mais elle sçait que comme les Vestales des Romains pensoient estre soüillees quand elles auoient esté touchees d'vne femme enceinte, qu'encore que ceste superstition ne regne pas parmi les Chrestiennes, il seroit neantmoins indecent de mettre vn enfant au monde en des lieux sacrez au vœu d'vne perpetuelle continence. Que si la Nimphe Calipso, qui depuis fut comme vn astre mise dedans les cieux, ainsi que

M iij

content les Poëtes, bien que renduë mere par Iupiter, fut seuerement chastiée par Diane de ce qu'estant grosse elle auoit soüillé de sa conuersation le trouppeau de ces Vierges qui l'accompagnoient parmi les bois à l'exercice de la chasse. Combien seroit-il plus blasmable d'aller soüiller les yeux de celles qui font profession de fuir les effects de Lucine par l'aspect des douleurs ausquelles la malediction de Dieu a cõdamné celles qui prendroient part à l'accointance des hommes: Ces raisons retardent donc Iullie en son pieux dessein: mais ce qui est differé n'est pas perdu, qui recule de quelques pas en saute plus auant. Il semble mesme que ce temps si solitaire & si triste durãt lequel outre la priuation de Piralte, elle ressentit les incommoditez que l'on tient estre plus grandes & fascheuses aux premieres grossesses qu'aux suiuantes; luy fust donné, afin qu'elle digerast bien ceste pensee, combien d'espines sont au pied d'vne rose, & cõbien les douleurs sont plus sensibles que les douceurs. Que si l'ancienne Rebecca sentant deux iumeaux qui lui dõnoient des tranchees disoit qu'il lui eust biẽ mieux valu n'estre point mere que l'estre auec tant de souffrance, que deuoit dire Iullie affligée de dãs le cœur de la perte du pere

& incommodée si fort de l'enfant que souuent elle en tomboit en deffaillance. Vne chose la console, c'est qu'ayant redōné vne image de vie à ce cher espoux que la mort lui a si cruellemēt raui par ceste petite creature qui doit porter son nom, elle se iettera au pied des autels comme vne hostie viuante, afin de prier tous les iours Dieu pour le remede de ceste ame dont le corps fut vn auec le sié. C'est ainsi, vertueuse Iullie, qu'il se faut cōsoler en celui qui est le pere des misericordes & Dieu de toute consolation: car ces vaines plaintes que tant d'autres iettent & dont elles remplissent l'air inutilement, outre qu'elles sont iniurieuses à la prouidence dont elles semblent blasmer le decret, sont peu auantageuses pour le soulagement des morts, & ruinent la santé de ceux qui viuent, au lieu que les prieres en honorans la volonté supreme de celui qui dispose de tout selon son bon plaisir, seruent aux deffunts & adoucissent le regret des viuans. Certes il n'est rien de tel,

Que se resoudre en sa disgrace,
 L'ennuy qui nous peut affliger
 Quand nous voulons nous soulager,
 Enfin s'amollit & se passe.

Le terme de l'enfantement estant arriué,

Iullie accoucha parmi de si cruelles douleurs que lon doura de sa vie & de celle de son fruit: douleurs qui lui firent bien protester de n'en experimenter iamais de semblables, & de n'essayer iamais pour de si fresles plaisirs, de si horribles peines. Elle n'est pas si tost releuee de couche qu'elle vouloit soudain prendre congé du fils que Dieu lui donna, & ensemble du monde: mais Diane, qui ne pouuoit gouster ceste retraite, & qui minuttoit de la faire rembarquer sur la mer du siecle pour y tenter vn second naufrage, cherchant des delais dans ses inuentions lui touche le cœur de pitié sur ceste petite creature qu'elle lui represente comme vn Moïse flottant sur les eaux. Cela lui fut aisé, car il n'y a rien de si tendre que le cœur des meres sur leurs enfans, principalement quand ils sont petits, & nouuellement sortis de leurs entrailles. Encore lui disoit ceste rusee femelle, Ne voyez vous point que les animaux de la terre ni les oiseaux bestes irraisonnables laissent leurs petits tant qu'ils pandent à leurs mammelles ou dependent de leur bechee, & au moins qu'ils ne les esleuent iusques à ce qu'ils se sçachẽt prouuoir de pasture & chercher ce qui leur fait besoin? Les poules mesmes n'abãdonnẽt iamais leurs pouffins que premieremēt elles n'en soient delaissees; vraimēt il faudroit non seulement renoncer à ce doux nom de mere, mais aussi à toute humanité, pour laisser vn enfant dans le berceau entre les mains d'vne nourrice qui ne l'aime point, qu'autant qu'elle tire de profit de sa nourriture, & d'vn tuteur qui par l'espoir de sa succession aura peu de soin de sa vie. Ces raisons aidees du secret ressort de la nature qui iouoit dedans le cœur de Iullie, la firent condescendre à attendre au moins que ce petit Isaac fust sevré & hors de nourrice. Voilà deux ans insensiblement gaignez, durant lesquels ceste ieune vefue attiroit sur soy les yeux de mille pretēdans; mais leurs vœux & leurs desirs estoiēt autant d'hosties inutilement sacrifiees à vne idole, qui n'auoit ni des yeux pour les considerer, ni des oreilles pour les entendre: c'est ce qui les met au desespoir. Que de seruices reiettez esleuoient vn haut trophee à sa constance, laquelle triomphante & des poursuites du dehors & des domestiques, persuasions de ceste bonne Anne qui tentoit ceste Didon d'vn second Hymen, se pouuoit dire vn bouclier impenetrable à toutes sortes de traicts!

Elle cognoist bien que l'amour
   Par elle fait à chaque iour
   Nouuelle preuue de ses charmes:
   Mais si tost qu'il la veut toucher
   Il recognoist qu'il n'a point d'armes
   Qu'elle ne fasse reboucher.
Loin des folles impressions
   De toutes vaines passions,
   La vertu luy monstroit à viure
   Sous de si rigoureuses loix,
   Qu'à peine les pourroit on suiure
   Dedans les deserts & les bois.

Ce qui nous apprend combien peut en vn corps feminin vn courage masle quand il est assisté de la grace du ciel, & quand il combat sous la banniere de la croix. A dire la verité,
Rien n'est plus grand que nos esprits
   Lors qu'ils veulent prendre à mespris
   Ce que le siecle glorifie:
   Et qu'ils ne sont point arrestez
   Aux idoles des vanitez
   A qui le monde sacrifie.

Iullie renoüe ses intelligences auec sa mere & sa sœur qui estoient Religieuses en Picardie, lesquelles en luy ouurant les bras luy crioyēt par toutes sortes de semonces ; venez nostre bien-aimee, venez du Liban, retirez-vous du repaire des dragons, des cauernes des lions, sortez de Babylone & des confusions du siecle malin; venez & nous vous ferons part de ceste belle couronne qui enuironne nos testes: venez, ô la colombe de l'amant celeste, volez promptement dans les trous de la pierre, en la cauerne de la masure, en cet ordre du Seraphique François, qui a pour enseignes les sacrees playes du Redempteur. Nous vous attendons auec impatience pour vous accueillir auec allegresse: voilà vne forte baterie contre les stratagemes de Diane, que ie ne die du diable, se seruant de l'organe de ceste sœur côme d'vne Remore pour arrester en pleine mer les sacrez desirs de Iullie. O Dieu! que l'artifice est dangereux qui pare le mensonge des liurees de la verité, & qui subrogeant le faux or en la place du veritable, supplante la legitime pieté par vne trompeuse & supposee. O voix de Iacob! comment auez-vous les mains d'Esaü. Diane s'auisa de faire vne consultation spirituelle deuers quelques Docteurs plus illuminez qu'embrasez, & plus subtils en science que deuots en la conscience, ausquels ou vaincus par ses persuasiôs, ou persuadez par ses importunitez, elle fit dire que sa sœur Iullie estoit obligee, selon la loy de Dieu, à l'eleuation de son petit Piralte: (car elle fit donner à son fils le nom de son pere) plustost qu'à se ietter dedans vn Cloistre, se fondans sur ce que les commandemens marchent deuant les conseils, & tirans celuy qui ordonne l'honneur des parens iusques-là, de dire que le mesme deuoir d'obeissance que les enfans auoient enuers leurs peres, obligeoit aussi les peres & meres à l'education de leurs enfans; au moins iusques à tel aage, qu'ils se peussent passer de leur cõduite, & gouuerner leur bien; ce qui estoit remettre Iullie à longs iours, c'est à dire, à vne petite eternité. Car imaginez-vous deuant que cet enfant fût arriué à ce poinct, cõbien de diuerses pensees eussent passé par l'esprit de Iullie, & combien d'occurrences eussent traversé son dessein. Ce conseil estãt apporté par Diane à Iullie sans qu'elle le demãdast, elle supplia sa sœur de dire à ces bõs Docteurs si curieux de son salut qu'ils reseruassẽt leurs aduis pour lors qu'elle les consulteroit, les exhortãt à auoir autãt de soin de leurs cõsciences propres qu'ils tesmoignent en auoir de la sienne. Cependant elle fit vne contremine pour euenter celle-cy que Diane luy auoit creusee: car allant à d'autres Oracles, elle apprit que s'il ne falloit pas s'amuser dedans le siecle pour enseuelir ses parẽs morts acte en apparence d'immisericorde: il y auoit beaucoup moins d'apparence de s'y arrester pour des enfans viuans, au demeurant que ceux-là estoient declarez indignes disciples de IESVS CHRIST & de la participatiō de son Royaume qui ne laissoient; ains qui ne haïssoient leurs enfans pour son amour. Bref, ceste consultation pleine de l'Escriture & de l'esprit de Dieu, essuya aussi tost les brouillas que celle qui auoit esté reuelee par la chair & le sang vouloit esleuer son esprit. Mais parce qu'elle s'apperceut que cela prouenoit de la ruse de Diane, qui par ces inductions la vouloit engager en de secōds liēs au preiudice de l'amour qu'elle portoit à la memoire de Pizalte, & de l'incomparable dilection dont elle estoit redeuable à ce sanglant & diuin Espoux, qui pour elle & pour tout le monde estoit mort en vne croix; à raison de cela elle eut depuis les discours de Diane pour suspects, ne voulant pas

Contre vn mesme rocher faire vn double naufrage.

Et comme il est malaisé de faire donner dedans les rets des oiseaux qui volent biē haut; aussi estoit-il difficile de surprendre cet esprit que l'experience auoit autant subtilisé qu'auparauant il estoit simple. O Dieu! que d'accroches arriuent quād on veut quiter le mōde, & qu'on en consulte auec ses supposts, car lors le diable remuë toute pierre pour empescher que sa proye ne luy eschape. Que d'assemblees de parens pour auiser à la tutelle de cet enfant, personne ne s'en veut charger; vous diriez que c'est le cheual Seyan, ou celuy de Troye, chacun colore ses excuses le mieux qu'il peut: il y en a bien quelques-vns qui font les officieux, & qui se presentét, mais ou la necessité, ou leur propre interest les rendant suspects, cela les fait reietter par la compagnie. Là-dessus triomphe Diane, accusant sa sœur d'estre marastre plustost que mere, d'auoir le naturel mauuais, preferant à son repos vn employ si legitime, le monde qui iuge selon ses sentimens luy donne la raison & presque gain de cause: il n'y a que Iullie qui presse, protestant de tout quiter, si l'on surseoit si long-temps les deliberations, ou de faire ordonner vn tuteur iudiciaire, ne voulant pas pour de fresles biens de la terre mettre sa vacation en compromis, ni hazarder le salut de son ame. Les mots estranges de son mari, de son beau-pere, & de sa belle-mere nageoient tousiours en sa fantasie, rapportant la cause de ceste estrangeté à ceste preference de la terre au ciel, elle redoutoit de tóber en de semblables accessoires: c'est pourquoi comme vne tourterelle qui a perdu son pair elle fuit les compagnies, se desrobe à tous les yeux qui la peuuent considerer, elle euite l'abord des hommes qui se peuuent prendre aux rais qui sortent malgré elle de ses yeux, & redoutant leurs regards comme ceux des basilics, elle ne craint qu'vne surprise du sēs sur la raison; si ne peut-elle empescher ceste belle farouche que plusieurs picquez de curiosité ne recherchent toutes les occasions qu'ils peuuent treuuer de la voir: ioint que la liberté est telle en la France qu'vne femme ne peut refuser sans affront à leuer son masque, & mōstrer son visage à celuy qui luy oste le chapeau, coustume inciuilement ciuile, & que le iugement deuroit iustement bannir. Toutes les qualitez qui peuuent rendre vne femme desirable la mettent en butte de toutes parts: la naissance, la vertu, la richesse, la ieunesse, la beauté ce sont tous charmes qui seuls font de grands effects, quel sera donc leur effort quand ils seront ioints ensemble? Les ieunes vefues ont cet auantage sur les filles qu'elles lançent des attraicts d'autant plus puissans qu'ils sont moins innocens, l'experience de celles-là surmontant de beaucoup l'ignorance de celle-cy: car ayāt appris dans vn mariage legitime les plus secrets moyens de plaire aux hommes, elles les employent auec d'autant plus de soupplesse qu'elles ont plus de liberté: ioint que comme les nuages les plus obscurs sont ceux d'où sortent les esclairs les plus vifs; de mesme les regards les plus penetrans partent ordinairement de dessous ces voiles noirs; tout ainsi que le feu le plus ardent est celuy qui est couuert de cendre. Mais ie parle des vefues affetees, & qui ne sont pas vraiment vefues, lesquelles quoy que separees des hômes, quant à la volupté du corps ne le sont nullement quant à la volonté du cœur, lequel est comme vne glace de miroir susceptible de toutes sortes de formes. Iullie estoit bien esloignee de ceste procedure: car bien que le rebut des ornemens messeans à la viduité l'eust reduite à la simplicité des voiles; si est-ce qu'elle ne pouuoit pas empescher les yeux des Amans de iuger de ses lys & de ses roses parmi ses crespes: & bien que ses yeux armez de mespris & de dédains donnassent vn congé vniuersel à tous ceux qui la regardoiēt aussi gelez de crainte que bruslez d'amour; si est-ce qu'elle ne se pouuoit reduire en si miserable estat, qu'elle ne fist tousiours moins de pitié que d'enuie. Entre plusieurs galands qui font des desseins sur ceste emerueillable beauté; le Baron de Montage ge beau & braue Gétil-homme ne fut pas des premiers en moyens, mais bien en nobleſſe, en eſprit & en courage. Quant à ſa nobleſſe il ſuffit de dire qu'il appartenoit à des plus grands du Royaume, & que ſes anceſtres auoient tenu des rangs principaux en l'Eſtat. Quãt à l'eſprit il paroiſtra en ſa conduite, biẽ qu'en fin l'amour luy communiquaſt ſa plus eſſentielle qualité, qui eſt d'eſtre aueugle: & quant à ſon courage il ſe cognoiſtra par ſa mort. Ceſtui-cy n'euſt pas pluſtoſt apperceu l'extreme beauté de Iullie, qui eſtoit lors malgré tous ſes dueils & ſes negligences en ſon plus grand eſclat, qu'il en deuint tout eſ-bloüi, perdant en cet objet la cognoiſſance & le ſouuenir de ſoy-meſme. Ce n'eſt plus ce Montange dont le courage guerrier, libre & genereux ne reſpiroit dedans la Cour au-tre choſe que le deſir d'y paroiſtre non des plus mignons, mais des plus valeureux; ſon cœur iuſqu'alors vuide des paſſiõs affectueu-ſes qui mettẽt en ſeruitude les plus hautains, ne ſe pouuoit imaginer autre geſne, que cel-le que l'ambition donne à ceux qui n'ont au-tre pretention que de ſouſtenir par des actiõs dignes de leur naiſſance les hauts faicts de leurs predeceſſeurs pour arriuer par de ſem-blables merites aux meſmes grades. Tout à

N

coup, cóme vn cloud chasse l'autre il se void deliuré de ce soucy pour se sétir occupé d'vn autre, non pas si luisant, mais plus cuisant; nó pas si esclatant, mais remply de plus d'ardeur: car son ame se treuue tellement possedee de l'idee de ceste perfection, qu'aucune autre pẽsee ne se peut admettre en son esprit, n'ayant plus de place en soy pour soy-mesme. Allumé de ceste nouuelle flamme qui s'estoit emparee de sa poitrine, à la lumiere de ce flãbeau il descoure, selon son aduis, diuers moyẽs de venir à bout de son entreprise. La glace de só miroir luy persuade qu'il a bien assez de grace pour s'insinuer en celles de Iullie, qu'il est d'assez belle deffaite pour meriter sa consideration; que si elle est tant soit peu susceptible de bien-veillance, & si elle n'a le cœur de diamant il la rendra participante de son inquietude: Et qu'en fin si ceste maxime est vraye,

Nul n'est exempt d'aimer quand il cognoist qu'on l'aime.

Il employera ce charme vniuersel qui attire necessairement l'amitié par l'amitié mesme, selon que dit l'excellent Stoique, aime si tu veux estre aimé: Bref, que n'esperent les Amans si mesme ils s'arrestent aux songes, si tout ce qui leur plaist les paist. A ceste glorieuse forme qui donne la premiere pointe à son desir, adioustant la consideration des moyens qui peuuent soustenir son courage, & luy seruir d'aisles pour atteindre à vne plus haute fortune il se trouue doublement picqué; & c'est ce qui redouble sa hardiesse, sçachant que

Le sort aide aux hardis reiettant les timides.
La difficulté d'arriuer où il pretend au lieu de rebouscher aiguise son desir:

Vn courage esleué toute peine surmonte; (dôte.
Il n'est rien qu'il ne puisse, il n'est rien qu'il ne
Mais parce qu'il ne peut aborder ceste pupille que par sa tutrice; c'est à dire, arriuer aupres de Iullie que par le moyen de sa sœur; il recherche accortement l'amitié du mary de Diane; hôme de gratieuse & libre conuersation, & qui se plaisoit au ieu, par-là il s'introduit dans sa maison; où vsāt de la liberté Frāçoise, il paruient aisement à l'entretiē des Dames, qui estoit la fin où il visoit. Voilà, ce semble, vn commencement assez heureux pour nostre poursuiuant; mais ses rets & ses filets sont d'araignee que nostre abeille rompra, bien que nō sans quelque effort. Diane qui a l'œil penetrant, & l'esprit subtil, iuge bien tost à voir ceux de Montange si fort arrestez sur le visage de sa sœur, qu'il a tiré des feux de

N ij

cesteglace, & qu'il en est picqué; son maintiẽ fort bon, & sa conuersatiõ douce & agreable, principalement parmi des femmes, luy donne aussi tost du credit dedans l'esprit de ceste sœur qui le destine en son ame pour Iullie, croyant que si elle a tant soit peu de disposition à aimer elle se portera vers cet objet & aimant & aimable. Diane accostant ce Gẽtil homme luy sceut tesmoigner tant de faueur qu'il se resolut, ne pouuant plus contenir son feu dans sa poitrine, de l'euaporer en luy en declarant la cause; ceste manifestation fut suiuie d'vn tel accueil, que Montange donnãt du front contre le ciel pensa d'abord auoir la teste parmi les estoilles. Diane se promet de regagner sur sa sœur la mesme conqueste qu'elle auoit autrefois faite pour Piralte, & de la diuertir de ceste humeur cloistriere par la presence de Montange, lequel s'embarquant insensiblement à ceste recherche, sur l'esperance que luy donnoit Diane de ne perdre point son temps en cet employ, se mit en vne despense qui surpassoit autant ses facultez, comme elle estoit conforme à sa naissance & à son parentage. L'occasion de voir Iullie s'offre assez souuent, de luy parler assez rarement, mais de luy parler de bien-veillance nullement: car elle respondoit si peu à ses regards, elle renuoyoit ses ris auec tant de dédain, elle receuoit ses reuerences d'vn frót si froid & si seuere, que la crainte de geler son espoir en bourre & en bouton luy lie la langue, & l'empesche de luy faire voir ceste grāde passion qu'il a pour elle, & qui luy cause vn extreme tourment. Quelquesfois deuant sa sœur (car Iullie euitoit l'abord particulier de tous les hômes auec des fuites fort estudiees & soigneuses) il luy flatoit bien l'oreille de paroles, de complimens, & en termes communs luy tesmoignoit les particularitez de só inclination, mais Iullie faisoit à tous ceux qui l'amusoiēt de ces cajolleries, des repliques si vertes, & publioit par vne declaration srouuerte sa resolution de ne se remarier iamais, & le dessein qu'elle auoit d'espouser vn Cloistre, qu'on ne sçauoit par où prendre ceste chastagne herissee de toutes parts de mille pointes. On void que les mousches ne s'arrestent point sur la glace d'vn miroir, parce que elle est si polie qu'elles n'y peuuent auoir de prise. Ie m'estonne comme ces pretendans autant & plus importuns que des mousches ne s'escartoient de nostre vefue, puis qu'elle donnoit si peu de prise à leurs attentes. Mais quoy? si ses refus faisoient mourir leur espoir, sa presence faisoit naistre leur affection, en la

N iij

quelle chacun se disoit vn Phœnix, tirāt sa vie de ce qui le reduisoit en cendre. Mōtange iugea prudemment, que si a vne si franche manifestation de son dessein Religieux, il alloit opposer l'offre de son seruice, & se porter ouuertement pour son seruiteur, il ruineroit entierement ses pretensions : c'est pourquoy il dissimule, & bien qu'il eust fait Diane sçauante de ses pensees, pource qu'elle estoit tout sō support; si est-ce que deuant Iullie il sçait tellement regler ses deportemens, & balancer ses discours, qu'il semble ne la regarder que comme vne chose indifferente, ne l'entretenant que de choses cōmunes. Entre la liberté licentieuse, & vne modestie trop reseruee il treuue vne moyenne composition, sous laquelle il cache son artifice, se gouuernāt auec vne soupplesse qui auoit vn visage de naïfueté, ce qui leue à Iullie toute deffiāce qu'il eust aucune pretention en elle. Cependant qu'il luy rend inuisibles les filets qu'il luy tend, il est bien aisé de rendre visible au monde sa poursuite, & de semer soubs main des bruits que Iullie est sa Maistresse, & qu'il est en termes de l'espouser, apres qu'il aura donné ordre aux affaires de sa maison. Tout le monde est abbreuué de ceste creance auāt que Iullie en sçache rié; que si quelques-fois le murmure en viēt à ses oreilles d'vn mespris mocqueur, elle se rit des imaginations de ceux qui veulēt deuiner ses pensees, & qui tirēt si loin du but de ses pretensiōs. Diane mesme fauorise ceste rumeur, & y aide autant qu'il luy est possible, parce qu'elle auoit entrepris la cause de Mōtange, desirant l'auoir pour beau-frere, & luy ayāt promis toute sorte d'appuy. Par ces artifices elle pensoit engager Iullie, au moins de reputatiō à ceste alliāce; la sçachant si ialouse de sa renommee & de son honneur, qu'il n'y auoit sorte de dessein qu'elle ne quittast quād il iroit de la conseruatiō de ce qu'vne hōneste femme doit auoir plus cher que sa vie. Montāge outre qu'il estoit hōme d'esprit, & Courtisan, prenoit auātage de tout; & par ses industries treuua moyē d'escarter ses cōpetiteurs, leur faisāt faire mauuais accueil par Diane dās la maisō de laquelle Iullie s'estoit retiree. Le voilà en peu de iours maistre du cāp, mais nō pas du cœur. Diane qui le fauorisoit en ses desseins, parce qu'ils estoient vertueux & legitimes, & qu'ils auoient vn Sacrement pour fin, luy donnoit aduis de ce qu'elle auāçoit aupres de sa sœur, le cōseilloit en ce qu'il auoit à faire, depeur que l'amour ne luy ostast le iugement, & le fist trop presser ce qui deuoit aller non auec des ailles, mais à pas de plomb. Ces intelligences domestiques &

estrangeres estoient bien capables de mettre en peine nostre vefue; mais qui peut demeurer en pieds contre les esleuz de Dieu? que peuuent craindre ceux qui ont de leur costé l'assistance diuine? tous ces artifices furent de la neige deuant le Soleil, & se treuuerent de cire à la presence du feu:

Or afin que par vn vous iugiez tout le reste,
Il nous faut rendre à l'œil sa trame manifeste.

L'auisé Montange sçachant que le plus grand de tous les secrets pour dôner de l'amour est, de se rendre complaisant, & que la côplaisance se forme par necessité, lors que l'amant se transforme en ce qu'il aime, se changeant côme vn poulpe selon les couleurs de son objet. D'où vient mesme qu'en la diuine dilection qui s'appelle charité, l'Apostre conseille de pleurer auec ceux qui pleurent, de rire auec les ioyeux, & de se rendre tout à tous pour les gagner tous. Par cela, dis-je, le Baron ayāt remarqué l'extreme inclination que Iullie auoit à la pieté, se rend (mais ie dis sans feinte; car il l'aimoit sans dissimulation) vraiement deuot pratiquant par raison & par exēple les exercices de deuotion ausquels il la voyoit adōnee. O que le diuin Platon a bien dit, que l'amour estoit le pere de la gentillesse & de toute vertu; & que ce braue Poëte a dignement chanté apres ce graue Philosophe!

Son feu n'est que diuinité,
Tout en sent la vertu secrette:
Il est la perfaite vnité,
Et Dieu est l'vnité perfaite.
Vn ame en qui l'amour a lieu
Par luy se change en ce qu'elle aime,
L'amour qui nous fait aimer Dieu,
Nous faisant estre dieux nous mesme.
Il conduit des astres le bal,
Il rend la nature feconde:
Tellement que si c'est vn mal,
C'est vn mal necessaire au monde.
Il purge vn ame en l'allumant
Par luy la crainte en est chassee,
Il bannit du cœur d'vn amant
Toute basse & vile pensee.
Il fait que le vice abbatu
Ne l'enchante plus de ses charmes,
Il luy fait aimer la vertu,
L'honneur, l'eloquence, & les armes.
Il l'emplit d'vn soin genereux
D'acquerir vn nom perdurable:
Bref en le rendant amoureux,
A la fin il le rend aimable.

L'ame de nostre amant auparauant farouche & guerriere deuint douce & traittable, non pas iusques à filer comme Hercule, ou à se trauestir en femme cõme Achille, mais attendrie par la frequentation des Sacremens, comme vn fer qui quitte sa roüille & se fait rouge & mol dedans vne fournaise; il se vid en peu de temps changé en vn autre homme, & transferé du vieil au nouueau conforme à l'esprit de Dieu. De ceste façon, comme les abeilles s'entretiennent, Iullie pensant auoir contribué à ce changement de la droicte de Dieu, aima ce Gentil-homme d'vne simple bien-veillance, le voyant si moderé, si vertueux, si humble, & qui est plus, si deuot. Ce n'est pas sans raison que les Poëtes font trainer par des lyons le chariot de leur Amour, car ceste passion range à leur deuoir les ames les plus sauuages. Diane qui fait profit de tout pour paruenir à son but qui estoit de voir sa sœur mariee à ce Baron; loüe sa pieté, esleue sa modestie, & le publie deuot comme vn Religieux, croyant sucrer le bord du verre de ces loüanges & faire boire Iullie à ce hanap. Iullie d'autre part qui n'estoit pas de marbre, se sentoit quelquefois atteindre aux lieux les plus tendres de ses affections, souspirant auec ceste Reine de Carthage,

Ne voy-ie pas l'eclair de ma premiere flame,
Quoy mon ancien feu reprendra-t'il mon ame?

Mais aussitost par vne chaste & sainte resolutiõ elle faisoit reboucher toutes les pointes de ces traits que l'amour caché dans les merites de Montange tiroit sans cesse dedans son cœur. Le mary de Diane persuadé par sa femme de fauoriser ceste recherche, prend tellement à cœur l'amitié de ce Cheualier, dont la conuersation auoit des charmes ineuitables qu'il s'essaye de l'auancer par tous moyens. Il ne peut plus viure sans luy, s'il ne le void pas, il ne parle que de luy, & ne sçauroit faire vn bon conte qu'il n'en soit le sujet : ils iouënt, ils deuisent, ils se promenent ordinairement ensemble, & Iullie qui sent comme elle doit les obligations qu'elle a à ce beau-frere qui prend vn soin nompareil de ses affaires, tant à cause de la vraye & sincere affection qu'il a pour elle, que pour l'interest de son ami, ne peut qu'elle n'honore celui qu'elle lui voit cherir auec tant de passion, & qu'elle n'estime les bonnes qualitez que le ciel auoit versees en ce Cheualier. Voila Montange dans la maison de ce beau-frere de Iullie comme en la sienne, auec autant de franchise & de liberté qu'il en eust peu desirer, & y est par vne frequentation si ordinaire qu'il y paroist domestique. Le matin ils se voyent és Eglises, sur le iour dans la maison, ou és compagnies, le soir és iardins, & par tout Diane accompagnée de Iullie fournit de lumiere à leurs yeux. Si Diane va à l'Eglise (qui est toute l'occupation de la matinee des Dames à Paris, pour leur lõgueur à s'habiller) Iullie la suit, & Montange ne manque pas à leur seruir d'Escuyer pour les prendre sous les bras & les mettre dans leur carrosse, où les ranger en la place qu'il leur fait faire dans la presse. Ces deuoirs de pieté & de ciuilité obligent peu à peu, & prennent pied dans la creance commune de ceste recherche pretenduë. De ceste façon par assiduité le Baron pensoit tirer païs dans les bonnes graces de celle qui n'y pensoit pas, & qui prenoit ces actiõs comme celles que la courtoisie fait indifferemment produire aux Seigneurs de la Cour. Iusques icy Iullie n'auoit aucun sujet de se défier, & moins de se plaindre des deportemens de Montange, d'autant que son procedé estoit plein de tant de modestie & de retenuë qu'il eust fallu despoüiller l'humanité pour n'en auoir point de recognoissance. Or entre les exercices de deuotion qui apportoient le plus de cõsolatiõ à Iullie, celui d'entẽdre la parole de Dieu estoit son fauori, & à dire la verité, tout ainsi que par l'huile on entretient la splendeur des lāpes, & auec les fontaines ou les arrosoirs on maintient les plantes en leur vigueur: de mesme par ceste parolle sacree sont maintenuës les saintes resolutions & affermis les bons propos. Car si les cieux sont soustenus par ceste parolle diuine, & si toute la force de l'Vniuers depend de l'esprit de sa bouche, comme dit le sacré texte, n'est-ce pas elle mesme qui comme vne trompette anime à la guerre contre le vice, le monde & l'enfer, & qui nous fournit de bouclier & de glaiue trenchant des deux parts, c'est à dire, d'armes offensiues & defensiues cōtre les tentations qui nous trauaillēt? Ce fut auec elle que nostre Sauueur comme vn autre Dauid vainquit le Goliath infernal au desert: elle est ceste tour mystique de Dauid d'où comme d'vn arcenal bien garni se tirent mille pauois, & d'où sort toute l'armure des plus forts. Elle est ceste loy immaculee qui conuertit les ames: ce tesmoignage fidele qui donne de la sagesse aux plus petits, c'est vne parole chaste & qui inspire la chasteté; c'est ceste science de la voix qui remplit tout l'Vniuers de l'esprit de Dieu. C'est ceste parolle de feu qui engendre la dilection sacree. C'est ce pain de vie & d'intelligence duquel se repaissent & sont friandes les ames qui aspirent à la vraye pieté. Et comme Paris est incomparable en toutes choses, il surmonte aussi en excellens truchemens de ceste parole toutes les autres villes, voire quelquefois il s'esleue par dessus soi-mesme par l'eminence des grãds Predicateurs qui font resonner la voix de Dieu sur plusieurs eaux, & ces eaux sont les peuples. Alors au plus haut de ceste fameuse ville & au faiste de l'Vniuersité en l'Eglise de S. Estienne du Mont, paroisse de la maison de Diane, luisoit cõme vn grand phare ce docte & eloquent Arnulphe qui comme vn torrent trainoit apres soy & emportoit non les troncs & les pierres, mais les cœurs les plus endurcis: ce fut au commencement qu'il fit oüir les merueilles de son bien dire en ce resonant theatre, & celui-là mesme qui depuis a esté l'estonnement de la Cour qui s'est veuë toute suspenduë par les oreilles à la langue de ce disert Hercule. Puisque par la force de ses raisons & de son sçauoir il gagnoit tant de cœurs rebelles à la lumiere, quelle impression ne deuoit-il faire sur celuy de Iullie tout disposé à la pieté; aussi l'escoutoit-elle comme vne voix puissante & comme vn oracle des veritez du ciel. Montange qui auoit l'esprit beau goustoit aussi bien fort ses discours, si bien qu'il auoit vn double plaisir à le suiure, & parce que cela luy donnoit occasion d'y mener Iullie, de s'asseoir aupres d'elle, selon l'vsage, certes trop libre de nostre France, & de luy parler deuant & apres la predication, comme aussi parce que son ame restoit fort consolee & satisfaite des discours de ce docte Pere. On ne sçauroit dire cōbien il profita en ceste escole, car ayant le iugement fort bon & la memoire excellente, il cōceuoit fort bien les plus hauts sujets, & retenoit à merueilles les beaux traits de ceste façō de bouche. Il y auoit en ce mesme tēps là vn autre predicateur en l'Eglise de S. André des Arts, de laquelle la maison de Diane n'estoit guiere plus esloignée que de S. Estienne, lequel bien qu'il fust esloigné en eloquence & en sçauoir, non seulement de l'eminence du grand Arnulphe: mais encore de tant d'autres beaux astres qui brilloient lors dedans les chaires de Paris, comme les estoiles en vn ciel bien serain. Si est-ce que, ou pour ie ne sçay quelle grace & benediction de Dieu respanduë en ses levres, ou pour le zele qu'il tesmoignoit au salut des ames, ou pour sa douceur en la correction des mœurs deprauees, ou pour la facilité de sõ esprit, ou ce qui est plus croyable pour tenir quelque grade en l'Eglise qui le rendoit plus visible, & mesme pour estre disciple, & disciple bien-aimé du Pere des deuots de nostre âge estoit assez bien oüy; là Diane & Iullie tousiours accompagnee de Montange leur conducteur alloient assez souuent, & parce qu'il parloit beaucoup des choses de deuotion & du mespris du monde, Iullie auoit vne particuliere inclination à l'entendre. Ce fut à ces deux hommes comme aux Anges du Seigneur des armees, dans les leures desquels reposoit la science du salut, que Iullie eut recours, tant pour leur manifester l'estat de sa conscience, que pour prendre leurs aduis sur son religieux dessein. Montange par son ordinaire frequentation & les longs & particuliers pourparlers qu'elle auoit auec ces seruiteurs de Dieu, specialement auec Periandre (car c'est ainsi que nous nommerons ce second & moindre Predicateur) entra en quelque ombrage qu'elle ne vouluſt pluſtoſt qu'il ne desiroit executer son dessein. Et parce qu'en toutes façons la determination qu'elle pourroit prendre auec ces gens là qui n'auoient pas la mine de conseiller si

hardi-

hardiment que sainct Paul aux ieunes vefues de se remarier, ne pourroit estre que nuisible à l'intention qu'il auoit de la seruir & de gagner sa volonté; craignant d'estre preuenu, il se resolut par l'aduis de Diane à ne retarder point plus long temps à luy manifester ceste grande passion qu'il auoit pour elle, la suppliant d'auoir esgard à ses seruices, & de prendre pitié des tourmens qu'il enduroit en son ame à son occasion. Comme il estoit en ces termes, & qu'il alloit differant de iour à autre pour prendre le temps à propos selon les dispositions que la subtile Diane trouueroit en l'esprit de sa sœur: il estoit comme vn criminel qui attend auec beaucoup de crainte l'arrest de sa mort, ou le bon-heur de sa liberté. Mais il fut bien surpris lors qu'il se vid preuenu en ce sujet par Iullie; mais preuenu comme vn homme qui est touché du foudre auãt que ses yeux en ayent apperceu l'éclair. Car vn iour cõme elle reuenoit de la ville où quelque affaire l'auoit appellée, trouuant ce Gentil-homme auec sa sœur, le cœur enflammé de dépit & le visage allumé de colere, Vrayment, luy dit-elle, mon seruiteur (mot qui n'estoit iamais sorty de sa bouche & qui pensa rauir d'aise nostre Baron, mais

O

d'vne aise qui passa viste comme vn éclair) ie croy que vous m'espouserez sans que ie le sçache, & que ie seray vostre maistresse sans que vous m'ayez iamais offert ny que i'aye accepté vos seruices. Ie viens d'apprendre en vn bon lieu & par vne bouche qui aimeroit mieux mourir que mentir, que vous vous vantez par tout d'estre mon Cheualier, que nos nopces sont arrestees, que ie vous suis engagee de parole, & que mes parens cōsentent à nostre alliāce. Et ce bruit, à ce que i'entends, est si commun par la ville qu'il passe en tiltre de creance, & que ceste affaire semble toute concluë. Certes ie ne sçay pas d'où peut prouenir ceste rumeur, si c'est de vos artifices vous pourriez bien vous estre trompé vous mesme en me pensant seduire, voulant faire croire aux autres & peut estre à moi-mesme ce à quoy ie ne pensai iamais. Vraiment c'est me vendre bien cherement l'honneur de vostre conuersation, & ce n'est pas ce que ie me promettois de tant d'actions feintemét modestes & pieuses, dont vous auez tasché d'esblouïr ma simplesse. Or de quelque part que viennent ces bruits faux & mésongers pour les couper en herbe & aller au deuant du mal auparauant qu'il iette de plus profondes racines, ie vous prie que nous cessiõs de nous voir & de nous frequenter: & parce que ie ne suis pas chez moi, ny ne puis empescher vostre abord en la maison de mon beau-frere, ie ferai plustost ma retraite chez quelqu'vn de mes freres ou chez vn des parens de feu mon mari en attendant que l'ordre estant mis aux affaires de mon fils ie puisse entierement me consacrer à Dieu & me retirer du môde. Ces paroles dites auec non moins de zele que de vigueur, furent autant de fleches de mort qui transpercerent le cœur de l'amoureux Montange :

Ce coup inopiné toute audace luy vole,
Et luy liant la langue arreste sa parole :
Comme quand par les bois quelqu'vn presse en
  marchant
Vn serpent non preueu sous l'herbe se cachant,
Il fuit pasle de crainte aussi tost qu'il l'auise
Les yeux rouges du feu que sa colere attise
Se dresser contre-mont horriblement sifler,
Et son col de gris-bleu superbement enfler.

Neantmoins apres auoir vn peu recueilli ses esprits égarez par cét estonnemẽt, & regardé Diane au visage dõt les yeux lui sembloient conseiller de respõdre franchemẽt, puis qu'aussi bien leur menee estoit découuerte, & leur mine euentee; releuãt ce grãd courage qui n'auoit iamais veu la peur au milieu des combats & qui se trouuoit abbatu aux pieds d'vne simple femmelette, il luy respondit de la sorte auec vn battemēt de cœur & vne emotion telle comme il a dit depuis à quelqu'vn que ie cognois fort particulierement, qu'il n'en auoit iamais ressenty de semblable. Madame, puisque ie me trouue coulpable deuant le tribunal de vostre rigueur en vn poinct auquel ie m'estimois non pas digne de pardon ne me sentant point criminel, mais digne de loüange, voire mesme de recōpense ou au moins d'vne honneste recognoissance; il faut que i'auoüe que ie ne sçay plus ce que c'est que vertu, ciuilité, ny honneur. Car cōme il ne se peut dire que ie n'aime Monsieur vostre beau-frere (dans la maison duquel sa courtoisie me donne vn si libre accez) d'vne affection aussi parfaite & entiere comme l'amitié qu'il me porte m'est honorable & auantageuse, aussi ne peut-on nier que ie n'honore auec toute sorte de respect tout ce qui le touche, cōme Madame sa femme, & vous Madame qui estes sa belle sœur. Car ie puis dire peut-estre à ma honte que ie vous ay tousiours reuerées presque à l'égal des choses les plus saintes, si que ie pense auoir esté fort esloigné en mes desseins de vous nuire ou de vous faire tort. Que si pour vous complaire, Madame, & pour vous oster de deuant les yeux la veuë d'vn homme qu'vn bruit de ville, ordinairement incertain & accompagné de peu de raison, vous rend odieux plustost que sa faute, ie veux bien me priuer de la frequentation ou plustost de la hantise de la maison d'vn des meilleurs amis que i'aye au monde que d'estre le sujet de vostre retraite. Et en cela ie vous tesmoigneray autant que ie pourrois faire en aucune autre action (puisque la cōuersation d'vn tel amy m'est si chere & si precieuse) la sincere & singuliere affection que i'ay de vous seruir & de vous obeïr en toutes choses. Ceste priuation me seroit biē dure & presque impossible pour tout autre commandement & tout autre sujet que le vostre, mais il faut que ie confesse les auantages de l'Amour estre si grands sur les deuoirs de l'amitié que par tout où celui-là se rencontre, celle-cy demeure eclipsee comme vne estoile deuāt le Soleil. Car bien que i'aye eu assez de pouuoir sur moi-mesme pour serrer dans la modestie & contraindre dans la retenuë l'extreme passiō que ie souffre pour vous, estouffant les plaintes & les paroles de mon ressentimēt dans vn respectueux silence, si est ce que ie ne vous tiens point si aueugle & si ignorāte en vostre propre merite que vous ne puissiez par la cognoissance que vous en auez entrer en celles des affections qu'il me cause, & que iettant tant de flammes dedans les cœurs de ceux qui vous osent contempler, il ne vous reste quelque lumiere pour en cōsiderer les effets. Et ie vous prie qui peut ignorer qu'vne si belle cause n'ait l'amour pour effet necessaire, & que vous voir & vous aimer ne soient pas des occurrences iumelles? Est ce vne chose possible d'approcher du feu sans en ressentir la chaleur, & de regarder le Soleil sans apperceuoir sa lumiere? Que si aimer est vn crime, estre aimable l'est d'autāt plus; que la cause est tousiours plus grande que son effet. Ne seroit-ce pas accuser le ciel d'iniustice, lequel vous ayant renduë si belle m'a dōné de l'inclination pour vn ouurage si accōpli; le pis qui me puisse arriuer est, de me voir reprocher que i'honore ce qui merite de l'estre, & de sentir accuser de folie vn acte de bon iugemēt. Et si c'est là le crime dont ie suis atteint, non seulemēt i'auoüe l'auoir commis, mais ie m'en glorifie comme de la plus genereuse action de ma vie, & de laquelle ie ne puis esperer aucun pardon, puisque ie n'en veux conceuoir aucune repentance. Que si le monde s'est auant vous apperceu de l'affection que i'ay pour vn objet si digne, c'est parce que vostre œil qui voit tout excepté soi-mesme, ne s'est pas donné le loisir d'experimenter sa force, laquelle fait tout plier sous la violéce de sa douceur; ce qui sert nõ seulemẽt pour amoindrir ma faute imaginaire: mais pour la rendre digne de grace & de faueur, voire mesme pleine de merite. Que si selon vostre iugement i'ay failli, c'est vostre perfection qui est coulpable de ce deffaut, si que ie n'en puis estre puni que vous n'en ressentiez vne partie de la peine. Neãtmoins puis qu'apres tant de souspirs secrets, tant de flãmes cachées, tãt de paroles estoufees dedãs ma bouche, tant de passiõs retenuës sous la modestie, tant de trauaux & de souffrances que le respect m'a fait taire, il faut par ce cruel cõmandement que vous me faites de me retirer & de ne vous voir plus, que i'experimente les traits de l'ingratitude sortans d'vn cœur que i'en tenois incapable, & que les plus ameres pointures me viennent du lieu d'où i'esperois vne moisõ de miel, puis qu'il faut pour vous auoir religieusement honorec que i'espreuue les mesmes chastimens que ie meriterois si ie vous auois fait quelque outrage, Non ie ne veux point côtester si c'est auec equité, puisque vostre iugemét me tient lieu de raison & de iustice, forçant mon sentiment à croire que vous n'ordonnez rien que ie ne doiue executer sans examiner s'il est raisonnable. Seulement ie vous prieray de repenser en vous mesmes si les seruices doiuent estre tenus pour des crimes, & s'il est honorable que l'on croye de vous, que vous respecter c'est vous offencer. Vraiment vostre opinion sera telle qu'il vous plaira, quoy qu'elle me fust desaduátageuse, elle me sera tousiours venerable, mais la mienne est que comme ie ne pouuois addresser mes vœux à vn plus digne objet, aussi les pouuiez-vous receuoir auec plus de benignité que ie n'en esprouue. Ie ne plaindray iamais le temps que i'ay employé à vous honorer, puis qu'en cela l'effet a secondé mon intétion, qui estoit de vous rendre les deuoirs d'vne humble fidelité & seruitude, en quoy ie pense auoir fait ce que i'ay deub ayant fait ce qui estoit de ma puissance. Toutefois, puis qu'il faut que sur le poinct que ie m'estois resolu de vous descouurir mes sentimens, & de vous offrir mon obeïssance ie sois si rudement repoussé, perdant la plus douce felicité que ie pouuois esperer en ce móde. I'aime mieux en me soustrayant à vos yeux me priuer de tout le contentemēt de mon ame que de troubler le vostre en aucune maniere. Ie me resous donc de me retirer, nó pas certes de vostre seruice auquel ie me suis donné sans espoir de m'en rauoir, mais de deuant vous pour quelque espace, afin qu'en vous honorant de la pensee, & sans vous desplaire ie vous fasse paroistre mesme en disparoissant, ma soumission & ma bien-veillāce; esperant qu'esmeuë à pitié par l'vne & par l'autre vous me rappelerez de ce bannissement où vostre volonté me relegue; durant lequel ie supplie la vertueuse Diane de vous faire quelques-fois souuenir que i'endureray vn fascheux supplice sans l'auoir merité, ce qui me seruira de consolation en ma misere. Au moins crois-je, que vous me permettrez de vous honorer en me taisant, & en resserrant dedans mon cœur vn regret qui se fera d'autāt mieux sētir qu'il se pourra moins dire. Que si ie me plains en particulier ou à la surdité des forests & des bois, de ma misere; ce ne sera point de vous, mais de mō malheur, qui vous rendant inexorable, & changeant la douceur de vostre naturel sans changer la, vehemence de ma paſſion, me reduit à vne deſplorable extremité. Encore faudrat'il que i'eſtouffe ceſte plainte, en conſiderant que mes maux me prouiendront de voſtre main, dont ie prefere la ſeuerité à ma propre vie. Ainſi i'eſpere que la cauſe de mon ſupplice en allegera la cruauté, receuant tant de gloire de vous obeïr, que cela ſera capable de me faire treuuer des douceurs dedans mes amertumes. Viuez donc ſatisfaite & contente, Madame, ſi voſtre ſatisfaction deſpend de mon eſloignemēt, & aſſeuree par ceſte preuue qu'il n'y a ſorte de ſeruice qu'il ne me ſoit moins aiſé de vous offrir que de vous rendre. Ce diſcours aſſez long l'euſt eſté encore dauantage (d'autant qu'il eſt aiſé à la douleur de treuuer des paroles) ſi Iullie preuoyant que ces raiſons proferees auec nō moins d'amour, que de grace, eſtoient capables d'eſbranler les meſmes rochers; & combiē pluſtoſt des reſolutions feminines, bouchāt les oreilles ſagement aux accens de ce doux charmeur, n'euſt, ſans repliquer, gagné vne autre chambre, laiſſant Diane eſtonnee, & Montange en la perplexité que l'on ſe peut figurer. Or Diane qui ſçauoit les paſſions que Montange auoit pour Iullie, craignant que ce ſoudain tourbillon n'emportaſt ſa raiſon de son siege, & ne luy fist cõmettre quelqu'vn des excez ausquels tantost nous le verrons tõber. Voila, luy dit-elle, ce que c'est des humeurs des femmes, & des traicts de la deuotion de ma sœur. Vrayment, dit alors Montage, si le dépit n'estoit moindre que mõ amour ie guerirois toute à ceste heure de celle-cy par celuy-là; car le moyẽ de voir si indignemẽt fouler aux pieds l'extreme respect que i'ay porté à ceste Dame, & la modestie incõparable auec laquelle i'ay couuert & moderé la vehemence de ma passion. Diriez-vous pas, Madame, qu'elle ait entrepris de chãger ma patiẽce en fureur, ma discretion en sottise, & de me reduire au plus grand desespoir, dont vne ame puisse estre saisie? Bien prit à Montange que Diane fust-là pour temperer ses boüillons, en luy representant qu'il pourroit tirer profit de ce qu'il estimoit dõmage, & prẽdre auantage de ce reculement. Les femmes estans telles qu'elles veulẽt qu'on croye qu'elles fuyent ce qu'elles desirẽt, ne se rendãs à leurs plus grãds souhaits que sous quelque image de force & de cõtrainte. Que ce n'estoit pas peu que d'auoir descouuert à sa sœur l'affectiõ qu'il auoit pour elle, que sõ esprit s'adouciroit, le chãger estãt naturel à leur sexe, adioustãt des termes de liberté, que sa qualité d'aisnee luy permettoit de proferer, que c'estoit vne sotte, qu'elle ne le meritoit pas, qu'il luy faisoit trop d'honneur, qu'vn iour elle desireroit ce que la vanité lui faisoit faire semblāt d'euiter, qu'elle luy auoit fait de pareilles boutades, tandis que se pratiquoit sō premier mariage: & neātmoins elle estoit deuenuë extremement passionnee de Piralte apres l'auoir espousé, qu'il ne se souciat point de tout cela, qu'il la laissast faire, qu'il ne se retirast point de la conuersation de son mary ; en somme, qu'elle sçauroit biē ramener le tout au poinct de la raison, & reduire sa sœur à son deuoir. Ces mots furent du baume dans les playes du cœur de l'affligé Gentil-homme, lequel luy recommandant d'autant plus ardemment son affaire, qu'il la pensoit plus desploree, se retira plus deschiré de pensees qu'Acteon ne le fut iamais de ses chiēs. Mais quād il se vid seul & en vn lieu, où sans estre entendu, il pouuoit donner air à sa plainte. Dieu! que ne dit-il contre le sexe, contre Iullie, contre le sort, contre soy-mesme ? comme si le ciel & la terre eussent esté complices & coupables de sa douleur : Mais parce que la confusion de ses pensees ne pouuoit engendrer que du desreglement en ses paroles, il vaut mieux que nous representions son agitation auec vn bel ordre à l'aide de ces beaux vers.

Donc, ô cruel destin! apres tant de constance,
De respect, d'amitié, de foy, d'obeissance,
Capables d'amollir des cœurs de diamant:
Falloit-il qu'vn arrest si remply d'iniustice
Me donnast pour loyer de mon humble seruice
La peine que merite vn infidelle Amant?
Ha! qu'vne folle erreur trompe ces pauures ames
Qui pensent que les cœurs des plus ingrates Dames
Se peuuent par seruice enfin rendre enflâmez:
La pitié ne peut rien sur ces ames cruelles,
Et entre tant d'esprits qui languissent pour elles
Souuent les plus espris en sont les moins aimez.
Quel deuoir ai-ie obmis, quelle loy transgressee?
Pendant que i'ay serui d'effect & de pensee
Celle qui maintenant me bannit sans pitié.
Helas! i'ay tant aimé ceste ingrate Iullie,
Que si le trop est vice il faut que ie publie
Le vice auoir pollu ma constante amitié.
Car non content de rendre à ses graces hommage
I'ay d'vn cœur si deuot reueré son image,
Que l'ayant presque mise au rang des immortels:
(Pardonnez à ma faute, ô Cieux! ie vous en prie)
Il ne restoit plus rien à mon idolâtrie
Que de luy consacrer vn temple & des autels.
Cependant vn mespris est le prix qu'on me donne,

Et comme aux ieux Romains au lieu d'vne co-
ronne
Vn breuuage d'absinthe honoroit le vainqueur:
Ainsi ie ne reçoy pour iuste recompense
De la discretion de ma perseuerance
Que ce poison amer de cruelle rigueur.
Que maudit soit le iour où sa beauté trop viue
Rendit premierement ma liberté captiue,
Et que ses doux propos me volerent le cœur:
Pourquoy voulut le ciel que mes yeux la co-
gneussent,
Et pourquoy permit-il que ses paroles fussent
Pour me remplir de fiel, si pleines de douceur?
Iamais vn temps si doux ne r'entre en ma memoire
Que comme renuersé du throsne de la gloire,
De cent traicts de douleur mon cœur ne soit
frapé:
Car lors tout me sembloit fauoriser ma flame,
Ou si i'estois trompé des desirs de mon ame
Pour le moins i'en estois biē doucement trompé.
Mais helas! maintenant s'est fait de ces delices,
Mortes sont ces faueurs, perdus sont mes ser-
uices,
Esteints tous mes plaisirs & cōuertis en pleurs:
Vn froid non attendu la remplissant de glace,
Lors que ie pensois estre au printemps de sa grâ-
ce
Abrouy tout cela comme de tendres fleurs.

Et puis la repentance est le fruict que i'en tire,
N'estāt rien de nouueau si ie plains & souspire
La fausse illusion qui trompoit mes desirs:
Et si mon esperance estant vne chimere,
Et portant des enfans semblables à leur mere,
Des attentes de vent engendrent des souspirs.
Non nul autre que moy n'a deceu ma pensee,
Promettant sans raison à mon ame insensee
L'heur d'vn bien possedé imaginairement:
Sans penser qu'icy bas il n'y a rien de ferme
Que les roses du bien passent en vn bref terme,
Mais les pointes du mal blessent bien longue-
ment.

Telles pouuoient estre les pensees du desolé Cheualier, mais il n'est pas vray-sēblable que les paroles de sa plainte fussent si biē rangees; aussi son regret eust esté beaucoup moindre, s'il luy eust donné le loisir de l'exprimer auec tāt d'art, les plaintes estudiees & premeditees & qui dōnent du plaisir à entēdre, tesmoignēt peu d'angoisse au cœur qui les produit. Tādis que nous le laisserons reposer sur son lict où il s'estoit ietté, si vn hōme peut reposer agité de tant de pēsees, voyōs ce qui se passe en la maisō de Diane, laquelle ayant auerti sō mary du mauuais traittement que sa sœur auoit fait au Baron, prenant vn bruit de ville au pied leué, sur lequel elle l'auoit banny de sa presence, protestant de quiter la maison de son beau-frere s'il y reuenoit. Voila ce mary qui aimoit vraiement Montange, & qui en son ame fauorisoit son dessein en la plus grande colere qu'il eust iamais euë: Car outre qu'il estoit homme qui ne vouloit auoir chez soy ni cōpagnon, ni maistre: il tenoit comme addressé à soy l'affront fait à son amy, la frequentation duquel, quand il n'eust point esté questiō de la recherche de Iullie, luy estoit delitieuse & desirable ; si que s'en allant en ceste mauuaise humeur auec sa femme, qui n'estoit pas moins faschee en la chābre de la pauure Iullie, ce fut à elle de souffrir auec sa patience & douceur accoustumee, ce que l'impetuosité de la colere fit passer à ces deux mariez, qui luy tenoient lors en quelque façō lieu de pere & de mere. Ie n'ay que faire de rapporter icy ny leurs plaintes, ny leurs menaces, ny leurs reprehensions : car bien que ce soient des vagues qui polissent plustost qu'elles n'esbranlent le roch de la constance de Iullie, & que leurs defauts soient autant d'ombres qui pourroient releuer l'esclat de la vertu de nostre ieune vefue ; si est-ce que pour ne preiudicier aux vns pour en esleuer vne autre, & ne faire la loüange de celle-cy par le blasme de ceux-là ; il me suffira de dire qu'apres s'estre

stre bien courroucez, & l'auoir bien tourmenté par leurs criailleries: enfin ils ressemblerent au vin nouuellement fait, qui se purge par la bouche de son vaisseau; & Iullie fut pareille au fer qui s'esclaircit sous la lime, se rendant d'autant plus luisant que celle-cy est mordante. En ce premier orage Iullie estima qu'il falloit donner quelque chose aux premiers mouuements. Mais quand elle apperceut que ceste tempeste continuoit, que comme le visage de Laban vers Iacob ceux de ses hostes se changeoiët par elle, & que leur gratieuseté & courtoisie estoit deuenuë farouche & intraittable, elle pensa que la retraitte hors de leur logis seroit meilleure pour côseruer la paix & la concorde bien seante, entre des parens si proches; si bien qu'elle se delibera

De quiter au plustost ces orageux riuages
Où elle ne voyoit que broüillas & nuages,
Capables d'arracher le repos de son sein,
Et par diuers moyens trauerser son dessein.

Mais où ira-t'elle? son frere aisné qui s'estoit marié il n'y auoit pas long-temps, demeuroit chez le pere de la femme qu'il auoit espousee; son Cadet qui viuoit dans la liberté de ceux que l'aage ne presse point de se prouuoir d'office, ny de femme, n'estoit pas propre à la receuoir chez soy, où tout estoit assez mal or-

P

doné. Chez les parēs de son fils elle ne treuuoit, ny familiarité, ny asseurance; & puis qu'eust dit le monde de luy voir quiter les siens pour se ietter en vne demeure estrangere? elle eust peu prendre vne maison, & se retirer à part, mais elle se deffioit de soy-mesme, & de sa grande ieunesse; ioint que les allees & les venuës des ieunes & belles vefues, pour sages & discretes qu'elles soient, sont tousiours suspectes. Et puis, comment en ceste solitude escarter ceste troupe de poursuiuans, qui cōme des oiseaux importuns, ainsi qu'au sacrifice d'Abraham troublent tousiours les exercices de pieté des vefues les plus deuotes & les plus retirees. Apres auoir donc ietté les yeux en diuers endroits, elle ressembla à ces Pelerins, lesquels apres auoir roulé long-tēps par plusieurs hosteleries, ne treuuent point de meilleur repos qu'en leur maison. Elle se resout de demeurer où elle estoit, se console sur ce que son pelerinage ne seroit plus guere long, & qu'elle n'habiteroit plus que fort peu de tēps parmi les habitans des tenebres, dans les obscuritez du siecle. Mais ceux qui l'y desiroient retenir, mettoient tant de buschetes dans son pain, tendoient tant d'embusches en ses affaires, que c'estoit la toile de Penelope qui ne treuuoit iamais la fin de son tissu. Iullie viuoit côme le ver à foye, qui craint si fort le bruit, principalemēt de tonnerre, qu'il se tient tousiours resserré, & clos & couuert dedans son peloton. Nostre vefue estoit ordinairemēt, ou dedās son Oratoire occupee à la priere, ou enfermee en sa chābre sans cesse attachee à l'ouurage. Quelque compagnie qui suruint en la maisō de sa sœur, elle ne se mōstroit point, sinō à leurs parēs, ou quād les occasiōs estoient si necessaires & si pressantes, qu'elle ne se pouuoit hōnestement excuser, sās tesmoigner du mespris, ou sās s'exposer au blasme d'inciuilité. Imaginez vous en quelles espines estoit Montāge durāt ce tēps-là : car au commencemēt, pour marquer son amour par son obeïssance, quelque rappel que luy fissent Diane, & sō mary, il ne vouloit point se rēdre chez eux à la cōuersatiō, selō son ordinaire; qu'il ne fust absent par la permission de Iullie, laquelle iugeāt que ceste licēce donneroit pied à cet hōme sur sa liberté, la prenāt au pied leué, cōme vn congé de poursuiure sa recherche, ne pouuoit consentir à cela, disant que n'estant, ny ne voulant estre maistresse des actions de ce Gentil-hōme, c'estoit à luy d'vser de sa franchise comme il luy plairoit, pourueu qu'il se gardast de pretēdre à elle, ou de luy parler de seruice, ou de mariage, à quoy elle ne vouloit

P ij

aucunemēt entēdre estāt preuenuë d'vn autre Espoux celeste, immortel & diuin: & Espoux ialoux qui sçauoit biē, cōme Seigneur des vēgeāces, soustenir celles qui s'estoient deuoüees au seruice de sa grandeur: Ce qui met nostre Amāt en de terribles perplexitez: car d'vn costé se souuenāt de l'Arrest de son bannissemēt, il craignoit en l'enfraignāt & rōpant son exil d'irriter encore dauantage ce cœur qu'il s'essayoit d'adoucir & de rendre plus traittable; d'autre part pressé par son amy & par Diane dont il voyoit l'amitié, mesme pour arriuer au but de ses pretensions, luy estre si necessaire, de ne laisser pas de continuer ses visites chez eux, quoy que Iullie ne les eust pas agreables, laquelle demeureroit retiree autāt qu'il luy plairoit. Enfin vaincu de ses propres inclinations plustost que de leurs prieres; il creut qu'il estoit plus à propos de s'approcher du sujet de sa passion, que de s'en esloigner, sçachant comme bon ioüeur, que c'est perdre la partie que de quiter la carte. En toutes les passions l'espoir se glisse tousiours, mais c'est principalement en l'amour qu'il exerce ses piperies: car le desir & l'esperance en sont comme les deux aisles, sans lesquelles il rampe contre terre, & ne peut s'esleuer à aucun dessein. Le voila donc qui se remet au train de ses frequentations chez Diane comme auparauant, se disant obligé à cela par l'amitié du mary de ceste Diane, mais son amour pour Iullie estoit bien son plus fort aimant. Iullie qui le sçait, se tient d'autant plus retirée, qu'elle sçait son pretendant plus voisin d'elle: elle le fuit comme la Colombe le Gerfaut, la brebis le loup, le Villageois le Soldat. Ce qui met nostre Baron en vne peine desesperee: car outre qu'il se void descouuert, & qu'il sçait qu'il n'y a rien de si opposé à la bien-veillance que la contrainte, il void bien que c'est là vn mauuais chemin pour y arriuer, que de gesner la liberté d'vne personne en sa propre demeure, & plustost le sens de se faire haïr que de se mettre en ses bonnes graces. En quoy il iugeoit bien: car Iullie estimant que ceste assiduité du Baron passant les iours en deuis, & vne partie de la nuict au ieu, n'estoit que pour la tenir en eschec, la brauer, & luy faire despit; l'auoit d'autant plus en horreur qu'il s'essayoit de se rendre agreable. Si elle passe, c'est comme vn esclair qui luy donne dedans les yeux, & qui l'esblouïst plustost qu'il ne le console; ses yeux, autres fois des Planetes benings, luy semblent changez en des Cometes qui ne luy presagent rien de bõ: s'il la saluë, elle se tourne d'vn autre costé, ou si elle est contrainte par la bien-seance à luy rendre le salut, c'est par vne reuerence, qui monstre plus de glaçons, qu'il n'y en a sur le plus haut sommet des Alpes. S'il se presente pour la cõduire, elle le remercie desdaigneusement; s'il parle, elle se taist; de l'aborder il luy estoit impossible: car elle le preuenoit par des retiremens si premeditez, que ce roch luy estoit inaccessible: Ce qui l'estimoit d'autant plus qu'auparauant; & lors qu'elle ne se deffioit point de luy, il n'auoit riẽ treuué de plus accostable qu'elle. Si bien que voila nostre Amant transi qui meurt peu à peu d'vne douleur muette aupres de son remede, sans oser tesmoigner par vn souspir, ny par vne plainte l'excez de son mal à celle-là mesme qui en est la cause. O qu'il luy vaudroit bien mieux souffrir vn ennuieux exil, que ceste sorte de supplice; car encore le benefice du temps par l'absence efface peu à peu les idees qui affligent, mais voir ce que l'on cherit, & ne l'oser aborder; n'est-ce pas irriter le desir par l'objet, & souffrir vn tourment pareil à celuy de Tantale? Que de vœux fit-il au desdain, afin que le despit vint à son secours pour esteindre ses flammes. Il me semble que ie voy cet estat de son ame merueilleusement bien depeint en ces beaux vers.

Sus donc sans souspirer d'vne plus longue plainte,

La perte d'vn bon-heur qu'abusé d'vne feinte,
Ie n'ay conquis qu'en songe, & qu'en vain at-
 tendu:
C'est à moy de tascher auec vn soin extresme
A me reconquerir, & retirer moy-mesme
Des tyranniques mains où ie me suis perdu.
Non, non: il ne faut plus d'vne lasche priere
 Essayer desormais à la rendre moins fiere,
 Ce remede estant vain & mon cœur trop
 blessé:
Car ny l'ingrate haine en son ame conçeuë
Ne peut auec effect m'en promettre l'issuë,
Ny mon iuste despit m'en permettre l'essay.
Le plus sage conseil qu'en fin ie puisse prendre,
 C'est d'esteindre ma flamme, ou la reduire en
 cendre,
Et par le desespoir tascher à me guerir:
Ou bien m'oster la vie, & pour me vanger
 d'elle
Tuer deuant ses yeux l'Amant le plus fidelle,
Que iamais ses beautez luy puissent acquerir.
Mais helas! m'arracher la vie en sa presence,
 Et par ceste fureur prouuer la violence
 Du regret que ie sens nuict & iour me ronger,
Peut-estre ce seroit la rendre plus contente:
Saouller sa cruelle ame, & trompant mon at-
 tente
Luy faire vn sacrifice au lieu de m'en vanger.

P iiij

Demeurons donc en vie, & si nostre pensee
Ne sçauroit se forcer, tant soit-elle offensee
De haïr ses rigueurs pleines de tant d'appas:
Pour le moins faisons voir qu'il n'est pas im-
possible,
(Comme nous iugions l'estre à l'ame moins sen-
sible)
De viure, de la voir, & de ne l'aimer pas.

Mais que les resolutions des Amans sont irresoluës, leurs determinations indeterminees, vaines leurs propositions, leur affection tousiours plus forte que les outrages, ne permet pas que la colere rompe leurs fers, ny qu'ils puissent tenir long-temps leur cœur contre ce qu'ils cherissent malgré eux, plus que leur propre vie. Voyant donc, Montange, que son mal ne pouuoit prendre le change par de si foibles efforts, & que le dessein qu'auoit Iullie de sortir du monde, s'auançoit pluftoft que celuy qu'il auoit d'entrer en ses bonnes graces auant que s'abandonner tout à fait au desespoir. Il prit le conseil de la Reyne de Carthage, laquelle auparauant que d'en venir aux extremitez, ne laissa aucun autre remede intenté, selon qu'a chanté le grand Poëte.

Elle est encore de se rendre contrainte
A nouueaux pleurs, à nouuelle complainte,

Pour amollir ce courage endurcy,
Et veut encor se mettre à sa mercy:
A celle fin que rien ne luy demeure
A essayer parauant qu'elle meure.

La pratique de ceste passion qui fait aimer, se mene mieux par subtilité cachee que par force ouuerte, ce n'est point par violence qu'on prend les oiseaux & les poissons, mais par dexterité.

Pour vaincre & triompher qu'importe si l'on vse
Contre son ennemy de vaillance ou de ruse?

Voila donc nostre poursuiuant qui se met dans les artifices esquels il verra perir ses intentions, ny plus ny moins que ces ingenieurs qui dedans les armées perissent les premiers au milieu de leurs feux & de leurs machines. Il consulte auec Diane & son mary des moyés qu'il faudra tenir pour emporter ceste place qu'ils tiennent desia toute assiegee. Car outre le bannissement des autres competiteurs qui n'estoit pas vn petit auantage pour nostre Baron si la poudre eust eu tant soit peu de disposition à prendre feu, ils font tellement veiller toutes ses actions que si elle n'eust esté reuestuë des armes de lumiere: & si elle n'eust cheminée droictement au iour de la vertu, ils en eussent esté bien tost informez. Tout ce qui les met en peine est ceste frequentation, à leur gré trop grãde, qu'elle a auec ces deux Predicateurs dont nous auõs parlé, & principalement quand elle va és Religions de filles, c'est ce qui les met en ceruelle. Ie parle en ceste façon, parce que Mõtange auoit tellement rendu partisans de son dessein, & s'il faut ainsi dire, participans à sa passion, le beau-frere & la sœur de Iullie, qu'il sembloit que les interests de ce Gentil-homme fussent les leurs, tant ils prenoient de part ou à ses liesses, ou à ses ioyes. N'est ce pas vn petit miracle que Iullie à trauers tous ces obstacles ait pû arriuer à son but? Mais ce que dit le Psalmiste n'est que trop veritable, que ceux qui ont Dieu pour eux ne craignent rien, non pas mesme dans l'ombre de la mort, ce qui lui faisoit chanter,

A milliers la troupe assemblee
N'a point ma poitrine troublee,
M'enuironnant de tous costez.
Debout Seigneur ie te reclame
Fay voir ta face & tes bontez,
Et me sauue ô Dieu de mon ame.
Tu as frappé toute l'armee
Contre moy sans cause animee
Leurs desseins s'en vont à l'enuers.

Ta dextre en fureur élance
Leur a la maschoire caffee,
Et brifé les dents des peruers.

Mais voyons quelques vns de ces ftratagemes, afin que par ceux-cy on deuine les autres, & que de tous nous erigions vn arc triomphal à la gloire de la cõftance de Iullie. Ie laiffe à part les ordinaires perfuafions de Diane, les prieres, ains les oppreffions de fon mary, afin de remettre Montange au moins aux mefmes termes où il eftoit auãt qu'il euft declaré fa paffion auec mille proteftations que ce n'eftoit point pour forcer fa volonté, mais feulement pour ne defobliger point ce Seigneur duquel il faifoit beaucoup d'eftime. Tout cela ne font que des fleurs, mais les rufes du Baron font d'autant plus fortes & dangereufes qu'elles font moins de bruit. Il n'efpargne rien pour gagner les domeftiques de Iullie, la poudre d'or efbloüit les yeux des perfonnes de petite condition autant que les rayons du Soleil, à ce qu'il leur baille, outre la reputation de liberal qu'il acquiert, il adioufte tant de promeffes s'il vient about de fa recherche, qu'il n'y en a prefque vn feul qui ne fe fente intereffé en ce projet, & qui ne croye que fa fortune eft faite fi le mariage reüſſit. De deux Damoiſelles que Iullie auoit aupres d'elle, & en qui elle auoit plus de confiance, il en gagne vne ; car l'autre qui auoit meſme deſſein d'eſtre Religieuſe que ſa maiſtreſſe, il ne la falloit pas ſeulement tenter, d'autant qu'elle euſt euenté la mine, ioint qu'eſtant fidelle à Dieu elle n'euſt pas voulu pour rien du monde commettre vne perfidie, ny payer d'vne desloyauté celle qui luy promettoit tant de bien & d'honneur que la faire entrer quant & ſoy au Cloiſtre, de lui donner doüaire pour cela, & de la rendre eſpouſe du fils de Dieu, & d'en faire de ſa ſeruante ſa ſœur & ſa compagne. Voila l'vnique que Iullie ait à ſoi, tous les autres ſont (s'il faut ainſi dire) aux gages de Montange : car comme il n'y en auoit aucun qui ne viſt que ſa maiſtreſſe entrant en vn Cloiſtre ſa condition eſtoit perduë & en eſtoit à chercher maiſtre, il n'y en auoit point qui deſiraſt cela, & qui pour ſa commodité particuliere n'empeſchaſt autant qu'il pouuoit ce bien à Iullie. Allez, & puis dites que ceſte parole ſacree n'eſt pas trop vraye, que les plus grands ennemis de l'homme ce ſont ces domeſtiques, & ce prouerbe ancien autant de ſeruiteurs autant d'eſpies ; comme ils tiennent pour autāt de traistres qu'ils ont de maistres; voyez iusques où va la fraude & l'infidelité: de ceste façon tout conspiroit contre la retraite de ceste deuote femme, laquelle pouuoit dire auec Dauid qu'elle s'enuieillissoit parmi ses aduersaires. Mais depuis que Dieu lui en eut donné la victoire, elle eut occasion de chanter comme le mesme,

Loin, loin departez vous en crainte,
Vous tous ouuriers d'iniquité,
Du Seigneur la benignité
Exauce la voix de ma plainte.
Ces contrarians qui me gréuent
Soient saisis de honte & de peur,
Qu'ils perdent l'audace & le cœur,
Tous ceux qui contre moy s'esleuent.

Il faut beaucoup de choses pour sortir d'affaires, il en faut peu pour les broüiller: qui veut sortir du monde apres qu'il aura mis ordre à tout, s'il a beaucoup de bien, se peut asseurer de n'auoir iamais besōgne faite. Le Diable fasché que l'on abandonne ses enseignes, trouue (tant il est subtil) assez d'inuentions pour empescher qu'on ne quitte sa solde, il esmeut la chair, il sousleue le siecle, il excite des tentations, il iette des découragemens en l'esprit, somme comme vn desesperé il met le feu par tout, le plus seur est de trancher ce nœud Gordien sans s'amuser à le deslier, & de faire comme Ioseph à son impudique maistresse lui laisser le manteau entre les mains & l'abandonner par vne prompte fuite. C'est faire comme les Chirurgiens qui pour guerir vn vlcere tranchẽt entre le vif & le mort. Il ne faut point tant parlementer quand on est resolu de ne se rendre point, la composition est presque faite quand les pourparlers sont si frequens. C'est en ce sujet qu'il faut pratiquer à la lettre ce mot de l'Euangile, Qui est sur le toict ne descende point en la maison pour y rien prendre, & qui est aux champs ne retourne point chercher son manteau. Tandis que Iullie vit parmi ces trahisons & dedans ces contraintes, elle a d'autant plus de peine à minuter son depart que les autres par de secretes artifices ont de subtilité pour embarasser les affaires de son fils d'vn costé, & de faire de l'autre naistre des empeschemens és lieux où elle pense se retirer. Diane auoit escrit à sa mere qu'elle differast de receuoir sa sœur que ses affaires ne fussent débroüillees, c'est à dire iamais, de peur de laisser son petit fils miserable, ce qui dõnoit de la pitié au cœur de ceste grande mere qui ne voyoit pas où cela visoit, c'est pourquoy

LIVRE III. 239

Iullie voyant que son retardemẽt seroit extreme de ce costé là, ietta les yeux à Paris sur diuers Conuens de Religieuses de l'Ordre de S. Frãçois qui y sont, car c'est à cét Ordre qu'elle auoit sa principale deuotiõ & inclination. Et parce qu'alors cõmençoit petit à petit à s'establir le Monastere nouuellemẽt receu des Religieuses de saincte Elizabeth du tiers ordre de S. François qui florissoit en grande saincteté & obseruance, elle ietta les yeux d'autant plus volontiers sur ceste Regle qu'elle se souuint que son cher Piralte auoit autrefois porté cét habit, qu'on lui auoit tiré par force lors qu'on l'arracha de la congregation des Penitens du tiers ordre de S. François, mais parce qu'elle se vid veillee & presque ouuertemẽt trauersee en tous ses desseins, en ioignant la prudence du serpent à la simplicité de la colombe: elle se resolut d'esbloüir les yeux de tous ces Argus par vne industrie que le S. Esprit lui dicta. Elle va souuent dans son carosse tantost à Long-champ, tantost aux Cordelieres du faux-bourg de S. Marcel, tantost aux Capucines, tantost aux filles de Ste Claire, que l'on appelle vulgairemẽt de l'*Aue Maria*, tãtost aux Religieuses de S. Elizabeth, & cõme tournãt le dos où elle visoit le plus, elle alloit d'autant plus rarement à ce dernier Monastere qu'elle auoit plus d'enuie d'y entrer. Il estoit pour lors gouuerné par vn Pere Victor homme fort versé en la science des Saincts, bon Predicateur, excellent Religieux, & qui auoit beaucoup contribué de soin & de trauail à la nouuelle Reformation des Penitens du tiers ordre de l'estroite obseruance. Ce fut à lui que Iullie ouurit plus particulierement son cœur en se confessant à lui & lui descouurant sa conscience : ce deuotieux personnage accueillit & fomenta ceste inspiration comme son deuoir lui obligeoit, & voyant la pressante necessité de ceste ame, & qui comme vne biche relancée d'vne meutte de chiens courans, estoit mal-menee & eslancée, & d'ailleurs recognoissāt en elle toutes les dispositiōs & les qualitez cōuenables pour en faire vne digne Religieuse, à quoy elle sēbloit appellee presque dés le berceau, lui promit de lui donner entrée en l'ordre lors qu'il lui plairoit de s'y ietter & d'en prendre l'habit: mesme grace est octroyée à la Damoiselle qui la suiuoit, laquelle receuant ceste bonne nouuelle sous le seau du secret qui lui estoit autant important qu'à sa maistresse, eust perdu mille vies plustost que d'en rien euenter.

euenter. Voila nos nauires à l'anchre & qui frettees & spalmees n'attendent qu'vn vêt propice pour démarer & faire voile. Mais parce qu'il faut percer tant de gardes & fausser tant de sentinelles, il est besoin de marcher la bride à la main & d'auoir bien l'œil au guet. Quelle loi deffend de repousser la fraude par la fraude, non plus que la force par la force? Et qui a iamais creu que ce fut vne mauuaise tromperie que de tromper le monde par le monde? Le monde ce vieil ruzé qui abuse tous ceux qui s'amusent apres ses conuoitises, de la vanité, de la sensualité, ou des possessions.

Croyez moy c'est bien fait de tromper ce trompeur,

Et comment que ce soit d'abandonner le monde;
Fuyez, enfans de Dieu ce caribde pipeur
Lequel va recelant des escueils sous son onde.

La regle des Religieuses que le Seraphique François dôna à sa chere sœur sainéte Claire, se trouue maintenant partagée en deux congregations, dont les vnes s'appellent Damianistes, à cause d'vn Monastere de S. Damian qui fut le premier à embrasser l'estroitte & rigoureuse obseruance de la regle du bien-heureux Patriarche des Mineurs: les autres Vrbanistes, lesquelles vn

Q

peu mitigees viuēt neantmoins sous vne discipline fort reguliere cōfirmée par le Pape Vrbain du nō de la bulle, duquel elles ont pris leur denominatiō. Si bien que les Religieuses de S. Marcel & de Long champ appellées Cordelieres, sōt Vrbanistes, & celles de l'*Aue Maria* Damianistes. Celles-cy n'ont aucune rente, mais viuēt de queste & d'aumosne, comme font aussi les Cappucines, mais les autres sont rētees & ne pratiquent pas tāt d'austeritez corporelles cōme les autres. Quant à celles du tiers ordre, elles sont & rentees cōme les Vrbanistes, & austeres comme les Damianistes, & viuent sous la troisiesme regle que S. François dressa pour ceux qu'il appelle Penitens. Les surueillans de Iullie qui la voyent tournée vers cét ordre lui trouuēt des difficultez par tout, parce qu'ils ne la vouloient en nul de ces lieux là. Les vnes à leur dire, sont trop austeres, les autres trop à leur aise, celles-ci, ceci, celles là, cela ; tel est le iugement du monde : mais le bon est, que le Prince de ce monde est chassé bien loin hors de ces saints lieux là, exempts des iugemens cōme des attaintes du siecle tout confit en malignité. La mere & la sœur de Iullie estoient en Picardie en vn Monastere d'Vrbanistes, c'est pourquoy elle feint à l'imitation de sa bonne mere & pourſuiure ſes veſtiges, de ſe tourner de ce coſté là, la voila qui frequéte plus qu'és autres lieux à S. Marcel & à Lōgchamp, & comme ces lieux, bien que fort reglez, ſont neātmoins plus acceſſibles aux gens du ſiecle que l'*Aue Maria*, les Cappucines & S. Elizabeth, auſſitoſt Diane & ſon mary ambaſſadeurs de Montange y volent pour y trouuer des nœuds en vn jonc, & faire naiſtre des empeſchemens & des delais ſans ſujet. On menace ces Dames de l'authorité de la iuſtice, on lui intimide par des paroles violentes, on leur repreſente Iullie comme vn eſprit inſupportable en vne cōmunauté, comme vne femme altiere & arogante, comme eſtant embroüillée de beaucoup d'affaires, comme vne mere deſnaturee qui veut laiſſer au monde vn pauure orphelin miſerable & ſans ſecours, bref il n'y a ſorte de dégouſts que l'on n'y ſeme de ceſte innocente, laquelle recognoiſſant par la frequentation & la conuerſation les belles impreſſions qu'on donnoit d'elle à ces Dames, & iugeant bien de quelle ſource elles procedoient, n'auoit autre déplaiſir en cela que de voir ceux qu'elle aimoit veritablement ſelon Dieu, encourir la malediction fulminée par vn Prophete contre ceux qui mettent les tenebres en la place de la lumiere, & qui appelle le bien mal: & iugeant par ceste ongle du lyon & par ces menuës malices des miserables artifices du siecle, elle s'en alloit tous les iours d'autant plus enfonçant, vne sainte auersion dedans son cœur de tát de perfidies. Elle s'apperceuoit mesme tous les iours que l'vne de ses Damoiselles, & mesmes tous ses autres domestiques la trahissoient, excepté sa chere Secõdine (ainsi appellerõs nous ceste seconde qu'elle vouloit mener auec soy dedans le Cloistre pour y combatre en champ clos, le siecle, le sens, & l'enfer) ce qui lui faisoit mesnager ses visites auec beaucoup de circonspection. Plus elle voyoit que l'on formoit d'obstacles à sa reception és lieux où elle ne se soucioit pas d'estre receuë, plus elle en faisoit l'empressee, pour amuser ainsi ceux qui la trauersoient & les empescher d'apperceuoir sa vraye visée. Aux Cappucines, aux filles de saincte Claire, & mesme aux Tiercelines on lui fait les mesmes offices, mais comme elle pressoit peu de ce costé là, aussi n'y faisoit-on pas de si chaudes oppositions.

LA PIEVSE IVLLIE.

LIVRE QVATRIESME.

ON dit que les batteries qui se font en croix, c'est à dire, par iuste opposition, sont celles qui ont plus d'effet, voicy la subtilité que l'esprit de Dieu suggera à Iullie pour confondre le monde, & ses supposts & le battre en ruine. Tandis qu'elle entretient par lettres le Pere Victor, & la Superieure des Tiercelines pour sa reception, & cela par l'entremise de sa fidele Secondine depositrice de son secret, elle delibere de châger de face & de façon de faire, & de donner au monde des traits d'vn bon visage auant que trousser son bagage & luy dire le dernier adieu. Elle feint de s'ennuyer d'vne si longue & penible poursuite, & de se vouloir retirer de sa profonde solitude pour se diuertir parmi les compagnies, comme la limace au printemps pour se glisser sur les fleurs sort de sa coquille, de mesme elle se laisse voir, elle ne paroist plus si farouche, elle fait semblant d'aimer la conuersation, regarde d'assez bõ œil Montange, ne fuit plus de lui parler, n'y mesme de se laisser auec sa sœur accompagner aux Eglises par ce Cheualier, lequel croyant recueillir la moisson des artifices qu'il auoit semez benissant ses labeurs & ses peines esleuoit desia sa teste dedãs les nuées & resuscitoit ses esperãces qu'il auoit veuës dans le tombeau. La presence de cét astre luy ouure le cœur & permet à sa bouche de luy offrir mille seruices, de luy tesmoigner mille affections, c'est vn plaisir d'entendre comme il s'espanoüit & de le voir espandre en cajolleries deuant vne Dame plus fine que lui, & qui se mocque en son cœur de toutes ses sottises. Vn iour qu'il estoit en sa belle humeur y ayant fort belle assemblee chez Diane, il se mit à reciter ces stances d'vne voix qui n'estoit ny bonne, ny mauuaise, & neantmoins desagreable ; car il en est des chantres comme des Poëtes : s'ils sont mediocres, ils sont insupportables, s'ils ne sont excellents, ils ne valent rien ; & s'il eust eu les accens aussi doux que ces mots,

Ne cherissant en mon ame
De ce qui vit sous les cieux,
Rien tant que la sainte flame
Que ie tire de deux yeux.
Si ces deux claires fontaines
De lumiere & de chaleur,
Versent iamais sur mes peines
Vn seul trait de leur faueur,
Ie diray que par les larmes
Tout cœur se peut entamer,
Et ne faut point d'autres charmes
Pour estre aimé que d'aimer.
Mais si deuenant plus dure
Des supplices de mon cœur,
Ceste fiere creature
Continuë en sa rigueur.
Ma tardiue repentance
Dira qu'en beaucoup d'esprits,
Trop d'amour & de constance
Engendre haine & mêpris,

Ces termes n'estoient point si obscurs qu'ils ne fussent clairs aux moins subtils de la troupe qui loüans tous son bel esprit, &

d'autres par flatterie sa bonne voix, ietterent sur le front de la pudique Iullie vn peu de vermillon, qui luy prouint de la honte qu'elle eut de voir tant de folie dans la teste de son seruiteur pretendu, & tant d'ineptie en tous les autres qui ne tesmoignoient gueres plus de sagesse. O que l'habilité & la prudence du monde est insensee, ie ne diray pas deuant Dieu seulement, deuant ceux qui le seruent. Ouy, car la personne spirituelle iuge tout, n'estant elle iugee de personne. Diane & son mary estoient rauis d'aise de voir que Iullie vsast de tant de côdescendance enuers le Baron, esperans que leur dessein reüssiroit en faueur de leur ami qu'ils desiroiēt auoir pour beau-frere. Mais côme il faut peu de chose aux hômes hardis, que ie ne die audacieux, pour leur faire prendre vn grand auantage, ressemblans à ce grand Mathematicien qui pour enleuer toute la terre de son centre ne demandoit qu'vn poinct en peu de iours, le courage crût tellement à Montange, que se faisant croire pour veritable ce qu'il auoit peut-estre songé la nuict, il se declaroit ouuertement pour seruiteur de Iullie, se faisoit tout blanc de son espee, se promettoit d'auoir part en ses graces, se voyant fauorisé de ses regards, & de son oreille: enfin pour accomplir l'impertinence, il tient son mariage pour asseuré. Diray-je, qu'il en vint iusques à ceste insolence? helas! pressé de l'extremité de son passionné desir, de se figurer des faueurs, des promesses verbales; enfin de trancher presque du maistre & du possesseur de celle qu'il n'osoit saluër pour Maistresse, & qui se fust offensee de ce nom, comme d'vn outrage. Tout le monde est abbreuué de ses discours, lesquels sont creuz, estans en quelque maniere soustenus & authorisez par Diane, & par son mary, qui ne desiroient rien tant que d'engager Iullie à ce mariage; & c'est ce qui fasche ceste vefue d'autant plus que ceux qui la deuroient soustenir en ses desirs, sont ceux-là mesmes qui sont ses parties. Vn iour que Montange luy tenoit des propos deuant sa sœur, qui tendoient à luy faire aggreer sa recherche, d'vn visage enflâmé de courroux elle luy repartit, Monsieur, apres vne si franche & libre declaration que celle que ie vous fis il y a quelque-têps, il me semble que vous deuriez auoir destourné vos yeux de moy, en vous contentant de cultiuer l'amitié de mon beau-frere, qui vous honore, comme vostre merite l'y oblige, sás penser à vne amour, qui ne vous peut estre qu'infructueuse, puis

que ie n'en suis plus capable, m'estant voüee
à vn Espoux diuin, auquel ie ne me puis soustraire sans vn sacrilege qui me traineroit à
vne eternelle damnation: c'est pourquoy ie
vous prie de vous seruir de ce grand courage,
qui vous fait estimer parmy ceux de vostre
qualité, pour souffrir constamment la priuation de l'alliance d'vne personne, outre qu'elle ne vous merite pas, qui ne vous peut estre
legitimement acquise. Ces mots de maistresse & de mariage que i'entends bourdóner autour de mes oreilles, ces bruits sourds de
quelque part qu'ils procedent, ne peuuent
sortir que de la boutique du pere de mensonge, & ne sçauroient retomber qu'à la honte,
& à la confusion de ceux qui les font naistre.
Ie croy m'estre iusques icy comporté de telle façon, & auec vous, & auec tout autre, que
ie n'ay donné aucune occasion, ny de pensee,
ny de regard, ny de parole, beaucoup moins
par escrit, ou par aucune action, tant soit-elle
legitime & honorable, de faire croire que
i'eusse de l'affection particuliere pour aucun,
m'estāt reseruée pour Dieu seul, dont le beau
nom a esté le sceau & le cachet de mon ame.
Ceux qui voudront estre competiteurs d'vn
si grand Roy, l'experimenteront vn iour aussi seuere Iuge, qu'il est maintenant plein de

patience & de misericorde. Ie vous supplie donc, en presence de celle que i'aime comme ma sœur, & que i'honore comme si elle estoit ma mere, puis qu'elle en occupe la place, en quelque façon que vous-vous deportiez delormais des discours, esquels ie voy que vous commencez à vous emporter, sinon ie seray contrainte, pour rendre ce que ie dois à Dieu, & à mon honneur, qui sont les plus iustes obligations qui soient entre les hommes, de m'escarter pour iamais de vostre presence, & de fuir vostre conuersation, comme estant ouuertement contraire & preiudiciable à mon sacré dessein. Icy se tiẽt Iullie, laquelle ayant par ce propos aussi grauement, que iudicieusement prononcé, iette mille confusions dans la pensee, & sur la face du Barõ; apres auoir vn peu dissipé cet orage remit sa contenance vn peu esgaree, & rasereené son visage troublé, iugeãt qu'vn sage Pilote durant vne tẽpeste ne doit pas fendre les flots mutinez de droit fil, mais prester vn peu à leur furie, & biaiser le gouuernail, pour conseruer le vaisseau, & le garder de verser, & faire naufrage, gauchissant prudemment à ces coups qui luy dõnoient droit au frõt, fit semblãt de tourner en risee ceste propositiõ, afin de dissiper en fumee ceste tẽpeste. Vraiment, dit-il, Madame, si i'eſtois reſpōſable des bruits que les impudens font courir: il faudroit que mon innocence ſe rēdiſſe coupable autāt de fois qu'il y a de mauuaiſes langues dedans le monde, ſur leſquelles l'empire & l'authorité des plus grands Monarques ne ſe peut eſtendre; ce n'eſt pas ſeulement de vous, ou de moy, mais des plus fameux Princes de la terre, que les actions ſont priſes tout au rebours de ce qu'elles ſont : quiconque s'arreſte au bruit de la moindre fueille, ne doit pas entreprendre de paſſer vn bois. Madame, vous auez trop de iugement pour vous inquieter de ces vaines paroles que le vent emporte, & l'ame trop iuſte pour les imputer à celuy qui voudroit auoir mille vies pour les perdre toutes apres la conſeruation de voſtre honneur, lequel ne deſpend pas des langues du vulgaire, mais de la bonté de voſtre conſcience, & de la gloire de vos belles actions, qui ſont admirees de tous ceux qui ont l'honneur de vous cognoiſtre, entre leſquels ſi ie ſuis le plus paſſionné admirateur, cōment ſe peut-il faire, que vous tourniez en blaſme les iuſtes loüanges que ie vous attribue, veu que ie m'arracherois pluſtoſt la langue, qu'elle parlaſt autrement de vous, que ſelon la dignité de voſtre merite. Certes ſi par-là l'on coniecture que ie vous aime, ce n'est point tant vne figure qu'vne verité: car si les Medecins par la langue iugent de la santé, ou indisposition interne, par les paroles aussi se manifestent les passions. Que si c'est vous faire tort que de vous honorer, il faudra donc desormais que la charité, laquelle embrasse l'amour de Dieu, & du prochain, soit mise entre les vices; & que les loüanges que nous rendons à Dieu, ou aux perfections des personnes vertueuses, soient tenuës pour des outrages. Ce qui seroit renuerser le train de la cōmune creāce, qui veut que ce qui est bō soit loüé, & blasmé ce qui est vituperable. Et en quoy suis-je blasmable, de vous aimer auec toute sorte de respect, d'honneur & de vertu? Et en quoy pouuez-vous estre blasmee, si le ciel vous faisant belle & vertueuse, vous a renduë aimable aux cœurs les moins sensibles, & les moins capables d'amitié? Que si quelques-vns plus subtils deuinent mes intentions, & croyēt que i'aspire à vos nopces, quel tort ont-ils de croire de vostre inuiolable honnesteté? qu'on ne vous peut regarder que de ce costé-là, & qu'il n'y a point d'autre porte pour entrer chez vous, que celle de l'Eglise. Est-il quelque chose en terre de plus venerable qu'vn Sacrement? Se marier est ce vne chose honteuse? la recherche d'vn lien si sacré peut-il estre deshonorable, veu qu'il est appelé honorable en tous, comme nous apprenions ces iours passez, par la bouche de l'eloquent Arnulphe. Si cela estoit la qualité de vefue tant recōmandee, ne seroit pas glorieuse; & Madame vostre sœur que voicy estant mariee, seroit interessee en sa reputation. Croyez-moy, Madame, les secōdes nopces ne sont pas moins nopces, ny moins pleines d'honnesteté, que les premieres; & quoy qu'ayent voulu declamer contre elles quelques esprits essorez, & quelques Moines, qui pour exalter la cōtinence de la chair, ont monstré l'incōtinence de leur lāgue; si est-ce qu'ils sont trop esloignez du credit, & de la qualité de ce grād Apostre, qui fut instruit au troisiesme ciel, lequel dit tout nettemēt, comme on me l'a fait lire dans la S. Ecriture: Ie veux que les ieunes vefues se mariēt. Ce n'est pas pour cela que ie vueille gesner vostre liberté: car ce n'est pas à moy de faire des loix à celle de qui ie les veux receuoir, & de laquelle ie tiendrois à trop de gloire, de me pouuoir dire seruiteur. Mais permettez-moy de vous dire, Madame, que ie ne croy point que le ciel vo⁹ ayt faite si belle pour vous enseuelir toute viue dedās vn Cloistre. Ce seroit dōmage de cacher les perles & les diamans que la nature semble ne produire, que pour estre mis en euidence, & seruir d'ornement à ceux qui s'en parent. Quelle iniustice seroit-ce de priuer tāt d'yeux de la ioye que leur apporte vostre presence, & d'oster au mōde tāt de graces dōt vostre ame est non moins embellie que vostre corps. Et c'est là le blasme que vous deuriez craindre, nō celui que vous-vous imaginez auec si peu de fondemēt & d'apparēce. O cōbiē de sinistres iugemēs aprestezvous au mōde sur vostre retraite! qu'ē dira-t'ō? ou plustost que n'ē dira-t'ō pas? le desespoir, la melācolie, l'ambitiō, l'humeur hypocōdriaque, le peu d'esprit, la credulité aux paroles des Moines, le mauuais naturel à l'ēdroit de vostre fils vnique, lequel par la voix de sō innocēce, reclame vostre secours vous seront imputez; & biē que ie sçache toutes ces taches esloignees de la cādeur de vos mœurs: ncātmoins on les croira en vous, cōme celles qu'ō se figure dās le cristal de la Lune. Vous pouuez éuiter tout cela, en vous retractant de ce vœu, que ie ne sçay si ie dois appeler saint, ou feint, duquel vous voulez excuser vostre fuitte, en couurant vostre impitoyable rigueur du voile de Religion. N'auez-vous point de peur en pensant acquerir l'honneur d'vne grāde pieté d'estre taxee d'hypocrisie? gardez-vous des fausses vert⁹: car elles surprēnent les cœurs les

mieux auisez, elles seduisent les esprits les mieux sensez, & sont plus dangereuses que des vices manifestes & recognoissables. Mais quoy? il semble que vous ayez fait nature de la ferocité, & que la cruauté soit passee en vostre creance en tiltre de qualité recommēdable. Vous diriez que vous ayez peur d'estre surmontee par quelque autre en la gloire d'estre rigoureuse, & que rien n'empesche tant d'acquerir vos bonnes graces, que de les meriter par beaucoup d'affection. Cependant les merueilles qui sont sur vostre front, ne cessent point de ietter mille attraits qui enchantent les esprits, tandis que vostre ame pleine de contradiction en elle-mesme, semble se plaire (selon l'inclination naturelle de toutes celles qui sont recommendables en beauté) à estre aimee, & en mesme temps se delecte à rebuter ceux qui l'honorent. A n'en point mentir, ie ne suis, ny de rocher, ny de bronze; ie suis fort sensible à la bien-veillance: & quoy que ie croye de la beauté de vostre esprit, & quoy que l'experience me fasse voir de vostre froideur, ie tiens qu'il est malaisé aux plus belles ames de s'empescher d'aimer qui les aime; & quoy que le sort ait opposé vos glaçons à mes flammes, i'estime qu'à la fin, ou l'ardeur de celle-cy fendra la dureté
de

de ceux-là, ou que la rigueur des desdains esteindra le feu qui me consume : car de vouloir, ou dissimuler, ou nier ceste passion, qui se lit à travers de mon visage, ce seroit ou vne feinte trop grossiere, ou vne impardonnable effronterie. Si vous la voyez, sans en auoir de la pitié, c'est faire gloire d'estre insensible; si vous ne la voyez point, c'est vn aueuglement volontaire, qui en ce point-là seul vous sille les yeux, lesquels d'ailleurs, à mon malheur, n'ont que trop de lumiere. D'autres yeux pourroient-ils exciter tant de flames en mon ame? vne autre constance que la mienne les pourroit-elle souffrir? Ie veux croire que vo' auez trop bonne veuë, & que vous estes trop clair voyāte, pour n'apercevoir pas ces maux, que vous me causez : ce qui me fasche, est de voir, que pour vostre cognoissance vous aggrandissiez vostre faute, & vous rēdiez doublement coupable. Vraiment il seroit malaisé de iuger qu'vn object si doux à l'œil, fust d'vne trempe si rude. Mais quoy? la Panthere, dōt le nom, comme i'ay autrefois appris de Periandre, signifie tout amour, est vn animal des plus cruels & sauuages que produise l'Affrique, bien qu'elle ait la peau extrememēt douce, & parfumee d'vne suaue odeur. Ie sçay que ceste comparaison est odieuse, mais he-

R

las! elle ne l'eſt que pour moy, qui en reſſens les effects. Effects bien differents des douces eſperances, que la vertueuſe Diane m'auoit fait conceuoir de voſtre courtoiſie, puis que ie ne rencontre qu'eſpines & abſinthe és meſmes lieux, où ie penſois cueillir les roſes & le miel: Toutes-fois ie me veux perſuader, pour mon contentement, que toutes ces rudeſſes ne procedent pas de la veritable bonté de voſtre cœur; mais bien de la gentilleſſe de voſtre eſprit, qui s'en ſert comme d'eſſais, pour cognoiſtre ſi l'or de ma fidelité eſt de franc alloy, & s'il peut ſouffrir l'aſpreté de ces eſpreuues:

Or faites que ie viue, ou faites que ie meure,
Voſtre idee iamais ne mourra dedans moy:
Ie ne ſçaurois changer quelque mal qui m'arriue,
Le deſaſtre n'a point d'Empire ſur ma foy.
Si ie vy conſerué par l'heur de voſtre grace,
Vous m'entendrez chanter voſtre iuſte pitié:
Si par voſtre meſpris dans le tombeau ie paſſe,
Ma mort fera loüer ma conſtante amitié.
Pourtant i'aimerois mieux de l'vn ou l'autre extreſme,
Ouyr pluſtoſt priſer apres tant de tourment
Voſtre douce pitié, que ma fermeté meſmẽ,
Et pluſtoſt viure heureux que mourir con-

stamment.
Si tant d'heur m'arrivoit, une secrete gloire
　De mes travaux passez adouciroit le fiel:
Et mon esprit alors auroit suiet de croire
　Qu'il se boit du Nectar ailleurs que dans le ciel.
Mais quoy? c'est souhaiter d'une ardeur impru-
　dente,
Ce que les plus heureux n'oseroient desirer,
Et ne cognoistre pas qu'il faut en ceste attente
　Meriter davantage, ou bien moins esperer.
C'est bien assez que vous d'un œil doux & propice
Regardiez la douleur de mō cœur qui se plaint,
Sans que bruslant vous-mesme au feu du sacri-
　fice,
　Mesme flame cōsume & l'offrande & le saint.
L'honneur de vous servir payera mes services,
　Si les contentemens que la gloire produit
Meritent qu'on prefere aux plus rares delices
　La peine & les travaux dont l'honneur est le
fruict.

Il eust continué plus long-temps son enthousiasme: car bien qu'il fust animé de ceste fureur, qui rend tant de gens Poëtes, si ne l'e-
stoit-il pas devenu aux bien amoureux de
la Poësie, dans la lecture de laquelle remar-
quons les mouvements de sa passion naïfuement depeins, il prenoit plaisir à meu-
bler sa memoire qu'il avoit fort heureuse,

R ij

des pieces qui luy plaifoient le plus, & qu'il mettoit par apres en ieu fort à propos. Mais comme il alloit ainfi par rufe, eludant la propofition de Iullie, laquelle entroit en colere, de voir qu'il fift vne efpece de rifee, de ce qu'elle auançoit fort ferieufement, & du meilleur de fon ame, la batterie des paroles euft efté longue, & les difcours violents ; fi vne compagnie eftrangere ne fuft furuenuë, ainfi qu'ils eftoient en ces termes : fi qu'il fallut, comme aux combats de la barriere, fe feparer au plus fort de la querelle, & leuer la barre de la difcretion, pour ne donner point à cognoiftre le fujet dont ils traittoient, lequel eftoit de deffaire ce que ceux qui entroient tenoiēt, finon pour faict, au moins pour fort auancé, bien qu'il n'y euft pas feulement de commécement, ainfi que vous voyez. O que cefte interruption vint à fouhait à Montange ! qui lifoit defia fur le vifage de Iullie, les prefages d'vn fecond banniffement, plus rude que le premier. Elle fe mit en fa froideur ordinaire, & le Baron qui fçauoit, comme vn Courtifan, imiter le Poulpe, & le Cameleon, feignant vne chere gaye, & monftrant vn vifage content, fous lequel il cachoit vn cœur bien effrayé, fait le ioly outre l'ordinaire, eftant bien aife de fconder par fes mines la

Livre IV.

bonne opinion que ces personnes arriuees auoient de sa recherche. Vne, entre les autres, plus fine que luy, desirant crocheter son secret, se seruit de la ruse du Renard de la fable, qui pria le Corbeau de chanter pour auoir le fromage qu'il tenoit au bec: car le faisant souuenir de la satisfaction qu'il auoit donnee en recitant des vers, qui valoient mieux que sa voix, la bouche parlât volōtiers de l'abondance de la pensee. Le Baron, partie pour se descharger, partie pour faire le complaisant, rapporta d'vn ton de soldat ces belles Stances, à la façon d'vn homme plus entendu à manier son espee, que sa voix; aussi n'estoit-il pas de race de Musiciens, mais de Capitaines, & signalez Capitaines.

Il luy vient bien à poinct que chacun qui l'admire
   La rende émerueillable aux plus sauuages cœurs,
N'estoit que sa vertu conserue son Empire,
Elle l'auroit bien-tost destruit par ses rigueurs,
Mais quiconque la voit enchanté de ses charmes.
   Se soûmet de lui mesme au ioug de son pouuoir,
Et postpose en son cœur les tourmens & les larmes,
   Naissans de l'auoir veuë, au plaisir de la voir.

R iij

Si ne sçauriez vous faire esprit impitoyable,
  Que iusques à la mort ie ne vous aille aimant:
Car pour ne point aimer vn obiet tant aima-
  ble,
  Ie n'ay pas comme vous vn cœur de dia-
  mant.
I'en ay bien vn fort dur puis qu'il fait resistance
  Aux coups de vos rigueurs auec sa fermeté:
Mais d'vn vray diamant il n'a que la constan-
  ce,
  Il n'en a pas pourtant l'insensibilité.
Ou donnez-moy le vostre à ces maux impaßible,
  Afin que i'en mesprise, & la flamme, & les
  coups:
Ou faites-moy pouuoir vne chose impoßible,
  Ou soyez sans beauté, c'est à dire sans vous.

Si bien, dit alors ceste personne accorte, qui auoit inuité à ce recit nostre galand, que vous n'auez pas de celle que vous honorez tout le bon traittement que vous pourriez desirer; si ce n'est que vous prissiez plaisir, selon la coustume des Amans, de vous plaindre, comme l'on dit de saine teste, & de feindre vne esperance perduë; lors que l'apparence est plus grande de paruenir au but de leurs pretensions. A ce mot vn peu de rougeur monta sur le front du Baron, fasché d'auoir pour ce coup, passé pour duppe, & des'estre comme l'oiseau trahy par son chant, & descouuert comme l'animal terrestre par son cry. Iullie, ferme comme vn rocher, ne varia aucunement, ny en son visage, ny en sa contenance, tesmoignant par là qu'elle n'auoit aucune passion, ny pour, ny contre Môtange, se riant neantmoins en son ame de le voir si dextrement mocqué, & pris par le bec; encore qu'il tranchast de l'habile Courtisan, & fist profession de mener les autres à l'escole de la matoiserie. Mais qui considerera que la Prudence & l'Amour ne peuuent durer ensemble, parce que celle-là est toute pleine d'yeux, & cestuy-cy aueugle; celle là autant accompagnee de iugement, que celuy-cy en est despourueu, treuuera que ce n'est pas de merueille de voir que les Amans se mesprennent:

Car qui peut receler du feu dedans son sein,
Peut seul dissimuler vn amoureux dessein.

Ouy mais, dira-t'on c'est l'ame de l'amour, que le secret, lequel ainsi que le vin se gaste, s'il est esuenté; & qui s'estonnera de voir vn amour sans secret, puis qu'il est sans ame? car qui ne sçait que c'est son propre effect, d'enleuer l'ame du sujet qu'elle anime, pour la transporter dans le sujet aimé? Somme que par ces vers Montange demeura mocqué, Iullie contente & Diane confuse : Laquelle chãgeant de propos sur les occurrences du tẽps fit cognoistre à ceste troupe que la matiere des passions du Baron n'estoit pas encore propre à mettre sur le tapis, veu qu'il y auoit plus de cõtradiction que l'on ne croyoit, & estoit plus voisine du contraste que du contract. Montãge pour euiter les foudres de la parole dont il voyoit les éclairs dãs les yeux de son imaginaire maistresse, prit occasion de se retirer auec ceste assemblee, feignant de reconduire par deuoir vne Dame dans le carosse, de laquelle il prit la commodité de son retour. Cependant Iullie se voyant assaillie à camp ouuert, se plaint aussi ouuertement à son beau-frere & à sa sœur des importunitez de Montange : car comment voulez-vous qu'elle appelle d'autre façon ceste poursuite si extrauagante dans laquelle elle se sent engagee ? Enfin Diane en la presence de son mary ne pouuãt plus comme femme tenir plus long temps enclos ce qu'elle auoit dissimulé autant qu'elle auoit peu par le commandement de son espoux & les prieres du Baron : si bien qu'elle dit à sa sœur qu'il falloit qu'elle se resolust à ce mariage, lequel estoit conclud entre tous leurs parens, sans faire dauantage la rétiue, la dédaigneuse & la bigotte. Autāt en dit le mary, lui découurant de plus que tous les canons de ces poursuites religieuses estoiēt encloüez, d'autant qu'ils auoient donné ordre qu'on ne la receust en aucū des lieux où elle poursuiuoit d'estre admise, non pas mesme en Picardie au Monastere où estoiēt sa mere & sa seconde sœur. Que ses deux freres (gaignez par Montange) estoient d'accord de ceste alliance, qu'il n'estoit pas en sa puissance de resister à ceste nuée de volontez vnies, si ce n'estoit par vne obstination opiniastre qui la mettroit en la haine & la feroit abandonner de tous : bref, il en dit tant qu'il en dit trop, car ayant tout à fait découuert le pot aux roses, & euenté la mine qu'ils auoient dressée pour prendre ceste ville, ils donnerent moyen à la prudēte Iullie de faire vne contre-mine qui dissipa tous leurs desseins & mit toutes leurs subtilitez en fumee. Iullie voit ses freres, & les voyans portez autant que sa sœur à conclure à ce mariage qui estoit la ruine de ses pretensions, voire mesme (iugez de l'artifice du Baron) ayant recours qu'il auoit gaigné le courage de plusieurs des parens de Piralte & de son fils, aux vns promettant vne partie de bien, aux autres part à la tutelle, faisant incliner à cela les autres par la priere de quelques grands de la Cour qui ne sont que trop liberaux de pareilles courtoisies, & tous selon leurs particulieres inclinations ou interests. Considerant tous ces pieges que pouuoit elle faire sinon souspirer auec Dauid,

Seigneur helas! combien s'augmentent
  Les oppresseurs qui me tourmentent,
  Plusieurs s'esleuent contre moy,
  Plusieurs de mon ame se mocquent,
  Disans quand mes soûpirs t'inuoquent
  Qu'il n'y a nul salut en toy.

Mais parce que ce n'est pas auec les soûpirs qu'on se tire d'vn labyrinthe, & durant vne tempeste il ne suffit pas de lancer des vœux vers le ciel : il faut mettre les mains à l'œuure & se porter courageusement en la conduite du vaisseau, Dieu voulant que l'on coopere à son aide. Elle a recours aux conseils des seruiteurs de Dieu, qui tous d'vne voix lui conseillent d'empoigner le coûteau d'Alexandre pour couper ces nœuds & de s'armer d'vne genereuse resolution pour surmonter tous ces obstacles : Et parce que Periandre auoit quelque authorité dedans le mõde plus grande que de simple

Predicateur & Ecclesiastique, & beaucoup de creáce en l'esprit du P. Victor, elle se seruit de son pouuoir comme de son conseil pour s'asseurer de deux places aux Tiercelines: l'vne pour elle, l'autre pour Secondine sa Damoiselle suiuāte. Nous auōs dit qu'en tous les autres Cōuens de l'Ordre de S. Frāçois, les freres de Iullie, le mary de Diane, & Diane mesme par l'industrie du Barō auoiét fait naistre tant d'obstacles à sa reception, qu'elle y estoit presque ouuertement refusee. Et parce qu'à S. Elizabeth où elle tēdoit le plus, c'estoit où elle frequentoit le moins; ouy biē de corps, se contentant d'y voler de l'esprit & par escrit, aussi estoit-ce de ce costé là que ses contrarians se défians le moins auoiét mis moins de deffences: Ce n'est pas qu'ils n'eussét essayé d'y rēdre Iullie odieuse, & mesmes qu'on eust vsé de menaces, & de la iustice & de la force au cas qu'on l'y receust, mais Victor qui auoit l'esprit au dessus de ces craintes se mocque de ces foibles efforts qui comme des déliées exhalaisons s'abbatent aussi tost qu'elles s'esleuent, & sçachant cōbien il estoit important au seruice de Dieu de sauuer ceste ame des griffes du mōde, afin que libre des mains de ses ennemis elle pûst seruir Dieu en iustice & en saincteté tous les iours de sa vie. Se rit de toutes les menaces, ne s'estimant pas digne de ceste grace Apostolique de souffrir des ignominies pour l'amour de Iesus. Et ce qui l'esmeut dauantage à fauoriser ceste reception, ce fut que lui mesme estant Prouincial de son Ordre y auoit admis Piralte en la façon que nous auons descrite au cōmencement de ceste Histoire. Voyant bien que la prouidence celeste faisoit en la femme vne forme de represaille du mary. Que si à pareille entree succedoit semblable violence il ne pourroit que leuer les mains au Ciel & dire auec Iob, Le Seigneur auoit enuoyé ces enfans à nostre Ordre, il a permis qu'ils en fussent retirez, son sainct nom soit benit. Toutes les affaires ainsi preparees de part & d'autre, tandis que Iullie se rend d'autant plus ferme par l'asseurance qu'elle a de sa retraite, Montange monté au dessus des Anges, & enflé de l'appui qu'il se sent auoir de toutes parts, tient son affaire pour faite, s'en vante par tout, & en parle si haut qu'il publie clairement qu'il n'y auoit que Dieu ou le tōbeau qui le peussēt priuer de la possession de Iullie. Et sçachant que la renommee est autant & plus disposee à dilater vne mensonge qu'à faire entendre la verité, il se fait fort de certaines promesses imaginaires, il les declare irreuocables, vous eussiez dit que ceste fême ne pouuoit non plus estre arrachee de ses mains que la massuë de celles d'Hercule. Vn Poëte pour le flatter sur la certitude de son attente lui fit ces vers, lesquels il sema en diuers lieux comme auant-courriers de sa gloire: mais c'est auant la victoire faire le triomphe, & se mettre au hazard de se sacrifier à la risee des habiles gens qui ont plustost executé qu'on ne s'est apperceu de leurs entreprises. Ils disoient ainsi,

Il sera tantost temps qu'vne belle couronne
 De mirthe & de laurier mes temples enui-
  ronne,
 Puis que ie suis certain de remporter pour prix
 Celle qui ne payoit mes vœux que de mépris.
Elle comme en beauté en rigueur sans seconde,
 De qui les doux attraits enchantent tout le
  monde,
 Ne peut plus euiter que sa dure fierté
 Ne se rende au pouuoir de ma fidelité.
I'ay chassé des riuaux la poursuite importune,
 I'ay attaché le cloud de ma bonne fortune,
 Et par le cher apuy d'vn frere & d'vne sœur
 I'espere en peu de iours m'en rendre possesseur.
A la fin ces prescheurs de la vie eternelle,

Qui de sombres desirs emplissoient sa ceruelle,
Sans que de mes desseins ils s'en soient apperçeus
Par mes subtilitez, se trouueront deçeus.
En mon espoir certain vn seul point me tourmente,
C'est la crainte que i'ay que le malheur n'attente
Par vn trait impreueu à me faire quitter
Vn bien que i'ay eu tant de peine à conquester.
Ie sçay qu'il n'y a rien de constante duree
Que la chose qui plaist est la moins asseuree :
Et que le bien de ceux qui se monstrent contents,
Comme vn soleil d'hyuer ne dure pas long temps.
Il me semble desia que le bon-heur s'ennuye
De m'aider, & qu'il veut me fausser cõpagnie,
M'enleuant ce tresor, si les vœux que ie faits
Ne destournent les yeux de Dieu de mes forfaits.
Non, le ciel ne sçauroit que m'estre fauorable,
Regardant ma douleur & ma foy si durable,
Auroit-il des rigueurs à qui mon amitié
Ne pûst faire sentir les traits de la pitié ?
A qui pouuois-ie mieux consacrer mon seruice
Qu'à ce chaste suiet ennemy de tout vice :
A cet esprit si beau, de graces reuestu
Que l'on ne peut cherir sans aimer la vertu.
Que tout le monde donc à me nuire s'appreste,
Le malheur à ses traits fasse vn but de ma teste,
Ie me suis resolu d'espouser le tombeau
Plustost que de quitter vn rencontre si beau.

Vne copie de ces Stances tomba entre les mains de Iullie, ce qui troubla son esprit & ses yeux de la plus grande colere dont elle pouuoit estre capable. Elle en fit vn vacarme nompareil dãs la maison de son beau-frere, mais vn desaueu fut le payement de toutes ses plaintes & toute la satisfaction qu'on lui en fit, Mõtange mesme au lieu de se fascher de la voir en ceste mauuaise humeur, secoüant les oreilles & disant qu'il ne sçait que c'est,

N'en est ny ioyeux ny marry,
Car desia dessous l'apparence
D'vn amant plein de reuerence,
Il tranchoit des traits d'vn mary.

Iullie les communique à ses oracles Arnulphe, Periandre, & Victor, ausquels ayant exposé les extremitez esquelles elle se voyoit reduite, ayant tout le monde sur les bras, ne voyant à droicte ni à gauche aucun qui l'aidast ni la consolast, sinon le Dieu, aide & protecteur des vefues & sa chere Secondine, ils conclurent d'vne commune voix que sans s'amuser dauantage aux affaires du monde, elle deuoit espier le temps propre à sa retraite, se ietter dedans les Tiercelines comme dedans vn azile qui lui estoit ouuert, & que de là plus à couuert & sans crainte de rauissement, d'enleuement ny de violence: elle pourroit estre mieux soustenuë en son dessein par la Iustice publique, laquelle seroit sa tutrice & sa protectrice contre tous efforts, & Dieu le vray tuteur de son fils, lequel il abandonneroit beaucoup moins que les petits des corbeaux. Iullie toute ioyeuse part auec ceste resolutiõ determinee d'imiter la vaillante vefue de Bethulie en trompant tous les Assyriens, c'est à dire, les mondains, pour trancher la teste au siecle. Comme elle s'en alloit auec ceste deliberation, Periãdre qui sçauoit qu'elle chantoit fort bien, lui dit; c'est maintenant, Madame, que vous pourrez chanter auec le Prophete Roy,

Vous me dites fort bien, veu qu'en Dieu ie me fie,
Que loin sur quelque mont au plustost ie m'enfuye,
Ainsi qu'vn passereau qui se voit aguetté,
Pource que des mauuais la bande authorisee
Tient son arc tout bandé sa sagette posee
Pour tirer contre moy parmi l'obscurité.
Puis le commun recours des personnes pressees,
La iustice & les loix sont du tout renuersees:
Si que l'homme innocent support n'en peut auoir,
De la simplicité triomphe l'insolence,

Sous

LIVRE IV. 273

Sous la malignité endure l'innocence
Parce que des peruers trop grand est le pouuoir.

Or voyons qui sera le maistre de la place de Dieu ou du monde. Si Iullie pour mieux tromper ses surueillans eust peu honnestement côme Iudith quitter les habits de son vefuage, & se parer de ces precieux ornemens qu'elle auoit dedans ses escreins, & dedans ses coffres, elle l'eust fait fort volontiers, couronnant de fleurs la victime qu'elle vouloit sacrifier à Dieu. Mais la modestie ne luy permit pas cét vsage, ouy bié la feinte de celuy qui luy est si naturel, sçauoir la douceur du ris & de la mignardise des yeux. Comme si elle fust sortie d'vn profond sômeil elle fait l'esueillée, la voila mieux que iamais en côpagnie, ses coleres & ses plaintes passées sont attribuées à la bigearerie du sexe fraternisant auec le plus bas de tous les Planettes. Montange qui n'a des yeux que pour elle, la veillant comme le feint Dragô les pommes d'or des Hesperides, est si rauy d'aise de la voir en ceste façon qu'il s'en rehausse plus, ni que les plus hauts monts, ni que les Anges plus esleuez; à son auis tout luy rit: le ciel & la terre conspirent à son bon heur; le voyla au dessus de ses pretensions; Iullie luy preste l'oreille, desia elle ne

S

rebutte plus l'offre de ses seruices, ces nós de seruiteur & de maistresse lui sont familiers, son ouye en est remplie sans qu'elle en fronce le sourcil, de tristesse, de retraite, de colere, il ne s'en parle plus, tout va le mieux du monde. Iullie estant en conuersation n'est plus si difficile à faire chanter, c'est la mesme condescendance. Vne fois priee par son beau-frere & par sa sœur, elle marie sa voix angelique auec ces belles parolles de Dauid, mises en nostre langue par vn autre Dauid François, ce grand Cardinal que sa science incomparable esleua en son temps sur le plus haut Perron de la gloire, & c'estoit pour contrepointer en quelque façon ces Stances prophanes, dont nous auons dit que la copie estoit venuë entre ses mains. Les paroles sacrees sont ainsi renduës, mais ma plume n'a pas l'air dont ceste sçauante Musicienne les anima.

Puisse le Roy des Roys au iour que la tempeste,
 De mille flots mutins menacera ma teste
 De mes vœux auoir soin.
Puisse le Tout-puissant m'ombrager sous son aisle,
 Et du Dieu de Iacob la deffence eternelle
 Me couurir au besoin.

Vueille le Souuerain qui sied dessus la nuë
De sa sainte demeure aux mortels inco-
gnuë,
  Son secours m'addresser.
Au port de sa faueur tenir ma nef anchrée,
Et du haut de Syon sa montagne sacrée
  Mon salut embrasser.
Soient en sa souuenance escris mes sacrifices,
 Soient tournez iour & nuict sur mes pre-
sens propices
  Les rayons de ses yeux.
Et de mon holocauste en tout temps pour luy
plaire,
Fumant sur son autel la flame pure & clai-
re
  Vole iusques aux cieux.
Daigne sa prouidence ordinaire tutelle
 Des pauures delaissez, faire voir que c'est
elle
  Qui m'a voulu choisir,
Couronnant de bon-heur mes desseins ma-
gnanimes,
Et prospere égalant leurs succez legitimes
  A ton iuste desir.
Alors plus que iamais auec grande allegresse
 Ie sentiray changer mes longs cris de de-
tresse,
  En chants victorieux.

      S ij

Aux graces du Seigneur i'iray mes graces rendre,
Et d'vn bras triomphant mille palmes appendre
  A son nom glorieux.
Alors ie chanteray que son oreille sainte.
 Pour iamais est ouuerte aux accens de ma plainte,
  Et que ce doux Seigneur
Gaigné par mes souspirs, surmonté par mes larmes
Prend en sa seure garde au milieu des alarmes,
  Le salut de mon cœur.
De son Palais celeste à mes cris accessible
 Il fait descendre en l'air son armee inuisible,
  Prompte à me secourir.
Il fait luire son fer aux perils de la guerre
Et son sceptre ordonné pour gouuerner la terre,
  Dans ses mains refleurir.
Mes ennemis enflez d'esperances humaines
 Estimeront leur chars pesans fardeaux des pleines,
  Qui sous eux gemiront.
Leurs espaisses forests de lances herissées
 Et leurs squadrons nombreux dont les ondes pressées
  Les fleuues tariront.

Mais moy foulant aux pieds toute mortelle audace,
Du Seigneur pour secours i'implorerai la grace
Ne m'attendant sinon
Aux forces que du ciel ie verray preparées
Sans cognoistre au besoin d'armes plus asseurées
Que l'ombre de son nom.

Tout beau Iullie, he! que faites vous? n'auez vous point peur de tomber en la mesme faute de Montange en decelant vn peu trop ouuertement la ruse dont vous vous voulez saintement seruir pour tromper tous les aduersaires de vostre bien. Pouuez vous bien chanter le cantique du Seigneur en vne terre estrangere estant encore en la captiuité de la Babylone du siecle? Attendez Iullie, attendez que vous ayez passé la mer rouge, attendez que vous ayez veu vos ennemis engloutis dedans les flots de l'ire de Dieu, & abbatus sous les fleaux de la vengeance celeste pour dire auec Marie sœur de Moyse,

Chantons la gloire & les lauriers
Du grand Dieu Seigneur des guerriers
Qui vient de noyer dedans l'onde
Le Diable, la chair & le monde,
Et qui abisme dans les flots

S iij

Pharaon & ses chariots.

Ne vous descouurez pas tãt vertueuse vefue, autrement si vostre stratageme est euenté vostre dessein ne reüssira iamais, ce n'est pas dans le peril qu'il faut chanter la victoire. Vous auez en teste de puissans ennemis, le diable & le monde, ces vieux routiers qui ont remporté tant de despoüilles, & qui se sont signalez par tant de funestes deffaites, ne brauez pas tant, la défiance est la mere de seureté, ie ne dis pas qu'il faille craindre l'ennemi ayant pour second celui qui a dit, Ayez confiance, car i'ay vaincu le monde, mais aussi la vraye prudence conseille de ne venir iamais tant à mespriser son aduersaire, que par nostre nonchalance nous lui donnions des forces qu'il n'a pas de son chef, il n'y a si petit ennemi qui ne puisse grandemét nuire, & duquel il ne faille tousiours se tenir sur ses gardes, Veillez & priez, dit la sainte parole, de peur que vous n'entriez en la tentation de descouragement, laquelle sur le point d'vne grande executiõ a quelquesfois saisi de plus grands cœurs que le vostre. Mais i'ay tort, braue Iullie, car encore que celui qui est tousiours en crainte soit appellé bien sage, neantmoins ceux qui cõme vous esperét en la protectiõ de Dieu ne peuuent rien craindre ny estre esbranlez en leurs saintes resolutions, non plus que la môtagne de Sion. Quâd bien de leur naturel ce seroient de timides colōbes ils prendront des aisles d'aigle, aisles fortes & genereuses pour voler sans s'abbatre au lieu de leur repos. Tel fut le courage de la vaillâte liberatrice de Bethulie qui trauersa sans peur toute l'armee d'Assyrie portee sur les aisles de sō zele & d'vne sainte cōfiāce en Dieu. Enuirō cōme le Sinō du grād Poëte,

Resolu, affermi, non capable de crainte,
Soit qu'il fallust pour art manier ceste feinte,
Soit que d'vn cœur d'acier à tout sort preparé,
Il se fallust offrir au trespas asseuré.

O Iullie que ceux qui sōt animez de la belle & celeste flame qui ardoit en vostre poitrine sont biē plus determinez que ces Spartains qui disoiēt aux Ambassadeurs de Philippe qui les menaçoient, hé! peu iudicieux que vous estes, que peuuent craindre ceux qui ne craignent point la mort, car il est vrai (cōme ie l'ay quelquesfois appris de vostre bouche) qu'aux sentimens que l'esprit de Dieu vous donnoit alors quand il eust fallu mourir dans les tourmēs les plus exquis que la cruauté puisse inuéter, vous n'eussiez pas renoncé à vn seul brin de vostre sainte re-

S iiij

solution. Mais en fin la prudence est aussi bien necessaire comme la patience pour posseder son ame en paix, car l'inconsideration aussi bien que l'inconstance, est cause de mille troubles: prenez donc garde qu'on ne d'escouure le moindre fil de vostre sainte trame, autremét vous vous treuueriez embarassée en des filets dót vous auriez beaucoup de peine à vous depestrer. C'est ce que fait aussi ceste sage vefue, laquelle recita ce pseaume de si bonne façon qu'encore que d'vn costé elle deschargeast par ses pures paroles son chaste courage, neantmoins ce pain des faces ne monstra point ce visage là aux escoutans, qui comme en la mãne y prindrent vn autre goust, & sans s'arrester à ceste lettre qui leur eust semblé meurtriere, ils sauourerent l'esprit, ie veux dire l'air, & la douceur du chant dont elle l'anima. Ainsi ceux là sont à l'abry du trouble des hommes, & de la contradiction des langues qui sont enfoncez dans la cachette du visage de Dieu: car bien qu'ils cheminent en la splendeur des saints, & en la lumiere de celuy qui est toute clarté, & que les tenebres ne peuuent acueillir, si est-ce qu'ils ne sont point apperceus en leur trace par les hiboux du siecle qui n'ont des yeux que parmy les tenebres ; c'est à dire, pour les actions tenebreuses, au lieu que la route des iustes est resplendissante : & c'est ceste splendeur qui esbloüit les peruers ; si bien que voyans ils ne voyent pas, & entendans ils n'entendent pas. Il ne se faut donc pas estonner, si Dieu couurit d'vn voile les paroles de celle qui se vouloit couurir le visage d'vn voile pour son amour ; c'est ainsi qu'il sauue ses amis du milieu de leurs ennemis, comme il est cōmun és exemples des Prophetes, de Iudith, de Dauid, & du Sauueur mesme, parlant souuent sans estre ouy, & passant au milieu des troupes sans estre veu. A cest estourdissement des oreilles Iullie adiousta vne saincte, quoy que feinte, fascination, pour les yeux : car feignant d'estre degoustee de l'ordre de Sainct François, & que les autres ordres, & maisons Religieuses luy estoient autant à goust, elle se met (estant bien aise de donner de l'exercice à ces esprits-là) à visiter tous les autres Monasteres de son sexe, qui sont en grand nombre à Paris, & où elle pretendoit le moins, c'est où elle alloit le plus souuent, & dōt elle faisoit la plus empressee. Elle n'alloit aux Tiercelines que sur les aisles d'vne plume, mesme elle n'en parloit point ou si rarement, & si desdaigneusement, qu'il sembloit que ceste maison fust plustost l'object de son desdain, que de son amour. Dieu sçait si Montange espargnoit ses pas & ses peines, pour semer par toutes les grilles des billets, & des memoires pour empescher la reception de celles qu'il destinoit à vn ordre, ou plustost à vn desordre bien autre; c'est à dire, au monde. Vous eussiez dit qu'il mettoit des oppositions aux escrous de toutes ces sainctes Conciergeries, pour retarder les sacrees geolleries à l'admission de ceste prisonniere volontaire qui s'offrit de consacrer sa liberté au cher esclauage de la Croix. Enfin comme les embusches estoient dressees par tout, pour surprendre la seruante de Dieu, son innocence surmonta, comme dit l'Apostre, non seulement la chair & le sang, mais toutes les malices spirituelles de ses contrarians. Si bien qu'elle pouuoit chanter auec le Roy Prophete:

Departez-vous de moy gens de mauuais courage,
Afin qu'aux loix de Dieu ie viue obeissant.
O Seigneur! ie viuray si ta main me soulage,
Et que frustré d'espoir ie ne sois rougissant.
Soustien-moy, sauue-moy, ie n'auray plus d'enuie,
Que d'employer mes iours, tes édicts meditant
Ceux qui laissent tes loix tu reiettes leur vie,
Et leur dessein trompeur ne te trompe pourtãt.

Ne vous semble-t'il pas qu'il soit temps de fondre la cloche? ô qu'il y aura de fondeurs estonnez! quand ils verront couler le metal autre part qu'ils ne pensent, & quand au lieu d'vn vase destiné aux vsages du siecle, ils verront sortir de la main de ce grand ouurier qui fait des merueilles au ciel, & en la terre, vn vaisseau d'honneur & d'elite. Ie ne dis pas que dans le monde Iullie eust esté moins honeste, n'y eust esté vn vase d'ignominie, mais certes à comparaisó de l'estat Religieux, estat de perfection, digne de tant de gloire, qui ne void que toutes les vocatiós seculieres sont comme des pots de terre aupres des vases d'argent? C'est ce qui faisoit dire à l'Apostre, i'ay estimé les choses mondaines comme de la bouë, & de l'ordure pour gaigner Iesus-Christ; & Dauid aimoit mieux pour ceste cósideratió estre vil en la maisó de Dieu, que grand és tabernacles des pecheurs, & chátoit.

O bien-heureux celuy que tu daignes choisir,
Et qui t'est à plaisir:
Car dedans ta maison il sera sa demeure,
Te loüant à toute heure.

Tous les iours nostre saincte vefue n'alloit faisant autre chose, qu'espier l'occasion de se sauuer de l'Ægypte en fuyant, & par surprise: car de s'en retirer autrement il y auoit de l'impossibilité, elle void mille aguests, tous ses seruiteurs & seruantes aux escoutes, sentinelles par tout; elle ne fait vn seul pas, ny vne seule visite qu'elle ne soit côtrollee, cósideree, examinee. Comme se deffera-t'elle de ceste nuee d'espions? Comme iettera-t'elle de la poudre en tant d'yeux? O Dieu, que vos iugemens sont admirables, & vos voyes iudicieuses! Lors qu'elle y pensoit le moins, la voila en sauueté par le traict d'vne inspiratiõ soudaine & inopinee. La mere de Piralte estoit enterree en l'Eglise du grand Conuent des Cordeliers, en vne Chappelle bastie par ses Ancestres, aupres desquels on auoit mis son corps. Le iour de son anniuersaire arriué, la pieté de Iullie la conuia d'y aller, sans aucun autre dessein (comme elle m'a souuẽt dit depuis) que d'y faire celebrer des sacrifices pour le remede de l'ame de sa belle-mere, & de communier elle-mesme à ceste intention. Elle y va en carrosse, en vn temps si pluuieux & mauuais, qu'ayant à demeurer en ceste deuotion assez longuement, on iugea qu'il falloit remener son carrosse à la maison; la Damoiselle mondaine, confidente de Montange, pour quelques affaires qu'elle auoit au logis, demande congé d'y retourner dedans le carrosse; congé qui luy est baillé, sans pen-

Livre IV. 285

ser à aucune autre chose: vne autre seruante, ennuyee de la longueur de l'Office, & de tant de suffrages, demande permission à Iullie pour aller à quelque sien negoce, on la luy baille simplement; si que nostre vefue demeure seule auec sa fidelle Secondine, & vn petit lacquais. L'vn & l'autre se confessent, & se communient, tant pour la deliurance de ceste ame du Purgatoire, que mesme pour les leurs propres, que l'oppression tenoit en destresse, & l'apprehension en langueur. Si qu'elles eussent peu chanter comme Dauid:

Retire mon ame affligee
De la chartre où elle est plongee,
Mes chants en ton nom s'entendront:
Et les bons ioyeux m'enceindront,
Voyans ma tristesse allegee.

Et Dieu qui exauce les desirs des pauures, & qui entend la preparation des cœurs; c'est à dire, les vœux des cœurs bien preparez, les escouta du haut du ciel, & enterina leurs ardentes requestes. Iullie a dit, qu'alors apres la saincte Communion, elle sentit son cœur ardent par vne ferueur extraordinaire. Ha! c'estoit le chariot embrasé du Prophete Elie qui la deuoit emporter au Paradis terrestre de la Religion. Secondine mesme qui ne voyoit que par les yeux de sa chere Maistresse,

& qui comme vne machine ne se mouuoit que par ses ressorts, eust alors des mouuements interieurs, qu'auparauant elle n'auoit iamais ressentis. O pain d'Elie! qui donnez la force aux plus foibles pour arriuer à la mōtagne d'Oreb. O pain des Anges! ou comme dit vne autre lecture, pain des forts, quelle fermeté ne donnez-vous? quel courage n'inspirez-vous à ceux, qui vuides de leur propre confiance, n'en ont qu'en la vertu d'en-haut, dont ils sont reuestus par ceste chair sacree, beaucoup plus efficace que le manteau d'Elie. O si les os d'Elisee trespassé eurent le pouuoir de redōner la vie à vn mort, de quelle generosité ne pouuiez-vous rendre capables ces deux femelles? O corps precieux du fils de Dieu, pain vif & viuifiant, descēdu du ciel pour nous donner la vie, & nous la donner tres-abondamment. Courage, belles ames, viue Emanuel, le Seigneur est auec vous, embarquez-vous hardiment sur la mer, de l'entreprise qui vous va estre inspiree: car vous portez vne fortune bien plus grāde que celle de Cesar. Ceste table vous est mise au deuāt, cōtre tous ceux qui vous veulent troubler; ce bastō de Iacob vous cōsolera, & vous soustiēdra, auec luy vous passerez le torrent, & vous le gayerez gayement sans vous noyer. O Seigneur Dieu des vertus, qu'heureux est celuy qui iette en vous toute sō esperāce. Le seruice fut lōg: & par cōsequēt s'acheua fort tard: durant tout ce tēps, Iullie & sa Secōde, sans sçauoir ni l'vne, ni l'autre ce qui se passoit en leur interieur, estoiēt en grād esmoy, presage asseuré de quelque euenemēt, non cōmun: car l'esprit de Dieu est tout au rebours de celuy de Sathā, parce que cestui-cy cōmēce par des illusiōs, gratieuses, attrayātes, delicieuses, l'Ange de tenebres, dit l'Escriture, se trāsformāt en Ange de lumiere; mais il finit par des troubles, des inquietudes, des effrais, & des desplaisirs, mais celui-là au rebours estōne au cōmencemēt, cōme l'Ange qui troubla la S. Vierge en sa salutatiō, & le S. Esprit qui esbranla tout le cenacle en sa venuë sur les Apostres, mais à la fin il laisse l'ame rēplie de cōsolations, de suauitez, & de douces lumieres. La suggestiō du malin est cōme ceste Courtisane de l'Escriture qui a le miel sur les levres, mais le venin d'a spic sous la lāgue, & ses extremitez ameres, cōme l'absinthe; l'inspiratiō au contraire, qui n'est pas reuelee par la chair & le sāg, espouuante le sēs à son abord, d'autāt que cōme vn vēt impetueux, elle bouleuerse ses maximes, mais à la fin ce bolume amer à la bouche, se rend doux comme le miel estant aualé. Ce qui paroissoit impossible se treuue facile,

& les chemins les plus raboteux sõt applanis. Tout cet orage qui esleue tant de pensee, cõme autant de vapeurs és cœurs de ces deux deuotes, continuë, sans sçauoir d'où leur procede ceste esmotion, non encore experimentee, & sans cognoistre encore moins où elle aboutissoit. O Dieu! que vous-vous plaisez à faire espreuue par la suspension des ames qui vous aiment ; c'est pour cela que Dauid vous coniure en tant de lieux, de luy monstrer, & de luy declarer seulement vostre volonté, parce qu'il y courra, il l'embrassera aussi tost, d'autant qu'il la veut de tout sõ cœur. L'Office acheué, & midy approchãt, il estoit temps de penser à la retraite, la pluye toutefois ne cesse point ; ains, comme c'est l'ordinaire és iours pluuieux, elle se renforce sur le milieu du iour, d'autant que plus le Soleil est haut plus il a de force, & plus il a de force, plus aisement fend-il les nuees, & les fait resoudre en pluye ; c'est ce qui empesche le carrosse de reuenir, on attend tousiours que ceste ondee cesse, & elle continuë : cependant Iullie, qui a peur qu'on attende apres le repas, craignant d'incommoder son beau-frere, & sa sœur, commande à ce petit lacquais qui la suiuoit, sans penser à autre chose, d'aller faire venir le carrosse, ou s'il est dans la ruë de le faire

faire auancer deuant la porte de l'Eglise, de peur qu'elle ne se mouillast en y entrant; le lacquais ne le treuuant point en la ruë, court à la maison pour le faire arriuer en diligence. Durãt ceste diligence empressee (ô actiueté de l'esprit de Dieu, que tu es ennemie des retardements!) voicy arriuer la bien-heureuse inspiration, ce moment duquel despend l'eternité, ô perle sacree, rosee d'enhaut, germe celeste, que bien-heureux est le cœur qui te reçoit comme vne marque sacree, & qui te conserue soigneusement! L'esprit de Dieu, comme vn Samsõ, s'empare du cœur de Iullie, & luy fait voir en vn clin d'œil, que c'estoit là le temps destiné à sa deliurance, & que ceste orageuse tẽpeste estoit la part de son calice, sans consulter autrement, elle prend ceste occasion aux cheueux; & estant auec Secondine soubs le portail attendant la venuë du carrosse, se retournant vers elle: Ma chere amie, luy dit-elle, pourrions-nous esperer vne plus fauorable occurrence pour la fuite que nous projettons il y a tant de iours, que celle qui s'offre maintenant? Faut-il que de l'eau, de laquelle nous aurõs tout loisir de nous secher, quand nous serons recluses pour toute nostre vie, nous empesche de nous ietter en lieu de sauueté, ce mauuais temps a empesché nostre

T

importun discoureur de se rendre chez nous ce matin, & nous a desobsedees de sa presence, vostre compagnie, & mon autre femme de chambre se sont escartees pour diuers sujets, ce petit emerillon de lacquais n'y est pas, le carrosse ne paroist point; si vous auez autant de courage que moy, nous ferons vn effort, & par cet essor nous ferons banqueroute au monde. Ha! Madame, répliqua Secondine, que c'est bien Dieu qui parle par vostre bouche à mes oreilles, il y a desia deux heures qu'il dicte cela mesme à mon cœur, mais le respect que ie vous dois retenoit ceste verité iniustement prisonniere en ma langue, n'osant pas, tant i'estois lasche, vous proposer ceste fuite par ce mauuais temps. Allons à l'arche, Madame, allons, fust-ce à trauers le deluge, allons hardiment: O que ce me seroit de gloire de mourir à vos pieds, d'estre noyee deuant vos yeux; non ie ne vous abandonneray iamais, ny à la mort, ny à la vie. Ces paroles furent autant de flammes ardantes dedans le cœur de la genereuse Iullie, laquelle toute embrasee du desir qui flamboit dedans sa chaste poitrine il y auoit tant d'annees, n'eut pas craint que toutes les eaux de l'Ocean eussent amorti le brasier de sa charité. Si qu'elle eust peu dire côme

le braue Ænee du Poëte incomparable:
Mourons, & d'un effort vaillamment furieux,
Lançons-nous au trauers des perils glorieux,
N'esperer nul salut, semble le salut mesme,
Aux cœurs violetez d'vne infortune extrême.
Estãt dõc resoluë de frãchir le pas, & de tenter si la fortune, ou plustost la prouidéce diuine lui seroit fauorable. Si vous m'aimez dit-elle, ma bonne amie suiuez-moy, sortós de la terre maudite du mõde, hastons-nous d'êtrer au repos que nous sẽblent monstrer les adorables destinees ; & allõs au lieu que Dieu nous marque en la terre, pour y attẽdre en patience sõ salutaire, & pour y acquerir par nos trauaux vn rãg honorable dedãs le ciel. Disant cela, iettãt vne grãde escharpe sur sa teste, & sçachant qu'il estoit plus tẽps d'agir des pieds que de la lãgue, elle prẽd des pieds cõme d'vn cerf qui fuit vne meute alteree de son sang, & qui prẽd la route des lieux esleuez, pour sauuer sa vie; elle prend des aisles comme de colõbe, pour se lancer dans les trous de la pierre les cellules d'vn Monastere ; & esuiter les serres de plusieurs Gerfaux. Qui a iamais veu vne troupe de canars sauuages espouuãtee par le coup d'vn bastõ à feu tiré par vn giboyeur, se retirer çà & là dedans vn grand marescage, qui parmi les roseaux, qui dedãs les creux des

T ij

arbres qui plongeans dedans l'eau, qui s'enfonçans dans la bourbe, qui s'esleuans, puis fondans tout à coup, depeur de l'oyseau qui veut fondre sur eux, qui nageans & battans de l'aisle, pour esuiter les attaintes du chien, qui s'auance dedans l'eau pour les prendre, il a veu quelque idee de ce que ie vay representer. Ie prie le Lecteur, principalement s'il a esté, & s'il a seiourné quelque temps en ceste grande Ville, hors de laquelle tout le reste du monde est vn exil, de se representer vn grand lauage de pluye, qui fait que le ciel despité contre la terre, monstre vn image de deluge; alors de tous costez par les goutieres qui pendēt sur les ruës se respandent comme des torrens d'eaux qui changent les ruisseaux en de petites riuieres: & parce que la situatió de ceste Cité est fort plate, la pente en est si molle, que les eaux qui tombent du ciel sont aisees à se ramasser, & difficiles à escouler; alors les carrosses sont de saison pour ceux hui ont à marcher pour des affaires necessaires, afin d'esuiter les arrosoirs d'enhaut, & encore plus ceux d'enbas: car quant à ceux qui sont à pied, l'impossibilité de tirer chemin les oblige necessairement à la retraitte dans les maisons iusques à ce que ces petits torrens ayent desenflé leur orgueil: nonobstant toutes ces difficultez, comme si Iullie & Secondine eussent marché sur les eaux, elles se mettent en la voye sans autre guide que de la belle estoile de l'inspiratiõ qui les conduit, & sãs autre escorte que de la colõne du feu de leur zele, & de leur resolution determinee. Imaginez-vous encore, Lecteur, combien il y a loing depuis la porte de sainct Germain, aupres de laquelle est assis le grand Conuẽt des Cordeliers, & les marais du Temple où est le Monastere de saincte Elizabeth : car & le tẽps, & la saillie, & l'occasion, & la distance des lieux, & la qualité des personnes, & leur façon de cheminer, & le conseil, & le courage, & la promptitude de l'execution sont toutes circonstances considerables en ceste occurrence. Mais ce n'est pas assez qu'elles passent par l'eau, & qu'elles nagent, s'il faut ainsi dire, entre deux eaux ; il faut aussi auant qu'elles entrent au rafraischissement de leurs peines, qu'elles trauersent les feux, comme faisoient ceux qui deuoiẽt iadis aborder le Roy des Tartares, en voulez-vous de plus chauds que ces rencontres ? Nos deux timides colombelles s'estans glissees par ces petites ruës qui vont des Cordeliers à sainct Andre des arts, pour esuiter l'embarras ordinaire de la ruë de la Harpe, & aussi le Palais comme vn

T iij

escueil, de peur d'y rencontrer le mary de Diane à son retour, en s'escartant de Scylle, elles tombent en Caribde. A peine auoient-elles passé sainct Seuerin pour aller par le petit pont sur celuy de Nostre-Dame; qu'elles treuuent au petit Chastellet vn embarrassement si grand, à cause du ramas des eaux qui y faisoit vn petit fleuue sur le voisinage de la Seine, qu'il n'y auoit aucune apparence de pouuoir tirer plus auant, les carrosses, les charrettes & les cheuaux tracassoient, rouloient, se delattoient auec vn bruit & vn fracas qui passe le moyen de le bien exprimer; les gens de pied beans és boutiques voisines, sont contraincts d'imiter ce rustique du Poëte qui attend en vain, qu'vn ruisseau soit escoulé pour passer : la plüye ne cesse point, & les ruisseaux encore moins, n'estans que les effects de ceste cause. Ce retardement est vn coup mortel à nos Nymphes fugitiues : car si vne fois elles sont recogneuës de quelqu'vn en ceste grande multitude, elles seront remarquees & suiuies à la trace. Pour ne faire donc point comme ces oyseaux qui pour estre trop long-temps perchez sur vne branche, donnent loisir à celuy qui les couche en ioüe de les tirer, & de les tuer ; elles repassent par la ruë de la Huchette, & gaignenr le Pont sainct Michel, pour continuer leur chemin par le Marché-neuf, vers le Pont de Nostre-Dame ; & ne voila pas qu'au sortir du Marche-neuf, assez pres de l'Hostel-Dieu, elles vont rencontrer le mary de Diane reuenant du Palais dans son carrosse auec la haste, que tous les autres auoient de se retirer durant vn si mauuais temps. S'il fut estonné de voir sa belle-sœur à pied parmy les fanges & les eaux, nos Pelerines ne le furent pas moins à sa veuë. Il luy demande où elle va ainsi, & par vn temps si cruel, à l'Hostel-Dieu, dit-elle, apres auoir fait dire aux Cordeliers l'anniuersaire de ma belle-mere. Il la conuia & pressa de monter dedans son carrosse, & de remettre ceste deuotion à vne autre fois ; Iullie froidement, & sans tesmoigner les extremes alterations qu'elle auoit en l'ame, le prie de la laisser acheuer, puis qu'elle en estoit si pres, & de luy enuoyer son carrosse pour la remener, sans l'attendre au repas, d'autant que l'heure estoit tarde. La presse des carrosses & charrois suiuás ne leur permit pas plus long discours, le cocher touche, & voila Iullie deliuree. Madame, luy dit

T iiij

Secondine, prenons courage, Dieu est auec nous, il n'y a plus rien à craindre; il est bō de s'asseurer, dit Iullie, mais sans presomption: car il arriue bien des accidens entre le verre & la leure. Mais quoy qu'il arriue, il faut passer ou mourir. Elles estoient desia crottees & moüillees à toute extremité. Quand elles furent sur le pont de Nostre-Dame, à chaque Cheualier qu'elles rencontroient en housse (comme la peur forge tousiours les images de ce que l'on craint) elles s'imaginoient sans cesse que c'estoit Montange, ce qui leur fit faire diuers plongemens dans les boutiques, pour faire comme ces perdrix qui pensent n'estre pas apperceuës, quand elles ont la teste cachee; & comme si le ciel eust voulu essayer leur constance, & leur ramener deuant les yeux tout ce qui les pouuoit effrayer: Elles virent passer dans vn carrosse le frere aisné de Iullie auec son beau-pere, qui reuenans du Palais de l'exercice de leurs charges, tiroient au quartier de sainct Anthoine où estoit leur demeure. Voila encore vne autre escueil esuité, mais Dieu vueille les preseruer de la veuë de l'amoureux Baron: car quelque excuse qu'elles forgent elle ne sera point receuable, pour l'empescher de se mettre en devoir de les accompagner quelque part qu'elles aillent, & representez vous si c'estoit l'escorte qui leur faisoit besoin. Comme elles estoient aupres de l'eschelle du Téple elles entendirent venir de loin vn carrosse qui alloit au galop auec vn bruit tel que vous le pouuez imaginer, plusieurs cheuaux couroient apres & vne grãde suitte; chacun s'escarte de ce torrent, nos Dames à l'auantage se iettent dedans la premiere porte qu'elles rencontrerent: Secondine qui auoit tousiours l'œil au guet recognut aux liurees vertes que c'estoit Monsieur de Guise qui reuenoit du Louure, & pour preuue que ce n'estoit point par l'imagination qu'elle auoit veu le Baron à la portiere: entre les cheuaux qui couroient elle dit à sa maistresse qu'elle auoit apperceu vn de ses pages qui alloit à toute bride. Vne soudaine frayeur s'empara du cœur de Iullie qui la pensa rendre immobile comme ceste femme sallee que la veuë d'vne ville perissante changea autrefois en rocher. Estranges effets de la peur, tantost elle engourdit les pieds, tantost elle donne des aisles. Ce glaçon reschauffé par la chaleur du sang les esprits reuindrent à Iullie, laquelle n'en pouuoit presque plus, car de sa vie elle n'auoit fait vne telle coruee, mais appuyee & souſtenuë de Secondine elles vont à trauers les eaux deſbordées & les feux des apprehenſions au but de leur dernier pelerinage. Que de vœux chauds & ardens faiſoient ces bonnes ames à celuy qui eſt venu illuminer ceux qui ſont dans les tenebres pour addreſſer leurs pas és ſentiers de la paix. Enfin elles en furent quittes pour la peur, laquelle en certains eſprits fait autant d'effort & d'auſſi rudes impreſſions que le mal meſme. Et arriuees au lieu où on les deuoit receuoir auec vne parfaite charité, elles bannirent alors toute crainte. Mais elles ne ſe deffirent pas ſi toſt de leur laſſitude, de leurs crottes & des eaux qui les trauerſoiét de toutes parts, car elles arriuerent à S. Elizabeth en vn equipage tel qu'elles pouuoient dire à la lettre auec Dauid, Les eaux ont penetré iuſques à mon ame, ie me ſuis enfoncé en de profondes bouës, ie ne ſuis que fange en toute ma ſubſtance, au milieu de la haute mer la tempeſte ma penſé engloutir. A la verité comme a depuis aſſeuré le Pere Victor, c'eſtoit vne choſe digne de ris & de compaſſion tout enſemble, de les voir en la façon qu'elles arriuerent, car ſi Paris tire ſon nom en Latin d'vn autre qui signifie bouë, à cause des perpetuelles fanges de ceste grande ville qui n'en est iamais exempte, ny dãs les froidures les plus glacees, ny dans les plus seiches chaleurs: imaginez-vous quelle elle deuoit estre durãt ce lauage d'eaux, sinõ vn abisme de crottes. Certes l'equippee de ces Dames quand je l'oüis reciter, me fit aussi tost souuenir de celle de l'Amante sacree dedans le Cantique, laquelle cherche son bien aimé par les ruës, les places, & les carrefours de la cité, où elle fait tant de fascheuses rencontres, & principalement des gardes de la ville, qui la battent, lui enleuent son manteau, & la prennent pour vne coureuse, bien qu'elle passast en pudeur l'honnesteté mesme. Prosternées aux pieds du P. Victor elles lui racontent tout simplemét leur inspiration, lui reuelent leur cause, & le conjurent par les entrailles de la misericorde de Iesus-Christ, de leur faire ouurir non la porte de leur azile seulement: mais comme il leur sembloit celle du Paradis; parce qu'elles aimoient les portes de Sion plus que tous les tabernacles de Iacob, la part de leur heritage n'estãt autre en leur desir que de demeurer dans les paruis du Seigneur tous les iours de leur vie. Victor touché au plus vif de son ame d'vne telle action & y recognoissant manifestement le doigt de Dieu leur accorde leur demande, & pour faire le tout auec plus de prudence & de seureté, il fait appeller la mere Superieure, laquelle bien qu'elle fust malade à l'infirmerie accourut à la voix de l'obedience, cōme si elle eut esté bien saine: là il fut concerté que Iullie & Secondine seroient admises sur le champ, parce qu'il y auoit du danger au retardement. Les Religieuses estoient alors toutes à la recreation en vn lieu fort escarté de l'infirmerie, laquelle estoit en vn corps de logis tout à fait sequestré de la cōmunauté, pour lors il n'y auoit personne à l'infirmerie que la mere Superieure & la sœur qui l'assistoit en sa necessité. L'Eglise estoit fermée, il n'y auoit personne au Conuent qui peust apperceuoir ceste entree, sinon le compagnon du P. Victor qui lui mit sur les levres le cachet qu'Alexandre mit sur la bouche d'Hephestion, lui cōmandant le silence Iullie & sa suiuante entrent sans bruit & à la sourdine, & sont mises à vne seconde chambre qui estoit à l'infirmerie, à laquelle on ne pouuoit aborder sans trauerser celle où la mere Superieure estoit malade. Là nos nouuelles hostesses eurent le loisir non pas de changer d'habits, car elles n'auoient rien de toutes les despouïlles d'Egypte que ce qu'elles portoient sur elles, d'autant (cóme nous auons dit) qu'elles estoient sorties de la maison sans aucun dessein. Tãdis qu'elles sont heureusement arriuees au port apres ceste grande tourmête, & qu'elles r'amassent le débris de leur heureux naufrage, estant desormais à l'abry dans les paruis de la maison de Dieu, & au milieu de Ierusalem, c'est à dire, de la vision de paix. Donnans vn coup d'esperon vers le monde pour voir ce que l'on y fait. Le carrosse de Iullie l'attendoit tousiours à la porte des Cordeliers, tandis que le petit laquais la cherche dedans l'Eglise sans l'y rencôtrer. Son beau-frere lui renuoye le sien à l'hostel-Dieu où elle lui auoit dit qu'elle seroit & sans mentir toutesfois, car elle estoit en vn hostel de Dieu d'où elle ne vouloit pas sortir, mais y demeurer toute sa vie en qualité de pauure par le vœu solennel de la pauureté volontaire. Voila deux carrosses qui attendront long-temps si on ne les releue de sentinelle: mais apres auoir esté iusques sur le tard en arrest, les cochers les ramenent à vuide, l'estonnement pour cela ne s'en mit pas à la maison, car quelquesfois Iullie faisoit de semblables incartades pour visiter les prisonniers & les malades des hospitaux, exercices bien-seante à tous les deuots, mais principalement aux vefues pieuses, tesmoin Dorcas. Mais quand la nuict eut tendu ses voiles sur la face de la terre, & que chacun se retirant Iullie ne parut pas alors, on commence à presager quelque chose qui deuoit apporter du trouble, Montange qui de tout le iour n'estoit venu au logis de Diane, tant pour le mauuais temps que pour auoir esté embarqué au ieu toute l'apres-disnée, y arriua pour y passer la soiree selon sa coustume, & pour repaistre ses yeux affamez de ce bel objet sans lequel il ne pouuoit viure. D'abord quand il vid tout le monde effrayé de l'absence de sa maistresse, il en fut frappé comme d'vn coup de foudre.

Et son esprit par vn instinct fatal
Luy presagea toute sorte de mal.

Il fut vne longue espace sans dire mot, allangoury & morne, comme vne abeille qui a perdu son aiguillon, & saisi comme vn berger qui voyant inopinemēt le loup emportant sa brebis en perd le vent & la voix, a parole & l'haleine.

Celuy ne monstre pas estre atteint d'vn grand coup,
Qui ne sçauroit tenir sa blessure secrette,
Ceux-là souffrent bien peu qui se pleignent beaucoup,
La moindre douleur parle, & la grande est muette,
Pourquoy voudrions-nous voir sa plainte & ses sanglots,
De si poignāt regret nous dépeindre l'image,
Certes si pour son mal nos yeux ne sont point clos,
Il est assez au vif dépeint en son visage.

Enfin reuenu de ceste douleureuse extase, & perdant le sens, s'il faut ainsi dire, à mesme qu'il luy reuint, Dieu que ne dit-il, que ne preuit-il,

Et qu'il fut veritable en ses mauuais presages.

Il se vit semblable à ces Alchimistes, lesquels apres auoir distillé leur cerueau & leur bourse, & alambiqué toute la substāce de leurs biens & de leur esprit, estans sur le point selon leur opinion d'éclorre ceste benite pierre qui doit rendre histoire la fable de Midas, viennent sans y penser à casser vn verre & à voir euaporer & reduire en fumée,

Tant de labeurs nuict & iour entassez.

Et tant d'essais tout d'un coup renversez.

Laissons là ce qu'il dit, & regardons ce qu'il fit, mais que fit-il, certes rien, sinon battre l'air de la langue, & la terre du pied: il fit plusieurs tours de sale, puis tantost se seant sur une chaire, tantost se leuant, tantost se couchât sur un lict vert, & ne treuant en aucun endroit le repos qu'il recherchoit par tout, apres mille & mille pensers fantastiques il demeure tousiours confus, & tousiours irresolu. Car où est-ce que ce Nisus trouuera son Euriale dans ceste grande forest de Paris? Diane & son mary assez perplex de leur part ne pouuoient que deuiner de l'essor de celle qui n'auoit pas pris des aisles pour aller aux extremitez de la terre pour fuir deuant la face de Dieu: mais plustost pour rechercher la clarté de ce beau & adorable visage de la Diuinité. Montange qui croit que son ame s'en est enuolee, veut voler apres, ou la r'appeller s'il peut par souspirs & par larmes, comme si les cris & les vœux d'un amant estoient des murmures & des accens magiques.

Capables d'arracher des cieux la Lune mesme.

Mais où ira-il, de quel costé tournera-il, en ce temps, en ces heures là, s'il va en diuers lieux demander sa maistresse, ne la diffameramera-il pas en autant d'endroits que s'estendra son enqueste: car pour vn enfant esgaré ou perdu encore baste, mais pour vne femme, vne femme de ceste qualité, de ceste reputation, vne femme pleine de tant d'honneur deuant Dieu & deuant les hommes: cela est vn peu nouueau & pour parler rondement, est trop suspect. O qui luy a rauy son Europe, fust-ce Iupiter, il la tirera de ses bras, fust-elle en la plus haute sphere. Diane ne sçait par où le prendre pour le remettre, ny son mary partisan de sa peine comme de son dessein, que luy alleguer laquais, pages, valets, seruiteurs, seruantes, tout est mis en message pour aller à ceste queste sans iugement, sans discretion, & sans esgard de l'heure, ny sans penser à quel hazard ils commettoient la renommee de ceste vertueuse Dame. O que de gens à qui on en demanda des nouuelles eussent bien voulu l'auoir en garde, ie croy bien qu'ils eussent bien conserué pour eux ce tresor, & que de depositaires ils eussent tasché de s'en rendre les maistres. Cependant cela met l'alarme bien chaude chez tous les parens, car en de semblables accidens tout vn parentage est interessé. Durãt que la nuict toute courõnee d'estoiles se me

V

des pauots par tout, qui iettans le sommeil dedans tous les yeux donnent le repos à tout le monde, & esgalent par le dormir la condition des plus miserables, à ceux qui sont les mieux fortunez; ceste tranquillité n'entre point dans la maison de Diane, car la voila toute par les fenestres. On tasche de flatter le mal du transporté Montange de diuerses petites apparences qui n'auoient non plus de subsistance que l'iris, ces petites artifices irritēt & aiguisent son desespoir au lieu de l'emousser. Peut-estre que le mauuais temps aura retenu Iullie chés quelqu'vne de ses amies, mais elle auroit fait sçauoir de ses nouuelles, comment elle n'a que Secondine qui ne la quitte non plus que l'ombre, le corps: Secondine que iamais le Baron n'a peu rendre flexible à fauoriser ses desirs, c'est ce qui le tue. Elle est peut-estre chés quelqu'vn de ses freres, les coureurs qui reuiennent r'apportent que non. Peut-estre, disoit Diane, que son extrauagante deuotion l'ayant attachée aupres de quelque agonizant en vn Hospital elle n'aura point voulu l'abandonner qu'il n'ait rendu l'ame, & cela l'aura mise si auant dans la nuit, qu'elle n'aura pas eu le courage de reuenir. Ayons patience le matin nous apportera de ses nouuelles; cependant

Elle presse en son ame vne haute douleur,
Presageant de cecy vn sinistre malheur.

Si bien qu'elle eut peu dire fort iustement ces paroles que le plus grand des Poëtes Romains attribuë à Anne, sœur de la Reine de Carthage.

Auois-tu donc ceste fraude conceuë,
O chere sœur, m'as tu ainsi deceuë?
As tu bien pû me celer tes secrets
Pour me donner en pillage aux regrets?

Ceste nuict accompagnee de tant d'ennuis parut d'autant plus longue que l'impatience estoit grande de ceux qui attendoient le iour. Aussi tost donc que l'aube commença a esteindre les roses sur le balcon de l'Orient. Montange qui auoit aussi peu dormi que despoüillé de toute la nuict, demande son cheual, sans sçauoir quelle route il deuoit tenir, ny quelle resolutiõ il deuoit prẽdre, si bien qu'il alloit plustost courir apres l'ombre de son desespoir, qu'apres le projet d'aucun, suite qui fust asseuree. Montange, vous n'estiez que tres-bon Prophete quand vous disiez qu'il n'y auoit que Dieu ou le tombeau qui vous pust rauir ceste Iullie que vous teniez pour vostre; car c'est vrayement Dieu qui vous l'a enleuee, & qui l'a mise dedans vn Cloistre, qui est le

V ij

tombeau des personnes viuantes, ou ceux qui sont morts au siecle de la mort appellee ciuile, viuent en de claires obscuritez incognus au mõde, mais bien cognus de Dieu qui a ses yeux sur les iustes: où ceux qui sont blessez du trait de la diuine amour, dorment comme dans des sepulcres, & reposent en paix en celui qui est tousiours luymesme. Voila vos artifices au neant, vos filets rompus, & vos toiles d'araignees emportées par le vent. Ne pouuant plus durer dedans ceste maison qui lui sembloit aussi sombre qu'à Harpaste celle de Seneque, parce qu'il n'y voit plus l'astre sans qui l'œil du iour ne l'esclairoit qu'auec peine, il va rodant par tous les lieux où il pense que Iullie fust cognuë. Il perd plus de pas qu'vn chasseur, car bien qu'il chasse de haut vent, si ne peut-il en ce grand chaos de Paris apprédre aucunes nouuelles de ce qu'il cherche, car c'est vouloir suiure vne nauire à la trace sur la mer, que penser trouuer vne personne sans bonnes enseignes en vne si grande ville. Il reuient chez Diane apres auoir bien trotté & s'estre aussi bien crotté qu'il estoit bien botté, aussi sçauant qu'il en estoit party, sa sœur ayant aduerty ses freres de ceste saillie fait auec eux des diligences merueilleuses. Desia ils concluent qu'elle n'est en aucune maison du siecle, & qu'il faut qu'elle soit en quelque Monastere, ou sortie de Paris pour aller trouuer sa mere en Picardie. Ce qui met nostre Amant en des agonies inexplicables. Luy qui estoit si liberal à nous expliquer par de beaux vers ses ioyes & ses esperances n'en pourra-il point attendre de nous qui luy representent sa perplexité ? & ceux-cy n'y pourroient-ils point arriuer.

En quel obscurité le ciel m'a il reduit,
  Mes beaux iours sont voilez d'vne effroyable nuit,
  Et dedans vn instant comme l'herbe sechee,
    Ma liesse est fauchée :
Mes discours sont changez en funestes accens,
Et mon ame d'ennuis est si fort esperduë
Qu'ayant perdu Iullie & ensemble le sens,
Ie crie, & ne sçay point ce qu'elle est deuenuë.
Agreable seiour qui me fustes iadis
  Lors que i'estois heureux vn si doux paradis,
  Quand de mille douceurs la faueur de Iullie
    Entretenoit ma vie :
Or que la triste absence en l'enfer où ie suis,
  D'vn piteux souuenir me tourmente & me tuë,

V iij

Pour consoler mon mal & flatter mes ennuis,
Dittes moy pour le moins ce qu'elle est deue-
nuë.

Mais tandis que nous le faisons lamenter, ne vous semble-il pas que nous fassions tort à sa diligence? Tandis que les parens se preparent à la chercher parmy les Conuens, vne fausse nouuelle qui leur vint d'vn carosse fermé qui tiroit du costé d'Amiens, leur fait croire que c'est Iullie qui s'en va en ceste contree se ietter entre les bras de sa mere & de sa Religion. Soudain sans autre consultation, Montange prend la poste, & fut à Amiens aussi tost qu'vn éclair qui se trouue en l'Occident dés le point qu'il paroist à l'Orient. Certes quelque diligence qu'eust fait Iullie, si elle eust pris ceste route, elle eust esté deuancee par son poursuiuant: car vn amant qui sçait ce qu'il aime, va bien plus viste que celui qui fuit ce qu'il n'aime point, parce que celui qui n'a point d'amour s'ennuye en marchant, mais celui à qui l'amour preste ses aisles, va vers l'objet aimé, comme la pierre qui tombe de l'air & se precipite vers son centre. Ce voyage ne seruit qu'à donner l'allarme à la triste mere sur la perte de sa fille, dont l'esperdu Baron luy porta la nouuelle. A peine pouuoit-il croire que ceste ancienne Dame luy dist la verité quand elle protestoit que sa fille Iullie n'estoit point dedans son Monastere, mesme qu'il y auoit long temps qu'elle n'auoit eu de ses nouuelles, tant il s'estoit fortement persuadé que sa maistresse ne pouuoit auoir eu recours autre part; enfin les larmes veritables de ceste mere, & les souspirs de sa fille qu'elle auoit pour compagne en ce Monastere, auec l'attestation des Peres Confesseurs, & l'enqueste qu'il fit par la ville de ce carrosse imaginaire, lequel personne n'auoit veu, le contraignirent de se contenter de ceste declaration, ne pouuans d'ailleurs faire vne plus ample visite, il demeura vn iour aupres de ceste Dame, de laquelle le courage auoit esté en quelque façon gaigné par les lettres de Diane en faueur de l'alliance de Montange, lequel de sa part estoit si bien fait & de si bonne mine, qu'il estoit capable de se faire desirer pour gendre à ceux qui se laissoient prendre aux graces de l'entregent, bien que son esprit fust au plus grand trouble qu'il eust iamais experimenté, si est-ce qu'il le calma de telle sorte qu'il en obtint assez de clarté pour entretenir ceste bonne Dame, sur l'esprit de laquelle il gaigna incontinent tout ce qu'il voulut par les belles & dorees persuasions dont les courtisans ont accoustumé de parer, non leurs raisons, mais leur langage. Il luy dit des merueilles touchant les grandeurs de sa naissance, la gloire de ses ancestres & de sa parenté, cachant sous ceste fueille éclattante les deffauts de ses moyens hypotequez pour mille despéces, il proteste que ce n'est point l'interest des biens qui luy donne tāt de passions pour Iullie, mais que ce sont ses beautez & ses vertus qui l'ont soustrait à luy mesme. Qu'estant embarqué en ceste recherche sous les asseurāces de Diane qui lui auoit dōné parole qu'il ne perdroit point son temps, ny ne se trauailleroit point inutilement en ce seruice. Qu'il croyoit qu'en sa cōsideration elle lui en eust escrit, & qu'apres tant de douces esperāces se voir frustré d'vne attente si legitime, & qui aboutissoit dans vn sacrement si honorable comme est le mariage, ce seroit l'immoler à la risee de la Cour qui estoit toute abreuuee de ses pretésions, & lui mettre mille querelles sur les bras, lesquelles auec le desespoir de se voir frustré de ce qu'il aimoit le plus, le mettroit au hazard de perdre son ame auec sa vie. Ces discours ietterent de la terreur & de la pitié dans l'ame de ces deux Religieuses, lesquelles tascherent à le consoler le mieux qu'elles peurent, mais rien ne le contenta tant, que quand il vit qu'il auoit plié l'esprit de la mere à condescendre à sa passion: car alors se tenant aussi fort que s'il eust esté vray possesseur de Iullie, il s'imaginoit que les peres & meres pouuoiēt faire de leurs enfans, comme les marchands de leur marchandise qu'ils baillent à qui, & à tel prix qu'il leur plaist; en quoy il se mescontoit de toute l'estēduë du ciel & de la terre, puis qu'il n'y a point de loy en la terre qui puisse preiudicier aux droicts du ciel, l'obeïssance que l'on doit aux Parens, ne pouuant pas seulement estre licitement, mais glorieusement, mais sainctement enfrainte quand elle s'oppose à l'offrande que les enfans veulent faire d'eux-mesmes, comme d'hosties viuantes & agreables à la diuine Majesté: car tout ainsi que la premiere sphere mobile traine toutes les autres inferieures apres soy, par la rapidité de son cours; de mesme ce grand & general deuoir que la creature a vers son Createur, non seulement enclot, mais engloutit, mais entraine à sa suite tous les autres offices dont l'vn est redeuable à tous ses Superieurs:

Dieu tout premier, puis pere & mere honore,

A chanté noſtre Caton François. Noſtre coureur ayant par ſes belles paroles picoré ce conſentement de la mere, s'en retourne chargé de ceſte fleur & de ceſte roſee à la grande ruche de Paris, pour y compoſer le rayon de miel, de la douceur qu'il ſe promet au mariage de Iullie, il vole ſur les aiſles d'vne douce eſperance, iugeant bien qu'elle ne pouuoit eſtre cachee ſi long-temps, qu'en fin l'on ne deſcouurit les tenebres où elle auroit eſleu ſa cachette, & ſe faiſant fort, l'ayant eſuentee, de la recouurer à quelque prix que ce fuſt, ou par force, ou par amour. Pour le deſennuyer en ſon retour, faiſons-luy charmer ſon ſoucy par ceſte Poëſie.

Où eſt ce cher obiect de moy tant ſouhaité,
Où eſt de mes beaux iours ceſte douce clarté,
Qui regnoit en ſa veuë, ainſi que dans mes veines
   Les ſoucis & les peines.
Echo, fille de l'air, qui ſens ainſi que moy
Es liens d'amitié ton ame detenuë,
Compagne de mon mal aſſiſte mon eſmoy:
   Et reſponds à mes cris, qu'eſt-elle deuenuë?
Tandis que ſon regard mes iours embelliſſoit,

L'agreable Printemps en mon cœur fleurissoit,
Le bon-heur de la voir rendoit par vne at-
.tente
   Ma pensee contente.
Ores que le mal-heur m'en a voulu priuer
 Mes yeux tousiours moüillez d'vne humeur
  continuë
Ont changé leurs saisons en la saison d'hyuer,
 N'ayant peu descouurir ce qu'elle est deuenuë.
Mais quel lieu fortuné si long-temps la re-
 tient?
 Le Soleil qui s'absente au matin nous reuient,
Et par vn iour reglé sa cheuelure blonde
   Esclaire tout le monde.
Si tost que sa splendeur fust ostee à mes yeux,
Elle est aussi soudain qu'vn esclair disparuë:
Et quoy que i'aye fait cherchant en diuers lieux,
Ie n'ay peu descouurir ce qu'elle est deuenuë.

Reuenu qu'il fut à Paris, il en apprend aussi peu de nouuelles qu'en Picardie, dequoy il entre en vne rage desmesuree, accusant tout le monde de lascheté, & de paresse, comme si chacun eust esté picqué au ieu comme luy. Ce qui me faict souuenir (sans comparaison toutefois) de ceste Amante sacree qui demande à tous ceux qu'elle rencontre, ne l'auez-vous point veu celuy que cherit mon ame? sans en donner d'autres enseignes, comme si tous ceux à qui elle parloit en eussent en l'idée aussi viuement qu'elles emprainte dedans le cœur. Et encore de ceste Reyne des ames Penitentes, qui cherchant le Sauueur, dõt elle n'auoit point treuué le corps au sepulchre, demandoit à ceux qui estoient en son chemin, ne sçauez vous point où il est? & ne l'auez vous point enleué? sans dire qui estoit celuy-là dõt elle estoit si empressée. Le voila qu'il va luy-mesme par tous les Conuents demander si l'on n'y auoit point receu sa Maistresse; il deuoit adiouster sans son congé, comme s'il en eust esté, non le seruiteur, mais le maistre: & puis quelle Maistresse? Imaginez-vous si toutes les Religieuses de Paris estoient obligées de sçauoir qui estoit la Maistresse de Montange?

O qu'il est malaisé d'estre amoureux & sage,
Autant qu'estre posé alors que l'on enrage.

Vraiment cecy est remarquable en son reuers. Les Religieux principalement, si ce sont des Religions mandiantes, font ordinairement la queste par le monde, & voicy le monde qui fait la queste, ou pour le moins l'enqueste parmy les Conuents. Montange reuient aussi sçauant de ses inquisitions qu'il y est allé; si bien qu'il croit que tout l'Vniuers a conspiré sa ruine. Ce qui le fasche est, que ces Cloistres, particulierement de Nonnains, sont moins penetrables que les prisõs: car encore entre-t'on dans les Conciergeries les plus estroittes, pour y aller consoler les pauures prisonniers. S'il s'en plaint, il n'y a celuy qui ne se rie plustost de son humeur, que d'en auoir compassion.

Il a beau se douloir, il a beau souspirer,
Il a beau de ses yeux des fontaines tirer,
Il a beau se debattre, & se mettre en ceruelle,
    Chacun la luy recelle.
O Maisons! ô Conuents! ô vous qui la cachez,
Et qui contre son gré l'auez tant retenuë:
Si iamais de pitié vous-vous vistes touchez,
Helas! respondez-luy, qu'est-elle deuenuë?

Peut-estre s'estonnera le Lecteur de ceste longue suspension, & comme il se peut faire qu'vne Dame de ceste qualité ait peu estre cachee l'espace de quinze iours, sans qu'on peust par aucun artifice descouurir le lieu de sa retraitte; mais il finira son esbahissement, si ie dis que le Pere Victor:

N'ignorant pas quelle horrible tempeste
    Attire sur sa teste
Celuy qui veut en quelque sacré bien
    Se desdier à Dieu.

Selon la parole diuine qui dit, que celuy qui veut embrasser la discipline de la pieté, doit preparer son cœur à la tentation. Pour esuiter, comme vn sage Pilote, le heurt incósideré des premiers mouuemens, qui comme les petits chiens naissent tousiours aueugles; c'est à dire, precipitez & sans iugemēt, n'eust pas si tost mis nos Pelerines à l'abry, qu'ordonnant à la Superieure de les tenir recluses dans ceste chambre de l'Infirmerie que nous auons ditte, de laquelle sans estre apperceuës, elles pouuoient entendre la saincte Messe, iusques à son retour, qui ne pouuoit estre deuant quinze iours, prit de là occasion de s'acheminer vers vn de leurs Conuents, où les affaires de son ordre l'appelloiēt par commissiō il y auoit quelque temps. C'estoit au Monastere de Louuiers, ville du Diocese d'Eureux, mais de la Seigneurie temporelle de l'Archeuesque de Roüen. Tandis qu'il est en ce voyage, il n'y a personne aux Tiercelines qui sçache que Iullie y soit, sinon la mere Superieure & son assistante, si biē que quand on demande à toutes les autres Religieuses si Iullie est parmy elles, toutes protestent que non, & pēsent dire la verité: car elles le croyēt ainsi. La Superieure qui le sçait s'excuse de venir au parloir sur sa maladie, & laisse respondre celle qui commande en sa place, selon ce qu'elle sçait & croit. En tous les autres Monasteres les Superieures & les Religieuses protestent qu'elle n'est point en leurs maisons, & qu'ils ne l'ont point veuë; si nous pouuions enchanter les soucis de Montange à force de chanter, & luy faire oublier cette fuyarde, nous luy ferions vn grand seruice: essayons.

N'espere-ie point de pouuoir soulager
Ceste fiere douleur qui me vient affliger,
Et le iour, & la nuict me poursuit & m'ou-
trage
   D'vne impiteuse rage.
Mais pressé dans des nœuds qu'on ne peut de-
slier,
Il faut priué d'espoir que mon cœur s'esuertuë,
Ou de mourir bien-tost, ou bien de l'oublier,
Puis qu'on ne peut sçauoir ce qu'elle est deue-
nuë.
Comment? que ie l'oublie? ha! Dieu ie ne le puis,
L'oubly n'efface point mes rigoureux ennuis,
Lesquels ma passion a graué dans mon ame
   En des lettres de flame.
Il me faut par la mort finir tant de douleurs,
 Ayons donc à ce poinct l'ame bien resoluë:
 Et finissans nos iours finissons nos mal-
heurs;
 Puis qu'on ne peust sçauoir ce qu'elle est de-
uenuë.

Mais que nous sommes peu avisez de penser guerir par la rime & les airs vne passiõ qui s'en repaist, & qui est mere des vers & de la poësie. Vraiment c'est augmenter la fieure en l'hydropisie en donnant de l'eau ; quoy? pensons-nous que Montange soit picqué des Taranteles mousches venimeuses, des attaintes desquelles on n'est deliuré que par la Musique ; ô qu'il a bien vn autre ton attaché aux oreilles, pour le secoüer par vn si foible ton!

Las! il est bien aisé de guerir par raison
Vne ame qu'vn conseil sagement persuade:
Mais celuy-là qui croit d'vne simple chanson
Guerir le mal du cœur n'en fut iamais malade.
Vn regret seulement renuerse tous desseins.
Rendant plus que iamais vne ame esprise & folle,
La raison pour remede est propre aux demysains,
Bien leger est le mal qu'on guerit de parolle.

Ce n'est pas seulement Montange qui est en peine, mais les parens mesme, lesquels tiennent qu'il y va de leur honneur ; s'ils laissent ainsi perdre Iullie, elle n'est pas de ces choses esgarees qu'õ puisse faire crier par les ruës, encore qu'il ne faille point d'autre trompette que sa sœur, ny d'autre cloche que Montãge ; tout Paris est abbreuué de ceste equipee.

Sur

Sur cet euenement les aduis populaires se fendent en des parts diuersement contraires.

Qui la croit en quelque maison du siecle, qui en quelque Conuent, qui hors de Paris, qui dedans la ville, qui aux champs chez quelque amie, qui en pelerinage en habit desguisé. Mais la plus commune opinion est, qu'elle ait esté enleuee par quelqu'vn des competiteurs de Montange en sa recherche: & c'est son apprehension plus viue. Mais quád il entendit que non seulement quelques-vns du vulgaire, mais que les parens mesmes se laissoient aller à l'opinion qu'il l'eut fait enleuer, couurant son ieu par les sollicitudes & les peines qu'il tesmoignoit plus par feinte, que par ressentiment: & mesme que Diane & son mary commençoient à en cóceuoir quelque ombrage, c'est ce qui le mit hors des gonds, se sentant accuser d'vn crime dót il eust voulu estre coulpable, pour estre iustement accusé, & qu'il se repentoit de n'auoir pas cómis. Ha! que ne dit-il contre la rigueur de só sort, qui le rendoit, bien qu'innocét, atteint d'auoir rauy celle qui l'auoit rauy à luy-mesme? Où es-tu, Montange, disoit-il? que sont deuenus tes beaux iours? à quel poinct de misere est arriuee ta gloire? Iullie, chere lullie, n'est-ce pas assez de m'estre perdu en vous perdant, sans me voir encore reprocher vostre perte? qu'y ferois-je? les rimes le veulent accompagner au defaut de sa raison, laissons les aller, puis qu'elles se presentent en foule pour exprimer ses pensees.

Fut-il iamais mortel plus mal-heureux que moy?
Ie ly mon infortune en tout ce que ie voy:
Tout agrandit ma perte, & le ciel & la terre
    A l'enuy me font guerre.
Le regret du passé cruellement le point,
Et rend l'obiect present ma douleur plus aiguë:
Mais las! mon plus grand mal est de ne sçauoir
    point
Entre tant de mal-heurs ce qu'elle est deuennë.
  Ainsi de toutes parts ie me sens assaillir,
Et voyant que l'espoir commence à me faillir,
Ma douleur se reugrege, & mon cruel martyre
    S'augmente & deuient pire.
Et si quelque plaisir s'offre deuant mes yeux,
Qui pense consoler ma raison abbatuë
Il m'afflige, & le ciel me seroit odieux,
Si là-haut i'ignorois ce qu'elle est deuennë.
  Gesné de tant d'ennuis, ie m'estonne comment,
Acablé de langueur, & de fascheux tourment,
Qu'entre tant de regrets son absence me liuré
    Mon esprit a peu viure.
Le bien que i'ay perdu me va tyrannisant

De mes plaisirs passez mon ame est combatuë:
Et ce qui rend mon mal plus aigre & plus cui-
sant,
C'est qu'on ne peut sçauoir ce qu'elle est deue-
nuë.
 Et ce cruel penser qui sans cesse me suit
D'vn traict enuenimé me picque iour & nuict,
Me grauant en l'esprit la miserable histoire
  D'vne si courte gloire.
Et ces biens qu'en mes maux encore il ne faut
 voir,
Rendroient d'vn peu d'espoir mon ame entrete-
 nuë,
Et m'y consolerois si ie pouuois sçauoir
Ce qu'ils sont deuenus, ce qu'elle est deue-
 nuë.
 Espoirs si tost perdus, helas! où estes-vous?
Et vous chers entretiens qui me sembliez si doux,
Où estes-vous allez? où est enseuelie
  Ceste chere Iullie?
Ha! triste souuenir, d'vn bien si tost passé,
Las! pourquoy ne l'auois-ie? ou pourquoy l'ai-ie
 veuë?
Ou pourquoy mon esprit d'angoisses oppressé,
Ne peut-il descouurir ce qu'elle est deuenuë?

 Si nous ne tranchions ceste verûe à l'impetuosité de son cours, ie preuoy qu'elle nous traineroit biē loin. C'est trop chāté, Mōtange

X ij

ne s'en cõsole point; au contraire ceste musique en son dueil luy fait vn importun narré de sa disgrace, elle enuenime sa playe en la grattant, & luy fait cognoistre par la perte la valeur du bien qui luy est eschapé. Toute sa fureur est, de se voir soupçonné d'vn faict, dont à son grand regret, il est innocent. O si tant de belles occasions reuenoient, que ce Paris s'en preuaudroit courageusement, pour enleuer ceste Helene, ce rapt deut-il causer l'embrasement de sa maison. Il accuse sa discretion & sa modestie, appelant lascheté ce qui l'a rendu plus heureux qu'il n'est sage! O s'il pouuoit changer ses coniectures en veritez! qu'õ luy dise seulemēt où elle est, & il les conuertira en Oracles. Les Spartains ne demandoient iamais combien estoiēt leurs ennemis, mais seulement où ils estoient: Cestuy-cy armé de desespoir & de rage, trauerseroit l'impossible, pour l'arracher du lieu qui la luy recele.

Il dit en ces extremitez,

 O vous! de qui les volontez
 President à ma destinee:
 Pourquoy n'est comme la Toison
 Vostre conqueste abandonnée
 A l'effort d'vn autre Iason?
 Quels feux, quels dragons, quels taureaux,

Quelle horreur de monstres nouueaux,
Et quelle puissance de charmes,
Pourroit empescher qu'aux Enfers,
Ie n'allasse auec mes armes
Rompre vos chaisnes & vos fers?
Mais ses vœux ne seruent de rien,
Le sort ennemy de son bien
Ne desire pas qu'il la voye:
Et semble que de rechercher
Qu'il luy permette ceste ioye,
Le conuie à l'y empescher.

Cependant ce soupçon entre bien si auant en l'opinion de tous les parens, qu'en leurs assemblees, non seulement ses conseils en sõt rejettez; mais quelques-vns concluẽt à presenter requeste à la Iustice pour se saisir de sa personne, tenans pour asseuré qu'autre que luy ne pouuoit auoir enleué Iullie. Diane a de la peine à donner les mains à ceste creãce, n'ayãt iamais riẽ cogneu que de respectueux & d'honneste és deportements de ce Cheualier: son mary, quelque ombrage qu'il en ait, ne voudroit pas que sa maison fust le theatre où vn si grãd affront fust fait à son amy. Il est malaisé de cacher vn secret entre tant de personnes, dont quelques-vnes ont des intelligences, & de pitié, ou de bien-veillance auec le Baron, lequel en estant aduerty, est le pre-

X iij

mier à les conjurer par tout ce qu'il y a de saint au ciel & en la terre, de le faire perir par exēple, & auec toutes les ignominies & cruautez imaginables, s'il se treuue qu'il y ait iamais pensé; ains s'il ne treuue qu'il en est tout à fait innocent, soubs les sermens qu'il en fist, pensa trembler toute la maison; & certes bien que le pariure ne soit pas plus que le rapt (comme disoit cet autre de l'adultere) si est-ce qu'il parloit de telle façon, & s'il faut ainsi dire, tellement du milieu de ses entrailles, qu'il forçoit quasi ceux qui l'auoiēt soupçonné de le declarer innocent. Mais se voulant lauer de ceste tache, & ensemble prendre à tasche ceste recherche; il les supplia de faire en sorte, que par des Commissaires deputez par la Iustice, les Conuents des Religieuses fussent visitez, promettant de faire toute ceste poursuite à sa diligence, pourueu qu'elle fust authorisee de leur adueu: & pour les y conuier par vne raison violente, il se declare interessé en ceste queste, disant que ceste vefue luy auoit esté promise par sa mere, de laquelle il monstroit quelques lettres escrites à Diane, qui tesmoignoient quelque sorte de consentement, lequel il promettoit rapporter par escrit, selon ce qu'elle luy auoit fait esperer en son voyage de Picardie. Auançant de plus, mais de son creu, que Iullie luy auoit promis mariage; si bien qu'il s'opposoit à sa reception en quelque Religion que ce fust: & afin que ceste declaration ne renforçast point le soupçon de ce rapt dont on le vouloit charger, il offroit ou de se rendre volontairement prisonnier, ou de donner pour caution de sa personne vn grand Seigneur de ses parens; & mesme de souffrir d'estre accōpagné par tout de deux ou trois gardes. On ne pouuoit pas parler plus franchement, ny ce Cheualier plus ouuertement tesmoigner son innocence: il est pris au mot, la requeste est presentee, & aussi tost entherinee, les Commissaires obtenus. Montange reçoit la ville pour arrests; c'est à dire, pour closture, prend des gardes qui l'accompagnent, & luy-mesme accompagne les deputez pour ceste enqueste, comme ceux qui alloient auec Ceres lors qu'elle cherchoit sa fille és lieux les plus cachez de la terre.

LA PIEVSE IVLLIE

Livre Cinqviesme.

TANDIS qu'ils seront à ceste recherche auec la diligence que l'on peut croire en des Magistrats qui ont la Iustice en recómandation, & la vigilance d'vn Amant qui a des yeux d'Argus; & qui est aussi alteré qu'vn auare qui rechercheroit só thresor qu'on luy auroit volé. Il ne sera point peut-estre hors de propos, si nous destournans vn peu du droit fil de ceste narration, nous faisons vne legere digression pour faire voir vne des subtiles, mais des plus insignes meschácetez qui puissent tomber en l'imagination des hommes, laquelle comme vn mauuais effet d'vne bonne cause prit son origine de ceste recherche de Iullie, si que ce ne sera pas tant vn destour si escarté du droict chemin que l'on penseroit, puisque c'est vn euenement né du sujet que ie raconte, & le recit duquel pourra donner vn peu de prudence de serpēt aux esprits trop simples pour euiter les surprises & les stratagemes des peruers: mais las! qui les pourroit euiter quand ils sont couuerts du manteau de la Iustice? Il n'y a point de forest au monde qui recelle plus de voleurs que ce grand chaos de la ville de Paris, là se trouuent mille Argus qui ne dorment iamais, mille dragons tousiours veillans, & qui ont tousiours l'œil au guet pour espier les occasions de mal faire. On fait tant de discours de leurs correspondances & intelligences, qu'on en pourroit tracer vne longue histoire.

Ils ont mille moyens, ils ont mille artifices,
Pour pouuoir exercer leurs trompeuses malices.

Que ne dit-on des subtilitez auec lesquelles ils s'introduisent dans les maisons, des fripponneries qu'ils exercent dans les marchez parmi les ruës, és assemblees, voire mesme dans les Eglises.

Car pour ces gens sans Dieu,
Ceste race execrable,
Il n'est si sacré lieu,
Qui soit inuiolable.

Mais laissons les menus tours de souplesse de ces larroneaux, il y en a de plus haute classe, gens qui paroissent dedans la foule si bien couuerts qu'à qui prend les personnes à l'habit ils paroissent honorables. Ceux-là se mettans en troupe exercent de grands coups quand leurs mouschards, c'est à dire, leurs espions qu'ils ont de tous costez leur donnent aduis qu'il y a quelque notable somme d'argent dedans vne maison, ce qui arriue ordinairement ou pour le payement des marchandises, ou pour l'achapt des offices, ou pour la dotte des mariages, ou pour la vente de quelques terres, ou pour des deposts ou consignations selon le cours des negociations du monde; alors ou par force, ou par dexterité ils font des coups signalez & de grand éclat. Nous auons dit au commencement de ce narré que Piralte mary de Iullie, auoit vne maison en Brie en laquelle il fut miserablement assassiné. Ot comme c'estoit vne de ces principales terres, Iullie depuis son vesuage y alloit quelquesfois pour donner ordre aux affaires qui regardoient la tutele de son fils, dont elle auoit la garde-noble. Il y auoit vn Gentil-hôme au voisinage qui auoit esté vn des meilleurs amis de Piralte, & auec la femme duquel Iullie estoit estroittement liee d'amitié. Il arriua que ce Gentil-homme pour dégager vne sienne metairie qu'il auoit engagée pour le mariage d'vne de ses filles, auoit pris à fraiz à Paris vne somme de quinze ou vingt mille francs qu'il auoit fait transporter en sa maison pour en faire le payement: vn Capitaine de ces voleurs dont nous venons de parler, qui ne sont pas à petites troupes en ceste grande ville, s'aduisa d'vne inuention la plus estrange qui se puisse imaginer pour auoir cet argent. Car ioignant ceste recepte auec le bruit qui estoit à Paris de la recherche de ceste Dame, & de plus ayant appris (côme ces gês-là descouurent tout) que Iullie auoit vne maison en Brie voisine de celle où estoit la somme desiree, & qu'elle estoit amie de la Dame de ce Chasteau où il se falloit introduire par subtilité pour faire le coup qu'il pretédoit: Il prit six ou sept des compagnons de son mestier, & ayant acheté des casaques à la fripperie semblables à celles que portent les Archers du Preuost, estant sorti de Paris sur le tard auec sa troupe, & tous bien montez, il arriua sur les vnze heures de nuict à la maison où ils vouloient faire leur main, là reuestus de leurs casaques, & le Capitaine se disant Lieutenant du Preuost des Mareschaux, fait commandement au Gentilhomme de la part du Roy & de la Iustice, de faire ouuerture de sa maison, parce qu'on auoit eu aduis certain que Iullie ne se sentans pas assez bien cachee en celle qu'elle auoit au voisinage, s'estoit retirée dedans la sienne pour y estre mieux celee, & pour euiter d'espouser vn Seigneur auquel elle auoit promis mariage. Le Gentil-homme qui n'auoit pas accoustumé les salutations des Preuosts, principalement à ces heures-là, leur proteste que cét aduis est faux, qu'il ne sçait où est Iullie : sa femme qui saute du lict allarmee de ceste nouuelle, leur iure le mesme; mais plus ils iuroient, moins estoiét ils crus par ce bon homme de Lieutenant, lequel declare auoir commandement exprés du Roy & de la Cour, de visiter ceste maison, que leurs paroles n'estoient pas suffisantes de l'empescher de faire sa charge:

Que si ceste rebellion se faisoit à sa Majesté & à sa Iustice souueraine, il se verroit bien tost foudroyé de canons qui estoient les clefs Royales, auec lesquelles s'ouuroiēt tous les Chasteaux, ioint que s'ils estoient contraints de s'en retourner, il ne leur seroit iamais possible de faire croire autremēt à la Cour: sinon qu'ils auroient fait ce refus d'ouurir pour faire sauuer Iullie, & lui donner le temps de se cacher de la face de la Iustice en quelque autre endroit, qu'en toute façon cela seroit cause de sa totale ruine. Voila mon Gentil-homme bien empesché, lequel d'ailleurs ayant experimenté par diuers procez combien il est dangereux de tomber dans les lacs des formalitez de la iustice; & de plus, se sentant incoulpable de ce qu'on lui alleguoit, demanda la communication de la commission de ce Lieutenāt, lequel disant, que les casaques de ses Archers portoient leur commission en leur liuree: pour vous monstrer, dit-il, mon Gentil-homme, que ie marche comme il faut & de bonne foy, venez au guichet auec de la lumiere, & vous en verrez la patéte, & mesme vne lettre du Roy qui s'adresse à vous, afin que vous sçachiez quel credit ont auprés sa Majesté & les parens de ceste Dame que nous cherchons, & le Seigneur qui la recherche. Le Gentil-homme qui sçauoit toute l'affaire de Montange, & qui reuenu le iour precedent de Paris y auoit appris la nouuelle de la perte de Iullie, estant à demi persuadé descend à la porte, où ayant veu des patentes contrefaites, & mesme vne lettre du Roy du petit cachet (car que ne sçauent faire ou contrefaire ces meschans susceptibles de plus de formes que Protee) aussi tost sans autre cõsultation, il ouure lui mesme la porte, où vn des Archers selon la forme s'estant mis en garde le Capitaine auec cinq autres se mit à visiter la maison, deffendant à aucun sous peine de la vie tãt au maistre qu'aux valets de prendre aucune arme en la main. Or estoient les domestiques bien esloignez de ceste pensee, veu qu'à peine estoient ils les vns leuez, les autres cueillez, & presque tous des-habillez: si que l'on pourroit dire icy ce que le grand Poëte dit de la prise d'Ilion.

Ce superbe Chasteau armez ils enuahissent,
Que le somme & la nuit par tout enseuelissent.

Il n'y a coin ny recoin qu'ils ne consideret, c'est la Ierusalem visitee auec des lampes, il n'y a armoire ny cabinet qui soit exẽpt de leur veuë, caue ny grenier où ils ne descendent & montent, chambre ny lict, ny ruelle qui se cache à leurs yeux: Comme ce Capitaine de brigands déguisé en Preuost qui en est le persecuteur, & côme le loup reuestu d'vne peau de brebis, se voit le plus fort dedans ceste maison côme en vne ville gagnee, il se laschoit en des paroles insolentes qui faschoient nostre Gentil-homme qui le pêse quereller, iusques à le menacer qu'apres ceste affaire vuidee il le verroit l'espee à la main en quelque autre lieu pour en vuider vne autre: à quoy le larron respôdoit en larron, auec vne hardiesse & vne arrogance nompareille, le menaçant de le mener à la Côciergerie pieds & poings liez, disant que sa commission s'estendoit iusques là, & qu'il lui laissast faire sa charge, apres cela qu'ils se verroient où il luy plairoit, qu'il en auoit autresfois combattu & abattu de plus braues. Ces morgantes paroles estoiét bien sensibles à ce bon Seigneur, qui se voyant presque nud & en chemise estoit contrainct de filer doux, mesme sur son fumier & chez soy, ce qui le faisoit desesperer. Quád on luy faisoit cômandement d'ouurir quelque lieu où il n'y auoit pas apparence qu'vne femme peut estre cachee; si vous auiez vostre pourpoint, disoit le brigand, ie le vous ferois deboutonner pour la chercher iusques dans vos entrailles, à quoy le Gentil-homme ne respondoit sinon qu'ils se verroient vn de ces iours en cet equipage pour se chercher les entrailles l'vn de l'autre : mais qu'il n'estoit pas temps de railler ny de faire des rodomontades. Enfin il fit ouurir tous les coffres iusques aux malles, foüillant iusques aux paillasses, remüant tous les lits; il fit ouurir des cabinets d'Allemagne, & comme le maistre de la maison se plaignoit de ceste rigueur comme d'vn affront, n'estant pas à propos de croire qu'vne femme peust dans vne petite liette : La Iullie que ie cherche, disoit le voleur, pourroit dans vne bourse, là il remarqua force bagues, chaisnes & ioyaux, qui estoient les ornemens de la maistresse de la maison, en la despence il vid de la vaisselle d'argent, enfin dedans vne tour forte il trouua vn coffre fort, il en commande l'ouuerture; le Gentil-homme en faisoit vn peu de difficulté, difficulté qui irritoit le larron, lequel voyoit bien que là dedans estoit sa proye tant desiree, il menace de tout rompre si on ne l'ouure, alors le Gentil-homme lui dit qu'il iugeoit bien qu'vne creature viuãte estoufferoit si elle estoit là dedans, & c'est pour cela, repart le brigand, que ie lui veux

donner

donner de l'air, & tirer ce Soleil des tenebres. Vous auez raison, dit le maistre du logis : car il y a force escus au Soleil, & force pistoles qui doiuent seruir pour le rachapt d'vne de mes metairies. Monsieur, dit le Brigand, mes mains ont des yeux, elles croyent ce qu'elles voyent : Ie vous fay commandemēt de par le Roy d'ouurir ce coffre-là, Sa femme qui auoit peur qu'on ne gastast son coffre en le forçant, & ayant veu qu'elle luy auoit mō- stré ses ioyaux dans ses escreins, & la vaisselle d'argent dans la despense, dit à son mary : Quelle difficulté faites-vous de luy monstrer ceste derniere piece, puis qu'il a veu toutes les autres? il pourra par apres, s'il veut faire l'inuentaire de nostre bien, & le presenter à la Iustice, mais non pas la Dame qu'il cherche, auec autant de passion, que si elle deuoit estre pour luy. Ie la cherche aussi, dit le voleur, comme pour moy-mesme : car ce que des parties de la qualité de celles que ie sers en ce- ste action me recommandent, m'est en aussi grande recommandation que mon propre faict. Il n'est que d'estre fidele en sa profes- sion, en bien faisant on ne craint rien : ses cō- pagnons qui entendoient le narquois mou- roient de rire, l'entendans parler de la sorte, rauis d'aise de voir que la subtilité de leur

Y

Chef les eut mis au milieu de tant d'opulence, qu'ils sembloient nager dedans l'or & les pierreries: Enfin le coffre s'ouure, d'où sortit la verité comme du puits de Democrite, les quinze ou vingt mille francs paroissent au fonds, tant en or qu'en monnoye blanche, le tout assez bien disposé en des sacs pour estre aisement enleué. Alors le brigand leuant le masque de sa feinte, & changeant la comedie en histoire veritable, commença à dire que c'estoit-là ceste Dame qu'il cherchoit, & ceste iolie Iullie tant recherchee par mer & par terre de tout le monde; voulant dire que les Roys, les gens de Iustice, les grands, les petits, les nobles, les roturiers, les marchãds: bref, toutes sortes de personnes aboyent apres l'argent; si bien qu'il ne falloit pas s'estonner si les voleurs en estoient affamez. Ce qui me fait souuenir de celuy qui attribuoit la palleur de l'or à l'apprehension, que ce metal auoit de tant de gẽs qui luy dressoiẽt des embusches. Le Gentil-homme se vit surpris, & vne froide peur se glissant dans les veines de sa fẽme, lui pensa glacer tout le sang, apprehẽdant plus la perte de son honneur que de son argent. En somme, pour glisser legeremẽt sur ce mauuais pas, ces brigands se saisissans des passages, & menaçans le pistolet au poing de le descharger dans la teste du premier qui bransleroit; eurent bon marché de ceste famille presque endormie, & plustost nuë qu'armee: ils auoient vn cheual de somme, sur lequel ils chargerent l'or & la monnoye; emportans aussi les ioyaux & la vaisselle d'argēt, enfermans le maistre & sa femme dans ceste tour, & les seruiteurs & seruantes en diuers lieux, de peur d'estre suiuis. Vn seul valet qui estoit en la cour, & qui en criant vouloit dōner l'allarme, d'vn coup d'espee qui le perça de part en part perdit la parole auec la vie. Ils se sauuerent auec ceste proye à la faueur de l'ōbre de la nuict en vne retraitte incogneuë, en laquelle pour ne faire ici vne procedure de Preuost, ni vne plus longue enqueste de ce qu'ils deuiendrent; nous nous contenterons afin de n'estendre point dauantage ceste digression, de dire que de ceste façon Iullie fut trouuee. La renommee qui a plus de faces que Morphee, & qui à la chaude peint les ornemēs extraordinaires de plus d'extrauagantes façōs, que n'ē ont ces Chimeres qui nous arriuēt en sōge dedās l'esprit, d'vne aisle prōpte & soudaine apporta à Paris le recouurement de ceste nouuelle Helene; & comme Montange auoit l'oreille à l'erte, au premier bruit qu'elle auoit esté treuuee en vn tel Chasteau voisin de sa maison qu'elle auoit

Y ij

en Brie, sans songer ny à ses arrests, ny à ses gardes, monte sur le premier de ses cheuaux qu'il treuua prest, & sans mener auec soy, ny valet, ny lacquais, court; ains vole en ceste maison, où il arriua presque assez à temps, pour tirer de captiuité celuy qui estoit en prison dans son propre logis. Ce n'est pas qu'il ne fust desia sorti de sa tour, mais tout estoit encore en vn tel trouble en ceste famille esploree que vous pouuez imaginer Montange y vint qui ne sçauoit rien de la fourbe que nous auons recitee, mais seulement auec ceste impressiõ que sa Maistresse y estoit, croyãt le bruit commun comme vn Oracle (car nous sommes naturellemẽt credules és choses que nous desirons passionnement) en entrant il void ce valet mort que l'on alloit mener à la sepulture. Sans autrement songer à cela il demande, où est donc Iullie? & dit qu'il est certain qu'elle est en ceste maison. L'on aduertit le Gentil-homme qu'il y auoit encore là-bas des chercheurs de Iullie, & cõme il estoit tout transporté de la colere que vous pouuez imaginer, il fait aussi tost armer tous ses valets, à la teste desquels venant l'espee à la main, cela fit croire à Montage qu'il ne tireroit de là sa Maistresse que par la force; & côme desesperé estant resolu de l'auoir, ou de mourir: l'autre d'autre-part estant au desespoir de la perte de son argent, & du plus precieux de son bien, couroit à Montange comme à vn voleur, qui le venoit encore insolemment brauer apres le coup, sur lequel il minutoit d'exercer vne haute vengeance. Montange qui estoit seul, & qui n'auoit qu'vne espee courte qui luy pendoit en escharpe, voyant venir tant de gens l'espee à la main qui alloient fondre sur luy; bien qu'il eust assez de courage pour entrer seul en ceste meslee, vit bien que sa force ne pourroit pas soustenir ce rauage; si que faisant semblant de trainer vne longue suite il s'escria, à moy cõpagnons, à moy: ceste troupe de valets qui accompagnoient le Gentil-homme hardis, en ne voyant qu'vn seul homme deuindrent tous tremblans sur l'apprehension qu'ils eurent de se voir entrer en vne meslee, si que retenans leur maistre qui alloit franchir le Põtleuis ils leuerent le pont, & fermerẽt la porte, lui remonstrãs qu'il ne falloit pas hazarder temerairement sa vie, ni la mettre incõsiderémẽt à la merci des brigands. Ceux qui estoiẽt en la basse cour prests d'accompagner le trespassé à la tombe, depeur de lui tenir compagnie, autrement qu'ils ne vouloïent, disparurent à la voix de Montange, qui sembloit

Y iij

appeler vne armee, ni plus, ni moins qu'vne volee de colombes au cri du Sacre, ou du Gerfaut; si bien que voila mon Cheualier entre deux armees, & maistre du champ, & comme dit le Poëte Italien:

Horace seul contre tous les Toscans.

Le Seigneur de la maison s'estant donné loisir de recognoistre par vne cannoniere qui estoit celuy-là qui brauoit sur son cheual dedans sa basse-cour, & ayant recogneu Montange qu'il auoit veu à la Cour, & qui auoit assez de nom & de bonne mine pour se faire discerner entre ceux de sa qualité, ne pouuoit comprendre qu'vn personnage de ceste condition vint pour l'assassiner chez luy, ou pour luy faire vn affront. Et pour se tirer de peine, il luy crie: Seigneur Montange, cóme est-il possible, apres m'auoir si laschement fait voler dans ma maisó, cóme vous auez fait ceste nuict par vn Preuost supposé, vous veniez encore de iour pour me meurtrir si mal-heureusement. C'est toy, luy repart Montange, traistre qui es vn voleur, & qui m'as rauy le plus precieux thresor que i'eusse en la terre ; mais souuiens-toy brigand, que ie te le ferai rendre, m'en deut-il couster dix mille vies. I'ay bien encore assez de credit à la Cour, & de creance aupres du Roy pour faire mettre ta maison en poudre, & te rendre en greue vn spectacle tragique à tous les regardans. Sors mal heureux, sors de ta tasniere sans ceste infame canaille qui t'enuironne, & viens à cent pas d'icy, où seul à seul nous puissiós decider nostre querelle. Si tu ne me rends ma Maistresse, ie te ferai rendre l'ame par cēt ouuertures que mon espee te fera au corps. Le Gētil-homme qui auoit l'ame toute pleine d'hōneur, ne pouuāt souffrir ces outrages, boüillāt plustost de rage, que de colere, vouloit sortir à toute force, mais il en fut empesché par ses valets qui craignoient vne embuscade, & vne supercherie; sa femme mesme vint toute esploree, se iettāt à ses pieds, & le cōiurant de ne perdre pas la vie apres les biens, lui remōstrant que Dieu leur feroit auoir Iustice, & rauoir le leur, puis qu'ils cognoissoient celui qui estoit la cause du vol. Au fort, il peut repousser l'iniure par l'iniure, ou en poursuiure la reparation par toutes voyes honnorables. Retenu de ces liēs, il repliqua à Mōtāge: c'est toi meschāt, que ie verrai vn ioüet de greue : car tu as cōmis, ou fait cōmettre ceste nuit en ceste maisō l'acte le plus infame qui puisse tōber en l'humaine pēsee, te seruāt du māteau & du pretexte de Iustice, auec de fausses lettres du Parlemēt & du Roi pour voler ma maisō sous

Y iiij

couleur d'y chercher celle que tu appeles ta Maiſtreſſe, & qui eſt trop pleine d'honneur pour eſpouſer iamais vn brigãd comme toy. Ces paroles firent croire à Montange, qu'aſſeurement Iullie eſtoit en ceſte maiſon: car la moindre coniecture en ce que nous deſirons ardemment, nous paroiſt vne verité manifeſte: ioint qu'il ne pouuoit comprẽdre l'enigme de ce vol dont l'autre ſe plaignoit, tout ce qui le met en fureur, c'eſt de ſe voir traitté en brigand, tiltre que iamais hõme n'auoit penſé de luy ietter au viſage. Outrage qu'il eſtimoit ne ſe pouuoir lauer qu'auec le ſang de celuy qui auoit eſté ſi oſé que de l'en couurir: ce qui luy tira des paroles de deſmenti, auec des deffis tels que les Cheualiers ont de couſtume de ſe faire en pareilles occurrences, appelant ce Gentil-homme laſche poltron & infame, comme n'oſant luy parler qu'au trauers d'vne muraille, qu'il appeloit vn pourpoint de pierre. L'autre vouloit touſiours ſortir: car il ne manquoit point de courage, mais il en eſtoit touſiours empeſché par ſa fẽme & ſes domeſtiques, ſi bien que Mõtange qui eſtimoit vn trop indigne cõbat pour ſa generoſité que celui de la langue, & ſur tout celui des iniures, voyant qu'il ne parloit qu'à des murailles, & qu'ẽcore ces murailles ne répondoient pas propremēt à ses demandes, mais se plaignoient d'vn attētat dōt il estoit non seulement innocent, mais ignorant: resolu de faire venir les vrais Preuosts deuant ceste maison par l'authorité de la vraye Iustice, prend son chemin vers le village sans autre compagnie que de ses pensées ou de ses fureurs, ou plustost des furies qui l'occupoient. Il tasche d'aborder quelqu'vn, mais chacun fuit deuant lui comme deuāt le chef des voleurs qui auoient forcé le Chasteau, ou comme s'il eust esté quelque mágeur d'hommes: en fin desireux de s'enquerir des nouuelles de Iullie, & d'en sçauoir d'asseurées, ayant attrapé quelques païsans, il les arresta, les menaçant de les mal traicter s'ils ne respondoient à sa demāde. D'eux il apprit ce qui estoit arriué à leur Seigneur la nuict precedente, auquel les larrons sous couleur de chercher vne Dame qui auoit vne maisō au voisinage, auoiēt emporté le plus precieux de ses moyens : & comme il s'enqueroit de ceste Dame appellee Iullie, ils lui respondirent qu'ils ne sçauoient pas si elle y estoit, parce qu'ils frequentoient peu au Chasteau, n'estans attentifs qu'à leur labourage, mais que c'estoit bien celle là mesme que demādoient ceux qui estoient venus. Durant qu'il estoit en ce pourparlé au milieu d'vn champ l'allarme qu'on sonna au Chasteau & à l'Eglise fit aussi tost amasser plusieurs villageois auec des armes rustiques, qui tous vindrent trouuer leur Seigneur, lequel sortât à cheual du Chasteau auec quelques vns de ses valets, vint auec ceste petite armee vers Montange, lequel ne se sentant pas secondé, creut qu'vne retraite honorable luy seroit plus vtile qu'vne resistance temeraire: mais comme il se retiroit en lyon, & ainsi qu'vn homme qui ne cognoissoit point la peur, il se vit aussi tost serré de prés, & quãd on eut recognu qu'il n'estoit secõdé d'aucune troupe; alors la hardiesse monta au cœur de ceste populace qui n'a ordinairement du courage que quand ils sont cent contre vn: se voyant inuesty de tant de peuple se fut à luy à doubler le pas, s'il ne vouloit estre deschiré en plus de pieces que ne le fut Pẽthée par les Bachantes. Vn grand fossé lui tranchant son chemin, comme il le voulut franchir, son cheual qui auoit beaucoup perdu de sa vigueur par la traitte qu'il auoit faite en diligence, se trouua lasche; & s'embarrassant en des espines, se mit & son Cheualier dans l'eau & dans la fange si auant, se demenant deçà & delà, que sans autre peril que celui-là, il y en auoit assez pour faire perdre la vie au Baron, sur lequel sauta soudain vne multitude de païsans, auant qu'il se pûst releuer ni mettre la main à son espée ; plusieurs auoient ja leué leurs fourches & leurs leuiers pour l'assommer, si Thesandre (appellant ainsi le Seigneur de ce Chasteau) ne les en eust empeschez par son commandement, non que la colere où il estoit ne lui fist desirer de se voir deffait de celui qui l'auoit si outrageusement offencé : mais il pensoit par sa prise r'habiller ses affaires, & auoir des nouuelles de ses bagues & de son argent. Cheualier, dit-il à Montange, qui estoit si couuert de fange qu'il en paroissoit vn monceau viuant, ce n'est pas auec cet auantage que ie veux disputer ta vie : mais puisque le iuste ciel a permis pour ton infamie & pour vn plus ignominieux chastiment de ta meschanceté, que tu tombasse vif entre mes mains pour seruir d'exercice à l'executeur de la Iustice, tu auras en attendant le mesme lieu pour prison où tu m'as fait mettre cette nuict, d'où i'espere que tu ne sortiras point sans me reparer mon honneur, & me faire rendre les biens que tu m'as faict voler.

C'est grand cas que de la passion quand elle occupe vn esprit, elle le diuertit de toute autre pensee, cestui-cy ne parle que de son bien qu'on lui a osté, selon ce mot de l'Escriture, où est ton tresor, là est ton cœur: Et l'autre ne respōd que de Iullie qui lui a desrobé le cœur. Tout prisonnier qu'est Montange, il parle comme s'il estoit libre, & traicte ceste canaille qui a sa vie & sa mort en ses mains, comme ses valets ne se pouuant tenir de les menacer. Et regardant Thersandre d'vn œil trauersé, tu parles lui dit-il, aussi à ton aise que tantost, lors que tu estois enfermé dans tes murailles: aussi és tu maintenant enuironné de pierres viues. Mais fais faire de moy ce que tu voudras, tu ne tireras iamais de ma bouche vne parole lasche, cōme il n'est sorti ny de mon cœur, ny de mon commandement aucune action indigne de ma qualité. I'espere que la iustice dōt tu me menaces, iugera quel de nous deux est le larron, il est honteux à des gens de nostre profession de combatre de la langue, à la mode des mauuaises femmes; entre Gentils-hommes, les loix de l'honneur sont d'autre maniere que celles que tu pratiques maintenant enuers moy. Nous auōs vn Roy qui sçaura venger ma mort iniuste si tu me fais massacrer par ceste lie de peuple, ou me rendre mon honneur par les voyes dignes de nostre profession.

Mais toute ceste plainte est vaine,
Le bruit de ces gens irritez,
Qui vont grondant en ceste plaine :
Gardent ces mots d'estre escoutez,
Il faut sans plus longue demeure
Qu'il aille en prison ou qu'il meure.

Il est donc trainé dedans le Chasteau, & mis en la mesme tour où l'argent auoit esté volé comme celui qui en deuoit reparer la perte. Imaginez-vous en quelle fureur estoit ce grand courage se voyant conduit & mal-mené par ceste troupe de rustiques, desquels il ne pouuoit sans vn grand carnage estre pris autrement que comme il fut saisi, & qui pis est, logé dedans vne prison sans en sçauoir bien nettemét la cause : tout ce qui le console est, qu'il pense estre à couuert sous le mesme toit où est Iullie à l'abry, estimant qu'elle prendroit pitié de sa peine le voyant ainsi mal traicté, & tombé à son occasion en de telles agonies. Vn Poëte de ses amis lors qu'il fut eschappé de ceste estrange auanture, la representa en ces vers,

Souspirant en ce lieu ma liberté rauie,

Et ne pouuant trouuer à mes maux guerison,
Ie cherche le moyen de sortir de la vie,
Puis qu'il ne m'est permis de sortir de prison.
Non, il me faut mourir souspirant cet outrage,
Car estant où ie suis on fera iugement :
Si ie manque à mourir que i'ay peu de courage,
Ou si ie ne me plains que i'ay peu de tourment :
Las ! ie n'en ay que trop, & mon ame contrainte,
Au regret importun de ce triste malheur,
Cherche par mon trespas que i'appaise ma plainte,
Si ma plainte ne peut appaiser ma douleur.
Mais qui l'adouciroit, puisque le ciel me donne
Vne double prison, qui me liure au trespas :
Car si celle que i'aime aux douleurs m'abandonne,
Que me fera sentir ce que ie n'aime pas ?
I'esprouueray tousiours mille morts inhumaines,
Qui seruiront peut estre à mes maux de secours :
Mais las ! i'ay trop de peur que la fin de mes peines
Ne m'arriue iamais par celle de mes iours.
Ie le crains à bon droit, car ie souffre sans cesse,
Combien que ma douleur m'ait rauy la clarté :

Et i'esprouue du sort vne telle rudesse,
Que plus ie vais auant, plus ie suis tourmenté.
Mais le mal dont mon ame est la plus offencee,
C'est de perdre vn temps propre en ces lieux in-
humains :
Et qu'il faut qu'vn regret demeure en ma pensee
Lors que l'occasion s'escoule de mes mains.
Et ces fascheux tourmens me font si miserable,
Qu'vn discours de raison n'en peut estre vain-
queur :
Pourquoy plains-ie du temps la perte reparable,
N'ayant point de regret de celle de mon cœur ?
Ie croyois que mon ame heureusement guidee,
Deuoit bien-tost iouïr d'vn bon-heur tout par-
fait :
Mais las ! ie n'ay gousté ces douceurs qu'en
idee,
Afin de mieux sentir les tourmens en effet.

Thesandre ioyeux d'vne si triomphante victoire, & si peu sanglante obtenuë sur celuy qui l'auoit braué, ce luy sembloit, auec tant d'insolence (car c'est l'ordinaire que nous ne iugeons grandes que les outrages que nous receuons, non ceux que nous faisons) ne manque pas de faire sçauoir à Paris qu'il auoit heureusement attrapé les chercheurs de Iullie, & qu'il leur feroit bien rendre gorge.

*L'agile renommée vn mal prompt & volant,
Qui va tout autre mal en vistesse égalant
De sa legereté sa rigueur prend naissance:
Et sans cesse en marchant acquiert neufue puissance,
Aussi ferme à deffendre vn mensonge inuenté,
Que lente à deceler la pure verité.*

Ce fut elle mesme qui sema la prise des chercheurs de Iullie d'vne façō aussi extrauagāte que sa découuerte, car cōme elle ne s'acroist que par des mēsonges, selon la maxime qui dit, qu'vne petite erreur au commencement se fait extreme par le progrez. Montange estant disparu aussi soudainement qu'vn éclair, sans dire à aucun des siens où il alloit, estant allé seul comme vn trait décoché, sans en aduertir ses gardes, sans penser aux formalitez de la Iustice dās lesquelles il estoit engagé, met tous les parens de Iullie en allarme, & fait naistre en leurs esprits vne creance asseuree, que c'est luy qui a fait enleuer Iullie, & que ceux qui par son commandement l'auoient rauie, ayans esté descouuerts en quelque maison de Brie, il estoit couru à eux pour se mettre en possession de sa maistresse, & tirer d'elle par amour ou par force les effects du mariage qu'il auoit desiré & recherché auec tant

de

de passion. Le bruit s'augmentant & s'esclaircissant parmi beaucoup de nuages, côme vne aube qui se leue du milieu des tenebres, & qui monstre vne clarté confuse, & naissante non suffisante de faire discerner distinctement les objets, fait entendre que Iullie a esté trouuee en la maison de Thesandre par des officiers de Iustice, & que Montange y est: à ce rapport general & coloré des circonstáces que la conjecture plustost que la verité, pouuoit inuenter, qui n'eust crû que l'affaire estoit découuerte, & tenu le rapt imaginaire de Montange pour indubitable. Le mary de Diane lequel pour discerner plus facilement en cét embarras, nous appellerons Roxan en conçoit vn déplaisir inconceuable; car il auoit toute autre opinion de son amy, qu'il eust voulu iamais consentir à vne telle lascheté : mais l'apparence estoit telle, & l'indice si violent qu'on ne pouuoit imaginer autre chose, Diane mesme ne sçauoit que iuger dans ce chaos de broüilleries, tous les parés d'vne cômune voix disent, qu'il faut venger cét affront fait à toute la parenté, n'estât pas possible en vn si grand theatre que celui de Paris à la face d'vn grâd Roy, & en la presence d'vn Parlemét si auguste de souffrir de tels rauissemés,

Z

autrement qu'il n'y auroit plus de seureté dans les familles, ny femme, ny fille qui ne fust subjette à des incoueniens pires que la mort. Hé! bien disoiēt-ils à Roxā (qui auoit tousiours supporté le Barō, & qui estoit tout transi de courroux & d'estonnemēt) eussiez vous pensé qu'vn si braue Cheualier, & que vous publiez pour vn si hōneste hōme, eust deub cōmettre vne telle meschanceté; trōpant si honteusement son amy & violāt ainsi la reuerence qu'il deuoit à sa maistresse? Ces traits là se deffendēt plus malaisement qu'ils ne se cōmettent, la dissimulation est cōme vn fard qui abuse les yeux: mais pour peu de temps, car il tombe aussi tost. Et puis il ira chercher des excuses dans la vehemēce de sa passion, cōme ayant esté premierement raui par la force d'vne beauté de laquelle il se dira auoir esté charmé, & que le desespoir de la conquerir autrement l'aura transporté à commettre vne action si deshonnorable. Certes ces discours là sont bōs pour orner vn langage, mais non pas pour iustifier vne trahison la plus insigne qui se puisse cōmettre. Roxan haussant les espaules ne pouuoit repartir à cela que par l'esbahissement, & neantmoins pour ne paroistre sans replique en la cause d'vn homme auec lequel il auoit fait profession d'vne si estroite amitié qu'il en auoit desiré l'alliance auec passion, mais par des voyes honorables. Messieurs, disoit-il, ie voudrois qu'il m'eust cousté de mon sang, & qu'il ne se fust point precipité en ceste faute, toutesfois i'ay tousiours tenu pour maxime qu'il est perilleux, quelque apparence qu'ait l'accusation, de condamner des absens sans les ouïr, car ils ont quelquesfois des raisons qui les rendēt sinon tout à fait excusables, au moins non tant blasmables : i'ay tant de cognoissance de la vertu de Montange, que i'ay tousiours vn frein en l'ame qui m'empesche de croire qu'il ait voulu par vn acte si vilain ternir le lustre de sa generosité. Et quelle preuue plus euidente voulez vous, lui repliquoit-on, que celle-ci de Iullie trouuee & du Baron pris au mesme lieu ? Roxan à cela, le serai, dit-il, le premier à leuer la pierre contre lui s'il a commis vne telle trōperie : car c'est moi qu'il aura le plus vilainement affronté, neantmoins le temps, pere de la verité, nous apprendra ce qui est de toute ceste affaire qui me semble fort embroüillee ; Car on y parle de voleurs de Iullie, de mōtāge & de Thesādre, auec tāt de nuages & tāt de varietez & d'incertitudes, que ie ne sçay qu'en penser. Il est vray qu'on parle de vol de Iullie, de Thesandre & de Montange, lui repartoit-on: mais, c'est à dire, que Thesandre a découuert le vol ou le rapt de Iullie, fait par des gens attitrez par Montange, lesquels il a arrestez en son Chasteau auec le Baron, principal autheur de toute ceste tragedie. Messieurs, reprit Roxan, si ie me rends plus long temps Aduocat de Montange, on m'estimera aussi tost son partisan & complice de sa meschanceté, bien que i'en suis autant ignorant qu'innocent, ce que i'espere iustifier en me ioignant aux procedures que la parenté en fera. Les deliberations furét de prendre le Lieutenát de Robe courte auec ses Archers pour accompagner vn Commissaire du Parlement & lui prester main forte pour amener à Paris dans les prisons les rauisseurs de Iullie & Thesádre mesme, s'il se trouue le receleur de ceste meschãceté. S'il est dit, il est fait: car la demãde estoit si iuste, & le crime requeroit vne punition si exemplaire pour la seureté publique, que ces gẽs de iustice accõpagnez de plusieurs des parens, principalement des freres de Iullie & de Roxan son beau-frere, furent aux portes de la maison de Thesandre auant qu'il eust pris conseil cõment il deuoit proceder pour raison de Montange qu'il estimoit autheur du vol fait de son argent & de ses pierreries. Ceste petite armee arriue en plain iour, inuestit le Chasteau, fait battre l'effray par tous les villages circonuoisins pour amasser les cōmunes. Les païsans du village de Thesandre s'enfuyent tous, estimans qu'on vint véger sur eux la prise de Montáge, & que ce fussent d'autres voleurs qui vinssent faire le rauage dās leurs cabānes. Thesādre qui voit de loin par les fenestres de son Chasteau venir ces troupes, pense que ce soient ces cōpagnōs que le Barō appelloit à son secours quād il le braua en sa basse-court : si biē que voici la plus grande mes-intelligence qui se puisse imaginer, il auoit quelques fauconneaux & des harquebuzes à croc sur les creneaux d'vne tour, il commande qu'on les charge, & soudain en fait descharger deux ou trois volees par la cāpagne, sans se donner le loisir de sçauoir ce qu'on vouloit, prenant sa conjecture pour verité. Dieu sçait si au son de ces orgues tout ce peuple s'enfuit de l'office, les vns s'escartent qui deçà, qui de là, & le Preuost & les Archers, & M. le Cōmissaire & parens, & tout cela disparoist cōme la fumee à la face du vent. Thesandre met en armes tous ses valets, & quelques païsans qu'il auoit retenus pour sa seureté & pour garder Montange, lesquels çà & là sur les murailles tirent sans recognoistre. Tous les fuyards s'estans r'amassez en vn lieu si escarté qu'ils ne pouuoiét estre sujets aux atteintes de ces bastons à feu, ne peurent former autre conclusion de toutes leurs pēsees & conjectures, sinon que Thesandre gaigné par Montange, auoit fait enleuer Iullie dedans ceste maison, & que là se faisoient les nopces infortunees du Baron, dõt le bal ne pouuoit estre que triste, puis qu'il se faisoit auec des instrumens si funestes. Voila Thesandre & Montãge iugez coulpables du rauissement de Iullie, comme tels il les faut auoir vifs ou morts & bloquer en sorte ceste place qu'ils n'en puissent fuir sans tomber és mains de la Iustice. O Dieu comme la rebellion à Iustice est exaggeree, il les faut exterminer, en deust-il couster plus de poudre que Iupiter n'employa de foudres cõtre les Geans. Roxan se rend à ceste preuue de bruit & de fumee, où quoi que personne ne mourust, tous neantmoins eurent peur de mourir. Il condamne Mõtange auec les autres, & se declare son plus grãd ennemi. Le pauure Montange a bien d'autres imaginations dãs sa tour, de laquelle ne pouuãt rien voir ny sçauoir de tout ce qui se passoit, il ne sçauoit que cōjecturer, sinon que les valets de Thesandre & les vilageois s'exerçoient de leurs harquebuzes pour lui faire l'honneur de le passer par les armes. Prenans tous part à sa mort & à sa vengeāce, œufs vn peu durs pour la prise d'vn renard ou d'vn loup. Les assiegeans selō les loix de la guerre, pēsent enuoyer vn des Archers en forme de Herault ou de Trompette pour sommer les assiegez de se rendre au Roy & à la Iustice. mais comme ils estoient deslogez sans trōpette de Paris, ils y pēserent retourner sans Heraut ny Trompette, car ce denōciateur voulāt aborder les murailles auāt que pouuoir estre entendu, sentit sifler des dragees au tour de ses oreilles, qu'il n'eust pas voulu auoir dās la bouche, car Thesādre qui auoit esté surpris par de sēblables casaques, vouloit qu'on tirast sans l'ouïr & sans le recognoistre, n'estimant pas que ce fust le trait dvn homme prudent de choper deux fois si lourdement à vne mesme pierre. Il croit que ce sont les voleurs de la nuict qui viennent durant le iour pour forcer sa maison & pour retirer le Baron de ses mains. Ainsi celuy qui auoit pris faussement les brigands pour des gens de iustice, encore plus faussement prend les vrais officiers de la Iustice pour des larrons, qui pro quo admirable. Il fallut câper és villages circonuoisins pour ce iour là, on planta des sentinelles en diuers lieux sur les aduenuës pour aduertir si les rauisseurs de Iullie se sauuoient à l'ombre de la nuict, tandis que la ronde se fait sur les murailles du Chasteau, afin que personne n'en approche pour y entrer. Thesandre auoit vne sœur mariee à vne lieuë de là à vn Gentil-hôme de son voisinage, lequel reuenu des champs où ses affaires l'auoient occupé le iour precedent, & entendant parler du tintamarre qui se faisoit autour de la maison de son beau frere, creut qu'il y alloit de son deuoir de le secourir en sa necessité, & comme és querelles on ne regarde point la iustice de la cause, mais la consanguinité ou l'amitié chacun se portant vers son parent, ou à soustenir son amy, non parce qu'il a raison, mais parce qu'il semble que le deuoir y conuie. De mesme ce Gétilhomme champestre par vne boutade commune à la Noblesse des châps, pensa se perdre en voulant sauuer son beau-frere, qu'on luy auoit figuré estre dans sa maison assiegé des voleurs dont il tenoit le chef, & se pesa precipiter sans recognoistre vn naufrage irreparable. Il fait sonner le tocsin, ramasse les manans, leur expose le peril où ils sont s'ils ne rechassent les voleurs, leur remonstre les obligations qu'il a de secourir son beau-frere; & ainsi enuironné de gens armez à la villageoise, & qui sçauoient tous les destours des bocages & des marescages dõt ce terroir est abondant: il va parmy les tenebres de la nuict, en resolution de faire leuer le siege, & de desnicher les voleurs. Les assiegeans d'autre part voyent leur camp posé entre des gẽs effarouchez de la volerie de la nuict precedẽte, & qui s'imaginent que ce sont les compagnons des voleurs qui ont forcé le Chasteau, lesquels veulent rauoir leur Capitaine, & qui ont de la peine à se laisser persuader que ce soit la Iustice du Roy: car le mensonge a cela qu'estant descouuerte, elle pare ses liurees de la premiere verité qui la suit; plus on se veut informer du fait, plus on l'embarasse. Ce qui me fait souuenir de ce que dit sainct Augustin, que la renommee ressemble à cet hõme ennemy qui surseme l'yuraie parmi le bon grain; si bien que les miracles mesmes à peine acquierent de la creance és lieux où ils sõt operez, à cause de la diuersité des faces que chacun leur donne selon sa fantasie. Que si Thesandre mesme, qui estoit le plus interessé en la perte de son bien, & Montange en celle de sa Maistresse, estoient tellement interdits, qu'ils ne sçauoient ce qu'ils faisoient, coment eussent peu expliquer ces confusions, & demesler ces fusees des païsans esloignez, qui n'auoient rien veu de tout ce qui s'estoit passé, qui n'en sçauoient que ce qu'vn faux rapport leur en auoit appris; & là dessus allez faire des procez verbaux, & condamnez les innocens comme coulpables. Côme ils estoiët en ceste peine, le Commissaire estoit le plus empesché de tous les parens les plus confus, & les Archers les plus effrayez: car ils ressemblent à cet Androgee du grand Poëte.

Lequel pour le repart de sa douce semonce,
Receuant vne vague & douteuse responce:
Recognoist que son pied l'a porté par erreur
Entre ses ennemis dont il est plein d'horreur.

Ils pensent estre vendus, & tous croyent auoir esté menez à la boucherie. Sur ce secret effroi qui se glisse dedans leurs veines, & leur glace le sang, tandis qu'ils s'amusent voirement à empescher de sortir ceux qui n'ont point d'autre soin, que d'empescher que personne n'entre, Thelandre fait glisser vn lacquais par vne corde dans le iardin, afin qu'il se glissast par des sentiers esgarez, pour porter vne lettre à vn parent de sa femme, qui tenoit à Paris vne honorable Magistrature, le coniurant d'implorer promptement pour luy l'aide de la Iustice, pour le tirer des mains des voleurs qui le tenoient assiegé dâs sa maison, pour le contraindre à leur rendre leur Capitaine qu'il auoit heureusement pris à l'aide de ses sujects. Ce garçon ayant dextrement par des routes secrettes esuité la rencontre des sentinelles, sçachant le peril où il auoit laissé son Maistre, fait tant par sa diligence, qu'il se treuue aux portes de Paris auant que le Soleil parust en celles de l'Orient. Ce Magistrat aduerty, court incontinent à la Iustice, sçachant qu'en semblables occurrences la promptitude sauue la vie où la negligence donne la mort à ceux qui sont oppressez. On enuoye vne autre bâde d'Archers qui vont en haste comme vous voyez, pour la Iustice, & contre la Iustice mesme. Mais tandis qu'ils vont, allons reuoir comme les assiegez, & les assiegeans ont passé la nuict, & s'il ne s'est point fait quelque furieuse sortie; non pas certes vne sortie, mais vne saillie merueilleuse. Que fit ce beau frere de Thesandre, lequel venant auec sa troupe de manans, à la mode des villageois doner sans recognoistre, fait bien-tost euanoüir les sentinelles, & leuer le siege aux Archers qui crioyent trahison, trahison au Commissaire & aux parens qui crioyent tous, misericorde, la vie, rançon, au meurtre, au secours, de la Iustice, allarme; c'estoit vne confusion inexplicable, les Païsans des communes qu'ils auoient retenus par force s'eclipserent soudain par les petits destours, & s'allerent tapir dedans le bois voisin, dont les labyrinthes leur estoient cogneus. Tous s'escartent, qui deçà, qui delà, sans garder chemin, ni sente dans l'horreur d'vne obscure nuict, qui les sauua soubs l'ombre de ses aisles, & les couurit de son manteau. Le Gentil-homme qui n'alloit pas à ceste guerre pour prendre, ny pour tuer personne, se contenta de ceste chasse, ne permettant pas à ses gens de se desioindre pour courir apres les fuyars. Il arriue au Chasteau, où s'estant fait cognoistre à sa voix, & à quelque signal ; & y ayant donné aduis de sa victoire, & du secours qu'il amenoit aux assiegez: sa troupe y fut receuë sur sa parole, comme vn secours qui leur arriuoit en temps opportun : Cependant l'armee volante venoit de Paris à grand pas, guidee par les lacquais, & conduite par le parêt de Thesandre. Les fuyards de la nuict s'estans ramassez alors que le Soleil commençoit à redonner les couleurs aux choses, retournoient en troupe à Paris, resolus comme Demosthene fuyant de combatre vne autre fois, & de mettre en poudre les rebelles à la Iustice: Le lacquais qui les vit de loin dit, que c'estoient-là les voleurs qui auoient pillé la maison de son Maistre durant la nuict (car il estoit present quand les faux archers entrerent) & qui l'auoient assiegee le iour precedent, pour essayer de rauoir leur Capitaine qui estoit pris & serré dans vne tour; si bien que sur la parole de ce garçon, plustost ignorát qu'estourdy, il y pensa auoir vne dure meslee: car les vns & les autres, quoy qu'Archers d'vne mesme Preuosté, & portans mesmes liurees, croyoient que ceux qu'ils voyoient estoient des voleurs vestus en Archers, & faisans des brigandages soubs cet habit venerable. Les bataillons se serrent, & s'il y eust eu des trompettes ie croy qu'elles eussent sonné, & qu'ils eussent donné vn magnifique combat: car c'estoient tous faiseurs d'exploicts de plume; toutefois plustost que de canif, selon les faits de Cheualerie, des Sergens, & des Commissaires. Tandis que le gros firent alte, il fut treuué bon de part & d'autre de se recognoistre, selon les regles de la milice, où il n'y a point de malice; Archers de l'vn & de l'autre costé sont enuoyez, lesquels d'assez loin à vne desmarche qu'il vaut mieux appeler graue, lente, & iudicieuse, que timide & paoureuse, se recogneurent comperes; si bien que s'approchans auec grande ioye, au lieu de se chocquer s'embrasserēt, & au lieu de la guerre porterent à leurs esquadrons nouuuelles de paix. Ce renfort redonna le courage aux fuyards, qui retournans derechef à l'assaut, sur l'asseurance que leur donna le parent de Thesandre, qu'ils y seroient mieux receuz que le iour precedent : ils alloient en s'entretenans de ceste memorable auanture pour la parfaite intelligence de laquelle il sembloit qu'il falloit auoir recours à vn Oracle. Le lacquais est interrogé, lequel disoit simplement ce qu'il sçauoit, & comme il l'entendoit, des voleurs faits comme vous autres Messieurs, (disoit-il, monstrant les Archers, & il vouloit dire ayans des casaques semblables) vindrent auant-hier durant la nuict chercher Madame Iullie, & s'estans fait ouurir toutes les chambres, & les coffres; emporterēt l'argent de mō maistre, & les ioyaux de ma maistresse, & puis s'en allerent apres auoir enfermé tous les seruiteurs, excepté vn valet qu'ils tuerēt : le matin suruint leur Capitaine qui vouloit tuer mō maistre; mais il fut pris, estant tōbé dās vn fossé auec son cheual, & mis en prisō au Cha-

steau. Hier ses côpagnons vindrẽt pour le rauoir, & vouloiẽt forcer le Chasteau, lequel ils
ont assiegé ceste nuict; surquoy mon maistre
m'a depesché à Paris pour le deliurer de ceste
oppression par le moyẽ de la Iustice. A ce discours, nos assiegeás du iour precedẽt iugerẽt
qu'on les auoit pris au Chasteau pour des voleurs, & pour les suiuans de ce Capitaine prisonnier, mais de deuiner d'où venoit ceste at-
tique de la nuict qui les auoit mis en déroute
si ce n'estoit vne furieuse sortie du Chasteau,
il n'estoit pas en leur pouuoir; autãt de testes
autãt d'opiniós. Tous parlẽt assez, & nul n'atteint le blãc de la verité. Ils eussent volõtiers
demãdé le nõ de ce Capitaine prisõnier, mais
les Archers praticqs en ceste marchãdise sçauoient que les voleurs sõt anonimes, ou s'ils
ont des nõs, ils sont pris à plaisir, & en changent autant que de mãteaux. Arriuez au voisinage du Chasteau, ce gros de caualerie se
rétira aupres d'vn bosquet, tandis que le parent de Thesandre iroit auec le lacquais donner les nouuelles du secours, & aduertir ce
Gentil-hõme que le iour precedẽt en pẽsant
repousser des voleurs, il auoit fait vne horrible rebellion à la Iustice. Le lacquais fut aussi
tost recogneu, & admis; & soudain apres

le parent de Thesandre, qui lui ayant representé la grieue faute qu'il auoit faite, en tirant insolemment contre les Archers de la Preuosté, & contre vn Commissaire deputé pour la recherche de Iullie en sa maison. Côment? replique le non desabusé Thesandre, vous ais-je donc enuoyé querir, & imploré vostre secours, afin que vous acheuassiez de me perdre? si ce n'estoit le respect que ie porte à vostre qualité, ie vous ferois tout presentement sortir de ma maison auec ignominie. Le Magistrat nõ accoustumé à ces caresses, mais croyant receuoir des remerciemẽts de la peine qu'il auoit prise, au lieu de ces outrages, ne sçauoit s'il se deuoit courroucer, ou auoir compassion de ce sien parent qui ioüoit à se perdre. Il lui vint en pensee qu'il estoit dans ces Chasteaux enchantez où toutes choses paroissent au rebours de ce qu'elles sont, ou bien qu'il regardoit en ces fausses glaces où les objects se monstrent renuersez; neantmoins prenant le parti de la raison & de l'attrempance côtre les excez d'vne passiõ si turbulente, dont il voyoit ce Gentil homme & tous ceux qui l'enuironnoient agitez, il commença par de douces paroles à temperer ces boüillons, & à reduire en verité la fable d'Orphee, ramenát à leur deuoir par son discours ces hommes animaux que le trouble de la colere auoit rendus farouches. Ainsi quand en vne esmeute populaire, excitee pour vn sujet friuole, lors que la violence aueugle les esprits, & que la fureur met en la main les premieres armes qu'on rencontre pour s'elancer auec elles à teste baissee dans le peril; si alors il se rencontre quelque personnage graue, venerable, & recommandable pour ses mœurs, & pour sa qualité, vous verrez que ceste populace s'arreste à sa presence, comme vn torrent deuant vne digue, & que prestât l'oreille à ses remonstrances, il leur arrache par la suauité de ses paroles la rage du cœur, & leur fait tomber les armes des mains, dissipant peu à peu cet orage qui menaçoit d'vne furieuse tempeste. Seigneur Thesandre, dit ce Magistrat, ie suis marry que vous preniez d'vn mauuais biais ce que ie vo° ameine auec droiture, & bonne intention, & comme vostre amy, & comme vostre parent, & comme personne qui tient quelque rang entre les Officiers de la Iustice du Prince. Vraimét ce seroit vne trahison la plus insigne qui fut iamais ourdie, que de se seruir du nom, du mâteau, & de l'authorité de la Iustice, pour commettre des brigandages, ou des vengeances; lascheté qui ne tomba iamais en mon esprit,

& stratageme que ie ne voudrois pas employer contre le plus mortel ennemy que ie peusse auoir au monde. Si vous auez ceste creance de moy, il me vaut bien mieux retirer de bonne heure, que de me mettre en danger de receuoir vn affront d'vn homme que ie viens pour seruir, pour secourir, pour aider en sa necessité; non comme amy priué, & comme particulier, mais comme personne publique, authorisee du Roy & du Parlemét. Ie viens de ceste façon, mō entree chez vous est paisible, ie viens seul sans armes sur vostre parole, à vostre premier mandemét auec toute la diligēce qui m'a esté possible, & que vous pouuez coniecturer, pour mon propre pere ie n'eusse peu accourir auec plus de promptitude; & maintenāt pour vous auoir dit vne verité, dont ce garçon que vous m'auez enuoyé est tesmoin; vous croyez que ie m'entende auec des voleurs, & que i'aye auec eux iuré vostre ruine; iugez Thesandre, qui a tort, & iusques où vous a emporté vostre passion? si elle continuë ie voy vostre perte toute euidēte. Monsieur, repliqua Thesandre, ie vous ay tousiours tenu pour vn fort homme de bien, & pour le meilleur parent que i'eusse, c'est pour cela que iay eu recours à vous tout le premier, mais le desespoir où ie suis de me voir volé & despoüillé du plus beau de mon bien, ou par des Archers du Preuost, faisans semblant de chercher ceās vne Dame de mes voisines, ou par des voleurs qui leurs ressembloient; c'est à dire, portans de semblables liurees me met en ombrage de tout, si biē qu'à peine ay-je dōné entree à mō beau frere, que voila, bien qu'il m'ait rendu ceste nuict vne extreme preuue de son amitié, & vn tesmoignage signalé de sa valeur, en chassant tous ces larrons qui m'auoient assiegé, & qui vouloient forcer ma maison, pour retirer de mes mains l'autheur de leur vol que i'ay pris par vne auanture memorable, & que ie veux remettre és mains de la Iustice. A ce discours, que ce Magistrat n'entēdoit point clairemēt, il iugea, ou qu'il y auoit vne insigne collusiō, ou vne estrange fourbe en toute ceste affaire: c'est pourquoy l'ayant prié de luy raconter l'histoire tout au long, sans luy en obmettre aucune particularité, il la lui representa à peu pres en la façon que nous l'auons deduite, doutāt tousiours si c'estoiēt de vrais ou faux Archers qui l'eussent volé, & sans nōmer Mōtāge prisōnier, autrement que le Chef de leur bāde. Mais quād il vint à dire que les mesmes voleurs qui l'auoiēt volé la nuit estoiēt reuenus le iour suiuāt, & qu'il les auoit recognus à

A a ij

leurs casaques, quils auoient voulu forcer sa maison, & l'auoient inuestie durant la nuict, & seroient encore deuant, si son beau-frere ne leur eust donné la chasse. Ce Magistrat l'arresta-là, & luy remonstra que ceux qui estoient venus le iour precedēt, & qui auoiēt esté si furieusement escartez par ses coups de fauconneaux, & par ses mousquetades, & qui auoient esté repoussez durant la nuict, estoiēt vrais Officiers du Roy, vrais Archers de la Preuosté; & que ces escarmouches le rendoient criminel de leze-Majesté, s'il ne faisoit paroistre de son erreur, & n'en demandoit pardon au Roy, & à la Iustice. Thesandre plus estonné que quand on luy vola son argent, iugeant bien que ceste inconsideration portoit coup à la ruine totale de sa maison, de ses enfans, & de sa famille, demande comme il estoit possible qu'on eust sçeu à Paris si promptement sa perte, veu que le Chef des brigands qui luy auoient emporté son bien, estoit venu le matin lors qu'il ne faisoit que de sortir des lieux où ils l'auoient enfermé, luy racontant là-dessus les insolences de ce Capitaine, ses brauades, & son estrāge prise: à cela le Magistrat ne sçeut que repartir, croyant que ce fussent des illusions, ou pour le moins des collusiōs pour aneantir le cours de la Iustice, & en diuertir l'executiõ. Tout ce qu'il peust dire, ce fut qu'il en iroit conferer auec monsieur le Cõmissaire à l'autre escoüade d'Archers qu'ils auoient fait reuenir sur leurs brisees, pour sçauoir quelle estoit leur cõmission: chacun là-dessus se donne la liberté de faire des coniectures qui aprochoient du but, cõme le Nort du midy. La plus vniuersellement receuë fut, qu'il falloit que quelque brigade d'Archers du Preuost sur l'aduis de l'argẽt apporté au Chasteau eust supposé vne fausse commission, & des lettres du Roy pour faire ce meschant coup: car il n'y auoit moyen d'oster de l'opinion de Thesandre que ce ne fussent de vrais Archers, tãt ces casaques auoient frappé sen imagination, mesme durant la nuict (tẽps auquel les especes s'impriment plus fortement) & par vne violente peur, telle que vous pouuez penser que fut celle de Thesandre, & de sa famille, quand à l'improuueu ils se virent en la puissance des voleurs, & menacez de la perte de la vie. Son parẽt s'en va donc où il auoit laissé ses deux troupes iointes en vne, pour sçauoir ce que portoit la cõmission de la premiere: car la siẽne n'estoit que pour deliurer Thesandre de la violẽce des pretẽdus voleurs qui l'assiegoient, & s'estãt informé sur quel aduis

Aa iij

ils auoient obtenu ceste cómission, ils luy dirent que c'estoit sur le bruit cómun que Iullie auoit esté enleuee en ce Chasteau par des gēs attitrez par Mótange, & que le Baron estant disparu quelques iours apres, nonobstant les gardes qu'on lui auoit baillees, on auoit iugé qu'il y auoit de l'intelligēce entre luy & Thesandre; & que dedās ceste maison se feroient des nópces forcees & cládestines de Montāge & de Iullie: si bien que pour empescher vn si funeste attētat, ils estoient partis en diligence de Paris par ordónance de la Iustice, suppliee par les parens de la femme rauie. Il retourne au Chasteau auec ceste instruction, & portant la cómission, afin que Thesandre n'en pretendist aucune cause d'ignorance; il estoit aussi porteur de celle qui luy auoit esté donnee, laquelle selō l'estat de ceste confusió icy mettoit les Archers cōtre les Archers, les Cómissaires contre les Cómmissaires, cóme s'il eust esté cómandé au Preuost de se prēdre soy-mesme, & de s'amener lié & garoté és mesmes lieux, où tous les iours il conduisoit les mal-faicteurs. Chargé de ces patentes il va treuuer Thesandre, lequel voyāt la premiere couchee aux mesmes termes, que celle sur laquelle on l'auoit surpris, & scellee de la mesme façó, portāt pour sa cause la recherche de Iullie. Pai, dit-il, iurāt tout outre, outré qu'il estoit de colere, c'est bien la mesme pancarte auec laquelle on m'a trôpé, mais i'y ay esté eschaudé si villainement, qu'il sera bien habile hôme qui m'y prêdra la seconde fois: ie n'ay pas encore tât sacrifié à l'imprudêce, la playe est trop fraische pour la renouueler si tost: vous verrez, dit-il, que ce sôt les mesmes traistres qui m'ôt emporté mes vingt mille frâcs, les bagues de ma femme, & ma vaisselle d'argent sous le nô de Madame Iullie, qui faisans ou contre-faisans les innocês, reuiennent cacher leur crime soubs vne horrible impudence: mais s'ils approchent de ce Chasteau, ie mettray tant de poudre à feu dedâs mes pieces, qu'eux-mesmes ie les reduiray en poudre les meschans qu'il sont; tant il est vrai que

La colere est vne vraye fureur,
Tousiours aueugle, & tousiours en erreur.

Ce Magistrat ne sçauoit plus quel remede apporter à ceste frenesie: car ceste homme perdant le sien sembloit auoir perdu le sens, il ne sçauoit auec quel fil se desueloper de ce labyrinthe, plus entortillé que ne fut iamais celuy de Crete. Il demande si ces premiers chercheurs de Iullie l'ont treuuee: ô Dieu, repliqua Thesandre, ils l'ont si bien treuuee, qu'à mon dam ils l'ont emportee, le voisinage de ceste Dame me couste cher. Parole qui me remet en memoire celle de la Reyne de Carthage chez le grand Poëte:

Trop heureuse Didon si les Troyens vaisseaux
N'eussent point abordé les riues de nos eaux.

A ce mot, ce Magistrat creust Thesadre coupable d'auoir recelé Iullie: surquoy luy demandant des nouuelles du Baron de Montang; quel Baron repliqua-t'il? vn Capitaine de fadouliers, & de rauisseurs, lequel apres auoir fait voler la Iullie qu'il pretendoit est encore venu me brauer iusques dans ma maison, mais le iuste ciel a permis qu'il fust en lieu où ie respondray bien de luy au Roy, & à la Iustice corps pour corps, & teste pour teste; i'espere luy faire trancher la sienne, ou i'y mangeray ce peu qui me resté de bien. A ces discours ambigus, quel Sphinx n'eust esté trompé? ou tout au plus, qui eust peu iuger autre chose, sinon que toutes ces animositez estoient des coleres feintes, & vn ieu ioüé pour esbloüir les yeux de la Iustice, & laisser en paix le Baron possesseur de sa Maistresse? Apres auoir long-temps parlé, disputé, discouru, raisonné, si c'est raisonner, que de folier auec la raison; le Magistrat ne peut tirer autre resolution de ce Gentilhomme, qui assisté de son beau-frere, & de force manans, se tenoit puissant sur son fumier, sinon apres auoir veu les deux commissions, que quant à la premiere il ne se remettroit iamais pour la seconde fois à la merci des Archers qui estoient par lui de vrais brigands, ny ne permettroit quand il deuroit mille fois perir, qu'ils entrassent dãs sa maison, ny la foüillassent & visitassent, que seulement s'ils approchoient ou paroissoient à la veuë du Chasteau, il ne se cõtenteroit pas de faire ioüer les orgues du iour precedent: mais qu'il feroit sur eux vne si rude sortie qu'il y en auroit plusieurs qui mesureroient la plaine, ou de leurs pieds en fuyant, ou de leurs corps en mordant la terre. Quant à la seconde, qu'il le remercioit de son assistance & de son secours, puis qu'il ne craignoit plus ceux qui l'assiegeoient. Que dans peu de iours il iroit à Paris demãder iustice contre cet insigne voleur ce Capitaine de brigands qu'il auoit prisonnier en sa maison, se rendant plustost prisonnier auec lui, pour r'auoir son bien ou lui faire perdre la vie. Voila toute la determinatiõ que ce Magistrat pût tirer de cét homme qui iettoit le feu par la bouche & par les yeux, & qui le renuoya de ceste façon sans luy offrir vn verre d'eau, ny lui dire vne parole de courtoisie. Il s'en va trouuer sa troupe qui l'attendoit auec vne extreme impatience, tant parce qu'il fut long à deuider toutes ces fusees qu'il emporta plus embroüillees qu'auparauant, & à prier & coniurer Thesandre qu'il ne se precipitast pas si malheureusemét à sa ruine, qu'à cause que la faim les pressoit extrememét, c'est ce qui leur fit quitter les tranchees plus promptement, & tourner bride legerement du costé de Paris, où l'on couche & l'on repaist d'autre maniere qu'ils n'auoient fait en leur expedition. Tandis qu'ils vont, Dieu sçait si Thesandre & Montange sont déuoüez aux furies & quelle haute vengeance ils disent que la Iustice Royale doit prendre d'vn tel attentat & d'vne si furieuse rebellion. Tous d'vne cómune voix disent que Montange est le voleur, & Thesandre le receleur qu'ils tiennent à mesme chaisne, & que mesme supplice les attend, que toutes ces broüilleries sont vn ieu, mais que la fin de ceste comedie sera tragique, qu'il ne faut pas se rire de Dieu ny se mocquer des iuges qui sont appellez des Dieux ; qu'à la fin tout se sçaura, que les Rois ont des mains lõgues, en fin ils sont decoupez en autant de façons qu'il y auoit là de langues.

O esprits tenebreux ! ô aueugles pensees !
Que vous penetrez mal ces actions persees,

Tel, comme criminel, que vous allez taxant,
Ce chaos débroüillé, se verra innocent.

Tant de langues qui reuenoiēt de ceste petite guerre, firent naistre en ceste Babel vne cōfusion de babil admirable. Quād on parloit de Iullie, on respōdoit de voleurs: quād de Mōtange, on ramenoit Thesādre en ieu, c'estoit vn cercle perpetuel, & vn embroüillement incroyable. Iullie est trouuee, Thesandre est volé, il s'entend auec Montange: c'est le Barō qui fait iouër tous ces artifices pour couurir son rapt, & pour pressentir ce que l'on en dira, il a fait enleuer Iullie par des Archers, enfin toutes couleurs sont prises par ce peuple vray cameleon, excepté la blanche de la verité. Les parés de Iullie qui ne veulent pas que l'affrōt leur demeure, se resoluēt de remuer toute pierre pour auoir leur raison & de Thesandre & de Montāge; & apres des requestes respondües & nouueaux Commissaires ordonnez & nouuelle leuée d'Archers & de Sergens, se resoluent à faire vn effort pour faire sortir la verité du Chasteau de Thesandre, qui n'estoit bon que pour des coups de main autremēt peu tenable. Mais Thesandre preuenant ces assauts appuyé sur son innocence, vient luy mesme se presenter à la Iustice; & ce qui est admirable, apres auoir exposé le vol qui lui auoit esté fait selon le narré precedent, allegue qu'il s'est saisi du chef de ceste bande qui a pris son argent & ses ioyaux sous pretexte de chercher Iullie, & que ce chef est le Baron de Montange, contre lequel il se rend partie, & se fait prisonnier auec luy. Qui n'eust dit à voir cet homme auec ceste requeste que tout ce mesnage estoit fait à plaisir pour faire euanoüir Iullie, & ietter de la poudre aux yeux des Iuges, afin que la malice fut prise pour innocence? Il n'auoit autres tesmoins du vol pretēdu que ses domestiques, lesquels on croyoit qu'il eust gagnez, pour leur faire dire ce qui lui plaisoit, quand il allegua la somme de vingt mille francs prise dedans vn coffre, cela fit soupçonner de la mensonge: car pour l'ordinaire, la Noblesse des champs n'est pas si bien fournie, il fait monter bien haut les bagues de sa femme & sa vaisselle d'argent, & l'on tient tout cela pour des fables. Neantmoins pour ne le frustrer point tout à fait de son attéte, on appointe sa requeste en lui accordant de passer le guichet, iusques à ce qu'il eut prouué clairemēt son dire. Là on lui demande où est le Baron de Montange, il respond qu'il est en la mesme tour prisonnier où il auoit par ses bandoliers fait voler son argent, on lui parle de Iullie, cela le fait depiter; & il replique comme Cain, si on la lui a donnee en garde. On le presse de respondre, il maudit Iullie, & dit que c'est elle que cherchoient les bandouliers du Baron, & qu'ils l'ont enleuee, c'est à dire, son argent. Et c'est à dire, est vne glose qui obscurcit le texte, on lui commande de respondre plus clairement, il dit qu'il ne sçait où est Iullie: mais que sous son nom & sous couleur de la chercher, on a foüillé tous ses coffres & raui tous ces tresors. On lui demande si Montange ne l'auoit pas fait mener en sa maison, ha! le traistre, respondit Thesandre, c'est lui qui l'en a fait enleuer en la façon que ie vous ay dit, en volant mõ argent. Ces mots ambigus faisoient couper ce pauure homme, lequel comme ses oiseaux engendroit la glu qui le deuoit prendre, & cõme l'aigle secoüoit la plume dont fut empenné la fleche qui le blessa. Car que pouuoit-on tirer delà, sinon que ces gens employez par Montange à l'enleuement de Iullie, auoient peut estre auec cela desrobé ce Gentil-hõme, ou plustost que tout cecy n'estoit qu'vne pure collusion de gens qui estans amis se feignoient estre ennemis mortels pour couurir leurs crimes par cét artifice. Et ceste derniere opinion preualut en l'esprit des Iuges, surquoy Thesandre arresté receu commandemét de la part de la Iustice de faire ouuerture de sa maison pour en tirer Montange & l'amener prisonnier. La femme de Thesandre accourt aussi tost sçachant que son mari estoit en peine & se rendit en la prison cōpagne de sa disgrace. Thesandre consent à l'ouuerture de sa maison, priant ce parent qu'il y auoit si mal mené d'en prendre la tutele & la garde, considerant l'infortune où il estoit reduit, lequel picqué de l'affront qu'il y auoit receu boucha les oreilles à ses prieres, concluant plustost qu'il la falloit razer pour la rebellion qui y auoit esté commise, & disoit-il cela de peur qu'il auoit qu'on ne l'estimast complice par la conniuence du crime. Si bien que le disgracié Gentil-hôme eust pû dire auec le Roi Prophete, tous mes amis m'ont abandōné au besoin, & se sont esloignez de moi: ils ont murmuré entre leurs dents & hoché la teste contre ma misere. Tant est vray ce mot d'vn Poëte ancien,

L'infortune n'a rien de plus fascheux en soi,
Sinon quand elle rend les hommes ridicules.

Nouueaux Archers sont enuoyez pour se saisir de ce Chasteau & de la personne de

Montange, mais ils furent encor repoussez aussi rudement que la premiere fois par le beau-frere de Thesandre qui y estoit demeuré pour le cōseruer, neātmoins on trouua moyē de lui faire voir les lettres de Thesandre & de sa femme, qui lui deffendoient de s'opposer au cours de la Iustice, mais plustost de remettre sans crainte és mains du Preuost & sa maison & Montange auquel il vouloit faire faire le procez, s'estant pour cét effect rendu volontairement prisonnier. Alors il ouurit les portes, & le Preuost n'y fut pas plustost le maistre, que s'estant saisi de la personne de ce beau-frere de Thesandre & de celle de Montange qui pensoit que quand on le tira de ceste tour qu'on l'allast mettre en pieces selon les menaces qui lui en estoient faites tous les iours, il les mena tous deux à Paris pour tenir compagnie à Thesandre. On eut beau chercher Iullie en tout le Chasteau on ne l'y trouua point, plusieurs disans, (entendant parler de l'argent desrobé) qu'elle estoit bien loin si elle auoit tousiours cheminé. Car il s'estoit desia passé plusieurs iours en ces altercats & desordres. Voila trois Gētil-hōmes en prison pour des crimes imaginaires, mōtange accusé par les parens de Iullie d'auoir fait enleuer ceste Dame, & par Thesandre de l'auoir fait voler; choses à quoy il n'auoit iamais pensé: ce qui estoit tenter violemment la patience & le courage d'vn homme glorieux & amoureux. Thesandre d'auoir recelé Iullie, & de rebellion à la Iustice. Et son beau-frere d'auoir osé leuer les armes contre les officiers du Roy, & exciter vne sedition & esmeute populaire pour les faire tailler en pieces, bien que ny l'vn, ny l'autre ne pensast qu'à se deffendre contre des voleurs. On commence à instruire le procez : mais par où commencer ou finir, ce qui comme vn cercle n'a ny fin ny commencement. Si l'on interroge Montange du vol pretendu de Thesandre, il s'en rit, se faschāt & iustemēt d'estre pris pour vn autheur de brigandages : si on luy parle de l'enleuement de Iullie, il souhaite l'auoir fait, se disant bien marry de n'estre coulpable de crime, mais il le rejette sur le perfide Thesandre, qui non content de lui auoir desrobé sa maistresse, luy veut encore voler l'honneur. Si on luy demande quelle certitude il a que Iullie ait esté au Chasteau de Thesandre, il soustient qu'il n'y a rien de plus asseuré, & (selon la façon de parler de la Noblesse) qu'il le luy maintiendra les armes

armes à la main ; si l'on retombe sur le vol des Archers il n'en sçait aucunes nouuelles, & se rit de cela côme d'vne fable. Si l'on veut sçauoir de luy comme il est tombé en la puissance de Thesandre, il le racôte en la mesme forme que Thesandre le rapporte, ne se treuuás vniformes qu'en ce poinct. Thesandre d'autre part interrogé de Iullie s'en dépite, parceque cela lui remet sa perte deuant les yeux, & ne fait que maudire ceste innocente, comme cause de sa ruine: termes desauantageux pour luy, au lieu de respondre droictement à cet interrogatoire, il narre & repete sans cesse la façon en laquelle il a esté volé, & specifie ce qu'il a perdu, à quoy il destinoit les vingt mille francs, où il les auoit pris, quád il les auoit apportez, où il les auoit mis; declare particulieremét les ioyaux de sa femme qui ont esté enleuez, & aussi toutes les pieces de vaisselle d'argent qui ont esté emportees de son Chasteau: pour preuue & pour tesmoins de ce vol il n'a que ses domestiques, dont la deposition, bien que veritable, paroist tousiours suspecte ou debile; il entre en desespoir de voir qu'on n'adiouste point de foy à ses paroles en vn effect qui luy est si sensible. Quand on luy demande quelles preuues il a contre Moniáge pour le rendre coulpable de ce vol preten-

Bb

du. Quelle plus belle, disoit-il, en voulez-vous que d'estre venu me demander Iullie en la mesme façon que ses compagnons qui m'ont volé me la demanderent la nuict, non content, le meschant qu'il est, de m'auoir mis en chemise, si encore il ne se venoit mocquer de moy chez moy, & me brauer iusques à ma propre maison. Son beau frere, que son incósideration auoit porté dans ce malheur, plustost que sa malice, estant interrogé de Iullie, de Montange, & de ce vol fait au Chasteau de Thesandre, dit qu'il ne sçait que c'est de tout cela, qu'il n'a veu ny Iullie, ny les voleurs, ny la prise de Montange; mais qu'ayāt eu aduis en sa maison que celle de son beau-frere estoit inuestie de voleurs qui vouloient par force retirer leur Capitaine de ses mains, il estoit accouru à son secours pensant faire vne œuure, non seulement exempte de crime & de blasme, mais loüable & pleine de charité; qu'il s'estoit ietté dans son Chasteau apres auoir escarté ceux qui l'assiegoient, ne croyāt pas que ce fust la Iustice du Prince, & cela pour le deffendre contre les brigands, nō pas pour resister à l'authorité publique: supplie qu'en cela on ait esgard à son innocence, & que s'il a failly ç'a esté sans y penser. Il ne laisse pas pourtant de tremp.r dās la prison qui est le centre de la misere, & le sepulchre des viuans: car comme le Soleil entre à peine dans les cachots, aussi les rayons de la verité penetrent malaisément dans les Conciergeries; ioint que ces lieux là sont comme les nasses, l'on y entre plus aisément que l'on n'en sort. Les Iuges & les Criminels en sont à deuiner: car on ne sçait quelle quintessēce tirer des interrogatoires, ny des responses tant tout est embroüillé. Le pis que i'y voy est, que la voix commune les iuge tous dignes de mort, tant il est mal asseuré, comme dit vn graue Ancien, parmy tant d'humaines erreurs de viure soubs l'abry & soubs l'appuy de son innocence. Les Iuges ne voyent que des tenebres en celle-cy, & pensent voir assez clair dans les crimes, on va neantmoins à pas de plomb dans les procedures: car outre que le dilayement n'est iamais trop long, quand il est question de la mort d'vn homme, veu qu'il est autant aisé de luy oster la vie, qu'impossible de la luy rendre: on desire s'il se peut recouurer Iullie en perdant Montange, s'il se treuue son rauisseur, & Thesandre encore, s'il se preuue qu'il soit complice de cet attentat, cōme il se treuue euidemment atteint du crime de rebellion auec son beau-frere; si biē qu'en apparence voila autant d'enfans de mort.

Bb ij

On renouuelle les enqueftes, on les cõfronte; & quand il feroit queftion de fouffrir mille fupplices ils ne peuuent, ny par les recollemens, ny par les confrontations depofer autre chofe que ce qu'ils ont dit. Montange enquis pourquoy il auoit rompu les arrefts qui luy auoient efté donnez en la ville pour courir au Chafteau de Thefandre, fans en aduertir aucun de fes gens, & en fe defrobant à fes gardes, dit qu'il auoit couru comme le fer à l'aimant, auffi toft qu'il auoit fçeu que fa maiftreffe eftoit en la maifon de Thefandre où elle s'eftoit refugiee, ne fe treuuant pas affez cachee en la fienne propre qu'elle auoit au voifinage, & qu'il eftoit croyable qu'on l'auoit fait euader en la mefme nuict, en laquelle on fuppofoit ce vol imaginaire : fi qu'arriuant le matin en ce Chafteau, & demandant des nouuelles de fa maiftreffe pour fe defchargér du foupçon que l'on auoit conçeu qu'il l'auoit enleuee, il auoit efté pris en la façon qui auoit efté racontee auec verité par fes ennemis. Quand on luy demandoit, quels refmoins il auoit de fon dire, de ma prife, refpõdoit-il, il n'en faut point d'autres que cefte canaille qui fe ietta fur moy, & qui me penfa mettre en pieces, de la retraitte de Iullie chez Thefandre, i'en ay autant qu'il y a d'ames dãs

Paris qui ont esté abbreuuees de ceste affaire. Tout cela ne contentoit point: car vn bruit de ville est vne chose fort incertaine, d'autāt que nul ne dit ce que tous disent: & quant à sa prise, qui fut sans blesseure & sans resistance, on la tenoit ou pour vn conte vain, ou pour vn stratageme fait à la main pour esbloüir les yeux de ceux qui rechercheroient la verité, laquelle est enueloppee plus que iamais, & si empacquetee dans les replis des formalitez, qu'elle en est presque estoufee. Ceux qui ne flattoient ny Thesandre, ny Montange, leur persuadoient d'auoir recours à la misericorde du Roy pour obtenir grace, ou abolition, d'autant que les crimes dont ils estoiēt comme conuaincus, estoient selon les loix ciuiles & humaines irremissibles. Quant à Montange il estoit si outré d'auoir perdu sa Maistresse, qu'il sembloit ne faire aucun estat de sa vie, laquelle il eust perduë mille fois fort franchement; mais la façon de la perdre auec ignominie, & de seruir, estant innocent, d'opprobre à son sang, estoit la seule consideration qui l'affligeoit plus que la mort. Thesandre n'estoit pas moins au desespoir de voir apres la perte de ses biens, que sa vie courut la risque de perir auec honte. O Iuges, disoit-il, dont les yeux d'aigle portent leurs regards dans la rouë du Soleil:

Où sont allez vos esprits autresfois
Si iustes & si droicts.

Qui vous peut auoir si cruellemēt ensorcelé, vous qui purgez la terre des malefices des Magiciens, estes-vous dōc sujets à leurs charmes? D'où peut venir ce reuers du vray, & qu'en rejettāt la plainte iuste que ie fais de ma veritable perte, on me demande conte d'vne femme que ie n'ay ni veuë, ni retiree en ma maison: Cependant ie ne puis persuader l'vn qui est si euident, ni faire descrire l'autre, qui est si peu probable.

Iugez hommes mortels, aux charges esleuez,
Iusques à quād serez-vous offusquez d'vn nuage?
Ayeux bandez le faux pour le vray vous suiuez,
Et vostre iugement chasse apres vn ombrage.
Et bien courroucez-vous, mais gardez que vainqueur,
Le courroux à la fin au mal ne vous transporte:
Pensez, ruminez bien, parlez en vostre cœur;
Et faites que le temps la verité rapporte.

Qui pourroit exprimer les transes où se treuue sa femme, compagne de ce hazard cōme de sa prison, ne seroit pas mauuais Orateur: elle faisoit la guerre à ses cheueux, & comme si elle eust voulu anticiper la main de l'execuṭeuṛ, elle exerçoit vne impiteuse vengeance contre soy-mesme; Dieu! que ne vomissoit sa bouche contre l'innocence de Iullie : & toutes ces actions & ces paroles estans espiees, ouyes & raportees, estoiēt autāt d'accusations contre ces innocens. Il n'y en auoit point de plus estourdi du batteau que ce beau frere, qui pour faire le bon frere & le voisin secourable, se voyoit comme vn oiseau inconsideré, auoir donné dans les filets dont il ne pensoit se despestrer que par le trespas. Ils se tiennent pour morts par la mesme raison qui fait aux autres esperer la vie : car ils se persuadent qu'ayans esté volez & trompez, (il n'y auoit moyen de leur essuyer ceste imagination) par ceux-là mesmes qui sont establis par le public, pour l'extermination des voleries & des tromperies : ils leur suscitoiēt tout cet orage, ne se pouuans purger qu'en les rēdant coulpables, ny estoufer leur crime qu'é perdant leur innocence ; ce qui leur estoit aisé, comme estans en liberté d'agir, comme semans des bruits tels qu'il leur plaisoit, & comme estans en quelque façon Iuges & parties. Voila l'estat desplorable où estoient les affaires de ces personnes, qui n'auoient autre faute que leur propre mal-heur. Tous les iours on emprisonne des domestiques de Thesandre, & mesmes des Villageois de sa terre, desquels on ne peut arracher autre tesmoignage que ce qu'ils auoient, ou veu, ou entendu, en quoy ils ne sont pas creuz. On en vient à la menace des questions, & des tortures, inuentions humaines, pour tirer la quintessence de la verité par vne horrible alchimie: car il n'y a point de doute, si l'on en fust venu à cet effet, que ceux qui eussent esté trop foibles pour soustenir la violence des tourmens, eussent deposé la mensonge qui estoit le reuers de la verité qu'ils auoient cõfessee naïuement, & sans contrainte. Cependant les amis & les parens, tant de Montange que de Thesandre, voyans qu'il y alloit du bon, & que le supplice ineuitable de ces prisonniers tourneroit à l'opprobre de leurs races, apres auoir essayé de leur persuader de ne tenir plus la verité prisonniere dans l'injustice, & fait bien esperer de la clemẽce du Roi, iamais ils ne peurent (comme c'estoient de nobles courages) les faire consentir à vne action si lasche & si contraire au sentiment de leurs consciences.

A ceste affliction que le ciel leur ordonne
Voyans de toutes parts leur espoir assailly,
Ils ne veulent pourtãt prier qu'on leur pardõne,
On ne pardonne point à qui n'a point failly.

Ils aimẽt mieux mourir innocẽs que viure cõme coulpables, & suruiure à la perte de leur bien & de leur honneur. Ils aiment mieux mourir de faim que viure d'aumosne, & perir vne fois que deuoir leur vie à vne grace aussi laschement qu'iniustement demandee. On les blasme de ceste constance que l'on appelle opiniastreté : ainsi leurs vertus sont tenuës pour des vices, tant le malheur les persecute. Leur qualité & celle de leurs parens faisoit qu'au moins si l'on ne pouuoit l'euiter on marchoit lentement & en differant à poursuiure leur supplice. Et les parens de Iullie ne pouuans par ceste voye auoir de ses nouuelles, furent inuitez par ceux de Montange de faire continuer leur visite parmi les Monasteres, d'autant que le Baron les ayant asseurez par des sermens horribles, & sur la part qu'il pretendoit au ciel, de ne l'auoir point enleuee, & lui & eux ne pouuoient s'imaginer (si elle n'auoit esté transportee en quelque autre lieu par Thesandre) qu'elle pûst estre autre part que dans vn Conuent, selon les fortes inclinations qu'elle en auoit tousiours tesmoignees. Cela fut fait plustost pour donner du temps aux prisonniers de se repétir, & loisir à la verité de sortir de ses tenebres, que pour esperance que l'on eust de trouuer Iullie en ces lieux esquels on auoit desja respondu qu'elle n'estoit pas. Mais l'authorité de la Iustice publique n'ayant aucun lieu qui lui soit impenetrable, on proceda en ceste recherche selon les formes requises : elle ne fut donc pas rencontree en tous les autres Monasteres où elle n'estoit point : mais ce qui est d'emerueillable, elle fut plus cachee en celui où elle estoit qu'en aucun autre, ce qui me fait souuenir de ceste toile d'araignee, comme tiennent les Docteurs Hebrieux, qui couurit Dauid deuant les yeux de Saül, qui ne le pût voir dedans vne cauerne où il s'estoit sauué. Car apres que le Commissaire deputé à ceste queste eust esté par tout le Couent de saincte Elizabeth enquerant les Religieuses qui ne respondirent autre chose que ce qu'en verité elles sçauoient, qui estoit d'ignorer où estoit ceste Dame. Il fut aussi à l'infirmerie, & entra en la compagnie de ceux qui le suiuoient en la chambre où la Mere Superieure estoit malade, c'estoit en vn matin, auquel, apres auoir passé vne fort mauuaise nuict & sans aucũ repos, vn doux sommeil comme par permission du ciel l'auoit accueillie. Ce Magistrat la voyant de ceste sorte, fit conscience d'éueiller ceste espouse du diuin Amant de ce dormir qui lui estoit si necessaire, mesme il s'y comporta auec tant de discretion & de modestie, que ne disant vn seul mot à la sœur qui la seruoit, il se contenta de parcourir de l'œil toute la chambre en laquelle il n'y auoit que deux licts, celuy où la mere estoit malade, & celuy où reposoit celle qui estoit destinée pour la garder & la seruir, laquelle si elle eust esté interrogee par vn Magistrat, eust sans doute respondu selon ce qu'elle sçauoit; car elle eust mieux aimé perir que proferer vne mensonge : mais comme elle confessa depuis, elle prit ce Magistrat pour vn Medecin, auquel le voyant accompagné de la Mere Vicaire, elle ne dit autre chose, sinõ que le malade dormoit, & qu'apres tant de trauaux ce seroit mal fait de lui troubler son repos. Or il est à noter que la porte par où l'on passoit à la chambre où estoit Iullie se trouuoit à la ruelle du lict de la sœur Infirmiere. Si bien que le Commissaire y iettant ses yeux s'imagina que cela conduisoit en cet endroit d'vne maison qui ne se peut pas honnestement nommer, si ce n'est sans la periphrase, de Topicques, ce qui luy en fit destourner la veuë, n'estimant pas bien-seant à sa qualité d'aller plus auant en son enqueste : ainsi de peur de rencontrer ce qu'il ne cherchoit pas, il ne rencontra pas ce qu'il cherchoit. Si bien qu'il sortit de ceste maison là qui estoit l'vne de celles où l'on se doutoit le moins que fust Iullie, sans en apprendre aucunes nouuelles. En vain parcourut-il toutes les autres de ceste sorte, car s'il ne la trouua pas où elle estoit, moins la trouuera-il où elle n'estoit pas. Ceci rapporté à Montange le met en vne douleur inconsolable, car ce fils d'esperance qui lui soustenoit encore le courage dans les tenebres de sa prison venant à se rompre, ne faut-il pas qu'il tombe dans l'abisme du desespoir, voyant perdre en mesme temps par vne fausse accusation & son amour & son honneur, qui sont les deux talons où il sembloit cõme vn Achille mortellement vulnerable. La perte de la vie dont il est menacé lui seroit peu, s'il pouuoit esperer ce contentement en mourant de faire voir à Iullie le sacrifice qu'il lui feroit de la fin de ses iours, car comme il ne la vouloit garder que pour son seruice, il n'eust pas demandé mieux que de la perdre pour son amour, ou au moins pour lui tesmoigner en ceste extremité celle de ses affections : mais sans ce soulagement & sans sçauoir ce qu'elle est deuenuë, mourir d'vne mort honteuse à sa memoire, & qui laissoit vne tache d'infamie à son sang, c'est ce qu'il ne peut digerer sans se sentir transporter de fureur & de rage. Ha! Iullie, disoit-il quelquefois entre mille sanglots, que les seruices que ie vous ay autresfois rendus sont mal recompensez, & que la modestie & la retenuë dōt i'ay moderé & tenu en respect les excés de ma passion sont mal recognuës, Non, non, bien que celui-là doiue tout craindre qui n'a plus sujet d'esperer, le māquement d'espoir effacera aussi en moi toute crainte : car que puis-ie plus craindre n'ayant plus rien à perdre?

Celuy qui est desesperé
 Vit à tout malheur preparé,
 Ou s'il craint, ce n'est que de viure :
 Car viure en proye à la douleur,
 Sans espoir que rien l'en deliure,
 C'est là le comble du malheur.

Las! quel iour marqué de noir m'a le premier desillé les yeux pour me faire voir en moy-mesme vn spectacle si miserable? Quel astre desastré a eu l'ascendāt en ma naissance pour me conduire en de si cruelles agonies, ne faut-il pas que la vie me soit bien dure, puisque la mort me sembleroit douce elle m'arriuoit d'vne autre façon & pour vne autre cause. O mort aueugle qui préds sans merci tant de personnes heureuses qui te fuyent, que ne viens-tu à ce chetif qui te reclame, au moins pour sauuer son honneur par la perte anticipee de sa vie. Aussi bien

La pitié, la iustice,
*   La constance & la foy*
* Cedans à l'artifice,*
*   Dedans les cœurs humains sont esteintes pour moy.*
L'ingratitude paye
* Ma fidelle amitié,*
*   La calomnie essaye*
* A rendre mes trauaux indignes de pitié.*
En ce cruel orage,
* On me laisse perir,*
*   Et courant au naufrage,*
* Ie voy chacun me plaindre & nul me secourir.*
Bref, il n'est sur la terre
* Espece de malheur,*
*   Qui me faisant la guerre,*
* N'experimete en moy ce que peut la douleur.*

O Iullie, quelque part que vous soyez, ie veux croire que vous y estes par contrainte, ou pour le moins que vous n'auez aucune nouuelle du desastre qui m'accueille à vostre occasion, car quand vous seriez plus sourde qu'vn aspic, plus dure qu'vn rocher, plus sauuage qu'vne fere de l'Hircanie, & plus inexorable que la mesme Parque, si veux-ie croire de la bonté de vostre naturel, & de la pieté que i'ay veu reluire en vos actions, que vous ne seriez pas tant impitoyable que de me voir perir auec tant d'ignominie pour vous auoir seruie auec tant de fidelité. Mais c'est ce qui me tuë de voir & de sçauoir que ie me perds apres vous auoir perduë, estant accusé de vostre perte & que ie me perds sans vostre veu & sans vostre sçeu.

Selon le conseil de la rage
Qui tempeste dans mon courage,
Ie deurois me desesperer:
Et par la mort finir ma peine,
Puis qu'en ce tourment qui me gesne
Ie ne vis que pour endurer.
S'il plaisoit à mes destinees
D'acheuer mes tristes iournees,
Ie verrois la fin de mes vœux,
Pourueu que sur ma sepulture
Iullie cessant d'estre dure,
Arrachast l'or de ses cheueux.
I'irois aux bien-heureuses ombres,
Qui dedans les campagnes sombres

Reposent sous des mirthes vers
Dire que mon nom à la gloire
D'estre viuant en la memoire,
La plus belle de l'Vniuers.

A la verité ce sont de furieuses passions que l'amour, le desespoir & la colere, il n'en faut qu'vne pour démonter vne ceruelle & pour bouleuerser la raison, que feront elles estãs assemblees? Mais ce qui m'estonne le plus, est de voir que les glaçons de la crainte de la froide mort ne peuuent esteindre les flãmes allumees dans le cœur de Montange, tant il est vray que l'amour est plus forte que la mort. Il a beau dire neantmoins, il a beau par ses plaintes s'essayer à faire naistre de la pitié en ces lieux où elle n'eut iamais d'entree.

Quoy que son discours execute,
Que fera-t'il au mauuais sort,
Qu'apliquera-t'il que la mort
Au malheur qui le persecute?

Le Roy n'est pas le nom d'vn Prince seulement, mais celuy de la iustice mesme. Demander grace d'vn rauissement si odieux & d'vne rebellion si outrageuse à vn Monarque qui n'est pas moins chaste que iuste, n'est-ce pas

Chercher des poissons dans les airs,

Et

Livre V.
Et des oiseaux dedans les mers.

Il n'y a celuy qui ait tant soit peu de bon sens qui ne cõdamne les accusez à la mort, puis qu'eux mesmes s'y condamneroient s'ils se sentoient coulpables de l'accusation qui leur est imposee. Et ce n'est pas assez de dire, si l'accuser suffit ou sera l'innocence? car les preuues de la coulpe semblent claires comme le iour par les paroles & les responses mesmes des criminels, & si le nier suffit où seront les coulpables? & les preuues de leur negatiue semblent foibles & froides. Si bien qu'il ne leur reste pas mesme ce qui demeura au fond de la boëtte de Pandore, tant soit peu d'apparence d'esperance. Leur salut est de n'en attendre point, & de ne regarder plus que le ciel, puisque tout secours leur manque en terre, en imitant les matelots quand l'orage surmonte la force de leur vaisseau & l'industrie de leur conduite. C'est grand cas que les innocens sont moins faciles à resoudre à la mort que les coulpables, parce que ceux-cy vont à vne execution à laquelle eux-mesmes se condamnent en leur conscience, les autres au contraire regardent tousiours en arriere & attendent tousiours que leur innocence se manifeste, fust-ce par miracle. Ce n'estoit

Cc

pas neantmoins l'aduis de Socrates, ce grād Sage de l'ancien temps: car estant condamné iniustement à la mort, comme Criton se plaignoit de ce qu'il mouroit sans sa faute, comment luy repliqua-il, voudrois tu que ie mourusse criminel? Ceste philosophie Stoïque ne peut pas estre digeree de toutes sortes de cerueaux, il faut auoir la trempe ferme & vne forte assiette en la vertu pour laisser la vie honteusement & sans sujet auant le cours ordonné par la nature. Car bien que la peine du supplice ne soit pas si honteuse que la cause; vne cause supposee couure aussi bien de vergogne le front le plus asseuré qu'vne veritable: & il est mal-aisé de se payer de ceste monnoye, que le temps descouurant la verité & confondant l'imposture, fera que l'honneur sera restitué en vn temps auquel on n'aura plus de sentiment pour gouster ceste ioye. Montange reduit à ce poinct & à ceste derniere periode en la fleur de ses ans par vne bien-veillance inconsideree ne vous fait il point de pitié? Certes il faudroit auoir renoncé à l'humanité pour ne plaindre le desastre de sa ieunesse, mais pour conceuoir la compassion toute entiere escoutons le degoisant, côme vn Cigne ses derniers accens sentans approcher son trespas ineuitable.

La mort qui est si terrible
  A tout genre d'animaux,
Ne me semble plus horrible,
  Car le plus petit des maux
  Qui m'ont rendu si dolent,
  Est beaucoup plus violent.
Comme canaux de fontaine
  Mes deux yeux sont degouttans,
Et ma face est d'eau si pleine
  Qu'en peu d'heure ie m'attends,
  De voir mon cœur soucieux
  Fondre & couler par mes yeux.
D'espouuantables tenebres
  Ils sont desia tous noircis,
Tous mes accens sont funebres,
  Et tous mes membres transis :
  Mais las ! ie ne puis mourir,
  Et si ie ne puis guerir.
La fortune fauorable,
  N'est-elle pas moins que rien :
O que tout est variable
  Dedans ce val terrien :
  Ha ! que trop ie le cognois,
  Moy qui rien tel ne craignois.
La longueur me tient en lesse,
  La douleur me suit de pres,
Le regret point ne me laisse,
  Et la crainte vient apres :

Bref & de iour & de nuict
Tout m'importune & me nuit.
La verdoyante campagne,
　Le fleurissant arbrisseau,
　Et tombant de la montagne
　Le doux murmurant ruisseau:
　Ie ne puis voir ny ouyr,
　Rien ne me peut resioüir.
Le delicieux ramage
　De Philomele en vn bois,
　Ne contente mon courage,
　Ny ne m'agreent les voix
　Des agreables oiseaux
　Volans sur les arbrisseaux.
Le Cigne qui fait entendre
　Lors qu'il est le mieux chantant
　Sur les riues de Meandre,
　Sa mort qu'il va lamentant,
　Me plaist, parce que ie sens
　Les maux qui font ses accens.
Et la voix repercussiue
　En m'escoutant lamenter,
　De ma douleur excessiue
　Semble aussi se tourmenter:
　Car soudain ce que i'ay dit
　Babillarde elle redit.
Ie n'ay point de plus grande aise
　Que quand le dueil me saisit,

Il n'est rien qui tant me plaise
Que quand l'horreur me transit;
Et l'ineuitable effect,
Du trespas crime me fait.
O Dieu tonnant! de ta foudre
Vien tost ma mort auancer,
Afin que ie sois en poudre
Auparauant que penser
Au bien que ie gousteray,
Lors que ma mort i'entendray.

Entre les passions il y a des differences, & bien qu'elles soient également passions, elles ne sont pas égales passions : il y en a de bien plus violentes les vnes que les autres, & qui donnent vn bien plus rude assaut à la raison. Montange ne se soucie pas de mourir estant priué de celle sans qui la lumiere du iour luy est odieuse, mais la passiõ des richesses n'a pas des effets si violens que celle de l'amour, car bien que l'auarice ait souuent porté au desespoir ceux qui auoiét perdu leurs tresors, ces euenemens neantmoins ont esté moins frequens que de pareils prouenans de ceste passion qui fait aimer ce qui a fait naistre le prouerbe,

Que de l'ardante amour le furieux flam-
beau,
S'esteint ou par le temps, ou bien par le cordeau.

Cc iij

l'auance tout cecy à cause de Thesandre & de sa femme, qui ont bien plus de peine à aualer ceste amere pillule, quelque fueille dont on la dore en quelque exemple de patience qu'on leur propose, car il y a peu de gens qui n'aiment mieux viure miserables que de ne viure point du tout, veu que le plus grand plaisir de la vie, c'est la vie mesme. Plusieurs sont de l'escot de Mecenas, qui disoit,

Que ie sois manchot ou boitteux,
Ou accablé de maladie :
Encore me tiendray-ie heureux,
Pourueu que ie demeure en vie.

Ces bonnes gens protestent de renoncer à la plainte de leur vol, disans auec la femme de Tobie, perisse l'argent qui nous fait perdre la lumiere de nos yeux, les biens de la terre sont semblables aux cheueux, plus ils sont razez, plus espois ils reuiennent. Ils le donnent, ils le sacrifient, ils en font vn anatheme comme Iudith du bagage d'Holofernes, ils le detestent autant qu'Acham ce qu'il auoit pris contre l'interdit, ils prient la Iustice de ne leur demander rien, comme ils ne demandent rien en Iustice. On croit cela pour vne marque de la supposition de ce larcin, ny pour cela parle-on de les relascher. On le presse de declarer où est Iullie, ils croyent qu'on se mocque d'eux, s'ils nient de l'auoir veuë, les voila plus criminels que deuant, aussi tost la mort est à leur porte.

Soudain l'accent des corbeaux,
Et les foudres dans les nuës,
Par des frayeurs continuës,
Ne parlent que de tombeaux.

Le beau-frere n'est pas moins en allarme se voyant accusé d'auoir presté la main à ce rapt de Iullie, à quoy il ne pensa iamais, & dequoy il n'auoit entendu parler que depuis qu'il a ignoramment donné dans les toiles où il se voit pris comme vn sanglier. Certes,

La frayeur de la mort ébranste le plus ferme,
Il est bien mal-aisé
Que dans le desespoir & proche de son terme,
L'esprit soit appaisé.
L'ame la plus robuste & la plus preparee
Aux accidens du sort,
Voyant aupres de soy sa fin toute asseuree,
Elle s'estonne fort.
Le criminel pressé de la mortelle crainte
D'vn supplice douteux,
Encore auec espoir endure la contrainte
De ses liens honteux.

Mais quand l'arrest sanglant a resolu sa peine,
    Et qu'il s'en faut aller :
Il n'y a pas vn sens, ny artere, ny veine
    Qui ne vienne à trembler.
Il n'a goutte de sang qui ne soit lors glacee,
    Son ame est dans les fers :
L'image de la mort nage dans sa pensee,
    Et celle des enfers.
L'imagination de cet obiet funeste
    Luy trouble la raison,
Et sans qu'il ait du mal, il a pis que la peste,
    Et pis que la poison.
Ses sens sont egarez, il n'a plus son visage,
    Et dans ce changement
Il n'a pas le moyen de conseruer l'vsage
    D'vn peu de iugement.
La nature de peine & d'horreur abbatuë,
    Quitte ce malheureux.
Il meurt de mille morts & le coup qui le tuë
    Est le moins rigoureux,

LA PIEVSE IVLLIE

Livre Sixiesme.

N ESTOIT à la veille de mettre le procez de ces prisonniers sur le bureau, les parens de Iullie pressans bien fort, comme croyans qu'ils ne diroient aucunes nouuelles asseurees de ceste Dame qu'à l'extremité, & n'y auoit presque aucun des Iuges qui ne dit tout haut, que selon les loix ils deuoient mourir. Ils persistent en leurs depositions auec autant de verité, qu'on les estimoit obstinez en leur mal-heur. Le Roy amoureux de la Iustice se rend inexorable, les parens & les amis n'osent plus tenter la patience du Prince, depeur de passer en la qualité d'importuns, & d'attirer só courroux sur eux-mesmes, en le voulant appaiser sur autruy; ils commencent de se resoudre à se taire & à les voir perir. Quand Dieu, grand protecteur de l'innocence, commença à lascher les ressorts de sa Prouidence sur eux, les secourant en leur necessité, & en temps opportun. Trois sepmaines ou enuiron se passerent parmy tous ces tracas que nous auons descris, qui fut le temps que le P. Victor employa en son voyage de Louuiers: il ne fut pas pluſtoſt de retour à Paris, que les nouuelles que nous venons de racónter de la prise de Montange & de Thesandre pour le sujet de Iullie, paruindrent à ses oreilles: car il eust fallu estre estranger en la ville pour les ignorer. Il creuſt a l'abord (car ce fut en son Conuent de Picque-puce qu'il les apprit) que la cachette de Iullie auoit esté descouuerte par la visite des Monaſteres, veu mesme (tant ces Religieux eſtoiēt bien informez) qu'on luy disoit qu'elle auoit esté enleuee au Chaſteau de Thesandre; & que pour ce rauiſſemēt ces Gētils hómes alloient eſtre condánez à la mort: cela l'eſtonna, il retourne sur ceſte impreſſió au Cóuent de S. Eliſabeth, où en saluāt la mere Superieure, il luy dit: Et bien ma mere, on nous a donc arraché la fême de noſtre Ordre, auſſi bien qu'autrefois le mary? Quelle fême, luy repartit la mere, ceſte Dame, dit le P. Victor, que ie vous auois remiſe en garde. M'eſtimeriez vous luy dit-elle, mõ Pere, ſi mauuaiſe Gardienne que ie ne vous ſçeuſſe rédre conte d'vne ou de deux oüailles que vous auriez commiſe à ma vigilance? Cõment? dit le P. Victor, elle eſt dõc ceans? ouy certes, dit la mere Superieure, & au meſme lieu où ie la mis premieremẽt; lieu où elle a eſté à vn tel eſſay, qu'au ſortir de là ie ne voy rien qui empeſche que ncus ne luy donniõs l'habit. O ma mere, dit Victor, il y aura bien des batailles a donner auant que cela ſoit; quoy, toute la ville eſt en rumeur ſur la perte de ceſte Dame: il y a, ſelon que nos Freres de Picque puce m'ont racõté, pluſieurs Gentils hommes en priſon pour ce ſujet; eſt-il poſſible que rien de tout cela ne ſoit venu à vos oreilles? Mon Pere, dit la Superieure, les Religieuſes ont bien des oreilles, mais non pas pour eſcouter des nouuelles du mõde: car cela leur apporteroit trop de trouble & de diſtractiõ. Et certes pour dire ce mot en paſsãt, il eſt vrai que les Religions sõt sẽblables au nid de l'Alcyõ, qui eſt dans la mer sãs receuoir en ſoi vne ſeule goute d'eau ſalee, il a vne ouuerture, mais c'eſt du coſté du ciel par où entre l'Alcyone, pour prouuoir aux necessitez de ses petits ; de mesme les Conuents de filles recluses sont bien au milieu des grandes villes qui sont des mers, & les eaux sont les peuples, mais rien de ce qui se passe dedans le siecle ne doit entrer en ces lieux sacrez pour n'induire en tentation, ou en inquietude ces esprits tranquilles, dont l'element est la retraitte & la solitude ; que s'il y a quelque ouuerture par le parloir & par le tour, il faut aduiser que comme par celuy-cy rien n'entre que ce qui regarde les necessitez du viure, & du vestir, bornes du contentement du vray Chrestien, quant aux choses de la terre, selon l'Apostre, aussi par l'autre n'entrent que des paroles d'edification, non de destruction de deuotion, non de curiosité des choses du ciel, non de celles de la terre : car comme dit le Poëte Apostolique,

Les discours desprauez les bonnes mœurs corrompent,

C'est par là que souuent nos ennemis nous trompent.

Si Eue nostre premiere mere, eust bouché l'oreille au serpent elle n'eust pas esté seduite, & par son imprudence le peché ne fust pas entré au monde, & par le peché la mort. Heureuses les maisons Religieuses qui se sçauent garder de ceste contagion, que le ciel traisne auec soy comme vn accident inseparable: qui touche la poix en a les mains entachees, & qui cherche le peril, dit la Saincte parole, y demeurera. Le Pere Victor demanda à la Superieure ce qu'elle auoit donc respondu quand on estoit venu chercher Iullie, selon la visite qu'on l'auoit asseuré auoir esté faite par les maisons des Religieuses, soubs l'authorité de la Iustice; dequoy la Superieure dit qu'elle estoit ignorante, comme il estoit vray : car la premiere fois qu'on vint au parloir demander Iullie de la part de ses parens, les Religieuses auoient respondu, selon leur consciēce, qu'elles ne sçauoient où elle estoit, & cōme il n'y en auoit que deux ou trois qui fussent venuës visiter la mere Superieure en sa maladie, soit pour accompagner le Medecin, le Chirurgien, ou le Pharmacien, selon la coustume des Monasteres bien reglez, soit pour la cōsoler en ses souffrances par des discours spirituels, & de pieté, elles ne luy auoient point parlé de ceste enqueste faite de la personne de Iullie. Et quant à la seconde, nous auons dit qu'elle estoit endormie, & que la Sœur qui la gardoit, ayant veu le Commissaire auec la Mere assistante, l'auoit pris pour vn Medecin : de sçauoir aussi les bruits de la ville, ce n'eſtoit pas de ſon humeur de s'en enquerir, moins encore eſtant malade que ſaine: cependant, dit Victor, ceſte ignorance pouuoit cauſer vne grande erreur, & ceſte erreur vn accident irreparable. Là deſſus la mere Superieure commanda à la ſœur qui la ſeruoit de faire venir Iullie, laquelle ſortit de ſa cachette auec ſa chere Secondine, portant en ſon viſage tant de ioye, que l'abondance de ſa conſolation interieure ſe liſoit en ſes yeux. Durant ce temps qu'elle auoit eſté enfermee, la mere luy auoit fait pratiquer pluſieurs exercices ſpirituels: & nonobſtāt ſa maladie, l'auoit ſi bien informee & inſtruite de toutes les particularitez de la vie Religieuſe; que le Pere la prenoit deſia pour vne Nouice fort auancee. Ce deſnuëmēt ſi ſoudain, ſi entier, & ſi abſolu de toutes les choſes du monde, auoit rendu ſon ame comme vne carte blanche, ſur laquelle la Superieure eſcriuit en caracteres ineffaçables tout ce qu'elle voulut. La ſolitude de ceſte retraite mit ſon eſprit dās vne ſi profonde tranquillité, & luy fit iecter des racines ſi fortes en la reſolution qu'elle auoit de ſe donner à Dieu, que tous les vents & les orages qui ſuiuirent ne furēt point capables d'arracher ceſte plāte (qui promettoit des fruicts en ſa ſaiſon) du parterre & du chāp de la maiſō de Dieu; les fōdemēs furēt ſi ſolides en cet edifice spirituel, que les secousses des tētations ne le peurēt iamais esbrāler. Ie le tiens, disoit-elle, le bien-aimé de mō ame, & ie ne l'abandonneray point, qu'il ne m'ait introduite en la chābre de ma mere la S. Religion, & dās ses celiers mystiques, les lieux où il distribuë ses graces aux ames qui sōt si heureuses que de le seruir. Cōme elle auoit de lōgue main la volonté destachee des choses de la terre, ce peu de tēps qu'elle demeura dans ceste douce, desiree, aimee, & volontaire prison, effaça tellement par vne esponge insensible les idees des choses du mōde, de son imagination & de sa memoire, qu'elle pensoit qu'on ne songeast plus à elle, comme elle ne se souuenoit plus de ce qu'elle auoit laissé. Ce qui nous fait voir que toutes les choses humaines ne sont non plus qu'vn songe, & selon Dauid,

Comme vn vain simulachre aussi tost emporté,
Que nostre œil s'esueillant le sommeil a quitté.

Le Pere Victor hōme plein de iugemēt & de prudēce, ne voulut pas lui faire entendre l'esclat du bruit qu'auoit causé sō eclipse, & faire cōme ceux qui iettēt vne pierre dās l'eau stagnāte, où ils font naistre des cercles à l'infini: car vne nouuelle inopinee a vn esprit qui est en paix & à recoy, excite des troubles qui l'e-

stonnent. Il se contenta de luy faire des excuses de sa longue absence, & d'accuser la mere de l'auoir tenuë trop lõg temps en prison. Pour moy, reprit Iullie, (si ie puis encore dire ce mot de moy estant en Religion) ie suis resoluë à vne prison perpetuelle; c'est à dire, à la closture Religieuse pour tout le reste de mes iours: seulement mon Reuerend Pere, ie vous coniure au nom de Dieu d'auãcer ma vesture autant que vous pourrez, afin que ie puisse d'autant plustost arriuer au bonheur de la saincte profession. Le Pere & la Superieure luy ayans promis de haster autant qu'il leur seroit possible cet effect du desir de son ame, & de ne la frauder point en la volonté de ses levres, la renuoyerent ainsi en sa cachette, où elle disoit que les iours ne luy estoient que des moments, & qu'elle y treuuoit des delices qui l'auoisinoient du Paradis: cependant le Pere laissant en paix ces seruantes de Dieu, s'enquit plus particulierement en la ville comme tout se passoit, & ayant appris au vray le peril où estoient Montange & Thesandre pour le fait de Iullie, il se resolut d'y apporter le remede, en faisant voir tout simplement la verité: Il va treuuer Roxan & Diane, ausquels ayant sincerement declaré comme tout s'estoit passé en la retraitte de
Iullie

Iullie sans déguiser d'vn seul poinct,(car le vray n'a qu'vn visage) toute l'affaire, ie laisse à iuger à quiconque lira cét escrit de l'estonnement de ceste sœur & de ce beaufrere. Roxan presenta soudain ces nouuelles à la Iustice, & de là à Montange & à Thesandre qui les receurent comme des gens à qui l'on annonce vne grace de la vie dans vne mort toute certaine. Pour ne faire point icy vne ennuyeuse repetition des particularitez que nous auons deduites : ceste ouuerture faite, il fut aisé de descouurir la pleine face de la verité : car comme la sombre clarté de l'aurore r'amene le plain iour en poussant le Soleil hors de ses flancs, & comme quand on tient vne fois le bout du filet, il est aisé de deuider tout le peloton : de mesme depuis que le moindre rayon du vray commence à paroistre, ceste lumiere croist tousiours iusques à ce que l'on soit arriué à vne parfaite cognoissance. Sans nous amuser plus long temps aux procedures, & à tant de formalitez dont tout le monde se formalise, & qui changent la Iustice en iudicature, que ie ne die en chicanerie. Il me suffira de dire que le Roy fut bien aise de l'innocence des accusez, & que leur grace fust de Iustice; leurs parens bien resiouis

D d

de voir ceste tache lauee, & ceux de Iullie, de ce que leur parente se trouuoit en si bon lieu ; car que ne doit-on craindre, que ne peut-on soupçonner d'vne femme esgaree, puisque pour estre tenuë pour mauuaise il suffit de dire qu'elle est perduë. Montange, Thesandre & sa femme, & son beau-frere sortent de prison, & sont mis comme absous, hors de cour & de procez : ceux qui les accusoient, les excusent, & chacun les plaint, l'vn d'auoir perdu sa maistresse, l'autre son argent. Mais ô foiblesse de l'esprit humain, qui ne se peut rendre sage, non pas mesme par sa propre experience : à peine sont ils hors des cachots & rendus à la lumiere du iour qu'ils s'y veulent plonger plus auant que iamais, & se rendre par leur propre malice tout a fait inexcusables. Ceux qui craignoient de mourir innocens se veulent precipiter à vne honteuse mort comme coulpables. Et-il possible de conseruer si peu la memoire d'vn peril passé. Mais il leur en arriue tout de mesme qu'aux matelots qui battus d'vne tourmente qui leur fait voir l'image de la mort à chaque tourbillon, font mille vœux de ne se remettre iamais sur le dos de la mer s'ils peuuent ceste fois là euiter le naufrage, & à peine le vent est il accoisé qu'ils n'y pensent plus, à peine ont ils touché la terre qu'ils meurent d'impatience de retourner commettre leurs vies & leurs fortunes à l'infidelité des ondes. Montange ne pouuant, ce luy sembloit, son honneur sauue, souffrir l'affront qu'il pensoit auoir receu de Thesandre en sa prise, de laquelle il estimoit estre suiuie son accusation & sa prison. Et Thed'autre d'autre part n'ayant pas oublié les brauades & les outrages que luy auoit faits le Baron, mais voulant lauer ces iniures dedans son sang, cõcourt auec l'autre au desir mutuel d'vne haute vēgeance. Chacũ sçait la forme que la Noblesse practique en Frãnce pour decider ses differens & ses querelles par l'infame practique des duels, practique honteuse au nõ Chrestien, iniurieuse à la Iustice, & diametralement opposée à la souueraineté des Rois, ausquels il appartiét de venger les torts & de faire reparer les iniures. C'estoit au commencement du regne de ce Lovis, que ses desirs alors, & ses actions depuis ont iustement couronné du glorieux tiltre de Iuste; ses ordonnances contre ceste execrable manie (qui fait que la France comme vne enragee deschire ses propres entrailles & se baigne au sang de ses

Dd ij

plus nobles enfans) auoient esté fraischement publiees, c'est à dire, les anciens Edits renouuellez. Le Roy par ceste publication s'estoit obligé auec serment (outre son inclination à la Iustice) de ne lascher aucune grace pour ce crime là, qu'il mettoit entre ceux de leze Majesté, lesquels d'vn cōmun aduis sont tenus pour irremissibles; iugez donc où l'aueuglement du dépit alloit precipiter nos Gentils-hommes, si tous leurs amis communs preuoyans cét orage ne se fussent entremis pour les accorder : enfin doucement contraints par les prieres & les affections de tāt de gens de bien ils ouurirēt les yeux à la raison, & recognurēt que leurs erreurs estoient cause de leurs desastres, qu'ils n'auoient eu aucune volonté de s'offencer qui ne fust erronee; or la volonté erronee n'estant pas volonté, & n'y ayant que la volōté qui offence, il se trouuoit que pour des offences qui n'estoiēt point, c'estoit vne folie de courir à des vengeances qui les porteroient irremediablement à des supplices honteux & exemplaires. Ils s'accorderent donc & se separerent amis. Montange estāt marry de la perte que Thesandre auoit faite de ses biens, & Montange de celle qu'il auoit faite de sa maistresse. Et pleust à Dieu, dit Montange, que vous fussiez aussi asseuré de r'auoir ce que les voleurs habillez en Archers vous ont enleué, comme ie suis certain de reconquerir, m'en deust-il couster mille vies, celle que m'ont desrobee les brigands trauestis en Moines. Mais ie ne veux pas que le ciel me pardonne iamais, si ie ne fais rendre gorge à ces loups rauissans : car comme veut-on que i'appelle ces gens qui m'ont arraché des mains ma chere brebis, laquelle ie me fais fort de tirer de leur possession, fust elle dans leur gueule, fust-elle dans leurs griffes. Si quelqu'vn s'estonne de ceste boutade, qu'il sçache que ce ne sont que les boutons des fleurs de Rethorique dõt il se seruira, & de simples eschantillons de la piece entiere de la folie qu'il fera paroistre, & qu'il estalera sur le plus resonant theatre de la terre qui est Paris. Thesandre eust bien voulu sçauoir le lieu qui receloit ses biens, & ie m'asseure qu'il n'eust pas tonné contre les brigands de moindres Rodomontades, mais que fera-il, il ne sçait à qui, ny où se prendre : de battre l'air de plaintes, c'est le fait d'vne femme, c'est ce qu'il resigne à la sienne, de s'escrimer contre le vent, ce n'est pas le fait d'vn homme bien sensé. Prudent & accort qu'il est, il dissi-

Dd iij

mulé sa douleur, & fait si bien sous main &
à petit bruit (comme l'on a dit depuis) que
par le moyen des secrettes intelligences
qu'on tient estre à Paris dans la cabale des
voleurs, il recouura sinon tout, au moins
vne bonne partie de ce qui luy auoit esté
desrobé, au lieu que s'il eust plus fait d'esclat & donné plus de tesmoignage de desirer de la vengeance & d'auoir soif de Iustice, il n'en eust peut estre iamais rien retiré:
si bien qu'il aima mieux imiter le Soleil qui
tire doucement le manteau à l'homme par
la suauité de ses rayons, que la bize dont la
violence fait que plus elle veut rebrasser &
enleuer les habits, plus on les serre contre
le corps pour se garder du froid de ses impetueuses bouffees. Montange prit ce second
party, & il s'en trouua si mal qu'il en fit
mentir sa prophetie, car il n'eut point celle
qu'il se promettoit de retirer auec tāt d'outrecuidance de l'azile sacré où elle s'estoit
refugiee, tant pour seruir à Dieu, que pour
fuir ses importunitez. Aussi tost que ce limier fut lasché de sa geolle, il se remit sur
les erres de sa queste, & sçachant le giste de
sa proye, il va faire (s'il m'est permis de continuer ceste comparaison) des hurlemens &
des abois, & escumer tant d'outrages & de

menaces qu'on ne tenoit pas tant sa passion pour amour que pour colere, pour colere que pour fureur, pour fureur que pour rage. Que ne dit-il au P. Victor qu'il rencontra hors l'enceinte du Monastere au logis destiné pour les Confesseurs ? ie ne veux pas estre iniurieux à la memoire de ce Gentil-homme en r'apportant ses iniures, car faites par vn hôme de sa qualité à vn de la condition de Victor, cela tesmoigneroit de la bassesse de courage, ce qui ne peut estre reproché au Baron, lequel au contraire n'auoit autre deffaut que celui des Gascons, d'estre trop vaillât, & d'auoir trop de cœur. Il menaça de tuer, de brusler, de bouleuerser tout si on ne lui rendoit sa maistresse son accordée, (car il disoit que sa mere la luy auoit accordée pour espouse) il eust quasi dit sa fiancee, s'il eust osé. Il dit hautement qu'elle luy a promis mariage, que tous ses parens y consentent, & de fait il sçeut si bien regaigner les volontez de Roxan, de Diane & des freres de Iullie, qu'il leur fit presenter requeste à la Iustice pour la tirer de ce Monastere, afin de respondre aux faits qu'il vouloit proposer. Mais comme ceux qui sont assiegez dans vne ville bien forte, ne font pas sagement de sortir pour parlementer auec leurs ennemis qu'ils ne soient bien asseurez de leur retraite, parce que le temps de ces pourparlers est celuy des plus violentes supercheries & des plus dangereuses trahisons: de mesme Iullie ne fut pas conseillee de sortir de son fort armé de bonnes grilles, & ces grilles de bonnes pointes pour se mettre au hazard d'estre aussi vrayement enleuee qu'elle l'auoit esté vainement en la bouche du peuple. Conseil sage & auisé, & meslant à la simplicité de colombe la prudence du serpent, qui pour se garentir des embusches & des atteintes qui lui seroient mortelles, cache sa teste en des halliers. Conseil inspiré du ciel, car comme Montange a depuis auoüé, il estoit resolu à quelque prix que ce fust de l'auoir, ou par amour, ou par force, ayant desia pour cét effect concerté ses desseins auec des gens qui ne manquent point en de semblables entreprises. Elle communiqua ceste crainte à ses parens qui l'allerent voir, aucuns desquels la iugerent raisonnable, & elle estoit si iuste que la Iustice mesme à qui elle fut remõstree la loüa, se contentant d'ordõner qu'elle seroit interrogee à la grille du parloir par les Commissaires qui seroient deputez, & s'il estoit besoin d'estre confrontee auec Montange, aux propositions duquel on feroit droict, selon les termes de la raison. Iullie entenduë par ceux qui auoient authorité, declara auec vne generosité esgale à son ingenuité le continuel dessein qu'elle auoit eu toute sa vie de se consacrer à Dieu en la vie Religieuse; prend sa mere & sa sœur Religieuses en Picardie, pour tesmoins des marques de voix, & d'escrit de bouche, & de main qu'elle leur en auoit rēdus, asseure que sans les persuasions viues, pressantes, & presque oppressantes de sa sœur Diane, elle n'eust iamais consenty au mariage de Piralte; neantmoins puis que Dieu l'auoit permis pour luy faire cognoistre par experience les miseres du monde, elle en benissoit sa prouidence, veu mesmes que la mort de son mary si soudaine, si terrible, & toute inopinee, l'auoit cōfirmee au desir que mesme elle auoit eu durāt sa vie, s'il l'eust voulu permettre de se ietter dedans vn Cloistre. Que l'esleuation de l'enfance de son fils l'auoit receuë au siecle plus long-tēps qu'elle n'eust desiré, ny mesme pensé. Que durant ceste interualle, la frequentation du Baron de Montange chez son beau-frere auroit donné la liberté à ce Gentil-homme de luy tenir des propos de mariage, qu'elle auoit touſiours aſprement, rudement, & fortemēt reiettez : Et qu'en fin ayant recogneu que ſa ſœur, & meſme que ſon beau-frere, & ſes freres gaignez par le Baron, faiſoient des entrepriſes ſur la liberté de ſa volonté, la voulans obliger à ceſte recherche, & l'engager inſenſiblement à de ſecondes nopces au preiudice de la reſolution qu'elle auoit faite d'eſtre Religieuſe; elle auoit pris aux cheueux vne occaſion qui s'eſtoit preſentee pour ſe deſgager de toutes ces importunes pourſuites. Qu'elle eſtoit femme, & femme vefue; c'eſt à dire, libre du ioug & de la ſujeſtion, non ſeulement du mariage, mais de ſes parens, leſquels ne la pouuoient, ny marier ſans elle, ny forcer cōme vn eſclaue, que deſia vne fois ſoit perſuadee par leurs raiſons, ſoit pour ne leur deſplaire, ſoit portee par ſes propres inclinatiōs, elle s'eſtoit renduë à leur deſir en eſpouſant Piralte; mais que deſormais eſtant exempte de ceſte loy, elle ſçauroit bien, ſe voyant aidee de la Iuſtice diuine & humaine, maintenir ſa frāchiſe, & ſe retirer d'entre les mains des hommes pour ſe donner à Dieu. Qu'elle eſtoit biē marrie que ſon abſence arriuee par vn ſtratageme pluſtoſt executé que premedité, & que ſa retraite procuree par vne pieuſe fraude euſt dōné de la faſcherie & de la peine à ſes parens, deſquels elle recognoiſſoit le bō naturel au soin qu'ils auoient eu d'elle, & de son hōneur; mais qu'il n'y auoit celui, au simple recit de cet euenement, qui peust ignorer que ce trouble estoit procedé de sō mal-heur plustost que de sa faute: que s'ils l'imputoient à sa mauuaise conduite, elle les supplioit de luy pardonner, esperant que ceste cause produiroit vn bō effet, en la mettant en vn estat auquel elle pourroit auec asseurance & tranquillité prier Dieu pour eux le reste de sa vie. Les parens de Iullie presens à ce discours, se treuuerēt rangez en deux partis: car ceux qui auoiēt esté gagnez, que ie ne die briguez, par Mōtange, vouloient qu'elle sortist, afin qu'elle parlast, disoient-ils, auec plus de liberté, n'estant plus en la sujestion des Religieuses, couurans de ce manteau le desir qu'ils auoiēt de fauoriser le Barō en sa poursuite, & iugeās qu'il seroit plus aisé de l'empescher d'y rentrer quand elle en seroit sortie, que de l'ē faire sortir alors qu'elle y estoit entree; mais Iullie reclamant ciel & terre, & implorant le secours de Dieu, & celuy de la Iustice; demandoit qu'on la laissast là dedans, où les Religieuses tesmoignoient bien qu'ils ne l'y retenoient, ny par force, ny par persuasions, veu qu'elle n'auoit pas encore l'habit; & mesme qu'en offrant de la mettre au dehors, afin que ceste dispute se terminast sars les inquieter, elles la supplioient d'aggreer ceste sortie, en luy promettant de la reuoir plus triomphamment apres qu'elle auroit réporté la victoire du monde, dedans le monde mesme: Mais il ne fut pas possible de flechir à cela la volonté de la chaste vefue, laquelle ne voulût point changer la qualité de colomne du Temple pour celle de Rozeau du desert demeura immobile cóme saincte Lucie; courage qui tira à sa deffense l'autre partie de ses parens qui estoient demeurez dans l'indiference, entre lesquels feu son frere aisné, ieune hóme desia accredité, tant par sa naissance que par sa charge; comme aussi par son alliance, qui luy donnoit vn grand appuy dedans Paris: Si bien que ce costé se treuuant le plus fort emporta la balance, & fit que le tout rapporté à la Iustice par le Commissaire, Iullie fut maintenuë en la liberté de sortir, ou de ne sortir pas, & au pouuoir de se deffendre contre les demandes du Baron, dedãs ou dehors le Monastere, selon son choix. Montange ayant vne fois lasché la bride à l'insolence, emporté par le torrent impetueux de sa passion:

Estant le naturel du vice
Que d'emporter au precipice,
Tendant auec rapidité,

A son centre l'extremité.

Et estant affermy en vn mauuais propos pour vser des termes du Roy Prophete, n'auoit autre parole en la bouche, sinon que Iulie estoit sa femme, que sa mere la luy auoit promise, qu'il auoit le consentement de ses parens, qu'elle auoit consenty à sa recherche, qu'il auoit eu d'elle des paroles qui tesmoignoiēt assez qu'elle aggreoit son seruice; que s'il eust voulu se rendre importun, & presser dauātage sa poursuite, il en eust tiré vne promesse par escrit, que tout le monde estoit tesmoin des seruices qu'il luy auoit rendus, de la despense en laquelle il s'estoit mis à sa consideratiō, des respects & de l'obeïssance qu'il luy auoit portee. Et quand il n'y auroit autre chose, disoit-il, que ma prisō, & le hazard que i'ay couru à son occasion de perdre ignominieusement la vie, peut-elle, sans vne ingratitude & perfidie extreme, me laisser si laschement soubs vn faux masque de pieté. Quand il fallut venir aux preuues, ces paroles se treuuerent foibles, & de bas alloy, & plustost filles de sa ferueur & de sa fureur que d'aucune verité bien appuyee : Et comme l'indiscretiō est ainsi qu'vn cheual fort en bouche, qui pare malaisement au milieu de sa carriere, il en vint iusques à tel excez de se vanter de quelques faueurs, lesquelles pour dire le vray ne ruinoient pas l'honneur d'vne Dame chaste, & vraiment saincte, lequel ne dépendoit pas de la labilité ou plustost mal-habileté de sa langue, mais qui en ternissoient en quelque façon le lustre & la belle blancheur. Dieu que deuint Iullie quand elle sçeut que la bouche de l'homme pecheur & mesdisant estoit ouuerte contr'elle ; certes si elle eust encor esté dedans le siecle, elle eust libremens employé son sang & tous ses biens pour tirer raison de ces outrages; mais maintenant qu'elle en est heureusement retiree, ce sont des vagues contre vn rocher : elle pardonne à son detracteur, & faict cet essay de patience à l'entree de son espreuue en la chose qui luy est la plus sensible, sçauoir son honneur. Se consolant en Dieu par ce chant du diuin Psalmiste:

Seigneur rends mon ame gardee
De la léure des mensongers,
Et des traits subtils & legers
D'vne langue fausse & fardee.
Mais que penses tu deuenir
Langue trompeusement meschante?
Quel profit te peut reuenir
De ta parole mesdisante?

Tous vos coups, ô menteuses léures!
Ce sont dards tirez puissamment:
Ce sont des charbons de genéures
Qui bruslent fort & longuement.

Pauure moy, l'exil de ma vie
Au siecle s'est trop allongé,
Ie cognois bien que i'ay logé
Parmi les terres d'Arabie.

Entre gens fuyans le repos
I'ay faict trop longue residence,
Quand de paix ie tenois propos
Ils respondoient par violence.

Consolez-vous vertueuse Iullie, car les fleches de ces detractans seront renduës comme des traicts lancez de la main debile d'vn petit enfant, qui ne peuuent pas faire de grandes ny profondes playes ; en fin ces coups de langue retourneront à la honte & au dommage de leurs autheurs, c'est le propre de la malice de se couurir de la mensonge : mais ce fard s'escaille incontinent. L'iniquité, dict la saincte parole, se ferme la bouche à elle-mesme, & ruine ses propres affaires par les mesmes voyes par où elle peut les establir. Ce qui arriua au Baron : car autant que par son accorte courtoisie & sa modeste discretion il s'estoit acquis de creance és esprits de quelques-vns des parēs de Iullie, principalement de Diane & de son mary qui auoient esté les principaux arcs-boutans de sa poursuite : autant en perdit-il par ces paroles outrageuses, qui du visage de Iullie rejallissoient sur sa parenté : ioint que Diane & Roxan tesmoins, & occulaires & auriculaires des desdains, des refus, & des mespris que Iullie auoit tousiours faits des offres du seruice de Môtange, & de l'extreme vertu qu'ils auoiët tousiours veu reluire en toutes ses actions, leur faisoient treuuer le procedé du Baron beaucoup plus insupportable, comme donc ils l'auoient soustenu & aimé autant qu'il leur auoit fait paroistre qu'il auoit l'honneur & la modestie en recommandation, autant lui furent-ils contraires, quand ils virent que tant de perfections qu'ils s'imaginoiët en luy estre veritables, n'estoient qu'vn metal de bas alloy, & qui monstroit sa fausseté à la premiere espreuue, ils virent que ce n'estoit pas tant Iullie qu'il recherchoit, come il recherchoit son plaisir & sa commodité dans les beautez & richesses de ceste Dame ; & qu'il n'auoit fait estat de leur amitié, qu'autant qu'elle appuyoit ce dessein, & luy seruoit de moyë pour paruenir au but où il pretendoit : Enfin que c'estoit vne amitié de Courtisan, masquee de dissimulation, & qui ne se soustenoit que par l'intel'intereſt. Tout ainſi qu'a flux & reflux de la Mer quand l'eau croiſt en vn riuage, elle décroiſt de l'autre: de meſme autant que perdoit Montange, autant gaignoit Iullie, laquelle en fin ayant attiré à ſoy la plus ſaine partie de ſes parens, ſe diſpoſoit à ſa veſture malgré les vaines oppoſitions du deſeſperé Montange. Il me faſche de publier tant de veritez ſi deſaduantageuſes à la memoire d'vn homme qui eſtoit vaillant & braue de ſa perſonne, & qui auoit d'ailleurs pluſieurs belles qualitez: mais eſtant obligé, comme Hiſtorien, à mettre toute conſideration ſous les pieds pour faire preualoir la verité, ne ſeroit-ce pas eſtre injurieux à Dauid que de taire les perſecutions & la rage de Saül? & ſi les vertus ne ſe cognoiſſent que par leurs contraires, de quelle façon puis-je mieux éleuer la candeur des mœurs de Iullie que par la noire malignité de ſon aduerſaire? Qui fit Iacob ſi parfaict ſinon les trauerſes d'Eſaü? & qui rend le fer ſi luiſant ſi ce n'eſt la pierre qui l'aiguiſe? & le roc ſi poli, ſi ce n'eſt la vague qui le bat? Mais j'aime mieux r'abbatre des iuſtes loüanges de la Pieuſe Iullie, que d'adjouſter au baſſinet de Montange beaucoup de traicts qui le ſurchargerent deuant Dieu & deuant les hommes de ce talent de

E e

plomb que vit le Prophete, qui n'est autre chose que l'iniquité: car comme il ne faut point faire le mal quelque bien qui en puisse suiure; aussi semble-t'il à propos de taire la patience d'vne ame vertueuse, depeur de descouurir la mauuaistié d'vn tiers: contentons-nous de dire auec le Psalmiste.

Comme Ierusalem est seurement fermee
   Par tous ses enuirons de montagneux sommets,
   Le Seigneur pour iamais
   Enceint ainsi son peuple, & sa gent bien-aimee.
Car il ne peut souffrir que le ioug tyrannique
   Des pecheurs pour tousiours les bons aillent pressant,
   Depeur que l'innocent
   Deffaillant de courage, à mal faire s'applique.
Perseuere, ô Seigneur, & iamais ne te lasse,
   D'assister de faueurs les bons en tout endroit,
   Ceux dont le cœur est droict,
   Soient tousiours honorez des supports de ta grace.
Mais l'hypocrite feint desguisant sa malice
   Au nombre des meschans que tout erreur conduit
   Par toy sera reduit,
   Et feras que la paix sur Israël fleurisse.

Que si les parens de Iullie, qui s'estoient monstrez fauorables à la recherche de Montange, voyans son mauuais procedé, & oyans les paroles desaduantageuses, qu'il auançoit contre ceste innocente, commencerent cõme Laban enuers Iacob, à luy changer de visage: que ne deuoit faire Iullie, mesme pressee de son propre interest? mais laissant le chastiment de ses indignitez à celuy qui s'est reserué la vengeance, cõme en estant le Seigneur, elle eut plustost de la compassion de sa misere, que de la passion contre sa malignité. Mais la Iustice qui tient la balance iuste, ayãt meurement pesé l'inanité des raisons, & la vanité des propos qu'auançoit Montange, non seulement sans preuue, mais mesme sans apparence, en rejettant ses iniustes requestes, & cassant ses oppositions, laissa Iullie en la liberté de son choix, & la maintint au pouuoir d'embrasser la vie Religieuse, si telle estoit sa saincte determination. Voila les esperances du Baron fragiles comme du verre, brisees tout d'vn coup, & mises au neant sans resource: car bien que Iullie ne garde en son cœur aucun ressentiment des peu honorables impressions qu'il a voulu semer d'elle; si est-ce que mesurant autruy par soy-mesme, il sçait que ce sont là les moyens d'acquerir

E e ij

la haine, bien loin de se faire bien-valoir par celle, dont l'amitié luy eust esté si precieuse. Ie ne veux point publier icy les violences, les fureurs, & les folies qu'il fit paroistre, tant enuers les Religieuses du Monastere de sain-cte Elisabeth, qu'enuers le Pere Victor, le grand Arnulphe, & le Venerable Periandre: car les estimant autheurs de la retraitte de Iullie (retraitte, que de sa grace il baptisoit des noms de trahison, de desloyauté, d'ingratitude, & autres semblables termes fort odoriferans) tantost il se respandoit en reproches, tantost il escumoit des iniures, tantost il se desgorgeoit en inuectiues, tantost il fulminoit en menaces, tantost il se deschargeoit en plaintes, tantost il se fondoit en larmes, tantost il s'esleuoit en rodomontades, tantost il s'abbatoit en supplications, tantost il s'enfloit en brauades, tantost il se bouffissoit en violences, tātost il se haussoit en vanteries, tantost il s'abismoit en des regrets, tantost il se suffocquoit de souspirs, tantost il se noyoit de larmes, tantost il s'armoit de coleres, tantost il minutoit des vengeances, tantost il demandoit pardon de tout cela, tantost il faisoit gloire de sa confusion, tantost il appaisoit sa rage, tantost il auoit honte de sa folie. Son cœur estoit vne mer boüillante; & tout ainsi que la mer change de couleurs selon les vents qui l'agitent: de mesme il varioit en ses pensees, selõ la diuersité des mouuements qui troubloient sa raison.

La mer a moins de vents qui ses vagues irritent
Qu'il n'a de pensements qui tous le sollicitent
D'vn funeste dessein.
Il ne treuue la paix qu'à se faire la guerre,
Et si l'Enfer n'estoit au centre de la terre
Il seroit dans son sein.
Depuis que le Soleil est dessus l'Hemisphere,
Qu'il monte, & qu'il descend il ne luy voit rien faire
Que plaindre & souspirer.
Des autres actions il n'a plus la coustume,
Et ce qui s'offre à luy, s'il n'a de l'amertume,
Il ne peut l'endurer.
Comme la nuict arriue, & que par le silence
Qui fait des bruits du iour cesser la violence
L'esprit est relasché.
Il voit de tous costez sur la terre & sur l'onde
Les pauots qu'elle seme assoupir tout le monde,
Et n'en est point touché.
Si quelquefois il vient à clorre les paupieres,
Aussi tost sa douleur en nouuelles manieres
Le tourmente plus fort.

Et de quelque soucy qu'en veillant il se ronge,
Il ne se trouble point comme du meilleur songe
Qui luy vient quand il dort.

Iullie estant declaree libre par arrest, & se voyant auec le pouuoir de se rendre sainctement esclaue de celuy auquel c'est regner que seruir, se dispose à sa vesture, à laquelle consentent tous ses parens, excepté Diane qui ne pouuoit digerer de se voir priuee de ceste chere sœur, de laquelle elle attendoit de l'appuy & de la consolation par quelque mariage ; non que l'alliance de Montange ne luy soit desormais indifferente, ayant veu par les derniers effects que sa precedente conduitte auoit esté plus artificieuse, que remplie de sincerité ; mais enfin le monde aime ce qui est sien, cherit ceux qui luy ressemblent, & qui suiuent ses voyes. Ceux qui abandonnent leurs cœurs aux premiers rayons de beauté que leurs yeux rencontrent, disoient tous d'vne commune voix, que c'estoit dommage de couurir le Soleil d'vn cilice, & d'enseuelir soubs vn triste voile tant de viuantes & aimables graces que Iullie auoit sur le front ; gens animaux qui ne conçoiuent pas les traicts de l'esprit de Dieu. Quant à Montange, voyant que toutes les cordes qu'il mettoit en son arc rompoient incontinent, & faisant fleche de tout bois, se resolut d'employer le vert & le sec pour empescher, ou pour le moins retarder ceste funeste vesture qui alloit mettre toutes ses attentes dans le tombeau. Ie pourrois rapporter icy vn monde d'artifices, que comme ces machines de ballet, il faisoit ioüer l'vn apres l'autre, pour ne laisser rien d'intenté, afin de venir à bout de son intention. I'en marqueray quelques-vns seulement en passant, & comme du bout du doigt sans m'y arrester: que comme vne chose sur laquelle on passe l'œil auec legereté; les rondes autour de ces murailles, où son thresor estoit enfermé, les parties qu'il fit pour les escheler, les terreurs paniques qu'il donnoit à ceste timide vollee de Colombes. Les importunes demandes qu'il faisoit de parler, les lettres, les billets qu'il faisoit voler çà & là, & qu'il iettoit dans la grille: les personnes tierces qu'il faisoit agir, ne sont que les moindres de ses sailllies. Il y eut bien tant de credit, soit par la priere de ses amis, ou par ses propres importunitez, de se faire voye pour voir Iullie, & pour luy parler par la presence de deux des plus grandes Princesses de la France, qui luy procurerent ce bien par deux diuerses fois. La compassion qu'elles auoient de sa

E e iiij

fureur & la crainte de le voir finir dans vn cruel deſeſpoir, les fit condeſcendre à ceſte charitable entremiſe. Mais tous ces eſbranlements firent en Iullie cela meſme que les vẽts qui par leurs ſecouſſes, font ietter aux grãds arbres de plus profondes racines. Ces Dames admirerent ſa ſageſſe, ſa modeſtie, & ſa conſtance; & blaſmerent l'importunité, l'indiſcretion, & l'extrauagance de ce Cheualier, qui ne pouuoit treuuer d'excuſe, que dans les eſprits de ceux qui auoient experimenté les excez de l'amour, & les accez de ſa fieure:

Mais ceux de qui la grauité
 Ne ſe treuuoit point tributaire
De ceſte folle vanité,
Blaſmoient ſon effort temeraire,
 Qui d'vn procedé odieux
 Luittoit l'Ordonnance des cieux.

Enfin, nonobſtant ces contradictions, ceſte vefue s'auance: ce iour fatal à ſes deſirs commence à ſe deſigner, tout le monde loüe la genereuſe reſolution de Iullie, & ces loüanges ſont autant de blaſmes de ſon oppoſition.

Le dernier de ſes iours vient deſſus l'horizon
 Celle dont ſes tourments eſperoient gueriſon,
 Se rit de ſes fureurs, & de tous ſes vacarmes:
Il fait bien ce qu'il peut afin de l'empeſcher.

Mais tout est inutile, & semble que ses larmes
Excitent ce iour là de plustost approcher.
Quel tragique succez ne doit il redouter
    De ce funeste coup, qui luy va emporter
    Pour vn terme eternel tant d'honnestes delices :
    Puisque ce bel obiet estant son element,
    Il pensoit endurer les plus rudes supplices,
    Quand il s'en separoit vn heure seulement.
Au moins si cét obiet cause de sa langueur,
    Se retirant de luy, monstroit d'auoir au cœur
    Quelque ombre de tristesse, ou feinte ou veritable :
    Ayant compassion de son cruel tourment,
    Encor cela rendroit sa douleur supportable,
    Et luy apporteroit quelque soulagement.
Mais estant cét obiet extremément parfait,
    Doit-il pas se resoudre à vouloir ce qu'il fait,
    Quelque loy qu'il ordonne, & quoy qu'il en aduienne,
    Sans faire ceste iniure à son affection :
    D'appeller sa douleur au secours de la sienne,
    Et chercher son repos en son affliction.

Mais qu'il est aisé de donner des conseils aux malades quand on est sain, & qu'il est mal-aisé de les prendre pour soy quand on est malade. Ne craignōs nous point en blasmāt les effets de ces erreurs qu'il n'en rejallisse quelque atteinte contre la cause. Helas! innocente cause de si estranges effects. Tout ce que peut faire Montange en ceste extremité est apres auoir déuoüé la teste du P. Victor à mille morts s'il entreprend de donner l'habit Religieux à Iullie, de iurer hautement & comme solennellement de faire vn scandale memorable en pleine Eglise, ne se souciant pas de mourir apres auoir satisfait à sa vengeance. La prudence d'vn chef de guerre est de ne desesperer iamais son ennemy, mais plustost de lui faire des ponts d'or, & de lui laisser des routes aisees pour faciliter sa fuite; tout homme qui mesprise sa vie est maistre de celle d'autrui, les effets du desespoir sont horribles & moins imaginables que ceux de la foudre. On se resout de donner cét habit durant la nuict à la sortie de Matines à Iullie, ou si les parens y veulent assister, que ce sera les portes de l'Eglise estans fermees en prenãt l'assistance de la Iustice pour prester main-forte à ceste action. Voila où l'aueuglement de cét amoureux auoit reduit ceste saincte ceremonie. Mais Dieu qui a non seulemẽt les cœurs des Rois, mais de tous les hommes en sa main, & qui opere de merueilleux changemés par l'operation de sa droicte & de sa grace, leua tous ces ostacles par vn moyen d'autant plus inopiné qu'il estoit moins esperé. Iullie faschee d'estre à sa Mere la sainte Religion ce que Benjamin à Rachel, non enfant d'allegresse, mais de douleur, & d'y apporter le tonnerre comme l'aigle au lieu du rameau d'oliue: comme la colombe se met en deuoir de prier Dieu ardammẽt qu'il destournast l'effet de tant de sinistres presages qui estoient en la bouche d'vn chacun, elle eut aussi le soin de faire faire des prieres & des communions extraordinaires pour ce sujet, non seulement aux Sœurs du Monastere où elle se rédoit, mais aussi és autres lieux où sa pieté luy auoit acquis de la cognoissance & de la creance. Si bié que l'oraison de Moïse eut plus d'efficace pour abbatre Amalech que le bras de Iosué. Par l'aduis de personnes deuotes & discrettes, il fut trouué bon qu'elle vist Mõtange à la grille du parloir, & qu'elle taschast de gagner tãt sur son courage que sa vesture se passast sans trouble, employãt pour luy persuader ce bié toutes les fleurs de Retorique que le S. Esprit pour vne si sainte occasion feroit naistre en sa bouche, les propos de laquelle estoiët reuerez de Mõtáge cõme des oracles. Quãd il sçeut que Iullie lui vouloit faire ceste faueur, il pensa pasmer d'aise: car il apprit ceste nouuelle contre son attente; & comme celui qui se noye s'attache à tout ce qu'il rencontre, fut-ce à vne rôce: de mesme il croit si bien mesnager ce téps-là qu'il se tirera du naufrage, & fera conqueste de ce cœur qu'il auoit tousiours experimenté si rebelle à la bien-veillance. Mais il est bien loin de son conte, car celuy qui veut prendre sera pris. Quand il se vit en ceste presence & en cét entretien où se deuoit decider le poinct de sa vie ou de sa mort, bien que d'vn visage assez ferme il eust autrefois regardé de plus grands perils au milieu des combats où se rencontrent ceux qui font profession des armes, si est-ce que iamais il n'auoit experimenté vne pareille transe. De raison i'en sçay aussi peu comme pourquoy le lyon tremble quand il entend le chant du coq. Tant y a, pour n'estendre par trop ceste Histoire par de longs & ennuieux dialogismes, que Iullie lui ayāt fait voir par le recit de sa vie & par la suitte de ses iours, qu'elle estoit comme dés le berceau destinee à estre Religieuse, & presque dés le ventre de sa mere consacree à ce sainct estat qu'elle auoit tousiours eu en desir & en visee ; elle estoit bien marrie de n'auoir pû auoir d'yeux pour voir ses seruices, ny d'oreilles pour en receuoir les offres, parce que rauie par la grandeur & la violence de ce premier & principal objet qui regarde le ciel & l'eternité, tout ce qui estoit au monde luy auoit paru comme de la bouë & de la cendre sans y pouuoir iamais arrester vn seul moment sa consideration. Que bien qu'elle eust assez d'occasion de se sentir son obligee par les tesmoignages de sa modestie & de son affection qu'il luy auoit autrefois fait paroistre, & desobligee par les termes qu'on luy auoit rapportez qu'il auoit tenus d'elle pour se pouuoir plaindre à lui de lui mesme, que neantmoins cognoissant que ces effets bien que contraires prouenoient d'vne mesme cause, c'est à dire, d'vne trop ardante amour, comme le chaud & le tremblement d'vne mesme fiebure, elle auoit tousiours eu plus d'esgard à ses affections qu'à ses actions, ne tirant aucun auantage des vnes ny desauantage des autres, s'estonnant qu'vn sujet tant indigne comme elle estoit, eust peu produire en lui de si violentes impressions qu'il estoit temps d'appliquer du remede à ses playes, & de lui protester qu'elle n'auoit pas laissé à trauers les saintes froideurs que sa religieuse resolution faisoit naistre en son ame d'auoir de grands sentimens pour ses merites, n'ayant pas esté aueugle iusques là de ne recognoistre point tant de graces de corps & d'esprit, de valeur & de naissance qui estoient en sa personne, de laquelle elle auoit tousiours fait vne haute estime, & telle que si depuis la perte de Piralte elle n'eust par vn vœu irreuocable sacrifié son corps à Dieu sous les loix d'vne perpetuelle continence, il n'y auoit homme au monde que lui qui eust esté capable de la renger pour vne seconde fois sous les loix d'Hymé, mais que n'y pouuant entendre (quelque honnesteté qu'il y ait en ce Sacrement) sans courir à sa damnation en violant ceste foy donnée à Dieu : elle souhaittoit plustost que la terre se fendist sous ses pieds pour l'enseuelir dans son sein, & que chaque rayon du Soleil fut vn coup de tonnerre éclattât sur son chef, que de commettre enuers vne telle Majesté vne desloyauté si lasche que pour la punir il faudroit faire vn enfer nouueau. Tout cecy me remet en memoire les mesmes paroles, mais les moins veritables effets des protestations de la Reyne de Carthage, chez le grand Poëte des Romains, dont voicy les termes rendus en nostre

idiome par vn second Virgile.
Certes si ie n'auois d'vn chaste vœu contrainte,
L'immuable sentence en mon courage emprain-
te,
De ne vouloir iamais mon vefuage changer,
Ny sous vn second ioug ma liberté ranger :
Si le nõ malheureux de nopce & d'Hymenee,
N'importunoit mon ame au dueil abandon-
nee.
Depuis que le trespas qui mes yeux arrosa
De ma premiere amour les espoirs abusa :
Ce seul assaut sans plus forçant toute deffense,
Me feroit consentir à commettre vne offence :
Car il faut que i'auouë, en dépit de mon cœur,
Que depuis le trespas de mon cher possesseur,
Par le courroux du ciel & le destin contraire,
Qui vint à l'improuueu nostre vnion defaire:
Ce seul obiet a pû mes cendres r'allumer,
Et de mon chaste cœur le rempart entamer,
Ie recognois d'amour les approches nouuelles,
Et de mon premier feu ressens les estincelles.
Mais que plûtost l'horreur des gouffres de la bas
S'ouure pour m'engloutir & fonde sous mes
pas,
Que du Pere des Dieux la foudre se dépite,
Et mon ame innocente aux ombres precipite,
Pasles ombres d'Erebe & supplices diuers
Qu'vne profonde nuit de frayeur tient couuers,

Plustost ô mon honneur! que tu souffres ce crime,
Ny qu'vne telle tache à ta gloire s'imprime,
Celuy qui le premier ma franchise dompta
Mes pudiques amours en mourant emporta:
Cestui-là pour iamais au tombeau qui l'enserre,
Les ait & les conserue auec luy sous la terre.

Si i'ay couché tout au long ceste belle piece, ç'a esté expressement pour rendre par elle le mesme office au Lecteur en vne longue lecture, que fait vne claire source boüillante sous vn frais ombrage à vn passant fatigué du chemin, car se couchant sur la verdure & se desalterant dedans ce liquide cristal, il y reprend de nouuelles forces pour suiure sa iournee auec plus de vigueur & d'allegresse. Ainsi ces rencontres poëtiques, principalement quãd ce sont des vers qu'Appollon mesme auoüeroit pour siens, & que les Muses adopteroient, delassent extrémément l'esprit & rauigorent son attention alangourie & abbatuë. Ie reuiens à Iullie, laquelle conclud son raisonnement par d'ardantes prieres au cœur de Montange de luy tesmoigner en ceste occasion de sa vesture combiẽ il l'aimoit, lui laissant en paix embrasser vn estat qu'elle auoit tousiours ardamment desiré, mesme auant que
le

le cognoistre, ny que se cognoistre soymesme. Que s'il estoit loisible à vne femme de proposer en soy à vn homme genereux vn exemple de constance, elle le supplioit au moins de l'imiter, en ce qu'ayant souffert ses recherches lors qu'elle ne les pouuoit empescher, n'estant pas en vne maison dont elle luy peust interdire l'entree, qu'il permist aussi ce qu'il sçauoit bien ne pouuoir empescher sans se mettre sur les bras le courroux du Roy, & l'effort de la Iustice publique, qu'elle seroit marrie de le voir tomber en la disgrace d'vn Prince duquel dependoit toute sa fortune, & de le voir plonger de nouueau dans les peines & les terreurs dõt il ne faisoit que sortir. Que pour ce qui le regardoit, elle estoit resoluë à toute sorte de maux & de morts, auant que se relascher d'vn seul poinct de la promesse qu'elle auoit fait à Dieu, & qu'il auroit beau l'accuser de mescognoissãce, puisque l'ingratitude enuers les hõmes qui rendoit agreable à Dieu, luy sembloit vne grãde perfection. Qu'il se seruist dõc de la force de son courage pour digerer ceste amertume, si tant estoit qu'vne creature si chetiue & qui meritoit si peu d'occuper ses pensees, lui pûst apporter quelque regret. Mon-

Ff

tange oyant prononcer cét arreſt de mort auec vne reſolution admirable, ne ſçauoit quelle contenance tenir, ny par quel biais commencer pour deſcharger ſon cœur ou pour entamer ceſte poitrine de bronze, en fin comme il eſtoit accort, il creut qu'il falloit vſer de douceur auparauant que de venir aux paroles aigres, ſçachāt que les mouches accourét pluſtoſt an miel qu'au vinaigre. Si bien qu'apres des complimens qui ne manquent non plus en la bouche des courtiſans que les eaux en vne ſource viue, & cōplimens qui euſſent eſté capables d'enchanter les rochers, eleuant vn peu le ton de ſa voix comme vne homme qui auoit de la peine à gourmander la paſſion qu'il couuoit en ſon cœur, il reprocha à Iullie ſa fuite comme vne perfidie, bien que vous ayez veu que c'eſtoit l'acte le plus genereux & le plus digne de loüäge qui peuſt eſtre exercé par vne femme. Diſant qu'à la veille d'vne ioüiſſance qu'il auoit ſi longuement pourſuiuie & ſi vainement attenduë, elle auoit fait banqueroute à tant de promeſſes qu'il auoit leuës dans la douceur de ſes yeux, & que ſe voir traicter ſi cruellement apres auoir cōçeu quelque eſpoir de faire naiſtre, ſinō de l'amour, au moins de la pitié en ſon ame, c'estoit le côble de sa douleur. Qu'elle eut bien mieux fait, puis qu'elle vouloit recompêser d'vne mort qui lui estoit infallible se voyant rejetté d'elle, celui qui l'auoit honoree & cherie plus que sa vie propre, de le laisser mourir miserablement lors qu'il estoit resolu de perir dans la prison, où pour son sujet il auoit esté precipité, que de l'en faire sortir pour prolōger ses miseres en le contraignant de viure. Que pour mieux pallier & colorer sa trahisō (car il ne se pouuoit empescher que ces mots ne lui eschappassent, lesquels tesmoignoient le fiel qu'il resserroit au dedans) elle le vouloit esblouïr par l'opposition d'vn vœu qui ne pouuoit estre agreable à Dieu, puis qu'il estoit au preiudice du prochain, si bien que ce ne seroit pas tant faire vn sacrifice d'elle au ciel que de lui aux enfers, où le desespoir sans doute le traineroit s'il n'estoit extraordinairemēt assisté de la grace, & de la misericorde diuine. Que pour lui il estoit determiné de perdre son bien, sa vie, son hōneur & ses amis, plustost que de la quitter; & que mesme apres sa mort son ombre la suiuroit par tout, attachāt à son col les furies végeresses de sō sāg qui la tiēdroiēt en de perpetuelles inquietudes. Iullie cōme bien auisee, voyāt

Ff ij

que si elle m'interrompoit ce discours que selon l'humeur du personnage dont elle auoit assez d'experience, il se porteroit en des extrauagances de fait & de paroles, ou insolentes, ou ridicules, ou dangereuses. Monsieur, lui dit-elle, ie vous diray vn mot, lequel s'il ne vous contente, ie ne sçay plus que faire à vostre mal; icy le Baron eust voulu auoir plus de deux oreilles, croyant que la crainte de ses menaces eust fendu tout à coup comme vne masse de plomb la resolutiõ de ce cœur feminin. C'est que ie préds le ciel à tesmoin, & ne veux point qu'il me soit fauorable si ie ne vous dis la verité; Que ce m'est vn extreme regret de ne pouuoir vous aimer en la façon que vous desirez, mon vœu n'est point vne feinte, Dieu me garde du leuain des Pharisiens qui est l'hypocrisie. C'est en vain que vous m'accusez d'ingratitude, puisque ie ne puis auoir de l'inclination pour vous sans estre infidelle à Dieu, ny auoir pitié de vostre langueur sans estre cruelle & impitoyable à mon ame propre. Ie vous ay dit que ie vous aime, & vous dis plus, que ie vous aimerai tous les iours de ma vie, mais d'vne amour reglee par l'hõneur, la raison, la pieté & le deuoir, autrement vostre haine me seroit plus vtile, si pour acquerir vostre bien-veillance il falloit que ie bleçasse en moins de rien l'vne de ces choses. Et pour vous faire voir que vous demandez & desirez de moy vne chose iniuste, quelle apparence y auroit-il que ie rompisse vne promesse que i'ay vraiment faite à vn Dieu tout puissant de n'estre iamais qu'à lui, pour tenir à vn homme ce que ie ne lui promis iamais? Pensez-vous si i'estois si peu soigneuse de mon salut que d'en venir à ceste lascheté pour des frayeurs humaines que ie peusse euiter la iustice de celui qui peut enuoyer & l'ame & le corps en la gesne eternelle? Estimez-vous que ie peusse iustifier ceste offence par vos seruices, & que les obligations que vous pretendez que ie vous ay (obligations qui auroient de la peine à se faire alloüer en vne chambre des Comptes) peussent effacer les immortelles, dont ie suis redeuable à celui qui m'a aimee d'vne charité perpetuelle, qui m'a creée lors que ie n'estois pas, qui m'a rachetee par son sang, iustifiee par sa grace, & appellee à son seruice par sa misericorde. Contentez-vous donc de ceste franche cōfession que ie vous fais, que ie serois à vous si ie ne m'estois point donnee à plus grand infiniment que vous, à celui que vous &

Ff iiij

moy devons adorer, & devant qui tout genoüil doit flechir. Et bien que ma raison soit invariable, neantmoins sçachez que la loy de mon sens n'a pas moins de peine à se soumettre à ceste ordonnance de ma volõté que vous à la souffrir, & que le mesme déplaisir que vous ressentez de ne pouvoir obtenir ce que vous desirez illicitement de moi, se fait aussi sentir en moi pour n'y pouvoir licitement entendre. Si ceste protestation ne vous satisfait, ie diray que la maladie qui tourmente vostre esprit sera incurable, & que ceste manie sera compagne de ces demons qui ne se chassent que par la priere & par le ieusne, c'est à quoy ie vacqueray avec mes sœurs pour obtenir de Dieu vostre guerison. Le Baron se voyant condamné sans appel & sans resource, outré d'vn desespoir inconsolable, se ietta lors à des parolles qu'il ne devoit pas dire, à des menaces qu'il ne devoit pas faire, à des actions qu'il ne devoit pas produire, & que ie veux enuelopper sous vn ingenieux silence, parce que tout cela est mieux oublié que publié, & teu que dict. Tant y a qu'apres s'estre debattu contre sa chaisne, demené comme vn maniacle, & agité comme vn forcené auec vn enthousiasme beau-

LIVRE VI.

coup pire que poëtique, nous l'acheminerons à la derniere action, qui fut le comble de sa frenaisie, en luy mettant en la bouche ces belles parolles, bien mieux ordonnees que celles qu'il en pouſſoit :

Iullie ſi mes pleurs & ma longue amitié
  N'ont peu depuis deux ans t'eſmouuoir à pitié,
C'eſt en vain que ie cherche encor de l'eſperāce
  En ma perſeuerance.
Apres tant de deſirs & de feux ſi conſtans,
  Ie voy bien que tu veux que la perte du temps
Que i'ay mis à t'aymer ſoit encore ſuiuie
  De celle de ma vie.
Mais puiſque pour finir vn ſi cruel tourment,
  Il ne me reſte plus qu'à mourir ſeulement
Pour ſortir tout d'vn coup d'vn malheur ſi funeſte,
  Faiſons ce qui nous reſte.

Et que vous reſte-t'il, Montange, ſinon d'emplir la meſure de voſtre deſeſpoir, & d'inuocquer au ſecours de tant d'angoiſſes qui vous oppreſſent celle qu'vn ancien appelle fort à propos la Diuinité des amans, qui eſt la mort, parce qu'ils la reclament ſans ceſſe? Ce fut donc à elle, comme à l'azyle de tous ſes maux, qu'eut recours ce forcené Gentil-homme, lequel voulut imiter le Tygre, qui trauerſé d'vne fleche par les flancs, & ne pouuant atteindre celuy qui

Ff iiij

l'a blessé pour exercer sa vengeance prend la fleche aux dents, & la tournoyant dedãs ses propres entrailles les deschire & se donne la mort, ce que ne fait pas le cerf, lequel en pareille disgrace cherche le dictame, qui repousse de son corps le traict meurtrier qui estoit demeuré dans la playe. Car apres auoir proferé mille paroles outrageuses contre le ciel & contre la terre, comme s'il eust esté abandonné de Dieu, sans crainte de ses iugemens ny de l'enfer dont la gueule beante estoit toute preste pour l'engloutir, il tira de sa poche vn poignard pour immoler, disoit-il, sa vie à la cruauté de sa Dame. Iullie plus morte que viue à ce spectacle, n'en eut pas plustost apperceu la lame qui alloit chasser l'ame du corps de ce desesperé, que criant au meurtre, au secours & à l'aide, elle s'enfuit au dedans du Monastere tandis que Montange lui crioit, honore au moins d'vn moment de ta presence, ô cruelle, le dernier de mes iours, & assiste au sacrifice que ie te vay faire icy de ma propre vie. A ce cri les gens de Montange qui se doutoient que le desespoir ne portast leur maistre à quelque violent effort contre soy-mesme, selon les indices qu'ils en auoient eus à ses discours &

à ses actions passees, sauterent à corps perdu dans le parloir, où ils le treuuerent, qui n'attendoit que les yeux de Iullie, pour se percer deuant leurs regards:
En le voyant ainsi le poignard dans le poing,
S'auançans à grand pas ils crierent de loin;
Attendez cheualier, vne autre recompense
Est deuë à vostre foy, & à vostre constance.

Ils se ietterent tous sur luy, & luy arracherét des mains ce fer homicide, auant qu'il eust le pouuoir de l'enfoncer dans son sein. Si Hercule ne pouuoit resister à deux qu'eust fait ce Gentil-homme contre tant de gens de sa suite, lesquels pressez par l'interest qu'ils auoient en la conseruation de leur maistre, le tenoiét de si pres, qu'ils n'ont pas le moyé de mettre la main à son espee, le lieu mesme se treuuant si estroit pour tant de gens, qu'il n'y auoit pas de moyen d'y desgainer de si longs cousteaux; si est-ce qu'auec ceste extreme force qu'auoit le Baron, & ce courage que la forcenerie redoubloit, il donna de telles secousses à ceste troupe, qu'il en porta plusieurs par terre, mettant autant de peine à perdre sa vie, qu'vn autre en employeroit pour la sauuer: il les menaçoit tous de la mort s'ils s'opposoient à la sienne, ne les tenant pas pour seruiteurs, mais pour traistres, & pour ennemis, s'ils empeschoient que par vne playe il ne guerist tant de mortelles attaintes, que luy liuroient la rage & la douleur. O cóbiẽ est vray cet oracle des sainctes pages, que l'impieté mesprise tout quãd elle est arriuee à sa profondité. Mais qui n'admirera ici auec moy la hauteur des richesses de la sapience & science de Dieu, & la sublimité de ses iugemens incomprehensibles? qui ne benira sa bonté infiniment esleuee par dessus nos malices, & l'exaltation de sa misericorde par dessus le iugement? Où l'on croiroit Montange perdu, c'est où il se retreuue, & où l'iniquité abonde comme vn torrent enflé qui entraine tout, c'est où regorge sa grace: car comme il estoit en ce debat furieux, Iullie prenant de la hardiesse dans l'extremité de ce peril, reuint sur ses pas, & voyant que les gens de Montange l'auoient heureusement retiré des portes de la mort, & du precipice de l'Enfer. Monsieur, luy dit-elle, à quoy pensez-vous? voulez-vous perdre l'eternité pour des momens, & le Createur pour vne vile creature, qui n'est que bouë & que fange? Où vous transporte vostre fureur? ne voyez-vous pas l'Enfer ouuert, où sont des rages & des desespoirs qui ne peuuent finir? voulez-vous tenir compagnie à Iudas? que gaignerezvous quand moy, & tout l'Vniuers serions en vostre puissance, si vous perdez vostre ame? Viuez, Monsieur, viuez; mais viuez à la grace de Dieu, viuez pour l'amour de celuy qui est mort, pour vous y faire viure, viuez pour ma cõsideration: car si i'ay iamais eu quelque Empire sur vostre esprit, ie vous cõmande; ains ie vous coniure par ceste extreme amour que vous dites auoir euë, & auoir encore pour moy, de vous reseruer à vne meilleure fortune, & de vous conseruer cõme vne chose qui m'appartient, Quand vne voix delicate, ou le son de quelque instrumẽt musical touche l'oreille de celuy qui a esté picqué d'vne venimeuse Tarantole, sa frenesie s'accoise soudain. Les paroles furent vn charme au cœur de nostre furieux, si que

Le Baron se tournant, & voyant accourir
 Cet obiect trop aimé qui le faisoit mourir,
Cheut pasle à la renuerse, ou rauy d'allegresse,
 Ou pasmé de foiblesse.

Quand on le vit en cet estat, on creut que le secours estoit arriué trop tard, & qu'il s'estoit blessé: on le porte incõtinent à la chambre du Confesseur, qui estoit le P. Victor, on le deboutone, on le visite, on ne le treuue frapé en aucun lieu (helas! il n'y auoit aussi que le cœur de blessé) on sent que le pous luy bat, à force

de remedes on le fait reuenir. Estant retiré de ceste pasmoison, & de ce profond euanoüissement, ou pour parler auec ce Poëte,
Apres auoir repris ses sentimens perdus,
Promptement secouru par les gens esperdus,
Ouurant & refermant sa pesante paupiere,
Son œil à demy mort eut peur de la lumiere.
Il retomba derechef en vne nouuelle syncope, auec vn poinct si foible, & vne respiration si basse, qu'õ le tenoit pour passé: Enfin apres l'auoir bien demené & tempesté, & employé toutes les industries, dont on a de coustume de se seruir en semblables symptomes, son aage, la force de sa nature, & sa bonne constitutiõ le retirerẽt du cercueil où l'on croioit que ce brusque & soudain saisissement, que les Medecins appellent colere maladie, l'auroit porté. Remis en vn meilleur estat, bien qu'il eust le visage fort changé, les yeux battus & enfoncez, & les levres noires; il se fit entendre par vne voix foible & mourante, & qui sembloit sortir d'vn sepulchre en ces mots: Qui a rendu à ma veuë la splendeur du iour, & mon ame à mon corps, pour me faire perdre la paix dont iouïssoit mon esprit en cet heureux transport, & pour me faire voir en moy-mesme vn spectacle si desplorable? Soubs quelle constellation suis-je né, pour

souffrir tant de maux, & ne mourir pas? à quoy me reserue le despit de mon sort, sinon à quelque desastre pire que la mort mesme? Mais que dis-je, mal-heureux que ie suis? helas! suis-je en estat de parler, ou de souhaiter la mort, veu que ie ne puis attendre du iuste iugement de Dieu, qu'vne damnation eternelle? O Dieu! que vous estes iuste, que vos iugemens sont equitables; & que ceux-là qui vous laissent sont iustement abandonnez de vous, & donnez en proye aux fureurs, aux rages, & aux scandales. Mais, ô Seigneur! parmy vos rigueurs que vous estes bon, qui ne voulez pas la mort du pecheur, mais qu'il se conuertisse, & qu'il viue: vostre main, que ie sens appesantie sur moy, est comme celle du Chirurgien qui ne blesse que pour guerir, & qui ne sonde les playes auec le fer, que pour les sonder auec le baume. O le Dieu de mon ame, faites-moy releuer de mon terrassemét, tirer profit de mon dommage, & courage de ma cheute. Il eut continué dauantage l'esleuation de son esprit, mais la foiblesse qui luy abbatoit le cœur luy osta la liberté de la parole, & luy laissa vne alteration de sang, & de pous si forte, que la fieure le saisit. Ceste maladie atterrant son corps, releua son esprit de l'abisme de sa perte, & ce fut icy la crue de sa fureur & de sa manie. On l'emporta en son logis dedans vne chaire à bras, où il ne fut pas pluftoft couché dans son lict, que d'vn Saul persecuteur, il fut en vn instant changé en vn Paul Predicateur: car aussi tost que la vehemence de la douleur, luy donnant vn peu de relasche, luy eust rendu la parole, il confessa tout haut qu'il auoit peché, qu'il auoit eu d'iniustes desirs, qu'il auoit eu des pensees iniques, qu'il s'estoit reuolté contre Dieu, qu'il s'estoit trop arrogamment attaqué à luy, en luy voulant arracher vne espouse d'entre les bras, de laquelle il n'estoit pas digne. Il eut vn accez de fieure fort vehement, qui par le bouillonnement du sang luy enuoya tant de chaudes vapeurs au cerueau, qu'il en entra en resuerie, durant laquelle il ne parloit que de Dieu, & de Iullie, comme de deux objects qui disputoient la possession de son cœur: ce qui luy causoit des conuulsions d'esprit, pareilles aux tranchees que sentoit Rebecca durant le debat des iumeaux qu'elle portoit en ses entrailles. Le bon Pere Victor l'assistoit tousiours durant son plus grand mal, & la pieuse Iullie qui ne se soucioit pas de luy tandis qu'il estoit sain, en eut vn soin fort charitable durant qu'il fut malade. Heureuse maladie, qui le rendit à luy-mesme, à Dieu, à la raison, à la pieté; ainsi quand le Seigneur tuoit les Israëlites, ils reuenoient à luy, & en multipliant leurs infirmitez ils hastoient leurs pas pour recourir à sa misericorde. C'est ce motif qui faisoit dire au Chantre Roy,

Espreuue moy, sonde moy bien auant,
  Passe mes reins & mon cœur par la flame:
  I'ay tes bontez deuant les yeux de l'ame,
  Ta verité i'iray tousiours suiuant.

Certes les œuures de Dieu sont accomplies, & ses dons sont sans repentance; c'est à dire, parfaits, c'est luy qui respād ses misericordes à milliers sur ceux qui le reclament, estāt leur aide opportune en leur tribulation. Montange ne se fut pas si tost tourné vers luy, que ce debonnaire Seigneur se retourna vers sa misere, se mit auec luy en son affliction, afin de l'en retirer, & de luy faire tirer de la gloire de cela mesme qui le couuroit de blasme. Comme le feu amollit & fond les plus durs metaux: ainsi la verge de Dieu rendit flexible ce courage auparauant indocile de Montange; si bien qu'il eust peu dire auec vn Prophete: Seigneur vous m'auez chastié, & ie ne me suis rangé au ioug, comme vn ieune taureau auparauant indompté : & auec le Psalmiste, mō cœur est deuenu en ma poitrine aussi mol

que de la cité eschauffée, & susceptible de toutes les impressions, dont le cachet du celeste Amant le voudra seeller. En ceste disposition le Pere Victor qu'il auoit auparauant menacé de mille foudres, deuint le maistre de son cœur, dedans lequel il ietta toutes les semences de penitence & de charité qu'il desira; de sorte que la grace se respandant en luy par le S. Esprit, il despouilla aussi tost le vieil hôme pour se reuestir du nouueau, qui estoit selon Dieu. Alors il commença à souhaiter la vie pour auoir le temps de faire vne plus longue penitence, & à se resoudre à la mort, comme à vne peine expiatoire de ses fautes, ou plustost nõ il ne desira l'vne, ny redouta l'autre; ains par vn acte puissant de soumissiõ il remit sa volonté au bon plaisir de la diuine prouidéce, laquelle sçauoit beaucoup mieux que luy ce qui estoit le meilleur pour son salut. O Seigneur, c'est vous qui estes tousiours vous-mesme, & qui neantmoins causez ces heureux changemens és ames des pecheurs; c'est vous qui les conuertissez, & ils sont conuertis: c'est vous qui operez leur salut, & ils sont sauuez: c'est à vous qu'est deuë toute la gloire de ces actions si memorables. Apres que le Pere Victor eut par le Sacrement de Penitence mis ceste ame en l'estat
d'hostie

d'hostie viue, plaisante, & agreable à Dieu, & disposee à vn seruice raisonnable (tant est grande l'harmonie de nostre composition) cet esprit estant accoisé, les boüillons de la fieure commencerent à se diminuer en son corps, & non sans cause : car comme c'estoit le trouble de l'vn qui rejallissoit sur l'autre, aussi tost que la coulpe fut ostee, le mal de peine pancha vers la diminution. O que c'est vn bon moyen pour sortir promptemēt des tribulations, & pour se tirer de maladie, que d'auoir recours à la grace diuine ; certes c'est l'onguent d'Aaron, lequel respandu sur le chef : c'est à dire, sur le principal de l'homme, qui est l'ame ; s'estend aussi iusques aux vestemens, c'est à dire, sur le corps, qui n'est que l'habit de l'esprit. Montange pour sa consolation, desira voir le sçauant & Religieux Arnulphe, afin de reparer, selon son possible, la mauuaise edification qu'il luy pouuoit auoir donnee par plusieurs paroles insolentes que sa precedente passion auoit tirees de sa bouche, lequel sortit tellement satisfait d'aupres de ce Gentil-homme, que les larmes luy en tomboient des yeux, ne pouuant assez admirer vne conuersion si miraculeuse. Apres de si bons ouuriers arriua Periandre, lequel visita plusieurs fois le Baron du

G g

rant sa maladie, & bien qu'il fust autant inferieur aux autres en suffisance, & en exemple, comme il estoit plus esleué pour quelque dignité qu'il possedoit en l'Eglise, ce caractere que l'Ange mesme reuera en la personne de sainct Iean, donnant dans les yeux du malade, le porta à rendre à cestuy-cy des tesmoignages plus grands du desplaisir qu'il auoit d'auoir essayé sa patience par tant de paroles precipitees. Alors Periandre meslant ses pleurs de ioye, auec ceux que la douleur, & la componction tiroient des yeux de ce Cheualier, luy remonstra que les offenses faites aux hommes n'estoient grandes, qu'entant qu'elles rejallissoient contre Dieu: lequel a dit de ses seruiteurs, & des trompetes de sa parole, que qui les mesprise, le mesprise, & qui les outrage, le touche en la prunelle de l'œil. Que Dauid quant à sa personne, estant persecuté par Saül, se disoit, & se nommoit vn chien mort, indigne de la consideration & de la colere d'vn Roy; mais neantmoins qu'il voulut que les iniures que luy auoit dites Semei, comme à l'oinct du Seigneur, fussent chastiees. C'est ce que le mesme Prophete dit de la part de Dieu: Ne touchez point mes oincts, & n'exercez point de malignité enuers mes Prophetes. Ce discours redoubla les excuses du Baron. Mais Periandre qui ne visoit pas où il pensoit, & qui ne songeoit nullement à sa propre satisfaction, ny à sa propre gloire, la laissant entre les mains de Dieu. Le mena doucement par ceste introduction où il tendoit, qui estoit à luy faire voir l'enormité de l'attentat, auquel il se portoit en la recherche violente de Iullie, voulant arracher d'entre les bras d'vn Dieu fort & ialoux, vne Espouse qu'il monstroit par tant de signes euidents, s'estre choisie entre les milliers. Ce fut sur ce sujet, que se respandant auec abondance, selon le talent que Dieu luy auoit donné, & la voix de vertu que le sainct Esprit mit alors en ses leures : il ietta tant d'estonnement & d'horreur d'vn tel crime en l'ame de ce malade, qu'il le mit au deuoir de recercher plustost la misericorde de Dieu, par vn renoncement de ceste pretension, & par vne forte penitéce, que non pas d'acquerir les bonnes graces de ceste Maistresse, dont l'acquisition ne luy pouuoit legitimement succeder. De là exaggerant les adulteres, tát de Dauid que des autres qui auoiët esté punis de la Iustice du ciel auec tant de seuerité, il lui fit cognoistre combien Dieu deuoit punir auec plus de fureur ceux qui par vn sacrilege horrible se vouloient vsurper celles qui se consacroient à son seruice; & puis se iettant sur le mespris des voluptez, & des vanitez passageres du monde, qui s'esuanoüissent comme l'ombre, & s'escoulent comme l'eau qu'vn orage enfante: & prenant occasion de la maladie de Montange (qui, selon le iugement des Medecins, le tenoit en danger de mort) pour luy monstrer qu'il estoit plustost temps de songer au tombeau, qu'à des nopces, & à se rendre le iugement de Dieu propice, qu'à aigrir dauātage son courroux: il mania si bien cet esprit, & à toutes mains, qu'il le rendit souple à toutes les actes de renonciation, de resignation, de componction, de penitence, de mespris du monde, d'amour de Dieu, de patience, d'obeïssance, de foy, d'esperance, qu'il luy proposa distinctement, iamais cheual (pour vser de la comparaison du Roy Prophete) ne se fit si maniable, sous vn adroit Escuyer que ceste ame se plia soubs tous les mouuements qui luy furent inspirez par ce seruiteur de Dieu; auquel il prit tant de creāce, & de confiance, bien qu'il l'eust traitté plus vertement, & auec plus d'authorité que les deux autres, que luy ayant ouuert tous les secrets de sa conscience par le Sacrement de Reconciliation, Periandre aduoüa qu'il auoit treuué peu d'esprits si francs du colier, c'est à dire, si genereux en la penitence. Il le flechit à tout ce qu'il voulut ; si bien que non seulement il consentit à la vesture de Iullie, mais il desiroit sain, ou malade, s'y faire porter pour l'honorer de sa presence ; toutesfois il ne fut pas iugé à propos par les Medecins corporels, & beaucoup moins par les spirituels, pour ne donner sujet de tentation, & depeur de r'ouurir des playes interieures qui n'estoient encore que trop fraisches, & à peine soudees. Ainsi Iullie victorieuse comme vne autre Iudith, par le ieusne & la priere, fut vestuë auec Secódine du sainct habit du tiers Ordre de S. François, sans trouble, sans crainte, & sans contradiction, mais auec vn apparat, vne pompe, vn applaudissement accompagné de mille benedictions. Elle le receut par les mains de Periandre, qui y officia solennellement, & y fit l'exhortation, par laquelle il remplit tout l'Auditoire de merueille, par le recit succint d'vne si admirable vocation. Montange par le recit qui luy en fut fait, tira de la consolation de cela mesme, dont il auoit auparauant conceu du desespoir: Dieu luy changeât l'absinthe en miel, & luy faisant tirer par sa douce & paternelle verge du miel de la pierre, & de l'huile du cail-

Gg iiij.

lou ; de maniere qu'il pouuoit chanter auec le Psalmiste :

Mon cœur ne peut estre esbranlé
  Quand sur moy tes regards tu iette :
Car mesme ie suis consolé,
  Voyant ta verge & ta houlette.

Certes tout coopere en biens à ceux qui embrassent la vertu; & les afflictions leur sont non seulement vtiles, mais fauorables. O Seigneur, dit le diuin Chantre, vous auez brisé & deschiré mon sac, & bien qu'accablé de douleurs, vous m'auez enuironné de liesse. On dit que l'Amour esgale les Amás, c'est à dire, ou naist de la semblance, ou fait naistre de la similitude. Si Montange en ses humeurs seculieres auoit vn soin particulier de se parer des couleurs qu'il estimoit plaire dauantage à l'œil de sa Maistresse, selon ce precepte du Maistre de l'Art qui fait aimer :

Plais en tous les biais esquels tu pourras plaire
C'est de l'affection le plus secret mystere.

Pour tesmoigner qu'il y auoit encore du feu soubs sa cendre, il se resolut aussi tost, si Dieu le retiroit du lict, de se couurir des liurees de Iullie, i'entéds de se faire Religieux en l'Ordre de S. François, sous vn sac de Capucin. Peu de iours apres ceste determination qu'il manifesta à Periandre, il se vit en santé. Mais comme il estoit en termes de l'executer, voicy vne chetiue Remore, qui d'vne petite arreste, vint retarder le cours de ce vaisseau, qui cingloit à pleines voiles vers le port de salut: Il s'alla imaginer que si Iullie, ou pour la delicatesse de sa complexion, ou par vne irresolution si naturelle au sexe, ou par quelqu'autre infirmité d'esprit, ou de corps, venoit à sortir des Tiercelines auant sa profession, celuy seroit vn motif si violent pour le faire retourner au siecle, qu'il n'auroit point assez de courage pour acheuer ses iours dedans le Cloistre, auquel il ne vouloit point entrer qu'en resolution d'y mourir, non de regarder en arriere. O Montange, pourquoy meslez-vous tant de prudence terrestre en vne inspiration toute celeste? ayez vn peu plus de côfiance en Dieu, celuy qui vous porte à commencer vous donnera les moyens de parfaire, & de voir la fin de la consommation de ceste œuure. Certes vous auez quelque apparence de raisô de craindre que les forces humaines vous mâquent en ceste entreprise qui n'a rien de la chair & du sang, & de vous deffier de vous mesmes; mais iettez vostre pensee en Dieu, & il ne permettra pas que vous flottiez dâs l'incertitude, il sera lâche de vostre esperance, & la stabilité de vostre cœur

Gg iiij

confiez vous en sa bonté, & fondez sur luy voſtre fabrique ſpirituelle. Mais les raiſons humaines preualent les mouuemens du ciel, ſans penſer que le monde eſt bien malin & attrayant, qu'il a des objets infinis qui peuuent detraquer les ames de la voye de Dieu, qu'vn an de nauigation parmy ces eſcueils eſt bien long & ſujet à beaucoup d'orages, que la grace du S. Eſprit eſt ennemie des delais, que celuy qui a promis d'accueillir fauorablemēt la penitēce n'a pas aſſeuré d'en donner l'eſpace, q̃ i s'eſt cōmettre vne foible barque ſur vne violente mer, que laiſſer aller ſon cœur ſur les ondes du ſiecle. Le Baron ſe figurant que cela ſe faiſoit aſſez toſt, qui aſſez bien, & que ce n'eſtoit pas vn jeu d'enfāt, ny vn marché d'vn iour que ſe jetter en vn Cloiſtre, remit à executer ce deſſein lors que par la profeſſion de Iullie il auroit perdu tout eſpoir de la poſſeder. Cependant la France, qui comme la mer eſt en vn flux & reflux continuel de paix & de guerre, & qui ſemble ſe conſeruer par cela meſme qui ruine les autres Monarchies, qui ſont les mouuemens, ſe treuua lors broüillee par vne confuſion inciuilement ciuile: Car, comme il arriue ordinairemēt en ces troubles inteſtins, l'vn & l'autre des parties criāt, viue le Roy, c'eſt à dire faiſant bouclier de l'authorité

Royale, mettoit la campagne en proye, & le sang de la Noblesse en ruisseaux. Solon disoit qu'en vne émeute populaire les neutres estoient tenus pour traistres, bien qu'ils fussent les plus sages : il en prend de mesme en ces occurrences, ceux qui ne s'en meslēt point son tenus pour lasches & poltrōs, encore qu'ils soient les plus auisez. Montange Seigneur de maison & de sang illustre, se vit incontinent sollicité d'espouser en ce sujet la querelle d'vn Prince auquel il auoit de grands deuoirs, auec lequel s'enfermant dedans vne ville qui se disoit tenir pour le Roy, contre vn siege dont l'armee se disoit Royale, en vne sortie des plus furieuses & memorables dont on ait ouy parler, il fit tant d'armes & se poussa comme vn vaillant homme, & qui ne se soucioit plus de sa vie, si auant dans le peril qu'à la fin apres vn grand combat il demeura dans la meslee, & y accrut le nombre des morts. Ainsi finit ce ieune Seigneur laissant Iullie en possession de se faire Professe sans redouter aucun tumulte. Ce n'est pas à nous d'entrer dans les secrets de la Prouidence, mais s'il est loisible par les effets de faire quelques coniectures de la cause, peut estre fut-il accueilli de ceste mort precipitee pour auoir plus apprehendé le des-hôneur de la terre & craint la reputation de casanier & de poltron, que recherché l'hôneur de Dieu, pour auoir differé son abandonnement du monde par des considerations friuoles, pour auoir regardé en arriere en mettant la main à l'œuure de Dieu, pour auoir tourné visage, côme la femme de Loth, afin de voir l'embrasement du siecle, ou ce qui est de plus probable (sans toutesfois rié asseurer) pour tenir compagnie en ce chastiment à ceux qui s'estoient (côme nous auôs fait voir) opposez au dessein Religieux de Iullie. Mais laissons en paix ses cendres sans foüiller dans son tombeau pour y rencontrer les causes de son trespas. Aussi bien

De ce dont sans ses clefs Dieu tient la cognoissance,
La science est ignare, & docte l'ignorance.

Aussi tost que le Soleil eut parcouru ses douze demeures, & qu'il eust fait en vn an son voyage ordinaire du Belier aux Poissons. Iullie se disposa pour rendre ses vœux au Dieu de Iacob en la presence du peuple, afin de rendre sa mort ciuile precieuse deuant le ciel, & de s'enroller pour iamais au rang des seruantes du Seigneur. De ce bon Seigneur qui auoit rompu tous ses liens, &

pour lequel remercier elle vouloit que le reste de ses iours ne fust qu'vne continuelle suite de loüange. Elle passa durant l'année de son Nouiciat par toutes les espreuues les plus rudes qu'on puisse faire sentir à celles qui veulent à bon escient embrasser la croix, car quoy qu'elle fist de si grands biens à ce Monastere qu'elle en eust pû iustement retenir le tiltre de fondatrice, neantmoins ceste qualité trop ambitieuse lui fut en horreur, choisissant pour la part de son heritage le calice de l'abiection, & pour sa portion l'humilité & l'opprobre de IESVS-CHRIST. Ame heureuse, & en cela semblable à ceste parfaite amante qui disoit au sacré Cantique, qu'alors que l'on donne toute la substance de ses biens pour la dilectiō, on pense ne bailler rien. Vne seule chose essaya sa constance (tant il est mal-aisé de despoüiller l'homme tout à fait) c'estoit l'image de son petit Piralte, laquelle nageoit ordinairement en son imagination, & y flottoit comme vne idole plaintiue qui lui reprochoit son abandonnement : ce sont de merueilleux noms que ceux de mere & de fils, le sang a vne estrange force, & ceste loy des membres fait d'estranges souste-uemens, & forme de furieuses rebellions contre l'esprit. Les vaches qui trainoient l'arche la penserent verser quand elles entendirent le cri de leurs veaux. Dans les lieux les plus enfoncez du Monastere, & dans la retraicte de sa cellule ceste idee la poursuiuoit & lui liuroit à chaque pas diuers assauts & plusieurs allarmes, ceste ombre la suiuoit par tout la tourmentant pour lui faire quitter la place. Le Diable (comme il est aisé à iuger) se changeant en demon du midi pour lui faire interrompre sa carriere au commencement de sa course, par des pretextes luisans & specieux, sous des couleurs artificielles empruntees de la chair & du sang lui causoit ces inquietudes pour alterer la paix de son ame & l'empescher de gouster cõbien l'esprit de Dieu est doux à ceux qui le recherchent de tout leur cœur. Mais en fin elle s'arma tousiours contre ces illusions tenebreuses du flambeau de ceste parole sacree; qui ne mesprise pere, mere, féme, mary, enfans pour seruir à Dieu est indigne du Royaume celeste. Periandre apres auoir vn voyage és lieux où l'appelloit le deuoir de sa charge, reuint à Paris pour les fonctions de la semence Euangelique, & s'y trouua au temps de ceste Profession, dont il fit encore les ceremonies & les remonstrances, eleuant si haut la grace de

Dieu qui auoit fait des choses si grandes en Iullie, que plusieurs ames prindrent de son discours secondé du vent du S. Esprit, occasion d'imiter ceste vertueuse Dame. Diane mesme ceste sienne sœur qui l'auoit tant & si long temps trauersee en ce dessein apres auoir frequenté Iullie en son Nouiciat, deuint tellement changee que si elle n'eust point esté attachee au siecle par des liés indissolubles, sinō par la mort de Roxā qu'elle desiroit posterieure à la siéne, elle eust sans doute suiuy sa sœur en sa genereuse resolution. Voila Iullie par les clouds mystiques des sacrez vœux attachee pour toute sa vie à la croix de son Espoux, reduë son esclaue sous le beau nom de la Mere de Dieu ; ioint à celui de ce grand Prelat Milanois, l'honneur de la pourpre sacree, le bon-heur de l'Eglise, le miroir des Prelats, & la gloire de nostre siecle. Apres auoir surmonté tant de difficultez dedans le mōde, elle se vainquit encore elle mesme, sacrifiāt son propre enfant à la diuine prouidence. Depuis elle a esté en vne profonde paix & en vn repos abondant, ne trouuant en la voye de Dieu que des routes aisees. Mais auparauant que ie retire la main de ce tableau, il me plaist d'y appliquer vn traict de la galanterie de

Diane. Periandre estant appellé par les Predicateurs du Caresme en la mesme chaire de S. Estienne du Mõt, où l'annee precedéte le fameux & celebre Arnulphe auoit desployé du tresor de sõ esprit mille riches péces anciennes & nouuelle. Ceste Dame rédit aux sermons de Periandre vne assiduité merueilleuse, & se sentant edifiee de ses remonstrances publiques, elle crut que ses conferences particulieres pourroient contribuer quelque chose à son auancemẽt spirituel. Tellement qu'vn iour lui ayant fait demãder vne heure pour lui parler, elle entra de bonne grace vestuë entre le mõdain & le modeste, decémment neantmoins & seiõ la bien-seãce de sa qualité. Il suffit de dire qu'elle estoit sœur de ceste Iullie que nous auons depeinte si belle & si bõne, pour dire en peu de paroles les qualitez recommãdables de son corps & de son esprit, car quelque differẽce qu'il y ait entre ceux qui sont sortis de mesme pere & de mesme mere, & qui ont esté esleuez sous vne mesme discipline, il y a tousiours de grãdes ressemblances recognuës aussi tost par ceux qui ont bõ sens. Elle salüa Periandre de ceste façon. Monsieur ie vous viens faire la reuerẽce, & vous declarer franchement que vous estes vn des hõmes du mõde que i'ay autrefois le plus hay. Periandre estonné de ce salut qui ne lui sembloit pas si Angelique que ce visage, lui repliqua courtoisemēt, Madame ie loüe plustost en cela vostre iugemēt que ie ne blasme vostre esprit de deffaut de charité, car s'il faut haïr les mauuais cōme faisoit Dauid, si chacun cognoissoit mes imperfections, ie serois l'objet du mespris & de la haïne publique. Toutefois ie m'estōne d'vne chose, sçauoir en quoy ie puis auoir failli pour attirer sur moy l'auersion d'vne Dame de vostre merite, de qui le nō iusques à present n'est point encore entré en ma cognoissance. Certes si ie vous ay offencé ç'a esté innocēment: car ie n'eus iamais, que ie sçache, intention ny volonté de vous desobliger. Monsieur, reprit Diane, c'est que ie suis ainsi mauuaise, mais i'en fais aussi la cōfession pour tesmoigner ma repentance, & ie mōstre ma repentāce pour en auoir l'absolution, malheureux qui n'amende ; encore vaut il mieux estre sage tard que iamais. I'auoüe que i'estois animee d'vne extreme auersiō cōtre vous, tāt que i'ay crû que vous estiez contraire à vn dessein que ie desirois auec passion, mais l'experience m'ayant fait cognoistre la iustice, la saincteté & la sincerité de vos intētiōs, ie me suis desabusee de l'esprit qui m'occupoit, & recognois que si c'est à tort que ie vous haïssois, ce sera auec raison que ie vous estimeray & honnoreray toute ma vie. Madame, reprit Periandre, ne sçachant quel est ce bien ou ce mal que i'ay faict, ie ne puis vous asseurer si ie suis digne de bien-veillance ou de haine; mais de cela vous puis-je rendre certaine, que comme ma misere me rend indigne de toute bonne consideration, cela mesme me rend encore indigne de vostre colere, d'autant que ie suis si chetif, que ie ne merite ny l'estime ny le mépris d'aucun : car ce n'est pas contre le rien que ces mouuemens s'exercent, & ie puis dire bien plus iustement que le Prophete Roy:

Ma substance est vn rien si elle est comparee
A l'estre soustenu de sa solidité :
Car tout homme viuant, & toute sa duree,
En sa fleur la plus belle est pure vanité ;
Il passe comme l'ombre, il a l'ame égaree,
Et de maints troublemës son cœur est agité.

Monsieur, repliqua Diane, ces termes ont bonne grace en vostre bouche, & sont bienseants à vostre humilité, le blasme que vous vous donnez n'aura iamais tant de credit que la voix du peuple, qui est celle de Dieu, laquelle porte vostre reputation si loin, que les loüanges que i'y pourrois adjouster ne pourroient non plus accroistre leur immensité
qu'vn

qu'vn petit ruisseau enfler le vaste sein de la mer. Ioinct qu'estant femme ce n'est pas à moy de iuger de vostre merite, me contētant de suiure le iugement des plus habiles qui vous voyans maintenant comme vn flambeau esclairant sur le chandelier de ceste Paroisse qui est le plus haut theatre de Paris, ne sont pas moins edifiez de l'exemple de vostre bonne vie qu'enseignez par l'eminence de vostre sçauoir, & rauis par les douceurs de vostre eloquence. Periandre qui ne haïssoit la verité que quand elle luy estoit trop auantageuse, rejettant ces vains applaudissemens de femme qui eussent chatoüillé vn Demostene, s'enflant de ceux d'vne vieille, Madame, reprit-il, laissons là les complimens, en quoy vous puis-ie seruir selon Dieu. Monsieur, repliqua Diane, vous nous en rendez tous les iours tant & de si obligeantes preuues que ie penserois estre coulpable d'vne impardonnable ingratitude si comme paroissienne de ceste Eglise, ie ne vous en tesmoignois vn ressentiment particulier, mais i'ay outre cela quelque sujet qui m'ameine vers vous. Si vos yeux s'employoient aussi vainemēt, qu'ils se destournent auec honneur des discernemens des visages de celles de mon sexe, & que vous eussiez autrefois remarqué celuy de ceste Pieuse Iullie dõt la Religieuse constance estonna l'an passé toute la ville, bien que ie luy cede autant en vertu cõme ie la surpasse en âge, si est-ce que mon miroir me fait croire que i'ay tant de ses traits que cela n'espargneroit le temps de vous dire que ie suis sa sœur. Mais sœur qui a la ressemblance du corps, ioignõs tant de difference d'esprit, que ie n'auois rien tant à contre-cœur que sa retraicte du monde, chose qu'elle desiroit par dessus tout ce qui se peut imaginer. Que n'ay-je fait pour l'y retenir, pressee plustost de mon interest & de mes propres inclinations, que par aucun desir que i'eusse de son cõtentemét. Ce fut moi qui par mille artifices l'ẽgageay és nopces de Piralte la destournant par subtilité, de faire, estant fille ce qu'elle a accõpli depuis auec tant de generosité estant vefue. Non contente de ce premier naufrage de son integrité bien que dedans l'honesteté d'vn S. Mariage, i'ay fait tous mes efforts pour lui en faire faire vn autre de sa liberté, la voulant attacher à vn second Hymenee auec ce Baron dont la cõuersion memorable & la mort glorieuse ont effacé là tache de tant de fureurs que la passion lui fit produire. Et afin d'estre tout à fait sans excuse en ma mauuaise humeur, ie ne pû iamais voir de bon œil le iour de la vesture de ma sœur, lequel vous honorastes de vostre presence y exerçât les diuins offices & les saintes ceremonies, & y annonçant la sainte parole de Dieu, sous les doux accens de laquelle bien que tous les cœurs fussent non seulement amollis, mais fondus, ce qui paroissoit à tât de larmes que l'excés de la cõsolation tiroit des yeux des assistans, ie demeuray seule immobile comme vn rocher immuable en mon obstination, & arrestee en mon accariastrise, rongeant mon cœur en silence, & le deschirant par le regret que i'auois de me voir enleuer de deuãt les yeux par vn voile funeste ceste sœur qui estoit l'objet de ma ioye & le soulagemẽt de mes deplaisirs. O si mes regards armez d'indignation & de desdain eussent eu autant de force que ceux du Basilic, combien de fois fussiez vous mort pour faire finir ceste actiõ auec vostre vie; car bien que le Pere Victor & le Pere Arnulphe eussent à mon iugement authorisé de leurs conseils ceste retraitte de ma sœur, il me sembloit que la confiance particuliere qu'elle m'auoit dit auoir en vous, vous rendoit plus coulpable de ceste priuation qu'aucun des autres, car c'est ainsi que le verre coloré, ou plustost coleré de ma passion, me faisoit reputer pour crime, ce que maintenant que la raison m'est reuenuë, & que la lumiere a esté reduë à mes yeux par le collire de pieté que ma sœur y a appliqué, ie tiens pour vne grande perfection. Aussi me semblastes vous tout autre au iour de ma professiõ, car alors vous m'apparustes côme vn Ange du Seigneur des armees dõt les levres tenoiẽt en depost la sciẽce de la voix, la loy de Dieu sortant comme vn feu sacré de vostre bouche, vos mots me sembloient autãt de charbons allumez, vostre langue vn glaiue aigre & tranchant de toutes parts, & arriuant iusques à la diuision du corps & de l'ame. Vos raisons comme des fleches aislées & eleuës me trauersans le cœur, & vos eleuatiõs d'esprit me l'enleuoient tellement qu'estimant en termes de verité ma sœur aussi heureuse que vous la depeignez, ie m'estimois malheureuse de demeurer seule au mõde apres vne mere & deux sœurs qui auoient choisi la meilleure part pour me laisser la pire, si bien que lors que par vos loüanges en Dieu vous la deterriez toute morte du tombeau de ce Cloistre où elle s'enseuelissoit toute viuante, il me sembloit que vous m'enterriez toute viue; & que deformais le Soleil ne me luiroit plus qu'auec peine. Mais ce qui m'estonna le plus & me saisit tout à fait, ce fut ceste remarque laquelle vous fistes des morts estranges & toutes exemplaires de ceux qui auoient serui d'obstacle à son dessein Religieux, helas! Monsieur, ie vous asseure que ie ne sçay ce que ie deuins quãd ie vous oüis presser cet espouuantable sujet, car la conscience me donnant mille remords, comme celle qui en cela se sentoit plus coulpable toute seule que tous les autres ensemble, ie m'imaginois desia que les tempestes du ciel fondoient sur ma teste pour m'accabler, & que ma perte estoit ineuitable. C'est dequoy ie suis venuë me conseiller & resoudre auec vous pour sçauoir par quelle voye ie pourray appaiser l'ire de Dieu que ie confesse auoir en cela grandement offencé. A cela Periandre: Madame, ie suis bien aise que tout cét orage de haine qui m'a estonné au commencement se soit terminé en vne douce pluye d'amiable cõsolation, c'est bien ce que ie me promettois de la veritable bonté de vostre cœur, lequel germain de celui de la Pieuse Iullie, ne peut respirer que charité & dilectiõ. O que ie suis content de voir de la cendre de ceste Iullie heureusemét morte au siecle renaistre vne autre elle mesme, car si vostre visage cōme estant sa sœur à de ses traits, ainsi que vous m'apprenez, ce vous sera vn bien plus grád auantage de vous mirer en la glace polie de ses vertueuses actions pour vous rendre cōforme à elle en l'esprit de pieté qui l'anime, & en vous rendát vne seconde Iullie en deuotion. Deuotiō, Madame, que vous deuez conformer à vostre condition sans transplāter plusieurs obseruáces du Cloistre qui ne sont bonnes qu'en la vie Reguliere dans vn mesnage où elles seroient autant indecentes qu'impertinentes. Il faut que chaque arbre porte du fruict selon son espece, & que chaque Chrestien appellé arbre en l'escriture fasse des œuures conformes à sa condition. Que chacun, dit l'esprit de Dieu par la bouche d'vn grand Apostre, demeure en sa vocatiō, & tasche de plaire à Dieu en sa qualité. Puisque vous estes attachee au S. ioug du Mariage, n'en souhaitez point le détachemét sinon en la façon qu'il plaira à Dieu d'en ordonner. Mais taschez de vous auancer à grands pas vers la perfectiō qui ne cōsiste (en quelque estat que l'on soit) qu'en la vraye & sincere dilection de Dieu & du prochain. C'est vne verité fort euidēte que celle-là que ie remarquay touchant les fins extraordinaires de ceux qui s'estoient opposés à la vocation de la Religieuse Iullie, & alors ie parlois de l'abondance de mõ cœur & selon que Dieu m'inspiroit, duquel i'auãçois la parole (car voulez-vous, comme disoit S. Paul, vne plus claire experiẽce que c'estoit le Sauueur qui parloit en moy & par moi) & certes le Predicateur est bien iustement cõparé au semeur, lequel iettant son grain ne sçait ce qu'il fait, ny quel est celui qui doit prendre racine & apporter du fruict, car celui qui plante ou qui seme, ou qui arrose, n'est rien, Dieu seul donnant l'accroissemẽt & produisant des fruits selon les dispositiõs qu'il rencontre en ceux qui escoutẽt: & certes ie ne pensois nullemẽt à vostre particulier, d'autant que ie ne sçauois pas les obstacles d'autant plus forts qu'ils estoient plus couuerts, que vous apportiez à cet effet qui a edifié toute l'Eglise. Mais Madame, cõsolez vous en ce que vous auez trouué le vray moyen d'effacer ce mal en la memoire de Dieu, en vous retournãt vers luy, & en preuenant sa face par vostre confessiõ, car lors que nous disons deuant lui nostre iniustice, aussi tost il nous pardonne nostre faute, & nous remet nostre iniquité. Benit soit Dieu qui ne vous ostera iamais sa misericorde tant qu'il vous laissera le moyen de l'implorer par la priere. C'en est fait, Madame, il il n'y faut plus penser, Dieu mesme, ce tout grand, ce tout-puissant n'a point d'autre moyen d'abolir vne offence passee que par l'oubli ; lors qu'il a ietté nos crimes au profond de la mer rouge de son sang, il n'en faut plus conceuoir de trouble; Ie ne dis pas que nous deuions estre sans crainte mesme du peché pardoñé, sçachant que celuy qui est tousiours en crainte est appellé bien-heureux, & que le Psalmiste mesme apres auoir receu l'abolitiõ de son forfait, s'escrie que son peché est tousiours deuant luy, & qu'vn autre sainct Roy fait estat de repéser à ses fautes passees en l'amertume de son ame. Mais il faut que la charité qui couure la multitude des deffauts, s'esleue par dessus les apprehésions & d'vn bel essor nous pousse & élance vers Dieu par vne sainte confiance. Ceux qui persistét en leur malice & qui en sont aueuglez, ce sont ceux qui y perissent, non pas ceux qui retirent leur pas des mauuais sentiers. Consolez-vous donc Madame, & vous reposez doucement sur le soin du Dieu d'Israël, qui est si bon à ceux qui sont droicts de cœur, à ceux qui se destournent du mal pour embrasser le bien, à ceux qui n'ont autre esperãce qu'en sa toute bonté. Que desormais vos actions apprennent ce qu'autresfois vostre cœur improuuoit; & vous treuuerez que ceste chere sœur, si vous sçauez bien vser de ses conseils, sera selon Dieu, plus vtile pour vostre consolation Que si elle fust demeuree dedans les miseres du siecle, vous auez vn beau gage d'elle, vous auez son portraict viuant, son petit Piralte, de qui en vous monstrant mere, cet acte de pieté sera autant capable d'appaiser l'ire de Dieu sur vous, comme elle s'accoisa sur le grand Albuquerque, lors qu'embrassant vn petit enfant au milieu d'vne tempeste de mer, son innocence le preserua du naufrage. Ayez pitié de l'orphelin, dit le Seigneur, pere des orphelins; & puis venez à moy poursuit-il, & quelque peché que vous ayez fait, vostre remission est asseuree. Diane fut tellement consolee, & edifiee de ce discours, que regardant desormais Periandre non plus comme vn homme simple, mais comme l'Ange qui la deuoit conduire aux rayes de la vraye deuotion: elle le choisit pour son directeur, & sans ceste fidelle guide, elle auança beaucoup en peu de temps en la voye de l'esprit. Sa deuotion fut proportionnee à son estat de mode, que sans alterer beaucoup de ses ornemens exterieurs elle deuint toute autre en l'interieur. Mesme pour se conformer dauantage à sa chere sœur, elle prit le petit habit du tiers Ordre de S. François, & embrassa la reigle de Penitence, dressee par ce Seraphique Patriarche pour les personnes seculieres, & engagees dans les deuoirs du mariage, & de la vie ciuile. Voila comme vn chaisnon froté d'aiman en attire plusieurs autres, comme s'il estoit l'ayman mesme : car Iullie pleine de charité, qui est le vray ayman des cœurs, & vn lien de perfection, a attiré beaucoup d'ames à la Religion, par l'odeur de son exemple, & dedans le monde à la deuotion, par la douce force de ses persuasions. Si bien que pour finir par elle, vn narré qui a esté tracé pour elle, ou plustost pour la gloire de la grace de Dieu, dont elle a esté le theatre, comme vne autre Cariclee. Nous dirõs qu'apres auoir rendu, estant Professe, des tesmoignages signalez d'vne eminente vertu, & appris solidement soubs le ioug d'vne exacte obeïssance, & d'vne estroitte obseruance, l'art de commander auec humilité & charité; elle fut esleuë Superieure de son Monastere, non tant pour la consideration des aduantages temporels qu'elle auoit apportez & en l'Ordre, & en ceste maison, que pour ses qualitez spirituelles. O Iullie vesue vaillante, vesue pieuse, vesue courageuse, vesue religieuse, veufue couronnee de gloire & d'hôneur, puisque ton merite surmôte tout le pouuoir que i'ay de l'exprimer, & ta vertu est si esleuee qu'elle laisse les loüanges & les paroles bien loin au dessus de sa valeur, que puis-je te dire autre chose apres le monde, le diable & le sang si genereusement terrassez, sinon repeter l'acclamation d'Israël sur la fleur de Bethulie triomphante des Assyriens: tu es la gloire de Ierusalem, la liesse de Iuda, & l'honneur de ta famille: Et puis que par tant de peines & de fatigues, tu es passee si aduantageusement du Temple du Trauail à celuy de la Vertu, & du Temple de la Vertu à celuy du vray Honneur, en attendant celuy de la vraye Gloire, permets que ie consacre au Temple de ta Renômee ceste plume qui vient de descrire tes pieuses entreprises, par ces vers.

Tout passe ainsi qu'vne fumee,
La vie en vn rien consumee
Ne se peut exempter des touches de la mort.
Ce qui respire sur la terre,
Enfin dans vn tombeau s'enserre,
Ou par les loix du temps, ou par celles du sort.
Mais ta gloire par tout cogneuë,

En t'esleuant dessus la nuë
Tullie se verra tousiours en son Printemps.
Ou bien s'il aduient qu'elle meure,
Ce ne sera qu'à la mesme heure
Que l'on verra mourir & le sort & le temps.

FIN DE L'HISTOIRE DE IVLLIE.

DESSERT
AV
LECTEVR.

C'EST presque inutilement que l'on pare le front des Liures d'Epiſtres liminaires & de Prefaces, parce que les Lecteurs courent auec tant d'auidité, & de rapidité vers le ſujet principal, & donnent auec tant de precipitation dedans la matiere que promet le tiltre, qu'à peine daignent-ils ietter les yeux ſur ces portiques & frontiſpices dont on paye l'entree des ouurages. La raiſon de cela eſt, en ce que tout retardement qui differe vn plaiſir ardamment deſiré pour petit, & bref qu'il puiſſe eſtre, paroiſt touſiours long & ennuyeux. Mais ſi les Preludes ou Aduis aux

Lecteurs sont illiberalement traittez en toutes sortes d'escrits, bien que souuent ces Introductions soient necessaires pour l'intelligence de ce qui est traitté; & ces Aduertissements soient autant de flambeaux qui portēt la lumiere dans les tenebres des difficultez qui se rencontrent; c'est principalement és Liures d'Histoire que ces Preambules paroissent non seulement friuoles, mais importuns & qu'ils sont passez & rejettez, non seulemēt auec mespris, mais auec blasme. D'autant que la lecture des nartatiōs Historiques estāt vne chose friāde, attrayāte, delicieuse, & pour son extreme douceur naturellement aimee de tous ceux qui ont inclination à lire, iusques aux enfans, lesquels on void aussi aspres à deuorer des Romans, qu'à sucer des dragees: tout ce qui retarde tant soit peu la iouïssance de ce contentement est à contrecœur, à degoust, & en horreur. Celuy qui cherche à se loger à son aise & commodement, ne s'amuse pas tant à voir les incrustatiōs du dehors, les enjoliuemens & les ornemens qui rendent magnifique l'entree d'vn edifice; mais il prend garde si les chambres sont spatieuses, ou si elles sont specieuses, biē proportionnees, bien accompagnees, bien percees, & en bon air, remettant tout à loifir à recreer fon œil par l'afpect des ajancemens, que la propreté & la fuperfluité ont fait naiftre, lors qu'il fera eftably dedans ce logement. Il en prend de mefme à celuy qui entre dedans le baftiment d'vn Liure, dont on luy a fait eftat, & à la lecture duquel l'oblige la neceffité de fa condition, où le conuie la curiofité de fon efprit; (curiofité de fçauoir fi naturelle à tous les hommes, dit le Genie de la nature) car fans fe foucier de tant de fleurs & d'ornemens, dont on a de couftume de diaprer ces lettres d'entree, & à ces tēdres femóces que l'on fait aux Lecteurs pour furprendre leur iugement, & le difpofer à la faueur, ils fe iettent de plain fault au plus fort du fujet, & au plus efpais de la befógne pour y moiffonner à pleines mains, non les fleurs inutiles, finon à odorer, mais les fruicts fauoureux à leur gouft, & qui puiffent raffafier leur faim. Et certes, tout ainfi que celuy-la renuerferoit l'ordre des banquets (au moins en la France) qui feruiroit à l'entree des viandes creufes, & de peu de fuc, lors que l'appetit eftant ouuert, & en fon ardeur demande des mets plus folides pour fe repaiftre; de mefme en vn Liure, qui eft vn feftin fpirituel, où l'ame fe nourrit d'enfeignemens, & de diuerfes cognoiffances qu'elle ingere dans fa memoire, qu'elle digere en sa volonté, qu'elle rumine par l'entendement, qu'elle passe par l'imagination ; elle cherche aussi tost ce qui peut, asçauoir sa grosse faim, sans s'arrester à ce qui ne feroit qu'irriter son desir, & augméter la soif qui la presse. Et à la verité, qui voudroit auant le repas entretenir vn hoste affamé auec des eaux de senteur, en l'oignant de parfums, en luy lauant les mains de sauonnettes, en luy faisant humer l'odeur des cassolettes, ou des pastilles, en luy chauffant des gands d'Espagne, en luy passant au col des chaisnes d'ambre, en semant autour de luy des fleurs d'orange & de iasmin, & tous les aromates que peut produire l'Arabie heureuse, s'il n'estoit de ces peuples Astomes, ou sans bouche qui se nourrissent par l'odorat, auroit treuué le moyen d'essayer parfaictement sa patience, au lieu que toutes ces regales sont de saison, lors que le repas estant fait auec splendeur, netteté & abondance ; l'appetit estant estourdy, & comme satisfait, cherche à s'irriter, & à se renouueller pour ses gentillesses, ou par des fruicts, des dragées & des confitures. Mon Lecteur, ce n'est point seulement l'experience passiue ; c'est à dire, la façon dont i'ay veu que l'on traitte mes Opuscules, principalement Historiques qui

Av Lectevr.

qui me fait parler ainsi, & parerà ce coup: mais encore l'actiue, c'est à dire, la maniere dont ie mets la main & les yeux és œuures d'autruy: car à peine de cent liures qui tombent soubs ma veuë, he donnai-je le loisir & la peine de lire trois Prefaces. Ie diray plus, que rarement il monte en ma pensee de les regarder: Car quant aux lettres Dedicatoires, si ce n'est par recreation, ou pour y remarquer quelques ornemens d'eloquence, sans y pretendre autre fruict, c'est à quoy ie m'applique fort peu. Et cependant ceste erreur que l'on peut appeler populaire, est cause de beaucoup de mesintelligence, que ie ne die mesdisance, & la source de plusieurs iugemens precipitez, temeraires & trauersez: car qui doute que comme il y a beaucoup d'Escriuains (entre lesquels ie puis tenir vn rang notable) qui gastent du papier inconsiderément, il n'y ait aussi beaucoup plus de Lecteurs qui iugent indiscrettement, & censurent impertinemment des ouurages qu'ils n'entendent pas, ou qu'ils ne sçauroiēt imiter, ny esgaler, non pas mesme suiure de bien loin. Certes cōme il y a plus de gēs qui lisent, que de ceux qui escriuēt, il y a aussi plus grād nōbre détourdis repreneurs, que d'Autheurs dignes de leur censure. Combien de gens iugent sur l'etiquette, que dis-je, combien de maladuisez rejettent des Liures, dont ils ne virent iamais la couuerture, emportez par le torrent d'vn recit malicieux, d'vn rapport controuué, d'vn bruit commun, qui n'est fort, & ne se grossit que de mensonge. A quoy si vous adjoustez ceste furieuse demangeaison de reprendre, & de mesdire, qui porte si audacieusement tant d'esprits fretillās au blasme, de ce qui meriteroit mieux leur admiration, que leur correction: vous aurez atteint au but d'où naissent tant de desordres au maniement des liures; partie desquels cesseroit, si l'on se donnoit le loisir de preiuger auant que iuger, ou si l'on suspendoit son iugement iusques à ce qu'on eust leu distinctement & attentiuement l'ouurage entier non par cy par là, & à bastons rompus, selon la mode ordinaire, si l'on traittoit autruy auec l'indulgence qu'on desireroit pour soy-mesme, s'il estoit deffendu d'vsurper l'authorité, ou plustost la tyrannie de Censeur, sinō à ceux qui se soumettoient eux-mesmes a la ferule, en produisant quelque piece, sur laquelle on peust examiner leur capacité, ou leur insuffisance. Ou tout au moins, si l'on se donnoit le temps de lire ces Preludes, ou Aduertissemens aux Lecteurs qu'l'on met au front des Liures, comme des Mercures à la teste des chemins, pour aduiser ceux qui se iettent à la lecture du dessein, du corps, du but & de la conduite de l'ouurage: car outre la clarté qui en naist à celuy qui s'embarque soubs ce Pole, & auec ce cadran & ceste carte: il arriue bien souuent que l'on preuient les objections qui peuuent estre faites, & qu'on y donne des responses pertinentes, ou capables de contenter vn equitable, & non trop rigoureux exacteur. Ie suis quelquesfois tõbé en ces escueils en fueilletant les trauaux d'autruy par ceste inaduertance, mais i'en ay beaucoup plus ressenty les effects de ceux qui ont daigné ietter les yeux sur ceux qui sont sortis de ma plume, sur tout en ce genre d'escrire Historique. D'autant qu'il est souuent arriué que quelques-vns pour faire les subtils & les beaux esprits ont treuué à redire, ce qui ne me plaisoit pas à moy-mesme, & que i'auois esté forcé par la loy du discours, & par la suitte du narré de couler contre mõ sens, & mon opinion; mais pour des raisons qui ont esté prises pour bõne monnoye par des Iuges moins seueres, non toutesfois receuës par d'autres, selon que chacun abonde en son sens, mais au moins les repreneurs, s'ils eussent leu les Prefaces, y eussent recogneu que ie n'eſtois pas ſi aueuglé en mon propre faict, ſi occupé de philautie que ie ne viſſe bien le poinct ſur lequel ces Archimedes pouuoient aſſoir le pied de leurs artifices, pour enleuer toute la machine de mon ouurage, & la mettre hors de ſon vray centre. Et ie puis dire auec ſentiment de verité, que l'on a fait contre ceſte ſorte de mes eſcrits, peu d'objectiõs que ie n'euſſe preuenuës, & auſquelles ie n'aye fait dans les Preludes, ou Diludes des reſponſes aſſez ſolides pour contenter des eſprits, nõ coquilleux, ny de mauuaiſe paye. Or pour obuier à ces inconueniẽs, & eſſayer que mes Iuges ne vuident point mon procez, & ne me faſſent point paſſer condamnation ſans auoir leu mes Aduertiſſements, & mes productions; ie me ſuis aduiſé d'en parer, non le frontiſpice de ceſte Hiſtoire, mais de les rejetter en la fin, en imitant ces baſtimens qui ont leur principale demeure en arriere, & hors du bruit, auquel eſt d'ordinaire expoſé le deuant qui regarde la ruë. Et c'eſt pour cela que i'ay donné à ceſte piece hors d'œuure le tiltre de Deſſert, parce que ie ſuppoſe vn Lecteur raſſaſié de la lecture de ceſte Hiſtoire, & en poſſedant le fonds, la ſuitte, & le tiſſu: car c'eſt celuy-là & non vn autre que i'entretiens pour luy presenter quelques espics glanez apres la moisson, & luy offrir quelques douceurs apres que sa grosse faim est passee par la cognoissance de l'euenement, & du succez des sainctes Aduantures de Iullie. Le dessert ordinairement est de fruict, & ce sont les fruits de ceste Narration que ie te presente dedans ce dernier plat, mon cher Lecteur, pour te laisser en bon goust; & apres tu auras quelques cure-dents de lentisque pour te leuer quelques scrupules qui te pourroient mettre en fascehuse humeur. De ceste façon i'imiteray la conduite des Peintres, lesquels apres auoir amené leurs tableaux à la fin pour leur donner la polisseure, la garbe, & les derniers traicts, se retirét quelques pas en arriere pour voir estans mis à leur iour, comme les ombres succedent, comme les raccourcissemens se rapportent à l'œil; & en somme, comme leur art arriue au plus pres du naturel des choses representees. Ainsi ie me recule de quelques pas en cet arriere discours, pour iuger auec toy de l'assiette & de la disposition de ceste Histoire en remarquer les deffauts, & les manquemens pour les recognoistre ingenuëment, les corriger franchement, les aduoüer simplement, tenant encore comme cet ancien Sculpteur le cizeau à la main, prest à refaire ce qu'vn meilleur iugement me fera voir estre mal ajusté. Que t'en semble donc, Lecteur: car si tu me prestes tes yeux ie t'abandonne mes oreilles: mais c'est en vain que ie voudrois icy ramasser les aduis de ceste Hydre à testes infinies, & qui a autant d'opiniōs que de chefs. C'est assez que ie les oyē cachés derriere le portraict; toutefois il me sera libre de produire les miens sās craindre de retarder l'aise du Lecteur qui a desia des yeux deuoré tout ce liure. Apres le repas on s'amuse volontiers à racler les viandes legeres du dessert, ou à deuiser de choses gratieuses quand les napes sont leuees: Mettons donc nos Aduertissements sur le tapis verd, couleur qui nous fera bien esperer de la faueur publique. Le premier sera, que ie n'escris point ces Histoires pieuses sans quelque dessein particulier, outre le general que i'ay desia manifesté; &, comme ie pense, assez iustifié en tant de precedentes Prefaces. DARIE par l'image d'vne belle vie fait esperer vne heureuse mort. AGATHONPHILE respond à son tiltre, & a pour but de conduire au bien les affections en la vie ciuile, enseignant par diuers exemples l'art de biē & sainctement aimer. PARTHENICE fait voir qu'il n'y a ny bourasque d'aduersité, ny vent flatteur de prosperité, qui puisse destourner de sa resolution vn chaste courage. ELISE monstre comme parmy tant d'humaines erreurs il est malaisé de viure en seureté, puis que l'innocence mesme peut deuenir coulpable, au moins paroistre si criminelle, que la seule mort peust expier l'offense qui luy est imputee, & qui se recognoist par apres tardiuemēt & hors de saison. DOROTHEE par vn succez desplorable, enseigne aux parens à ne violenter point la volonté de leurs enfans, soit pour embrasser l'estat Religieux, soit pour se ietter dans les liens du mariage; mais d'imiter Dieu qui gouuerne librement les creatures qu'il a creées auec liberté, & doüees d'vn franc arbitre. Les pelerinages D'ALEXIS ont à prix fait d'enter la deuotion ciuile dans le pelerinage de ceste mortelle vie. EVGENE par vn estrange euenement fait cognoistre les dangereux effects de la ialousie, & fait adorer la diuine bonté, qui sçait tirer la lumiere des tenebres, & le bien du mal. SPIRIDION bat en ruine les mariages clandestins, perte des ieunes gens, & la peste des Republiques. HERMIANTE est vne pierre de touche, pour discerner les bons des mauuais

Hermites & discouru amplement de l'excellence de l'estat Religieux, & en monstre la perfection. OLEASTRE fait cognoistre que la passion du desespoir est vtile quãd elle aboutit à bien, comme quand elle fait faire vne heureuse banqueroute au monde, pour se precipiter dans vn Cloistre, & y choisir vn repos au siecle present, qui conduise à la vie du siecle aduenir. Voila, si i'ay quelque memoire iusques à present, où se sont estenduës nos Meditations Historiques, en suite desquelles ie t'offre ceste PIEVSE IVLLIE, en laquelle i'ay dessein de faire voir la ialousie de Dieu par les iustes chastimens qu'il fait sentir à ceux qui par force, ou par ruse s'essayent de luy arracher ses espouses d'entre ses bras: c'est à dire, de soustraire de l'Estat Religieux les ames, qui portees par le vent de ses inspirations sont si heureuses que d'aspirer à ceste saincte vocation. Le monde ne fait que le cert de ceste action, & tous les iours les mõdains auallent ceste iniquité comme l'eau: c'est à dire, sans sentiment quelconque; & cependant tous ceux qui traittent la Theologie morale, & qui parlent des affaires de la conscience, tiennent d'vn commun accord ceste maxime en ce sujet, dent pour dent, œil pour œil, & ame pour ame; si bien que la restitution de ce larcin ou plustost de ce sacrilege horrible qui oste du seruice de l'autel vne hostie viuante & raisonnable, & vn vaisseau d'hõneur, ne se peut faire qu'en se subrogeãt soy-mesme au ioug Religieux en la place de la personne qu'on a destournée, cela s'entend si l'on n'est point lié dedãs le mariage, car en ce cas il faut faire vne autre penitence, & telle quelle puisse en quelque façon compenser ceste extreme malice. Peu de personnes pensent à cecy, car si l'on y pensoit serieusement & chrestiennement, nous ne verrions pas tant de gens se meslans à leur auis fort charitablement, mais en effet font temerairement d'empescher les vocations Religieuses. On ne croit pas tant mal faire, mais le diable y en pense assez & se sert de ceste ignorance pour suffoquer le salut de plusieurs ames. Ieroboam pour destourner Israël d'aller en Hierusalem offrir des sacrifices au temple du Seigneur, esleua des veaux en Bethel deuant lesquels il fit idolatrer le peuple. Le monde se sert de ce stratageme & alleguãt des raisonnettes qui n'ont riẽ de fort que la chair & le sang qui les reuele, r'ameine sinon à l'idolatrie, au moins au seruice des viles creatures des ames genereuses qui se vouloient tout à fait dedier au seruice du Createur, & cela souuent sous des pretextes si specieux que l'impieté la plus fine se pare des liurées de la plus delicate & tendre pieté. Assister des peres & des meres qui se feignent des necessitez plustost imaginaires que veritables, la crainte de les affliger, & côme l'on parle, de les faire mourir de tristesse en vne sombre solitude, le maintien d'vne maison, le soustien d'vne famille, la continuation d'vn nom en la memoire de la posterité, chose extremement vaine & friuole, les apparences d'vn plus grãd bien, l'exercice d'vne charge que l'on se figure importante, le murmure des langues, le soin des enfans, si ce sont des personnes vefues, l'obligation de les esleuer, de leur enseigner la vertu, de les mettre hors de necessité. Enfin la mer du monde ne mãque point de Remores pour accrocher les vaisseaux qui cinglent heureusement au port de la Religion sous le fauorable & puissant vent de la diuine grace. O ! diroit icy sainct Augustin, que miserable est l'aueuglement des hommes & inexcusable leur choix, le monde crie ie trompe, & le Sauueur, ie reçoy vn chacun les bras ouuerts : le monde dit, ie meine à damnation :

le Sauueur, i'esleue au Paradis ; le monde fait paroistre par ses œuures manifestement mauuaises qu'il conduit aux tenebres exterieures ; le Sauueur qui est la lumiere du monde & la splendeur du Pere des lumieres que les obscuritez ne peuuent accueillir estant armé des œuures lumineuses, & disant que celui qui le suit ne chemine point en tenebres, mais qu'il aura la lumiere de vie, est rendu vne solitude à Israël : & cōme vne terre infertile qui n'est ny recherchee, ny habitee (car pour vn Religieux, il y a mille & mille mōdains) si bien que luy mesme se plaint par vn de ses Prophetes, que les voyes de Sion pleurent, personne ne venant à ses solemnitez. O insensez mortels, qui est-ce qui vous a ainsi ensorcelez, comment embrasseriez vous le monde s'il estoit beau, veu que tout laid, tout noir, & tout difforme qu'il est vous ne laissez pas de suiure ses traces qui meinent à d'eternelles infelicitez ? commét cueilleriez vous ses roses s'il en auoit, veu que vous ne pouuez retirer vos mains de ses espines & de ses broussailles qui vous deschirét. Preuaricateurs reuenez à vostre cœur, mōdains reprenez la lumiere de vos yeux qui vous a abandonnez & gouſtez, & voyez combien la manne du deſert eſt meilleure & plus ſauoureuſe que les aulx puans & les ſales chairs des marmites d'Egypte. C'eſt à quoy vous conuie l'exemple de ceſte Pieuſe Iullie de laquelle ie deſcris ici les merueilles. Que ſi vous ne vous ſentez pas aſſez forts pour la ſuiure en ſa genereuſe entrepriſe, parce que ce n'eſt pas vne grace faite à toute nation, ny vn but auquel chacun doiue tendre, ny vne perfection à laquelle chacun ſoit obligé de pretendre, au moins en vous tenant dans l'obſeruance des conſeils qui obligent ſous peine de damnation eternelle, ne retirez pas ceux qui animez d'vn plus beau ſang & pouſſez d'vn courage plus releué ſe veulent appliquer à la pratique des conſeils Euangeliques, & ſe rendre parfaits comme leur Pere celeſte, modele accompli de toute perfection. Que ſi vous eſtes ſi temeraires de toucher ceſte Arche, de mettre la main à l'encenſoir, & comme Baltazar de r'appeler par vos violences ou vos perſuaſions, ou vos blandices artificieuſes à des vſages prophanes des vaiſſeaux ſacrez, & de leuer l'anchre qui tenoit la nauire au port pour la commettre ſur les eaux perfides du monde malin & trompeur; ſouuenez-vous que le sang, c'est à dire, le salut de ces ames exposé à tant de hazards sera redemandé de vos mains, & que vous vous rendez coulpables & participans d'autant de péchez qu'ils commettront dedans le siecle où vous les auez iettez. Que si S. Paul dit que les morts soudaines qui arriuoient à plusieurs de son temps prouenoient de l'abus des choses sacrees ; qui nous empeschera (sans temerité neātmoins & sans ternir leur memoire) de dire que ceux que ie despeins en ceste Histoire morts en des façons si estranges & si extraordinaires, ont peut estre ainsi finy pour auoir voulu appliquer à des vsages seculiers & prophanes des personnes qui sembloient destinees au seruice des Autels. Certes, c'est à Dieu que ce secret est reserué, mais tant qu'il est possible de remarquer les traces de ses operations à trauers le voile & les nuages des choses humaines, ne doit-on pas au moins redouter de pareils chastimens de semblables fautes. Veu, comme dit Dauid, que Dieu donne à ceux qui ont sa crainte de certains signes, afin de fuir deuant la face de son arc, desirant deliurer des traits de sa colere ceux qui reuiennent par la repentance en sa dilection. Tout cela est si euident és fins desa-

strée des parens de Piralte, & de Piralte
mesme, comme aussi en celle de Montange
& en la conservation de la penitente
Diane; qu'il me semble qu'il faut estre tout
à fait aueugle pour ne voir pas à la clarté de
tant de flambeaux. Mais quant à vous belles
ames à qui Dieu fait entendre sa voix
amoureuse & ses douces semonces au milieu
des repaires des dragons & des lyons,
entre les troupeaux des bestes farouches
qui sont dans le siecle, vous appellant de ce
Liban, ou plustost de ceste Babylone à
l'heureuse Ierusalem de la sainte Religion.
Venez & voyez les prodiges que Dieu a
faits sur la terre en faueur de Iullie, luy faisant
surmonter par vne constance remarquable
tous les obstacles qui s'opposoient
à son dessein, combattant ses combats,
vainquant ses contrarians, bataillant ses
batailles : C'est luy qui a brisé les arcs,
fracassé les armes, & bruslé les boucliers
qui se preparoient contr'elle, pour la faire
sortir victorieuse de tant de destours,
& lors qu'elle y pensoit le moins, la mettant
sous l'ombre de ses aisles. Prenez courage,
ames saintes, gens esleuë, sacerdoce
royal, peuple d'acquisition, comportez
vous virilemét, que vos cœurs se fortifient,

attendez Dieu de pied ferme, car en venant il viendra & ne tardera point, il viendra auec vne grande puiſſance & majeſté terraſſer tous vos oppoſans; ouy, car il eſt voſtre Seigneur & voſtre Dieu, & vous eſtes ſon peuple, & les oüailles les plus cheries & les plus aimees de ſa bergerie. Sa main n'eſt pas raccourcie, ſon bras n'eſt pas diminué, il eſt touſiours lui meſme, c'eſt à dire, tout-bon, tout-puiſſant & tres-fort, & tellement fort qu'il n'y a rien qui puiſſe reſiſter à ſa volonté; voyez-le en l'exemple de Iullie, & conſiderez comme Dieu atteint à ſa fin ſuauement, mais fortement, diſpoſant tout auec ſuauité ſans rien perdre de ſon efficace. Ouy, car quand il deuroit enuoyer des legions d'Anges, ou faire naiſtre des voix & des hommes du milieu des pierres, il ne vous laiſſera point en vne ſi glorieuſe entrepriſe, c'eſt pour luy que combat tout l'Vniuers contre les inſenſez. I'ay vn ſecond aduis à te donner, mon Lecteur mon amy, c'eſt que ie n'ay peu ſi parfaitement déguiſer ceſte Hiſtoire, qu'auſſi toſt elle ne ſoit des-voilée par ceux qui ne ſont point eſtrangers à Paris, veu meſme que les meſmes lettres du mot de Iullie font le nom de la perſonne en laquelle i'admire les effets de la grace de Dieu; veu mesme que tous les autres noms de ceste Histoire ne sont point sans quelque raison, & ont rapport aux personnes dont ie parle: & dont ie parle assez librement comme d'vne chose presque domestique, c'est à dire, qui est cognuë de tous ceux qui ont quelque peu de cognoissance des familles de nostre ville-monde. Il me suffit que la chose soit couchée en sorte que ne pouuant estre cachée à ceux qui la sçauent aussi bien que moy, elle soit assez voilée à ceux qui ne doiuent point en sçauoir dauantage, mais se contenter de la cognoissance de l'euenement & des enseignemens inserez dans les digressions. De ceste façon cét ouurage sera comme la colomne d'Israël, claire aux vns, renebreuse aux autres: & en l'vne & en l'autre façon il peut tousiours seruir de guide pour retirer du mal & attirer au bien, qui est mon but principal. Si ie parle auec vn peu de liberté de certaines personnes & d'vne maniere qui leur semblera desaduantageuse, qu'ils ne regardent pas tant l'Historien que la verité de l'Histoire, laquelle en sa nudité ne veut aucuns ombrages. Encores faut-il que nous tirions profit des deffauts aussi biē que des vertus

qui

qui paroissent. Que si les loix ciuiles se plaignent d'estre heurtees, bien que ce ne soit
que legerement & en passant, nous aurions
bien plus de sujet de nous plaindre de ce
qu'elles choquent bien rudement les im-
munitez & libertez Ecclesiastiques, car souuent sous vn manteau de iustice & de pieté l'on fait de grands outrages à la Religion,
& puis apres on dit, que c'est à faire aux
Clercs de posseder leurs ames en patience.
Ie pense neantmoins auoir conduit la barque en sorte parmy ces flots mutinez que
le respect & la reuerence qui est deuë aux
Magistrats comme aux viues images de la
iustice de Dieu sur la terre, a esté religieusement conseruée. Si i'ay blasmé les particuliers en ce qu'ils estoient blâmables, i'ay fait
ce que font les Historiens: mais aussi ne me
suis-je pas espargné en leurs loüanges quād
i'ay rencontré en eux des choses dignes d'e-
stre estimées; car i'ay vne particuliere attention a cela en tous ces ouurages icy de
priser auec excés ce qui est estimable, &
de descrier aussi le vice quelque part que ie
le rencontre, fust-il sous vn Thiare, sous vn
diademe, sous vn mortier, & sous vn capu-
ce, ne le traictant point de main morte
comme ceux que ie voy qui le manient si

K k

doucement qu'ils en donnent plus d'enuie que d'horreur, & en parlent en termes si triez & si choisis qu'ils semblent par leur langage mignard luy vouloir oster la laideur qui le doit faire haïr, ou pour parler auec ce Poëte,

Leur discours si poli & leur voix flateresse,
Change Heleine en Hercule & Thaïs en Lucresse.

Car bien que pour la dureté de nostre tēps arriué, pour vser des mots de l'Apostre à la fin des siecles & voisin de la decadence & corruption du monde, ce soit vn assez froid mouuement pour porter à la vertu que la loüange, & vn foible frein pour retirer du vice que le blasme : celle-là pour se faire suiure requerant des recompenses plus solides & des attraits plus puissans, & cestuicy pour se faire cuiter des chastimens plus rudes : Si est-ce qu'ésames bien nées & és poitrines paistries de la meilleure argile ; ces motifs sont tousiours pressans & produisent des effets dignes de ceux qui ont le courage assis en bon lieu. Car quant à ces esprits, comme parle vn Ancien, courbez vers la terre, & vuides des considerations du ciel; ces dures ceruelles, ces cœurs incirconcis, ces hommes animaux, desquels toute la raison de croire est celle que leur sens apprehende, il faut bien de plus violentes impressions que les exemples d'autruy pour les reduire de leur mauuaise voye & les induire en vne bonne, veu qu'à peine se font ils sages par leurs propres experiences. Que si quelque esprit bigearre me reprend de ce que ie combats contre des ombres, selon le prouerbe, & que ie fouille dans les tombeaux des trespassez pour r'appeller au iour ce qu'ils peuuent auoir commis de reprehensible durant leur vie, ie lui respondray que comme le Sage nous cõseille de loüer apres la mort, il semble nous permettre le reuers si la reigle des contraires est veritable. Mais ie croy que ces deffenseurs des persõnes passees, se seruent de ce bouclier pour deffendre les presentes, c'est à dire, pour euiter le mesme blâme qui les regarde, faschez de voir en l'exẽple d'autrui, cõme dans vn miroir, l'image de leurs imperfections. Ainsi le singe essaye de casser le cristal où il cõtẽple sa defformité, & le Chameau s'abbreuuant bat du pied pour ne voir dedans l'eau la laideur de sa figure. Ainsi les animaux attaints de la rage redoutẽt de rencontrer leur effigie dedãs le cristal des ondes. Parce qu'il y a beaucoup de mondains dedans le siecle entachez du crime que ie fay voir si enorme en ceste Narration, ie croy qu'elle en sera moins bien receuë par ces ames coulpables & interessees, mais qu'y ferois-je, la multitude des pecheurs n'excuse pas le peché, l'homme qui abuse de l'honneur de sa raison, ne merite-il pas de descheoir de sa preeminence, & d'estre comparé à des animaux irraisonnables, puis qu'il s'est rendu semblable à eux par son aueuglement? D'autres de contraire humeur diront que ie donne de si excessiues loüanges à Iullie, qu'il semble que ie la vueille canonizer toute viuante. Certes ie sçay qu'il y en aura beaucoup au iugement vniuersel qui seront reprouuez, lesquels auront fait des miracles en ceste vie, & quoy qu'ils disent au grand Iuge, Seigneur en vostre nom n'auons nous pas chassé les diables & guery les malades, neantmoins il leur respondra d'vn ton de voix aigre & poignant, allez ie ne vous cognois point. Tant que nous sommes sur la terre nous sommes pelerins, c'est à dire, estrangers ou bannis de la celeste Ierusalem, & par consequent incertains de nostre salut, ou comme parle l'Escriture, ignorás si nous sommes dignes d'amour ou de haine. Mais aussi ne faut-il pas pour cela mescognoistre la vertu là où elle est, ni cesser de l'estimer tãt qu'elle dure. Iusques à present Iullie à nõ seulement perseueré, mais s'est tellement accruë en perfection qu'il est aisé à cõjecturer que si elle va continuant au bon mesnage de la grace qu'elle esleuera vn tas de tesmoignage à la gloire de Dieu, & qu'ayant beu du torrent des afflictions & des mortifications en la voye de ceste vie, elle esleuera vn iour sa teste parmi les estoiles. Si elle faisoit quelque chose de blasmable, ie l'espargnerois aussi peu que ceux qui l'ont contrariée. Ainsi S. Paul bien que d'ailleurs fort respectueux enuers S. Pierre son Superieur, ne laissa pas de le corriger fraternellement en cela, en quoy il le iugeoit reprehensible. Et quand ie prendrois ceste Iullie pour vne Saincte, que ferois-je sinon me conformer à l'Escriture, qui appelle ainsi assez cõmunement les personnes vertueuses. Soyez Saincts cõme ie suis Sainct, dit le Seigneur. Vous estes vne gent Saincte, vn peuple acquis. Que celui qui est S. se sanctifie encore dauantage. Les Apostres en leurs Epistres Canoniques n'appellent point les fideles autrement que Saincts : & Dauid est extremement copieux en ceste appellation. Sçachez que le Seigneur rend admirables ses

Saincts. Sauuez moy, Seigneur, parce que les Saincts deffaillent en la terre. Le Seigneur a accompli toutes ses volontez en ses Saincts qui sont en terre. Craignez Dieu, aimez Dieu, chantez à Dieu vous tous qui estes ses Saincts. Recueillez tous les Saincts du Seigneur. Il a l'œil sur ses Saincts & sur ceux qui se côuertissent en leur cœur. Que les Prestres soient iustes, & les Saincts qui sont les fideles s'en resioüirõt. L'hymne est en la bouche des Saincts, & la loüange de Dieu en l'Eglise des Saincts. Et en beaucoup d'autres passages. Mais qui sont ceuxlà, comme dit le mesme, qui ont des pensees contre les Saincts? Si i'appelle vne personne vertueuse saincte, & si ie la tiés pieusement pour telle comme vn vase de sanctification consacré au Seigneur, qui me peut blasmer d'excés de pieté, mais ces gés qui s'en scandalisent peuuent ils estre tenus pour autres que pour temeraires en leurs iugemens, ou pour des enuieux semblables à ce Pitaut qui ne pouuoit souffrir qu'on qualifiast Aristides du tiltre de Iuste; yeux chassieux qui se faschent de la clarté du beau Soleil si aimée de ceux qui ont la veuë saine. Et que diront ces gens à S. Pierre, lequel en sa seconde Canonique parlant des vertueuses espouses des Patriarches anciēs, les appelle en les cōsiderant encore en vie, sainctes femmes. Et quoy à S. Hierosme qui ne traicte point ses filles spirituelles autrement que du nom de Sainctes. Et quoy à tous les plus anciens qui marchēt de mesme air, & qui escriuent d'vn mesme stile. Certes ie n'ignore pas que comme vn blasme excessif tient de la médisance ou de la calomnie, de mesme vne loüange exorbitante a quelque image de flatterie. Mais si l'on auise que la flatterie n'est iamais sans pretension, & que les vœux de Closture & de Pauureté, sont de grands bouleuards & retranchemens contre toutes sortes de pretensions mondaines ; il sera aisé à iuger que comme c'est vn excés d'aigreur qui fait qu'en d'escriant le vice on s'attaque au vicieux, de mesme c'est vne superabondance de zele & d'amour de la vertu qui fait qu'en loüant celle-cy on se iette en mesme temps aux eloges des personnes qui la possedent. Le troisiesme aduis que i'ay à te donner, mon Lecteur, est que ceux qui sçauent tous les tenans & aboutissans de la suitte de ceste veritable Histoire, trouueront estrange que i'y aye inseré ce vol extrauagāt & artificieux de la maison de Thesādre,

K k iiij

accidēt arriué quelques années apres ceste retraicte de Iullie en vne Prouince voisine de nos Alpes en la façon que ie le descris, & auquel Montange qui estoit desia mort n'estoit aucunement meslé. Mais ie l'ay ainsi cousu à ceste Histoire (si accortement & subtilemēt ie te le laisse iuger) pour égaier le Lecteur & pour imiter les autheurs des representatiōs tragiques, qui pour resioüir les spectateurs font des Entractes, Diludes, ou Intermedes gracieux, pour diuertir vn peu leur imagination des idées sanglātes & des sujets graues, lesquels ordinairement greuent l'esprit & le blessent par la compassiō. C'est vn greffe estrāger que i'ay enté sur ce tronc domestique, lequel comme i'espere, ne sera point sans fruit, si l'on y cōsidere cōbien les larrons sont subtils en leurs inuentions, & prōpts à se seruir des occasions qui se presentent pour faire leur main : Ce qui aduertira les personnes qui dorment paisiblement dans leurs maisons de prēdre garde à elles, en se défiant de leurs ruses & supercheries. Tu vois, Lecteur, auec cōbien de bōne foy & de sincerité ie procede auec toi, puisque sās cét Aduertissemēt plusieurs eussent pris ceste adjonctiō pour vne piece de l'habit ou plûtost du corps de ceste Narratiõ. Mais ie suis tãt amy de la verité, que mesmes les feintes qui ne gastent en riẽ le cours du Narré, au contraire qui luy donnent des liaisons & des conjonctures faciles pour vraisemblables qu'elles soient, me donnent tousiours vn peu de peine : car mon esprit sent de la gesne en ces desguisements, bien que leur fausse releue le goust du vray, & luy serue d'vn sel appetissant, & luy soit comme les ombres à la peinture. Ce qui preste iour pour passer au quatriesme Aduis, & pour respõdre à vne objectiõ que me font quelques esprits; les vns auec sincerité, les autres soubs la cappe de la charité. Ils apprennent ceste façon d'escrire, & l'esleuent par leurs loüanges iusqu'au troisiesme, comme tres-accommodee à l'infirmité humaine, & tres-propre pour tromper sainctement certaines ames malades, en leur faisant aualer des medecines sous l'apparence de confitures ; c'est à dire, incorporant les preceptes de la reformation des mœurs, chose vn peu arriere au goust depraué des vitieux, en des Histoires agreables & amiables, dont la lecture est ardemmẽt cherie, & recherchee de toutes sortes de gens. Mais ce qu'ils y treuuent à redire est la qualité de l'Autheur; objection digne des Spartains, qui rejetterent vn bon conseil, parce qu'il estoit baillé par vn mauuais homme, & pour le receuoir, le firent propofer pour vn homme de bien. Si bien que pour contenter la belle humeur de ces charitables perfonnes il feroit bon que ie trauaillaffe inceffamment apres ce genre d'efcrire; mais que ie miffe au iour ces ouurages foubs le nom de quelque autre qui leur donnaft plus de credit. Voila à peu pres l'equité de ces Iuges, aufquels il me fera permis de remonftrer en toute humilité & charité, que vraiment ie ne puis que ie ne louë extrememét leur feuerité Lacedemonienne: car s'ils cognoiffent mes miferes & mes imperfections, & combien ie pratique mal les bons enfeignemens qui coulent de ma plume, ils ont certes grande raifon de defirer qu'vn plus homme de bien les propofe, afin que le faire eftant ioint au dire, cela paffe auec moins de contredit dans la creãce, & de la creance à l'execution. Mais ie les entends qui me crient que ce n'eft pas cela; au contraire, loüans mes faicts, & mes dicts, & mes efcrits auec des applaudiffemens qui me font d'autant plus fufpects, & que ie croy d'autant moins, qu'ils font extraordinaires: ils aduoüét que ces preceptes font dignes de moy, & de la qualité qu'indigne ie poffede en l'Eglife, & qu'il ne faut point d'autre nõ pour les faire bien accueillir : car pour dire le vray, (& la gloire en soit à Dieu) bien que ie n'aye pas des vertus heroïques pour me faire imiter, encore iusques icy mes ennemis (si i'en ay quelques-vns, veu qu'ils me sont incogneus) ne m'ont point reproché de crimes qui me puissent, non pas diffamer, mais decrediter. Quoy donc? voicy le mot, c'est que ceste façon d'escrire ne semble pas assez graue & serieuse pour vn homme de ma condition. Le nõ d'vne personne seculiere & mõdaine donneroit plus de mise & de vogue à ces ouurages d'ailleurs pleins de suc & de grace, & dõt l'ordre, la suitte, le sujet, les desseins, le langage, les matieres; & sur tout les inuentiõs sont assez bien imaginees. Pardonnez-moy, Lecteur, si ie repete leurs mots, lesquels quoy qu'ils paroissent aduantageux pour moy, sont comme l'aigle qui n'esleue la tortuë que pour la precipiter de plus haut, & pour l'escraser. Or i'appelle à l'equité de mes Iuges, & les supplie de considerer que si c'est vne action punissable par la Iustice humaine de suposer vn port corporel : & si les mauuaises femmes sont rigoureusement chastiees quand elles arriuent à ce degré d'imprudence, de declarer pour pere d'vn enfant celuy qui ne l'est pas, quoi qu'elles alleguent ce specieux pretexte, que c'est pour se tirer, & ceste chetiue creature de misere, & donner moyen à ce pauure enfant de s'auancer sous le nom de celuy que l'on contraint de le receuoir, comme s'il l'auoit engendré. Combien cela seroit-il plus blasmable en vn port spirituel: car les Liures (appelez par les Latins d'vn nom qui est presque semblable à celuy qui signifie des enfans) sont des creatures de nostre esprit, & les productions veritables de nos entendemens. Certes bien que ie ne sois pas tant idolatre de mes pensees, que ie fusse marry de les voir en lumiere soubs le nom d'vn autre; si est-ce que ie ne ressemble point encore à ces meres dénaturees, qui exposent leurs enfans en la ruë, desaduoüans le sang de leur sang, la chair de leur chair; & s'il faut ainsi dire, leurs propres entrailles. Quoy? dit l'Escriture, la Vierge peut-elle oublier son bouquet tissu de diuerses fleurs, qu'elle a cueillies auec tant de soin, & ajancees auec tant d'industrie? & la mere peut-elle mettre en oubly son prôpre enfant? A vostre aduis, Lecteur Iudicieux, où est cet Autheur qui vueille imiter les abeilles qui font du miel, mais non pour elles: les moutons qui portét la laine, non pour eux: aux colóbes qui font des petits, mais nõ pour elles: aux bœufs qui labourent la terre, mais nõ pour eux? N'est-

ce pas assez de trauailler pour autruy? c'est à
dire, pour le public, sans encore charger le
nom d'vn particulier qui ne vous en sçaura
point de gré des fautes que vous pouuiez cōmettre; & dont vous-mesme, & non luy estes
responsables? Et puis, où treuuera-t'on cet
homme de bon sens qui vueille prester son
nō, pour le mettre à la teste d'vn Liure qu'il
n'aura pas fait: car s'il est capable d'en faire, il
ne voudra point se preualoir des trauaux d'autruy, ny aller au puits de son voisin, selon le
conseil de Platon, sans auoir foüillé dans son
propre fonds iusques à l'argile, ny s'exposer
aux reprehensions des deffauts d'vn autre, s'il
n'est pas assez suffisant pour manier vne plume: ne voyez-vous pas que paré de celle
d'vn autre il se rendra. Enfin ce secret estant
tost, ou tard esuenté, ridicule comme la cor-
neille d'Horace: Et puis, ne seroit-ce pas vn
beau moyen pour donner du credit à vne
Histoire veritable, de luy mettre à la teste la
mensonge horrible d'vn nom supposé? Celui
qui mentiroit si effrontement à la premiere
page, meriteroit-il d'estre creu aux suiuantes,
si le Prouerbe est vray, que celuy qui est vne
fois surpris en mensonge, gaigne cela de n'e-
stre pas creu, lors mesme qu'il dit la verité.
Pour moy, il faut que ie confesse ingenuë-

ment, que comme ie ne voudrois en aucune façon me donner la gloire des ouurages d'autruy, n'en meritant aucune des miens propres ; aussi me contenterai-je de mes propres debtes, sans me rendre caution de celles d'vn autre : tout de mesme que ie tiendrois à crime de charger vn autre de mes erreurs, & de luy en faire auoir le blasme és actions humaines (entre lesquelles celles d'escrire tiedroit vn notable rang, si par la bonté du siecle ce n'estoit point vn tiltre honteux que celuy de faiseur de liures) chacun respond pour soy, le merite, comme le peché, est vne chose personnelle. Mais voyons encore de plus pres ce conseil, & luy tastons le poulx auant que sonder son origine, & de recognoistre de quelle source il procede. Il faudroit publier ces Histoires sous le nom d'vn autre : certes, ou il faut que mon nom leur fasse du tort, ou qu'elles portent preiudice à mon nom. Or ie croy que ny celuy-cy, ny celles-là ne sont pas si grandes choses que l'interest en puisse estre bien notable. Quoy ? sont-elles si bien tissuës, que mon nom ne merite pas d'estre ioint à leur hautesse, ou sont-elles si mal fagotees, que cela fasse honte à la celebrité de ce grand nom que ces gens-là me donnent; & Dieu sçait comment! comme s'il estoit

AV LECTEVR. 537

semblable à celuy

De ces fameux esprits que la France renom-
me,
N'estant en verité que le nom d'vn simple hom-
me.

Non pas celuy de l'eloquence, ou de l'erudition mesme, lequel peut estre donné à ces rares plumes, dont nostre siecle est fertile. Ce n'est pas cela, me repliquera-t'on, mais c'est que ces sujets ne sont pas conformes à vostre vocatió. Si ne pense-je point m'estre tant detraqué de mon deuoir, ny auoir si peu iudicieusement oublié qui i'estois, que ie n'aye traitté les matieres qui sont tombees soubs ma plume, conformément à leur nature & à ma condition. Ceux qui ont quelquefois tenté de me mettre la rose sur le front en des endroicts chatoüilleux de ces escrits, ont en tournant les fueillets, treuué le lys pour mettre sur le leur, en pallissant de leur temerité, qui pensoit que ie n'eusse pas mis l'antidote aupres du venin, & le remede aupres du mal; aussi ceux qui s'y sont eschaudez n'y sont pas retournez deux fois, recognoissans que i'auois eu plus de conscience a escrire, qu'eux à me reprendre trop legerement. Plusieurs aussi ce sont bien gueris de ceste maladie, excepté quelques incurables qui ont le goust & le iugemēt tellement depraué que rien ne leur peut plaire, que ce qui leur ressemble, c'est à dire, ce qui desplaist à tout le monde. Escargots qui ne se nourrissent que dans la pourriture, & qui meurent dedās les fleurs. Parcourez de l'œil, mon Lecteur, les desseins que ie vous ay cy-deuāt remarquez de tous mes ouurages Historiques; & vous verrez, s'il y en a aucun qui soit indigne d'vn Ecclesiastique de ma condition. Ie cognoy peu d'ames, ie dy des plus deuotes, qui fassent scrupule de lire les passions que ie descris : car ces truffes & ces chāpignons sont assaisonnez de tant de preseruatifs & accompagnez de tant de documens qu'il est mal-aisé qu'ils facent mal, ny qu'ils laissent de dangereuses impressions dans les esprits. Mais quoy il n'est rien de plus vray que ce mot de l'Apostre, que tout est net aux personnes nettes, mais tout est souillé aux personnes immondes, parce que leurs esprits & leurs consciences sont toutes sales d'impureté. Ils sont les fideles en parole & confessent Dieu hautement, mais ils le nient par leurs œuures, si bien qu'ils renuersent les croyans par leurs abominations rendus reprouuez & inhabiles à toute bonne operation, iusqu'icy sont les paroles Apostoliques.

Aussi

Aussi ne me vois-je pas (la grace à Dieu) repris de ce costé-la, que par ceux qui ne pourroient pas lire auec des yeux sains, le Cantique des Cantiques, ny les autres Histoires sacrees, comme celle de la femme de Putifar, de Thamar, de Bersabee, ou de Suzane, sans tirer vn mauuais suc de ces choses qui sont si sainctes, & diuinement inspirees à leurs Escriuains, pour estre vtiles à enseigner, à reprendre, à corriger, & à ramener en la voye de la Iustice ceux qui s'en fouruoient, & à rendre les hommes parfaicts, & instruits en toute bonne discipline; tous termes du Docteur des nations. Mais il faudroit vn autre nom: Et quel nom? car ie ne cognoy personne de ceux qui m'enuironnent qui me veüillēt prester le leur: car s'ils sont mes inferieurs, leur humilité leur fait dire, que cela ne leur appartient pas; & qu'au lieu de gloire, ils s'exposeroient, sinō à la peine, au moins à la moquerie, guerdō coustumiaire des plagiaires. Si mes superieurs, l'eminence de leur sçauoir leur fait desdaigner vn si bō stile, & de si chetiues pieces, ou ils ne font pas d'estat de ce genre d'escrire, à la suite duquel (bien que tres-vtile, comme ie monstre ailleurs) ie n'ay peu encore par mes prieres & remonstrances attirer personne, ny de ceux qui me surpassēt

Ll

en litterature, ny des esgaux, ny des moindres; ie cherche de tous costez vn nom à emprunter, & ie n'en treuue point. Y a-t'il tant de peine à en forger vn à plaisir, & à se cacher derriere ce fantosme? outre que ie ne sçay si cela se peut faire en conscience, à cause du decret Ecclesiastique, qui veut que les Autheurs mettent leurs vrais noms à la teste de leurs ouurages, afin que l'on sçache à qui se prendre. Quand quelque Escriuain se sera licentié contre la foy, ou contre les bonnes mœurs: ioint qu'és matieres pieuses (telles que sont ces Histoires) ou és Theologiques est requise pour la publicatió d'vn Liure l'approbation des Docteurs (ce que ie n'ay oublié en aucun de mes ouurages.) si est-ce que ie ne serois point de cet aduis, ayát recognu par experiéce que cela n'estoit pas expediét. Vn docte, celebre, & tres-deuot Predicateur de ceste fameuse compagnie, qui milite en l'Eglise soubs l'estendard du nom de IESVS; personnage qui m'est en la consideratió que Dieu sçait, puis que sa charité a daigné s'employer autrefois à la direction de mon ame. Pressé par l'obeïssance, de donner au public des marques de sa plume: & d'autre part solicité par son humilité à fuir l'applaudissemét qui ne pouuoit mâquer à de si belles pietes que les siennes, s'auisa de se seruir de ce stratageme, & de former des noms, qui pour des raisons incognuës au vulgaire, auoient quelque allusion au sie..; mais il luy en prit cóme à ceux qui se fardent le visage: ce plastre dure peu, & le naturel se fait paroistre bien tost. Cet artifice amusoit l'enqueste des curieux pour la premiere impression, mais à la seconde malgré luy les Imprimeurs mettoiēt le sien qui est remarquable, & par la France, & mesme par l'Italie. Ainsi se verifie ce motet du Poëte:

Chassez à coups de fourche au plus loin la nature,
Vous la verrez soudain reuenir sur ses pas.

Certes il n'a pas tenu à moy que ces Messieurs à qui mon nom dōnne la fieure, n'ayēt esté contentez en ce poinct icy: car en l'impression de DARIE, D'AGATHONPHILE, & des autres Histoires, ie n'auois pas desiré qu'il fust mis; mais ie n'ay peu gaigner cela sur mes Imprimeurs, ny sur les Libraires, lesquels au rebours (tant ils sont officieux) ont mis le mien en des liurets ausquels ie n'ay iamais pensé; iusques à me debiter à moy-mesme des pieces qui me faisoient plus de pitié que d'enuie, & qui me donnoient plus de despit que de vanité. Et de fait, il n'en faut point d'autre tesmoignage que ce tiltre magnifique de MONSEIGNEVR, que ces bônes gens mettent à la teste de mes Histoires, comme si i'estois plus glorieux en ces ouurages icy, desquels ie n'attends nulle loüange qu'en ceux des DIVERSITEZ, des HOMELIES, ou des OPVSCVLES SPIRITVELLES, où ie me contente de mettre mon nom auec tant de simplicité, que quelquesvns m'en ont repris. Ce n'est pas que la Prelature ne puisse prendre ce tiltre, puis que les Euesques sont Princes de l'Eglise, comme successeurs des Apostres, desquels l'Eglise chante sur la harpe de Dauid: Vous les auez constituez Princes par toute la terre; c'est à dire, en l'Eglise Catholique dilatee par tout l'Vniuers, veu mesmes que le Prince des Euesques le Souuerain Pontife, de sa saincte bouche, oracle de verité, les appelle ainsi quand il traitte auec eux. Ce que i'ay moy-mesme tres-indigne experimenté, traittant auec la Sainčteté du grand PAVL V. de glorieuse memoire, telle estoit sa courtoisie & humanité. Mais eu esgard à la mode de France, qui n'est pas si consideree (ne nous en desplaise) que celle d'Italie, ceste inscriptiō auroit ie ne sçay quoy de plus hautain, que ne porte mon humeur. Que feroit-on à ces gés là qui font plus d'honneur qu'on ne leur en demande, & dont le but est de debiter le mieux qu'ils peuuent leurs marchandises, par des tiltres specieux, altiers, & empanachez? Vraiment il me faudroit bien employer de la Rhetorique pour persuader à mon Libraire, qui ne se treuue point mal de mes trauaux, ou d'oster mon nom de la premiere fueille de mes escrits, ou d'en emprunter vn autre plus fameux, pour se mettre en peine de se faire desaduoüer, & d'estre en Iustice condamné à l'amende, ou d'en mettre vn imaginaire, qui ne donneroit aucun cours au marché; & le tout pour contenter le caprice de ces charitables Conseillers qui voudroient vn autre nom que le mien, pour faire mieux receuoir mes ouurages, & afin qu'ils fissent plus de profit. Mais que ie me plais à entretenir ces braues gens en leur belle humeur. Est-ce peut estre, parce que le nom de CAMVS, qui est celuy de ma race, laquelle a produit des personnes assez qualifiees, & pour les armes, & pour les lettres, leur soit à contre-cœur, & qu'à cause de cela, ils s'imaginent que mes ouurages n'ont point de nez ? Si c'est ceste charitable pensee, ie les prie de se tirer d'inquietude de ce costé là : car si les grands nez dõnent grands poids aux escrits, ie les aduise que ie croy que nous auons iadis esté ainsi nommez par antifraze, parce que ie n'en cognois point en nostre lignage dont le nez ne demente le nom, si bien que nous sommes ainsi nommez, comme la guerre par les Latins, & les Eumerides par les Grecs à contresens, & comme propres à chausser des lunettes pour voir de loing l'impertinence de ces Censeurs. Et à n'en point mentir qui ne sçait que les noms ont esté ie ne sçay comment donnez aux familles, & que ces appellations sont indifferentes, quant au son, & sans autre rapport à la personne que la designation de son lignage. Encor y en a-il de plus mal sonnans, comme par exemple ceux-cy, l'asne, le veau, le bossu, le villain tripier, le Loup, le Buffle, & quoy tant d'autres, & s'il est loisible de tenir reflexion sur le plus illustre, & auguste nom de la terre, qui est celuy de nostre Monarque, on verra qu'il vient d'vne Prouince qui tire le sien de l'abondance de sa bourbe, celuy de la trace qui tient l'Empire, tire le sien d'vne Austruche, le premier Electeur seculier a le sien respondant à la boüe: Et le surnom mesme du successeur de Sainct Pierre, n'a-il pas autant de barbarie, qu'il a d'vrbanité, c'est à dire d'humanité & de douceur en ses mœurs: quoy n'auons nous pas des Sainctsqui s'appellent, Larron, Loup,

Renard? Si mon surnom les fasche, qu'ils prennent celuy de la crosse que ie tiens, lequel ne peut estre que beau, puis qu'il deriue de la mesme beauté. Si celuy de la maison, dont ie tire la naissance ne leur aggree dauantage, estant tout SAINCT, tout BON, & tout NET. Mais ce n'est pas encore icy où le bast les blesse, il faut quelqu'autre nom; mais bon Dieu! quel nom? si ce n'est ce nom nouueau qu'il faut attendre au ciel? Nenny, il faut vn nom de la terre; mais n'y a-t'il point de danger de tomber dans la malediction que foudroye l'Escriture, contre ceux qui mettent leurs noms en leurs terres, & qui escriuent leur nom en la terre? Il faut vn autre nom. Nous auons desia fait voir que en forger vn en l'air, c'est mettre vne mensonge à la teste d'vne Narration veritable, & bastir sur vn fondement de sable mobile. Où est-ce que nous irons à l'emprunt, pous satisfaire à ces gens qui ont vn appetit de femmes grosses, qui demandent en Ianuier des fruicts de Iuillet? Il faut le nom de quelque personne seculiere. Or sus, allons de par Dieu, allons à la queste de porte en porte, comme ces aueugles pour chercher qui nous conduira à l'obeïssance est heureuse en son malheur en ce qu'elle n'a qu'à se laisser mener où l'on veut,: celuy qui la conduit estant le garand de ses fautes. Sera-ce chez les Courtisans que nous ferons cét emprunt, afin que ces Histoires icy passent pour Amadis, pour Dianes, pour Astrees, pour Florides, pour Argenides, pour Iulliettes, pour Arcadies, pour Galathees, & semblables galanteries : vrayement nous voicy aussi biē venus que ces gendarmes, lesquels voulans enleuer le Prophete, se treuuerent par leur aueuglement portez au milieu de Samarie, c'est à dire entre les mains de leurs ennemis : Ie combats toutes ces vanitez par des veritez, & i'iray emprunter la liuree de mes aduersaires, ie leur iray rendre les armes, ie me liureray à leur mercy, ie feray passer mes narrations aussi vrayes cōme les autres sont fabuleuses, pour des bourdes. Voyla certes vne belle inuētion, & vn subtil moyen pour profiter au public, & vn secret pour imiter le lezard qui efface de sa queuë, les marques de ses mains imprimees sur le sable : car mettant vn nom courtisan ce seroit decrediter l'ouurage, & changer la verité en fable, & ce qui est serieux en plaisanterie : vrayement nous voyla fort auancez. Tertullian disoit autrefois que les Heretiques & les Poëtes alloient à contrepied, car ceux-là changeoient en la vanité de leurs sens la verité des escritures; & ceux cy dans la vanité de leurs fables enuelopoient de tres-belles veritez: Nos Aduertisseurs voudroient imiter les premiers, & moy si ie pouuois les derniers; faisant voir que nous n'auõs que faire de trauailler nos imaginations à fabriquer des euenemens fabuleux, puisque dedans le grand volume du monde il y a tant de succez qui arriuent tous les iours, dont le recit estrange semble tenir de la fable, encore qu'il soit tres-asseuré. Mais voici vne autre difficulté qui se rencontre en l'emprunt d'vn nom chez les Courtisans; non seulement parce que le nom de ~~pesser~~ est autant incognu que la *presta* chose parmy ceux de ceste profession là, lesquels pour la pluspart, voire des plus grãds, ne viuent que d'emprunts, mais parce que la science leur est tellement à mespris, qu'estre lettré parmi eux, est vne chose honteuse; appellés-les Poëtes, vous les iniuriez: Docteurs, vous les offencez: Latins ou Grecs, vous les outragez, car ils ne veulent estre reputez que pour bons François. Mathematiciens, s'ils sçauent tant soit peu d'Italien, ils diront que vous les appellez doublement foux. Philosophes, ils vous prendront à la gorge, comme si vous les nommiez Pedans. Critiques, ils s'imagineront que vous les teniez pour crettez ou pour des diseurs de crotesques. Astrologues, ils pēseront qu'on les prenne pour des faiseurs d'almanacs. Musiciens, qu'on les tiét pour des Menestriers. Arithmeticiens, qu'on les prend pour des fináciers. Geometres, qu'on les estime des arpenteurs. Car pour Medecins, ce leur seroit vne qualité (quoy qu'en die l'escriture) moins honorable. Celle de Theologiens leur conuient encore moins, quoy qu'en die le Trepied de l'Apollon de Saumur, lequel confondant les choses sacrées auec les prophanes, a fait des tissus d'araignée aussi delicates que friuoles, & deffendu vne mauuaise auec vne paure espée & vne belle plume. Ouy, mais celle d'Historiens leur viendra bien, tesmoins les Commentaires du grand Cæsar, les histoires de Philippe de Commines, celle du sire de Ioinuille, les Commentaires de Monluc, les Discours de la Nouë, & ceux de Messieurs du Bellay : mais quoy sans y penser, me voila reuenu à ce nom qui met nos Censeurs en ceruelle. Certes en l'estat auquel se trouuent auiourd'huy les Courtisans, on auroit de la peine de trouuer vn homme (fut-ce auec la lanterne de Diogene) semblable à ceux-cy que ie viens de nommer: car en cet horrible desdain des arts qui possede leur humeur, qui en appelleroit vn bon escriuain, il croiroit qu'on le prist pour quelqu'vn de ceux qui apprennent aux enfans à former des lettres, & pour essuyer ceste tache mettant la main au fer qui luy pend au costé, monstreroit qu'il sçait mieux manier le tranchant que la plume. Que si vous arriuiez iusques là de le nommer faiseur de Liures, ô! vous le feriez sauter aux nuës, veu que ces gens ne veulent pas seulement qu'on leur en voye manier, comme si leur attouchement estoit contagieux. Cela prouenant de ceste erreur assez estenduë parmy ceux que le sçauoir est contraire à la valeur, comme si pour estre courageux il falloit estre ignorant, & l'ignorance au contraire est mere de l'aueuglement & de la brutalité, tout à fait opposée à la vertu morale que l'on appelle fortitude. Or allez donc me chercher parmy ceste sorte de personnes quelqu'vne qui vueille poser son nom à des histoires, & encor à des histoires deuotes qui ne parlẽt que de Pelerinages, de Martyres, de Monasteres & de Religions. Estimez-vous Lecteur que cela se doiue esperer? quoy! s'attendre à cela n'est-ce pas autant de temps perdu? Et puis (par imaginatiõ d'vne chose impossible) quand nous l'aurions trouué, qu'auroient gaigné nos Aduiseurs, quoy! plus de credit à ces Histoires? de belles! ne traictent elles pas de matieres tout à fait esloignées de la condition de ces gens-là? Ceux qui sont vestus mollement, pompeusement & delicatement, demeurent dans les Palais des Rois, dit le Sauueur en l'Euangile, les opposant à S. Iean Baptiste, preschant auec austerité la penitence dans les deserts, qui est cela mesme que ie trompette par tous ces escrits. Si le conseil de mes Cēseurs auoit lieu, il faudroit dire aux Pasteurs, aux Religieux, & aux Docteurs qui ont receu la science de la voix, & dont la mission porte cōmission de prescher l'Euangile, qu'ils cedassent les chaires aux Courtisans, & en voicy vne belle raison. Ces Theologiens, ces Ecclesiastiques, sont trop partiaux pour l'escriture, ils sont trop austeres, trop retirez du commerce du mõde: la teste frizée & goderonnee d'vn Courtisan, auec la cappe & l'espée (en Ministre

AV LECTEVR.

de campagne) aura meilleure grace, c'est vn homme du monde qui aura plus de creance sur les mondains qui persuadera mieux, mais quoy, la penitence, la mortification, la fuitte des plaisirs, des richesses, des honneurs, luy qui est engagé dedans ces passiōs iusqu'à la gorge, vraiment nous en serions fort edifiez, & qui ne diroit à ce Medecin qu'il s'allast faire penser ou qu'il se guerist soy mesme. Tel n'estoit pas l'auis du Riche gourmand, qui desiroit qu'Abraham enuoyast vn prescheur de l'autre monde pour corriger les desbauches de cestui-ci, estimāt qu'il seroit d'autant plustost cru qu'il auroit moins de rapport & de conuersation auec ceux de ce siecle. Deboutez, ou si vous le voulez ainsi, rebutez de ce costé-là; irons nous chez les Magistrats emprunter vn nō pour parer de quelque belle charge le front de nostre Histoire, & faire peur à ceux qui voudroient mesdire de ceux qui peuuent prescrire. Certes ils nous respōdront qu'outre que les gens de leur mestier ont assez d'histoires à desmesler en iugeant les procez, dont les causes sont autant de faits & d'euenement de la vie humaine: ce n'est pas leur honneur de faire des escritures, sinon que le roolle soit taxé, chose qui consume les plaideurs, mais que les Imprimeurs n'entendent nullement. Au demeurant que leurs charges sont penibles & pleines de tracas incōpatibles auec la trāquillité & le repos que requierēt les plus douces Muses, qu'au demeurant leurs offices leur coustēt cher, & qu'ils s'en veulent acquitter s'ils peuuent, que pour cela il faut trauailler & faire son deuoir pour ne plus tant deuoir; que leur attention est dans les paragraphes, non pas à se rendre bons Historiographes. Que s'il fait aussi mauuais prester son nom en matiere de liures que de procez; ils ne m'en bailleront iamais vn, veu mesme qu'en ce mestier d'Escriuains l'on a autant de iuges que de lecteurs, lesquels (tant la malignité du monde est estenduë) ne donnent que rarement de fauorables arrests. Si bien que nous voila hors d'esperance de trouuer vn nom en ceste contree. Et beaucoup moins au pere des Fināciers, car ils ont bien d'autres comptes à dresser que de deuotion, celle-cy ne parle que de restitution qui est vn article trop difficile & vn passage malaisé à resoudre : Qu'ils ne sont pas propres à tracer des ouurages de pieté, à cause que l'occupation du nombre d'or les empesche de trouuer la lettre Dominicale. Qu'ils se contentent de passer par l'estamine de la Chambre des Comptes, sans s'assujettir en imprimant des cahiers au controolle de mille petits Iuges qui ne sçauent ny recepte ny mise, & qui neantmoins rayent des articles d'importance capables de les ruiner d'honneur & de biens. A la verité ces enfans de tenebres sont plus prudens que ceux qui se mettent tant en lumiere. Allons mandier vn nom à vne autre porte. Sera à celle de ces Regens de College qui pensent tenir tout l'Vniuers sous leur apprentissage, ou l'obeissance, ains plustost nostre miserable condescendance nous enuoyera: ha! Dieu qui ne sçait que le seul nom de Pedantisme est si vniuersellemēt descrié par toute la terre que pour décrediter le meilleur de tous les liures, il suffiroit de lui donner le nom d'vn Pedant cōme il suffisoit pour faire mourir vn malade qu'il vist, mesme en songe, le Medecin Hermagoras. Ce n'est pas qu'il n'y ait encore de bons esprits reduits à ceste deplorable cōdition, & qui n'ont riē de mauuais, cōme dit l'autheur des Essais, que le port de leur robes: mais quoy ceste robe est si mesprisée que ie ne croy pas que mes Auiseurs pour donner vn passe-port à ces Histoires & les accrediter, me vouluſſent conſeiller d'emprunter vn de ces noms ſi redoutables, s'ils ne vouloient vn peu trop deſcouurir les armes de leur malice qui commencent à me paroiſtre. Si cela eſtoit, ie dirois qu'ils voudroient eſpargner la peine des Relieurs, parce que les liures de telles gens ſe debitent d'ordinaire en blanc aux marcháds & aux beurrieres pour empaqueter leurs denrées, & empeſcher, comme dit l'agreable Montagne, que quelque coin de beurre ne ſe fonde au marché. Où irons nous donc chercher ce nom tant deſiré & tant neceſſaire ſi les armes & la robe nous rejettent? Irons nous aux Poëtes, ils diront qu'ils ne ſçauent parler que le langage des Dieux, qui eſt celuy des vers, que la proſe n'eſt pas de leur empire: de plus, qu'ils ſont tellement nourris aux feintes, qu'ils ont de la peine à dire vn mot de verité. Verité morte en la plume des Poëtes, car comme a chanté celui-cy,

Lors qu'on veut que les Muſes flattent
Vn homme qu'on eſtime à faux,
Il faut cacher deux cens deffaux,
Afin que deux vertus éclattent,
Auecque des pinceaux diuers,
Le doux artifice des vers.

Fait

AV LECTEVR.

Fait le visage à toutes choses,
Et dedans le fard des couleurs,
Fait passer de mauuaises fleurs
Sous le teint des lys & des roses.

Seroit-ce donc pas vn beau secret, d'emprunter le nom d'vn de ces gratieux & aimables menteurs pour donner creance à vne histoire veritable & pieuse? que dis-je, & pieuse; vrayment, c'est bien parmy les Poëtes ordinairement si insolens en leurs licences, & autant libertins en leurs pensees que Religieux en leurs rimes, qu'il faut chercher la deuotion; veu que selon le bon iugement du Pere des Essais, la poësie ne semble rire, & estre en son element & en son lustre, qu'en des sujets folastres & dereiglez. Helas! où irons nous plus pour rencontrer ce nom que nos censeurs desirent substituer en la place du nostre, & le rendre heritier de nos labeurs? Seroiét-ils bien si barbares que de nous renuoyer dans les boutiques des Marchands, ou dans les ouuroirs des artisans, ou comme les Romains chercher, sinon des Dictateurs, au moins des dicteurs de liures à la charruë? Ie ne croy point qu'vn homme à qui la passion n'aura point troublé la fantaisie, se puisse imaginer qu'on rencontre parmy ces gens

M m

là des faiseurs de liures, si ce n'est parmy les marchands des liures de raisons, & parmy les artisans de parties, moins encore des noms illustres qui puissent esclairer les tenebres de mes nuits. Irions nous aux Medecins, ô que nos Histoires seroient malades, ces gens là auec les Pharmaciens & les Chirurgiens leurs assesseurs espouuantent les plus sains, & font pasmer les infirmes. Vraiment ils ont bien d'autres visites à faire, & à songer à d'autres matieres plus pressantes qu'à des Histoires deuotes, à des Martyres, à des Conuens, & à des voyages de pieté. Tous ne sont pas semblables à ce grand Euangeliste, qui fut & Medecin & Peintre, & de plus Escriuain de l'histoire sacree de nostre Redemption, & l'vn des quatre Secretaires du S. Esprit. Et puis il est question de guerir des ames par bons exemples garnis d'vtiles enseignemens, à quel propos irions nous emprunter du nom & du credit de ceux qui n'ont attention qu'à la cure des corps? Certes l'ame est plus que la viande, & le corps plus que le vestement : Ioint que ce qui part des mains des Medecins & de leurs supposts, n'est pas ordinairement trop propre à donner de l'appetit à des personnes degouſtées. Reuenons donc aux Theologiens vrays Medecins ſpirituels, & auſquels par le commun aueu de tous appartient le ſoin, la paſture & la cure des ames. Or ils ſe diſtinguent en trois claſſes, de Paſteurs, Docteurs, & Religieux. Nos Auiſeurs ne trouueront ils point que les noms de ces gens là, comme leurs perſonnes ſont trop graues pour mettre à la teſte de nos ouurages? les ſeculiers, qu'ils deſirent attirer, en ſeront-ils point effrayez, ſans doute, car ces Peres Reuerends, & ces Meſſieurs nos Maiſtres, ont ſous des fronts de Caton des ſourcils d'Ariſtarque, & des yeux d'Heraclite, la ioye marche rarement à leurs coſtez, le ris les fuit, & les mignardiſes les abandonnent. Ils ne ſont bons qu'à l'Egliſe au Confeſſionnal, à la Chaire & à l'Autel; non pas dedans vne ſale, dans vn cabinet, & en la conuerſation des perſonnes mondaines: Leur entregent (s'ils en ont) ſent vn peu le ſauuage, & tire ſur le farouche & le rebarbatif. Ioint que les Curez, s'ils ſont de la ville, n'ont pas faute d'occupatiõs qui interromproient trop leur eſcriture, & s'ils ſont des champs, on les tient vn peu trop ruſtiques pour faire des ouurages polis qui puissent passer sous la lime d'vn cabinet, & sous la censure des esprits delicats que produit nostre siecle, ils ne sçauent pas l'air du bureau, ny le goust de la cité, ny les moyens de plaire à tant de palais malades. Les Docteurs, outre leur grand employ dans les escoles, ou dans les chaires publiques, tiennent vn peu de la regence, & sont tellement accoustumez apres le latin & les argumens plus subtils, qu'ils en oublient, ou le François, ou la cognoissance des affaires du monde. Quant aux Religieux s'ils sont bien reformez, & par consequent bien r'enfermez, leur esloignement du siecle, & mesme leur habit qui estonne la veuë, leur vie si retiree, leur frequentation si rare dans les compagnies, & cet art d'oubliāce des choses de la terre tant desiré par Socrate, & qu'ils apprennent tous les iours, les rendra moins propres à l'entreprise dont nous parlons. Il est vray que s'ils en vouloient prendre la peine, ils ont vn grand loisir & vn profond repos pour vacquer à ceste besoigne, mais nos Censeurs trouueroient aussi tost qu'elle ne seroit pas conforme à leur qualité & à leur grauité. Ioint que ie ne me promettrois pas d'obtenir facilement pour eux la licēce d'escrire, ou pour le moins l'emprūt d'vn de leurs noms de leurs superieurs, car ce grand nombre d'exemptions qui les rendent priuilegiez & inuiolables, & l'interdiction faicte aux ordinaires de toucher à ce qui les regarde, fait que sans renoncer à vne grande mer de Bulles, ils ne pourroient pas subroger vn de leurs noms à celuy d'vn pauure Euesque leur tres-humble seruiteur & admirateur. Où irons-nous donc? sera-ce parmy les deserts & les cauernes que nous chercherons quelque Moine? dans vn hermitage fort reculé, qui rendant encore quelque image d'obedience à vn Official, nous vueille prester son nom pour faire paroistre nostre ouurage comme venant de bien loin, & presque de l'autre monde. Mais qui croira que ce nom d'vn homme inuisible ne soit faict à plaisir? & qui pensera qu'vn Hermite bien reclus, & qui a parfaictement renoncé au monde & à toutes ses pompes, vueille que son nom retourne sur ceste mer perilleuse, sur ce grand theatre de iugemens, & trotte de main en main parmy les compagnies, faisant estonner vn chacun de voir qu'vn Moyne qui est dans le fond d'vn affreux desert puisse sans l'aide d'vn esprit familier deuiner tant de choses secrettes & particulieres qui se passent dedans le monde, ioint qu'on dira tousiours que ces imaginations sont vn peu bien tendres pour sortir de dessous vn froc, sinõ qu'elles participassent aucunement aux visions de S. Anthoine. Que ferons nous donc apres auoir tournoyé de tous costez sans pouuoir trouuer ce que desirent nos donneurs d'auis, ie croy que le meilleur est de reuenir chez nous, & de r'entrer comme la colombe de Noë dãs l'arche de nous mesmes. C'est de boire de nostre propre cisterne & y aller tout à la bonne foy & simplement, & sans tant d'artifice & de subtilité nous nommer rondement & selon le conseil de Seneque, n'emprunter point d'autre bourse que de la nostre. Adam au commencement du monde nomma chaque chose par son nom: il est bõ que les ouurages portent en leur front celuy de leurs autheurs. Ainsi les anciens ouuriers mettoient és pieces qu'ils elabouroient, Appelles faisoit cecy, Policlete cela; & les Roys donn'oient leurs noms aux villes qu'ils auoient basties. Il est bon que chacun responde de soy & de ses actions; ie hai les personnes masquées & déguisées, la fenestre de Momus est en mon desir, i'ai me les cœurs ouuerts & desboutõnez. Que si nos Conseillers trouuent bon que nous empruntions le nom d'vn Pasteur, d'vn Docteur ou d'vn Religieux, pourquoy leur sera odieux celui d'vn Euesque, n'ont ils point peur qu'on les prenne pour quelque pretendans de Reformation qui ont aboli ce tiltre honnorable dans leur secte, bien qu'il soit si renõmé en l'escriture, de laquelle ils estiment ce qui leur plaist, & mesestiment ce qui ne leur plaist pas. Certes les Prelats par l'eminence de leur dignité (qu'il me soit icy permis sous l'adueu de sainct Paul de magnifier mon ministere) comprennent ces trois qualitez, car ils sont Peres des Pasteurs subalternes, ils sont sel de la terre & lumiere du monde, comme Docteurs, & en vn estat de perfection, (sinon si austere & reformé en apparence) au moins en effet, & selon la plus saine Theologie plus esleué que les Religieux & les Moynes. A quoy faire donc emprunter vn nom plus grand de personnes plus petites: és Horoscopes les Planetes ont l'ascendãt sur les estoiles simples, & c'est de leurs regards & de leurs influẽces que tout depend. Prenez garde à vous & à vos troupeaux, dit l'escriture aux Prelats, parce que le Seigneur vous a constituez Euesques pour gouuerner l'Eglise de Dieu. Et c'est pour la grandeur de ceste qualité Apostolique, diront nos amiables Remonstrans, que nous voudrions oster vostre nom de ces premiers fueillets de vos Histoires. Parce que nous ne voyons point que les Apostres ou les Pasteurs de l'Eglise en la dignité que vous possedez, ce soient amusez à ces ouurages. Vrayment S. Iean & S. Mathieu qui ont escrit l'Histoire Euágelique estoiét Apostres. Sainct Luc qui a escrit celle des Actes, estoit Disciple du Sauueur, & sainct Marc Euesque d'Alexandrie. Sainct Paul a fait mention de plusieurs Histoires en ses Epistres, & entre autres du fornicateur Corinthien. Tous les Prophetes de l'Ancien Testament ont escrit en forme Historique, & tous ces gens là estoient aussi graues que moy. S. Augustin a escrit ses Confessions, qui est l'histoire de sa vie, & plusieurs autres se lisent dans ses escrits. I'ay fait voir en d'autres Prefaces que les Anciens Peres, comme S. Hierosme, S. Iean Damascene, S. Gregoire de Nazianze se sont pleus en ce genre d'escrire, & y ont trouué de la consolation pour eux, & de l'edification pour autruy. A quoy si vous adioustez cet Ocean de l'Histoire Ecclesiastique le grand Cardinal Baronius, & l'Histoire de S. Anthonin, Archeuesque de Florence, & ces belles Histoires que ce sainct personnage le Cardinal Bellarmin a couchees dans son Liure de l'Office du Prince Chrestien: que treuueront d'indecent en moy ces gens qui n'oseroient leuer les yeux contre ces grandes lumieres que ie viens de produire? Et puis apres, si vous ne pouuez emprunter de nom veritable, faites-en vn à vostre poste. Voila qui seroit bon, ces faiseurs de Romans, qui ont basty des Chasteaux d'Apolidon, des Palais enchantez, & tracé mille contes qui n'ont subsistance que dans le vuide de certains cerueaux creux, qui ont entassé plus de fables, que les Geans de montagnes en leur bataille contre les Dieux, auront ce priuilege de mettre à des choses qui ne furent iamais, & qui ne peuuent estre, leurs veritables noms; & à des Histoires sainctes, pieuses, & vrayes, ie mettray vn nō supposé, & fait en l'air, vne teste de Chimere à vn corps solide? Non, non, ie ne rougiray iamais de l'Euangile; c'est à dire, des preceptes Euangeliques & Chrestiens que i'insere en ces ouurages: I'y parleray hardiment des tesmoignages de Dieu, & comme ie l'espere de sa grace sans confusion: & ie chanteray auec le Psalmographe.

Ie viuray, si sa grace à mon aide s'auance:
Car i'ay mis en sa loy tous mes contentements,
Perisse l'orgueilleux qui sans cause m'offense,
Et moy que ie m'exerce en ses commandemens.
Se retournent vers moy ceux qui luy font hommage,
Et qui sçauent ses loix, diuinement appris,
Soit mon cœur impollu comme est son tesmoignage,
Afin de ne rougir de honte & de mespris.

Pensez que ce seroit vne chose bien faite de donner à vn ouurage reel, & qui peut estre perçant la suite de l'aage, pourra plaider sa cause deuant la posterité, le nom d'vne personne qui ne fut iamais: & pourquoy pour cacher le mien, comme si i'auois honte de mon œuure? Non, non, celuy qui ne fait le mal hait la lumiere, & aime les tenebres. Ie veux rejetter les œuures tenebreuses, & me veux reuestir de claires & luisantes armes, pour estre le champion de la verité contre les mensonges de tant de Romans, pleins de fables charmátes. Ie ne me sers point des idees de Platō, ausquelles il faille donner pour autheur vn indiuidu vague. Mais en fin voila bien tournoyé pour venir tomber à la Cariclée d'Heliodore; objection tant rabattuë, tant de fois responduë que les repetitions m'en ennuyent, ne pouuant remettre sur la table vn chou cuit & recuit à tant de reprises. Mais sondans vn peu de plus prés d'où nous sort ce vent de trauers, & de quel motif peut venir ce charitable auertissement: Certes de quelque façon qu'on le puisse déguiser, il est tousiours fort recognoissable pour vne production de pure enuie. Enuie, ce monstre effroyable qui a pour couronne des serpens entortillez, l'œil louche, caue & bruslant, le visage pasle & plombé, le venin d'aspic sous la langue, les levres noires, la bouche de trauers, tenant d'vne main vn fouet & vn flâbeau, & de l'autre son propre cœur arraché de ses entrailles qu'elle ronge à belles dents. Elle est si horrible qu'elle cherche les ombres de peur de paroistre, & si elles a les pieds crochus, ses voyes sont encore plus tortuës, elle ne se glisse comme le serpent que par replis, fut-ce par elle que le diable coula le peché dans le monde, & par le peché la mort, trompant nos premiers parens par des persuasions specieuses, & neantmoins mésongeres, il leur promettoit l'immortalité, & la science comme à des Dieux : & ils se voyent plongez en mangeant du fruict deffendu dans la mortalité & l'ignorance. De mesme ces gens icy me voudroiët faire croire qu'ostât mon nom de l'entree de mes ouurages, c'est vn moyen pour les faire arriuer & moy aussi dans l'immortalité, qu'ils se rendront plus recommendables par vn nom forgé en l'air, que par celuy d'vn Autheur qui a vn corps plus solide, & qui a l'honneur d'estre cogneu en France, pour d'autres cósiderations. Allez, bonnes gens, tendez vos filets autre part; en vain tend-on des rets deuant des oyseaux qui voyent de loin, il faudroit auoir la veuë trop basse pour donner dedans vos artifices : vous resemblez ces Renards escoüé de la fable, qui vouloit persuader à ses compagnons de se deffaire de leurs belles & grosses queuës, & ne mâquoit point de raisons pour cela. Seigneur, c'est bien icy que ie puis dire auec vostre Prophete, que le conseil des malins m'a assiegé, mais aussi ne veux-je point m'asseoir dans la vanité de ces conseils, sçachant que vous auez appellé heureux celuy qui ne s'est point atresté en l'assemblee des peruers : ils ont tasché de mettre des pierres de scandale, & d'acho-

AV LECTEVR. 567

pement en ma voye, pour me faire tresbucher : mais vous, Seigneur, auez promis a celuy qui chemine en droiture, que quand il tomberoit en quelque faute d'ignorance, ou d'inaduertance, il ne se briseroit point, parce que vous mettriez vostre main dessous lui pour le soustenir, & le releuer c'est pour cela que ie vous dis auec le mesme Chantre:

Garde moy du mespris dont mon ame est en crainte,
Puis que tes iugemens sont pleins d'integrité:
Voila tout mon desir, c'est ta parole saincte,
Fay donc que ie subsiste en ta iuste equité.

Voyez, Lecteur, si i'atteins au blanc de leur dessein, ou plustost au noir de leur malice, s'ils m'auoient par leurs paroles biaisees, & prouenantes d'vne charité feinte, fait oster mon nom de quelqu'vn de mes ouurages, aussi tost ils crieroient à pleine bouche, que i'ay honte de ces œuures de mes mains, & prendroient sujet de là de descrier tout le reste, dont la France fait quelque autre estime. Chauuessouris, c'est donc pour boire l'huile de la lampe, & pour deuorer par la mesdisance ce peu de nom que les mieux nez nous prestent: que vous essayez d'esteindre ce peu de lumiere que preste nostre nom à ce que nous mettons en la veuë du public. Allez, puis que voſtre mine eſt eſuentee, elle creuera ſans effect, ou ſi elle en produit quelqu'vn, les ruines en retomberont ſur vos teſtes. Ouy, mon nom y paroiſtra, & il ſera eſcrit de moy à la teſte du Liure, afin que ſans vous eſcrimer contre vn nom pris en l'air, & contre vn fantoſme, vous ſçachiez à qui vous prendre. Vous m'y rencõtrerez ſelon le conſeil d'vn Apoſtre, preſt à vous rendre raiſon de ce que i'auray propoſé; ce que i'auray eſcrit, ie vous diray ie l'ay eſcrit.

C'eſt moy, ô Correcteurs, qui ay fait cet ouurage,
Tournez donc tous vos traicts, & toute voſtre rage
Contre moy qui ſuis preſt à receuoir vos coups.
Mais auſſi d'autre part prenez bien garde à vous:
Car ſi vous m'attaquez, ie me ſçauray deffẽdre,
Et mon honneur atteint bien cherement vous rendre.

Celuy que l'enuie porta à vouloir oſter le clauin où eſtoit l'image de Phidias au bouclier de Minerue, vit auſſi toſt aller tout l'ouurage en pieces; ie feray le meſme des miens, en y attachant mon nom: & ie l'y attacheray en ſorte par les reſſorts aſſez viſibles de mon ſtyle & de ma façon d'eſcrire, qu'il ſera im-

AV LECTEVR.

possible de l'en separer sans attirer sur soy quelque esclat de la ruine. Mais quoy, ie me sens imperceptiblement engager en des discours qui semblent vn peu mordans & tenir de la Satyre. Excuse, Lecteur, c'est la contagion de ces mesdisans qui me deffigure ainsi; il est malaisé de voyager en Æthiopie sans contracter de la noirceur, & de traitter auec des malins sans conceuoir quelque despit en son ame. L'abeille est bien douce, puis qu'elle produit la douceur mesme, neantmoins elle a vne pointe qui picque bien au vif quand on la met aux termes de deffendre son rayon: disons la verité.

N'en desplaise aux gratteurs de semblables ouurages,
Certes les plus grands Clercs ne sont pas les plus sages.

Et cet Ancien a tres-bien dit, qu'il n'y a rien de moins supportable qu'vn homme impertinent, lequel ne peut estimer que ce qui est selon sa fantasie, c'est à dire, mal digeré.

Et ne peut accorder tout ignorant qu'il est
Qu'vne chose soit bien que quand elle luy plaist.

Ie sçai que ce mestier d'escrire, & d'écrire des matieres dõ ti traitte est plein d'ingratitude & exposé au mespris, biẽ qu'il porte en soi des vtilitez manifestes. Plusieurs preschent à pleines mains dans les DIVERSITEZ, & puis qu'il leur plaist font des Liures entiers de ce qu'ils ont pilloté çà & là dedans cet ouurage, l'essay de mes plus ieunes ans, sans, de leur grace, me fauoriser d'vne seule bonne parole: & ie leur pardonne de tout mon cœur, me contentant de leur rendre seruice sans receuoir ma recompense dans la fumee d'vne gloire fort vaine. Quant aux HOMELIES, c'est vn champ, non à glaner, mais à y faire des moissons toutes entieres, & les Escriuains de Sermons, sont ceux qui seruent le plus aux prescheurs, & desquels ils parlẽt le moins; au contraire, ils ont grande honte quand on les treuue auec vn Sermonnaire dans les mains. Pour la lecture de ces HISTOIRES DEVOTES, elle est telle que ce plaisir violent, qui les fait deuorer estant passé, le pauure Liure reste abãdonné à la mercy, de qui le veut prendre ou est ietté çà & là, sans honneur & sans estime. Si que ie pourrois dire en ce lieu le mot du Prophete Roy: ils ont pensé à rejetter mon prix, disans du bien de moy par la bouche, & pensans du mal en leur cœur. Triste condition des Escriuains.

Ce mestier est penible, & ceste honneste estu-
de

Ne cognoist que mespris, ne sent qu'ingratitude.

Qui de cet exercice aime le doux soucy,
Il hait sa renommee & sa fortune aussi.
Le sçauoir est honteux depuis que l'ignorance
A versé son venim dans le sein de la France:
Auiourd'huy l'iniustice a vaincu la raison,
Les bonnes qualitez ne sont plus de saison:
La vertu n'eut iamais vn siecle plus barbare,
Et iamais le bon sens ne se treuua si rare.

Mais ce n'est pas seulement de nostre siecle que nous auons à nous plaindre, le monde confit en malignité, a tousiours esté de trauers en ses procedures. Tous les Autheurs, dit Seneque, se plaignent de leur temps, & du mauuais traittement que leur a fait l'enuie; iamais ne fut que la fortune ne persecutast la vertu. Les Cantharides nasquirent quand & les roses, & l'ombre parut aussi tost que le Soleil. Il y a vne autre sorte de gens moins malicieux, que ceux, que ie viens de traitter auec vn peu de rudesse; mais leur simplicité n'est pas moins outrageuse, pareils à ces Rustiques qui vous font mesurer la terre encore qu'ils vous heurtent sans y penser, & que cecy passe pour quatriesme & dernier aduis. Ce font de certaines personnes qui diront en leur patois: Voire, mais toutes ces Histoires icy sont-elles vrayes? ne sont-ce point des imaginations faites à plaisir, & plustost pour recreer, que pour enseigner? Ceste ciuilité est toute semblable à celle de celuy qui diroit apres auoir ouy parler serieusement & grauement vn honneste homme: Voire Mõsieur, ne mentez-vous point? certes la niaiserie porte son excuse en son front.

Car la simplicité est digne de faueur,
A dit ce Poëte, & sa grossiereté est plus digne de compassion que de mespris, & de mespris que de colere. Et le bon est, que ces gens icy (lesquels sans doute sont des liseurs de Romans) sont tellement habituez à la lecture de ces fables, qu'ils s'imaginẽt aussi tost que tout ce qu'ils lisent est fabuleux.

Sotte & fascheuse humeur de la plus-part des hommes,
Qui selõ ce qu'ils sont iugent ce que nous sõmes:
Et succrans d'vn sousris vn discours ruineux,
Accusent vn chacun des maux qui sont en eux.

Que diray-je à ces bonnes personnes? sinon comme S. Paul, vraiment ie vous pardonne. Or pour ne vous laisser point en ceste erreur, mes bons amis, parce que ie sçay que c'est vne embusche des malins qui veulent mettre des busches dans ce pain que ie vous presente, & empescher la bonne nourriture que vous en pourriez prendre. Qu'il y a autant de difference entre ces Histoires que ie vous offre, & celles que vous lisez dedans le monde auec tant d'empressement qu'entre le iour & la nuict: car les Romans sont ou totalement fabuleux, comme les Amadis & les Bergeries; ou bien ce sont des Histoires qui ont quelques principes veritables, côme les faits de Charlemagne, les exploicts de Godeffroy de Boüillon, & semblables, mais qui sont réplis de tant de feintes, & de contes friuoles, ridicules, & dont l'impossibilité fait voir la fausseté, que tous ces fatras se terminent en fadaise. Mesme l'Histoire des Grecs est tellement embroüillee de ces euenemens pleins d'extrauagance, qu'elle en perd la creáce parmy les bons esprits; & qui faisoit dire à ce Poëte:

Et tout ce que la Grece en sa friuole histoire
Produit de fabuleux pour porter à la gloire,
Tant de fameux Heros esleuez en son sein.

Or puis que i'entreprends de combatre (& si ie le pouuois) d'abbatre ces fables chimeriques qui occupent si vainement tant de cerueaux dedans le monde: pensez qu'il seroit bien a propos que i'opposasse des vanitez à des vanitez, comme si ie ne sçauois pas que quãd l'aueugle en meine vn autre, tous deux tombent dedans la fosse: que le mensonge se doit destruire par la verité, & les œuures de tenebres se dissiper par les armes de lumiere: c'est pourquoy ie chante auec Dauid.

I'ay fait le choix pour mon partage
Du chemin de la verité.

Que si les changemens des noms, & les desguisemens que i'apporte aux circonstances des temps & des lieux, & les liaisons des Histoires differentes, & les euenemens de peu d'importance inserez en passant, semblent en quelque façon alterer la verité, dont la nudité est le plus bel ornement, & qui ressemble à ces viandes delicates, lesquelles n'ont que faire de sausse, ny de tãt d'aprests pour estre desirees. Ie responds que les Historiens mesmes qui nous escriuent les actions faites de leurs temps, ne laissent pas de se dõner la liberté de dire plusieurs choses qui n'ont pas esté dites, comme quand ils font haranguer des Capitaines & des Roys à leur gré, & bien loin au dessus de la portee, & de l'eloquence de ces personnes là plustost propres à faire, qu'à parler; à executer, qu'à discourir; & mesme que selon la varieté des rapports qui leur sont faits, ils ont le choix du plus vray semblable. Apres tout, qui dira que c'est gaster vn tableau que de luy changer d'enchasseure? que le changement des habits transforme le corps? & que la varieté des relieures altere la verité d'vn Liure? La raison de ces desguisemens, & de ces artifices, dont ie me sers, est euidente en la narration mesme, parce que rapportant des faicts pour la pluspart modernes, sans m'amuser à refoüiller dans l'antiquité, pour redorer des Histoires, dont tout le monde est desia imbu. Il importe souuent, & est de la bien-seance, en discourant des deffauts de quelques-vns, afin que sur leur exemple on se corrige, de couurir au moins leurs personnes: & non seulement par le changement des noms, mais mesme en mettant quelque trait different és circonstances: afin que par là ils se puissent sauuer, & dire que par ce poinct on peut iuger que ce n'est pas d'eux que l'on parle. Sçache donc, Lecteur, que les industries qui peuuent en quelque sorte ombrager la verité, & desquelles ie me sers, ressemblent à ces nuages qui paroissent en l'air, lesquels font vn ombre, mais vne ombre claire, vne ombre qui n'est pas le iour: ils cachent bien le Soleil à nos yeux, mais ils ne nous ostent pas tout à fait sa lumiere, ny ne nous rauiffent le difcernement des chofes, feulement ils rebouſchent les rais trop vifs & trop cuifans du Soleil, & empefchent qu'ils ne picquent & ne nuifent, c'eſt vn ombrage pluſtoſt agreable que defplaifant; de mefme le recit que ie fais, quoy qu'il paroiffe ombrageux & pleins d'ombrages, eſt neantmoins pour les bons efprits accompagné d'vne aimable clarté qui laiffe entreuoir le gibier à trauers l'efpaiffeur du taillis, & aperceuoir la verité, comme les Dames leur fein, à trauers les refueils, les points-coupez, & les linompes. Et quand i'aurois voulu me feruir de l'artifice des paraboles; en quoy eſt-ce que i'aurois offenfé la verité? toute l'Efcriture n'en eſt-elle pas pleine? & fi l'outrage du temps ne nous euſt point raui vn des plus beaux ouurages de Salomon, n'en aurions-nous pas des miliers de l'efprit de ce plus fage des hommes? Dauid ne dit-il pas, qu'il ne veut plus ouurir fa bouche que par paraboles, ny faire aucune propofition que defguifee de cet artifice, & fon petit fils felon la chair, le Sauueur de nos ames, ne releue-t'il pas fes myſteres? ne donne-t'il pas fes enfeignemens de ceſte façon? afin, dit-il luy-mefme, que ceux qui voyent n'y voyent rien, & que ceux qui font les entendus n'y entendent note. Combien y a-t'il de choses dans l'Escriture, lesquelles à vn esprit plat & niais paroistroient fabuleuses, tesmoin l'asnesse de Balaam, & les Estats Generaux que tindrent les arbres, d'où sortit la Royauté d'vn meschant buisson. I'escris donc des veritez, mais ie les assaisonne en sorte, que ceste viande (semblable aux Persiques venimeuses en leur païs salutaire transplantees) ne puisse nuire aux foibles estomacs; i'arrache les dents à la couleuure, & puis ie la manie hardiment, ostant toute occasion de plainte, de murmure & de scandale, suiuant le precepte de l'Apostre : Ne donnez à personne aucun sujet de s'offencer. La verité qui nuit à autruy, nuit encore à celuy qui la dit, quand elle est plus cuisante que luisante : elle est nuisante & tousiours odieuse, la charité la doit proferer, ou la discretion la taire. Mon intention est d'edifier vn chacun, & ne scandaliser personne : s'il arriue autrement, c'est que i'auray par inaduertance mal conduit mon dessein : Car dans l'esprit ie n'ay aucune volonté de desplaire, ny de mordre. Si ie voulois me mocquer de quelqu'vn, ie me regarderois dans vn miroir ie reprends le vice en general, & en prends sujet dans les actions particulieres, lesquelles ie pose en faict, & qui ne sont point cótrouuees: Car par la misericorde de Dieu ie sçay les preceptes de S. Paul, au ieune Euesque Timothee, & à Tite. Il dit ainsi à celuy-là: Destourne ton attention des fables & genealogies qui ne font qu'emplir l'esprit de questions curieuses, & d'imaginations friuoles, & n'apportent aucune edification. Et encore, esuite sur tout les fables, & les contes des vieilles ; mais exerce toy és choses vraiment pieuses: car la pieté est bonne & vtile à tout. Et derechef, ie te declare qu'il viendra vn temps auquel on ne pourra souffrir la bonne & saine doctrine; mais les desirs des mondains seront tellement deprauez, qu'ils chercheront des beaux diseurs qui leur chatoüillent les oreilles, retirans leur ouye de la verité, & le retournans vers les fables. Mais toy, sois vigilant, trauaille en toutes façons, fais l'œuure d'vn Euangeliste, & accomply ton ministere. Or qu'est-ce que l'œuure d'vn Euangeliste, sinō de chasser les ombres de la mensonge par des Histoires sainctes & pieuses, telles que sont les Euangeliques, en publiant les merueilles de Dieu, comme dit Tobie, & en faisant cognoistre aux peuples ses inuentions sacrees en la distribution de ses graces. Ainsi s'accomplit le ministere de ceux qui ont receu quelque talent pour escrire. Ceux qui sçauent mes occupations & le cours ordinaire de ma vie depuis que Dieu par le caractere que ie porte a mis sa parole en ma bouche, sont tesmoins que ie puis dire auec l'Apostre, que ie n'ay point fuy le trauail pour pouuoir annoncer au peuple les conseils de Dieu, toute l'année & toute ma vie ie suis bandé à cét exercice de la saincte parole. Que si lors que ceste occupation est moins frequentée, qui est és trois mois de l'Esté durant les excessiues chaleurs, ie donne de l'employ à ma plume apres l'employ du Printemps à ma visite, que fais-je, sinon accomplir mon ministere en seruant de mon stile pour parler auec sainct Augustin, ceux ausquels ma voix ne se peut estendre. Et cependant, Lecteur, les absinthes des médisances & la myrrhe des picoteries, sont les recognoissances que ie moissonne, dequoy ie loüe Dieu, qui me fait esperer vn salaire ailleurs, la vertu est a elle mesme vn loyer assez ample, qui le cherche autre part qu'en Dieu, pert tout le fruict des actions vertueuses.

Non point à nous, Seigneur, rien ne nous appartient,
Donne gloire à ton nom, tout honneur luy conuient,
Pour ta misericorde & ta ferme constance:
Mais pourrois-tu souffrir ceux qui ne t'aiment pas,
Dire auecque mespris, ce Dieu dont ils font cas,
Où fait il demeurance?

Ce qui me console & qui me rauigore le courage dedans ces fatigues si trauersees par les controolleurs, & d'autre part tant recueillies par les ames plus candides, c'est l'esperance que i'ay que ces Histoires feront du fruict, puis qu'elles font du bruit, & qu'à la fin Iacob l'esleu apres beaucoup de souffrances supplantera le reprouué Esaü. C'est à dire, que la verité des euenemens pieux assaisonnée selõ le goust des persõnes mondaines chassera les broüillards de ces vaines & sottes inuentions dont les Romás embroüillent les cerueaux du populaire. Cét espoir me sert d'anchre parmy ces orages, outre le secret plaisir qui reste au fonds de l'ame de se voir aboyé en faisant, sinon biẽ, au moins le mieux que l'on peut. Nous continuerons doncque nostre entreprise &

AV LECTEVR.

noſtre voyage, Lecteur, ſans nous ſoucier de cet ondée qui ne fait que paſſer, celuy qui moüille ſeiche, nous combattons ſous l'eſtendard d'vn chef qui mortifie & viuifie, qui pouſſe aux abiſmes & en retire quand il veut: à lui ſoit gloire à iamais. Si i'ay en ce DESSERT ſerui quelques plats & donné quelques morceaux de haut gouſt, & peut-eſtre plus aſſaiſonnez de poiure que de ſucre, que l'ō ſçache que mes Céſeurs m'y ont porté, & pour parler auec l'Apoſtre, m'ont contraint à ceſte ſaillie, afin qu'ils apprennent que s'ils ont le courage de m'attaquer il m'en demeure vn peu pour me deffendre. Au deſſert on entre-meſle des fruicts aigrelets & des ſalades vertes & appetiſſantes aux confitures fades & douçaſtres. L'eſpine ſuit la roſe; & le vin poignant ſe meſle auec l'huile oignant par le Samaritain pour la gueriſon des playes du pauure bleſſé ſur le chemin de Ierico par le glaiue des brigands. C'eſt vne loy ſi naturelle que celle de ſe deffendre, qu'il n'y a que les inſenſez ou les inſenſibles qui la meſcognoiſſent. Mais pour laiſſer nos Auiſeurs auec vn bon gouſt, ie les prie de le prendre dans ceſte rime.

Tous les iours mon esprit consulte
Comment ie viuray sans tumulte,
Franc de tous fascheux pensemens:
Pour cela le ciel ie supplie,
De me sauuer de la folie
Des bail'eurs d'auertissement.
Ce sont gens de peu de ceruelle
Qui paroissent pleins de cautele,
Cachans l'hameçon sous l'appas:
Quoy que mon humeur pacifique
Aime grandement la musique,
Pourtant leur ton ne me plaist pas.

F I N.

www.ingramcontent.com/pod-product-compliance
Lightning Source LLC
Chambersburg PA
CBHW070408230426
43665CB00012B/1287